le dictionnaire des REVES

L'INTERPRETATION DE PLUS DE
10 000 REVES POUR TOUT SAVOIR
DE SES CHANCES AMOUREUSES,
DE RICHESSE ET DE SUCCES

Anne Monteschi

le dictionnaire des REVES

L'INTERPRETATION DE PLUS DE 10 000 REVES POUR TOUT SAVOIR DE SES CHANCES AMOUREUSES, DE RICHESSE ET DE SUCCES

ÉDITIONS DE VECCHI S.A.
20, rue de la Trémoille
75008 PARIS

Malgré l'attention portée à la rédaction de cet ouvrage, l'auteur ou son éditeur ne peuvent assumer une quelconque responsabilité du fait des informations proposées (formules, recettes, techniques, etc.) dans le texte.
Il est conseillé, selon les problèmes spécifiques – et souvent uniques – de chaque lecteur, de prendre l'avis de personnes qualifiées pour obtenir les renseignements les plus complets, les plus précis et les plus actuels possible.

Traduction de C. de Coataudon-Kerdu – V. Boro – I. Cossalter

Imprimé en Italie

Préface

Chaque nuit, alors qu'ils dorment, les hommes vivent d'étranges et mystérieuses aventures dans les rêves. Quelquefois agréables et enthousiasmants, quelquefois douloureux et tristes, la plupart d'entre eux sont rapidement oubliés, et leur signification difficile à découvrir.
Depuis des siècles l'homme cherche à comprendre, à expliquer et à interpréter les rêves: autrefois, à cause de leur étrangeté et de leur apparente incompréhensibilité, on les assimilait à des messages surnaturels dont l'interprétation était réservée à quelques rares "initiés". De nos jours, une interprétation plus moderne doit tenir compte de tous les facteurs qui influencent la vie de l'homme: il faut donc considérer le rêve comme une expression authentique et sincère de l'esprit, libéré des liens rationnels.
Le livre, que nous présentons ici se propose justement de fournir des éléments d'interprétation valables et complets à ceux qui – à juste titre – croient à la valeur des rêves et à leur capacité de prédire le futur.
Dans la première partie de cet ouvrage, l'auteur procède à l'analyse du rêve et de son histoire puis expose des méthodes d'interprétation qui permettront au lecteur d'appréhender de façon correcte ce processus complexe de la pensée.
La seconde partie est consacrée aux différentes catégories de symboles oniriques, illustrées et commentées dans leurs interprétations générales.
Nous en arrivons ensuite au dictionnaire proprement dit, dans lequel sont proposés, par ordre alphabétique, plus de 1500 mots accompagnés de leur signification onirique.
Par la connaissance et l'interprétation des symboles oniriques,

le lecteur prendra définitivement conscience de lui-même et de ses pensées. Il apprendra à accepter également les sentiments, les tensions et les peurs que sa conscience rejette et surtout il sera à même de se préparer psychologiquement aux événements futurs.

Le sommeil et ses secrets

Sommeil et Rêve

A peine le nouveau-né a-t-il vu la lumière du jour qu'il s'endort. Le contraste entre la tranquillité liquide du sein maternel et les nettes sensations de lumière et de bruit du monde extérieur le poussent à chercher abri, protection et repos dans le sommeil. A partir de ce moment, et pendant toute la vie, le sommeil représentera pour l'homme une pause de réconfort, une pause qui rassure et redonne des forces à la fin de chaque journée.
Nous passons près d'un tiers de notre vie à dormir; s'il est possible de ne pas manger pendant plusieurs jours, il est impossible d'éviter de dormir. Le sommeil est indispensable à notre équilibre et nous ne pouvons pas lui résister; lorsque nous nous allongeons chaque soir dans notre lit, nous sommes encore éveillés et conscients, puis nous cédons inévitablement au sommeil. Avant de nous endormir, une série d'images traverse notre esprit: événements de la journée, souvenirs et états d'âme se confondent les uns avec les autres. Nous ne sommes déjà plus maîtres de nos pensées, même si, par un petit effort de volonté, nous réussissons encore à ouvrir les yeux et à reprendre conscience. Mais si rien ou personne ne nous dérange, nous glissons rapidement dans le sommeil proprement dit.
Le phénomène "sommeil" a été longuement étudié et, malgré l'impossibilité d'une réponse verbale simultanée de la part du dormeur, il a été possible de formuler certaines observations sur l'activité du cerveau pendant les rêves.
Avant tout, il faut savoir que le sommeil n'est pas un état continu et homogène, mais une série de quatre stades qui se suivent de façon cyclique. Quatre-vingt-dix minutes après qu'un indi-

vidu a commencé à dormir, il est possible de vérifier chez lui des mouvements oculaires rapides (*Rapid Eye Movement*, d'où provient le nom R.E.M. donné au sommeil). Les yeux bougent derrière les paupières, comme si l'individu qui dort était en train de suivre du regard des images, et déplaçait le regard d'un endroit à un autre. On a donc avancé l'hypothèse que les mouvements des yeux étaient liés au fait de rêver, et que le dormeur était en train d'observer les scènes de son rêve. En outre, pendant cette période R.E.M., la respiration, le rythme cardiaque et la pression sanguine deviennent plus rapides: c'est-à-dire que ce que l'on appelle le "niveau d'attention" augmente, ce qui permet de penser que quelque chose d'intéressant se passe à ce moment-là dans le cerveau.
Cette activité intense ne peut être que le rêve. Des études de psychologie ont donné les résultats suivants: 80% des personnes réveillées durant le R.E.M. ont déclaré qu'elles étaient en train de rêver, alors que, réveillées pendant le sommeil NON R.E.M., cela n'était pas le cas.
Ce n'est pas la privation de sommeil en général mais la privation du sommeil R.E.M. qui provoque de graves dérangements émotifs et peut, si elle dure très longtemps, causer même la mort.
Il est intéressant de noter par ailleurs que l'activité onirique occupe seulement 20% de la durée du sommeil, qu'elle est plus importante chez les nouveau-nés et chez les enfants et qu'elle diminue avec l'âge.
Ces observations purement physiologiques sont importantes car elles permettent d'insérer le phénomène "rêve" dans un cadre clair et précis. A la lumière de ce que nous avons dit, c'est bien le rêve, sa fonction et sa signification qui assument une importance particulière.

Rêves et croyances antiques

La frontière entre l'état de veille et l'état de sommeil est à la fois précise et imprécise: quelquefois nous avons du mal à croire que nous avons seulement rêvé. La force et la clarté des images nous désorientent. Cette confusion entre rêve et réalité est plus fréquente chez les enfants qui n'ont pas encore complètement

maîtrisé l'abstrait; elle est une des caractéristiques des peuples primitifs.
L'anthropologue James Frazer rapporte des histoires singulières à propos des croyances générées par cette confusion: "On entend souvent les Indiens du Gran Chaco raconter les choses les plus incroyables comme s'il s'agissait d'événements réellement vus et entendus. Les étrangers qui ne les connaissent pas bien disent que les Indiens sont de grands menteurs alors qu'en fait ils sont fermement convaincus de ce qu'ils racontent car ces merveilleuses aventures sont leurs propres rêves, et qu'ils ne les distinguent pas de la réalité éveillée". Les peuples primitifs pensent en effet que l'âme possède volonté et conscience indépendamment du corps, et qu'elle peut se déplacer rapidement d'un endroit à l'autre et visiter ainsi des lieux ou rencontrer des gens.
Frazer raconte encore que selon cette théorie "une âme peut rencontrer l'âme d'un autre dormeur et se mettre à combattre: si un Noir de Guinée se réveille avec des douleurs dans les os il croit que son âme a été battue par une autre âme tandis qu'il dormait".
Selon ces croyances, l'âme sort de la bouche du dormeur sous forme d'une petite souris ou d'un oiseau; si elle est retenue en permanence en dehors du corps, l'homme est destiné à mourir. "Ainsi – continue Frazer – en Transylvanie on dit qu'il ne faut pas laisser un enfant dormir la bouche ouverte car autrement l'âme pourrait s'échapper sous forme de souris et l'enfant ne se réveillerait plus".
Pour la même raison certaines peuplades croient qu'en maquillant ou en camouflant le visage d'un dormeur l'âme hésitera à reconnaître son propre corps et qu'en conséquence le dormeur mourra.
Cette conception primitive du rêve, que nous considérons comme dépourvue de tout fondement, a cependant une certaine relation avec les théories modernes relatives à nos états d'âme par rapport au phénomène onirique: en effet quand nous pensons à un rêve que nous avons fait, nous avons la sensation de ne pas avoir vécu personnellement ce dont nous nous souvenons comme si quelqu'un avait agit à notre place.
Comme nous l'avons vu, la première explication du rêve a été de supposer que l'âme vivait une double vie, loin du corps, et que cette âme possédait une autonomie et un jugement propres.

Maintenant que le concept d'inconscient a été élaboré, nous savons que nous ne réalisons pas les actes que nous rêvons mais que nous les imaginons. Nous savons également que nous n'avons aucun pouvoir sur les rêves. L'inconscient guide nos gestes et nos pensées, nous entraîne au loin, dans un monde où les règles de la vie réelle n'ont plus aucun sens.
Et c'est en cela que les rêves sont pour nous des sources de découvertes et de révélations. Notre esprit, libéré des rigides "rails" sur lesquels voyage la raison, nous communique ce que l'on appelle le "contenu latent", c'est-à-dire ce que nous ne voulons pas, ou ce que nous voulons ignorer, et qui pendant le jour est bloqué par le filtre de la conscience. C'est de cette manière que notre esprit parle, à l'aide de symboles, du passé, du futur, et de nous-mêmes.

Qu'est-ce que le rêve?

Malgré les dizaines et les dizaines de livres qui ont été écrits sur ce sujet, nous ne connaissons que bien peu de choses sur le rêve. En effet, toutes les recherches et les études sont uniquement réalisées d'après les souvenirs qu'un dormeur a de son rêve. Il est impossible, pendant le sommeil, de formuler aucune observation directe: il est nécessaire d'être éveillé pour émettre les premières constatations, alors qu'une partie du rêve a déjà été oubliée.
Voyons cependant rapidement quelles sont les caractéristiques fondamentales du phénomène onirique.
Selon le dictionnaire, le rêve est une succession d'images plus ou moins cohérentes qui se présentent durant le sommeil. Cette simple définition nous permet de noter la différence existant entre le rêve et l'activité imaginative que nous pouvons avoir éveillés. Lorsque nous nous laissons aller à fantasmer sur un sujet, il nous arrive de rester étonnés de l'incohérence de nos pensées; quand nous dormons, en revanche, nous pouvons rêver de situations absurdes et impossibles sans pour autant en être surpris.
Il est clair par conséquent, étant donné que le rêve comme l'imagination sont indépendants de notre volonté, que le rêve n'est qu'une forme particulière d'imagination qui se vérifie pendant le sommeil.

Un autre aspect important du rêve est le manque apparent de sens logique qu'il peut avoir; nous pouvons rêver de lieux que nous ne connaissons pas, de situations que nous n'avons jamais vécues, de personnes décédées depuis longtemps, d'amis que nous ne voyons plus depuis des années. Nous nous épouvantons pour des bêtises et nous restons calmes devant de graves périls. Nous pouvons éprouver joie ou terreur mais nous ne nous étonnons de rien, et ne mettons jamais en doute l'importance de la situation dans laquelle nous nous trouvons. Les notions d'espace, de temps, de gravité perdent leur valeur universelle.

A ce propos Sigmund Freud a écrit: "Comme chacun sait, le rêve peut être confus, incompréhensible, et même absurde; les messages qu'il transmet peuvent être en contradiction avec tout ce que nous savons de la réalité, et pourtant nous nous comportons comme des malades mentaux car, tant que nous rêvons, nous attribuons au contenu du rêve une réalité objective".

La seule exception qui puisse se vérifier se produit durant le cauchemar quand nous réussissons, en quelque sorte, à arracher son masque au rêve et à limiter la peur que nous éprouvons, même si c'est seulement au niveau des sensations.

Nous avons parlé précédemment de l'"imagination" qui nous permet de créer des images et des situations. Il ne faut cependant pas penser que pendant les rêves, notre esprit se fabrique des situations impossibles ou paradoxales. Pendant les rêves, nous élaborons des situations, des concepts, des pensées qui concernent notre existence réelle et font donc déjà partie de notre façon de penser. En pratique nous libérons une sorte de "fantaisie imaginative" qui vient du plus profond de notre conscience.

C'est ce lien avec la réalité, avec la culture, et avec les désirs du dormeur qui rend les rêves aussi intéressants. Les rêves sont le phénomène le plus personnel et le plus subjectif qui puisse exister. Ils parlent de nous, de notre monde, mais pour les comprendre il faut savoir les interpréter.

Pourquoi oublie-t-on les rêves?

Le rêve est en réalité très bref, même si le dormeur a l'impres-

sion qu'il a duré toute la nuit. On a remarqué, par exemple, que si l'on provoque un bruit d'eau assez fort près de quelqu'un qui dort, cette personne se réveille brusquement avec la sensation d'avoir rêvé d'être restée près d'une grande cascade ou d'un fleuve tumultueux pendant un long moment, ou encore avec l'impression d'avoir erré pendant des heures sous une violente tempête. De la même façon, celui qui se réveille parce qu'il est tombé brutalement de son lit déclare qu'il a rêvé qu'il tombait d'un gratte-ciel ou d'une très haute montagne. Des stimulations ou des sensations externes, au moment du réveil, font naître chez le dormeur la sensation d'avoir eu un long rêve dont le dénouement, bien que lié à un événement extérieur à son sommeil, lui paraît tout à fait cohérent. Nous savons que les rêves les plus faciles à mémoriser sont ceux qui précèdent le réveil; le philosophe Shelling disait: "Les rêves annoncent le matin".
Cependant, quelques minutes après le réveil il ne reste d'un long rêve riche en aventures et en détails qu'une sensation, un état d'âme, positif ou négatif. Le rêve est complètement oublié, mais l'atmosphère du rêve est encore bien présente et vivante: cette atmosphère peut durer pendant quelques heures, voire quelques jours. Ce peut être une sensation de joie absolue, de bonheur, de légèreté, et en ce cas on regrette de ne pas être capable de se souvenir du rêve entier. Ce peut également être une sensation d'angoisse, de peur, que malgré nos raisonnements nous ne réussissons pas à chasser. Nous pouvons chercher à reconstruire le rêve à partir de cette sensation indéfinie, mais il est généralement difficile d'évoquer un rêve, sinon impossible.
Certains chercheurs, qui ont étudié attentivement les mécanismes qui font que l'on se souvient ou non d'un rêve, ont essayé de donner une explication plausible à ce phénomène. Ils estiment que les rêves s'oublient principalement parce que leur valeur ou leur signification ont peu d'importance par rapport à la réalité dans laquelle le dormeur vit. Cela se produit surtout si ce dernier vit dans une société qui nie la signification des rêves. Une autre raison à l'oubli des rêves peut être la suivante: les pensées évoquées dans le rêve n'ont pas abouti à une notion assez claire et définie pour que l'on puisse s'en souvenir. Il se peut aussi, et c'est la dernière raison qui explique l'oubli des rêves, que le message transmis par le rêve soit refusé, en conscience, par le dormeur.

Le rêve étant un phénomène complètement irrationnel, on a également remarqué que les personnes qui ont un esprit logique et analytique ont moins de chances de se souvenir des rêves qu'ils font que celles qui sont habituées à penser de façon plus extra-temporelle et immédiate.
C.G. Jung, qui a fait de nombreuses recherches sur le rêve, le compare à une conversation (qui se déroule dans notre subconscient) dont nous n'écoutons que certains passages: "Tout à coup, quelqu'un dit quelque chose, vous entendez une partie de la conversation; celle-ci se termine, et c'est maintenant à vous de reconstruire tout le message et de comprendre à qui a été dit ce quelque chose".
Quelquefois nous essayons de prolonger le rêve en refusant d'ouvrir les yeux et de bouger, mais la condition essentielle au rêve est le sommeil, et le rêve, nous l'avons déjà dit, est indépendant de notre volonté. Cependant quelquefois, alors que nous nous promenons, que nous conduisons ou que nous lisons un livre, nous rencontrons un mot, nous entendons un bruit, nous sentons un parfum, et cela suffit à recréer l'atmosphère du rêve que nous pensions perdue; alors nous nous disons: "Je viens de me souvenir du rêve que j'ai fait cette nuit".

Comment se rappeler des rêves?

Nous venons de voir que nous oublions facilement les rêves que nous faisons lorsque, pour des raisons culturelles ou personnelles, nous ne considérons pas comme importante leur interprétation. En revanche, un dormeur se souvient de ses rêves lorsque leur contenu lui semble trop important pour être oublié.
Nous pouvons noter en effet que dans les cultures qui reconnaissaient au rêve une valeur réelle de message, se souvenir de ses rêves, les raconter et les interpréter était une attitude très répandue. Dans le monde moderne en revanche, où tout est rationnel et scientifiquement étudié, les rêves échappent à notre contrôle, et nous les oublions généralement quelques minutes après le réveil.
Nous nous souvenons de nos rêves et les racontons seulement lorsque nous nous rendons compte de leur importance, lorsque le message semble s'adresser directement à nous bien qu'il soit

souvent incompréhensible. Par exemple nous pouvons rêver que nous effectuons facilement quelque chose que nous n'avons jamais été capables de faire (un travail, un sport, parler une langue étrangère que nous ne connaissons pas), ou encore le rêve nous révèle une information que nous ne pouvions pas connaître. Dans certaines cultures, l'habitude de raconter et d'interpréter les rêves au matin était très répandue, comme le rapporte le chercheur R.E. Ornstein à propos de la tribu des Senoi: "L'interprétation des rêves est l'un des aspects de l'éducation des enfants et fait partie des connaissances générales de la tribu des Senoi. Elle est pratiquée par chaque Senoi, dans le cadre de sa vie quotidienne. Lors du repas du matin, la maison du Senoi devient une sorte de clinique des rêves: les anciens écoutent et analysent les rêves de leurs fils".
Etant donné que pour pouvoir interpréter les rêves, il est nécessaire de s'en souvenir le plus clairement possible, nous vous donnons ci-après quelques règles qui peuvent vous aider à retenir vos rêves avant de les oublier.
Il est nécessaire avant tout de considérer les difficultés qui se présentent lorsqu'il s'agit de se rappeler d'un rêve entier. En général, au réveil, seules certaines images plus ou moins claires se présentent à notre esprit, et ce n'est qu'en les reliant les unes aux autres qu'il est possible de reconstruire un rêve.
On a tendance à vouloir donner un sens logique au rêve et souvent, inconsciemment, on ajoute des sensations, des notions, des déductions rationnelles aux souvenirs du rêve compromettant ainsi une analyse correcte de celui-ci. On a en outre tendance à se souvenir plus facilement de ce qui nous semble agréable et logique et à oublier ce qui nous semble déplacé ou effrayant.
On a également remarqué que si le réveil est brutal (si on élimine le moment de demi-sommeil qui précède le réveil) les chances de se souvenir d'un rêve diminuent de façon sensible. Le réveil, en conséquence, ne doit pas être brutal ou immédiat: "traînez" quelques minutes de plus au lit en essayant de fixer dans votre esprit certains mots clés du rêve que vous avez fait. Ne vous fiez pas à votre mémoire; tout ce dont vous croyez vous souvenir parfaitement tant que vous êtes au lit s'évanouira peu à peu au bout de quelques minutes. Notez en conséquence sur une feuille de papier tout ce dont vous vous souvenez; peu

importe la forme ou le sens logique de ce que vous écrivez. N'ayez pas honte des faits incongrus, des contresens et des situations paradoxales: écrivez sans raisonner ce que vous avez à l'esprit.
Ne vous limitez pas aux faits purement et simplement, mais cherchez à décrire:
les PERSONNAGES: physionomie, caractère, attitudes. En général un seul personnage, souvent le rêveur lui-même est le protagoniste du rêve: il est nécessaire de noter son point de vue dans le rêve;
les SENSATIONS: joie, bonheur, ennui, angoisse, terreur. Les sensations sont des signaux très importants pour l'interprétation correcte du rêve;
les DETAILS: chaque objet a un rôle précis dans le rêve. Il ne faut pas sous-évaluer l'importance des détails;
les COULEURS: dans chaque rêve on peut noter des couleurs prédominantes, et il faut noter à quel moment dans le rêve nous avons remarqué ces couleurs;
l'ATMOSPHERE du rêve: indépendamment des sensations considérées séparément, il règne une atmosphère particulière dans le rêve, atmosphère qui peut être positive ou négative, c'est-à-dire de tranquillité ou d'angoisse. A peine éveillé il est nécessaire d'analyser en ce sens son propre état d'âme. L'atmosphère prédominante est extrêmement importante pour une interprétation personnalisée du rêve.
Après avoir recueilli les souvenirs d'un certain nombre de rêves, apprenez à les cataloguer selon leur contenu et selon les analogies qu'ils présentent entre eux.

Le langage du rêve

Contenu et langage du rêve

Lorsque nous racontons à un ami un rêve que nous avons fait, nous nous comportons comme si ce rêve n'avait en réalité aucun lien avec nous-mêmes. Nous en parlons cependant parce que nous sommes convaincus que le rêve a un sens particulier au-delà de ce que nous connaissons.

L'expérience du rêve, nous nous en rendons bien compte, est difficile à communiquer; traduite en langage courant, elle perd la plus grande partie de son sens. Cela tout d'abord parce que le rêve est un événement à caractère privé (personne ne fait les mêmes rêves que vous) et parce que le message qu'il transmet est strictement personnel. On pourrait même définir le rêve comme une communication avec nous-mêmes c'est-à-dire qui se vérifie entre deux aspects d'une même personne. Il peut nous arriver en effet durant le rêve d'être de simples spectateurs et de nous demander, une fois réveillés, ce qui a créé en réalité le rêve, comme nous nous demandons le nom d'un metteur en scène après avoir vu un film. Il existe donc deux "moi" différents: celui qui reçoit le rêve, et celui qui le formule. Ou encore, un "moi" conscient et libre d'agir, de penser, de vouloir, et un autre "moi" qui comprend l'entière personnalité du sujet, y compris celle du rêveur. Le "moi" qui rêve est l'inconscient, c'est-à-dire la partie de notre esprit qui est libre de liens rationnels. Le rêve révèle donc de nombreux aspects de nous-mêmes dont nous ne connaissons pas l'existence. Il donne des informations sur notre culture, sur notre façon de penser, sur nos peurs. Mais ce ne sont pas seulement notre personnalité ou notre expérience qui sont stockées dans l'inconscient. Le monde dans

lequel nous et les autres vivons enrichit et augmente notre expérience personnelle. C'est ce que C.G. Jung a appelé l'"inconscient collectif". Celui-ci accumule et enregistre les expériences que l'homme a faites depuis qu'il est apparu sur la terre. Ce matériel onirique primitif est symbolisé par les "archétypes": images et symboles sans époque, points de passage de la vie de chaque homme qui se représente dans le rêve.
La vie, la mort, la jeunesse, la vieillesse, les rapports avec la nature, les symboles religieux, sont des moments de la vie humaine qui ont toujours eu une signification. Jung synthétise le concept d'"inconscient collectif" dans cette phrase: "Comme chaque composante du rapport psychique, le rêve est le résultat de la totalité des esprits. En conséquence il est juste de s'attendre à trouver dans le rêve tout ce qui depuis des temps très lointains a eu de l'importance dans la vie de l'homme".
Les archétypes apparaissent dans un rêve lorsque celui-ci concerne un problème qui a toujours été fondamental pour l'homme. En conséquence, quand ils se présentent ils marquent une phase de maturité, le dépassement de conflits existentiels. On considère également que le contenu de ces grands rêves a une analogie avec le langage et avec le contenu des mythes et des légendes, même si, contrairement à eux, il se présente dans le rêve de façon confuse. Jung note encore: "...Le rêve s'exprime en formes mythologiques étranges, avec lesquelles l'homme n'est pas familiarisé. Le rêve utilise des figures collectives lorsqu'il doit exprimer un problème humain externe qui se répète à l'infini, et non une perturbation de l'équilibre personnel".
Mais pourquoi, une fois que l'on a compris le caractère étranger apparent du rêve par rapport au "moi" conscient, le rêve reste-t-il encore aussi obscur? La difficulté de compréhension des rêves provient de son langage expressif. Le rêve n'est pas fait de mots comme le langage parlé, mais d'images et d'actions qui n'ont de sens que lorsqu'elles sont insérées dans la structure complète du rêve. Le message, pâle et indéfini, est exprimé en langage symbolique qui, à cause de ses "règles grammaticales" différentes, semble difficile à comprendre pour le rêveur.
Le rêve semble posséder une connaissance indéfinie de la vie et du caractère de la personne. Il enregistre des images, des désirs, des pensées, des phrases, des observations, des situations. Il

"sait" des moments que nous avons oubliés depuis longtemps, des douleurs dont nous ne nous souvenons plus et qui sont "archivées" au-dedans de nous. Et tandis que nous rêvons, ce matériel de nature diverse revient à la surface peu à peu. Mais ce n'est pas par hasard que nous rêvons des événements du passé. L'inconscient nous les repropose seulement lorsque ceux-ci ont quelque chose à voir avec notre vie présente. Par exemple, si nous rêvons d'un problème qui se réfère au passé, cela signifie que nous n'avons pas encore dominé cet événement, ou que cette situation passée nous offre la clé qui nous permet de résoudre les conflits présents.
Le symbolisme du rêve a été interprété de façon diverse. Freud considérait que le langage du sommeil était obscur à seule fin que le "moi" éveillé (opposé au "moi" inconscient) ne puisse pas le comprendre et qu'il ne se crée pas de conflits impossibles à résoudre. En effet selon Freud, le rêve est une expression masquée des désirs et des sentiments qui, si le rêveur les éprouvait consciemment, l'obligeraient à modifier l'idée qu'il a de lui-même. Mais une théorie plus moderne soutient que l'image symbolique est seulement le mode d'expression du rêve qui oblige le rêveur à une "traduction" en langage traditionnel. A la lumière de cette conception, la connaissance des lois qui régissent ce langage acquiert une importance fondamentale: c'est le but de ce livre.

Symbole et métaphore

Si l'on prend le contre-pied des conceptions freudiennes selon lesquelles le symbole exprimé par le rêve est un "déguisement" qui a pour fonction de ne pas déranger le dormeur en lui faisant prendre conscience de ses désirs inconscients, on peut dire avec Jung que "le symbole dans le rêve a plutôt la valeur d'une parabole: il ne cache pas mais enseigne". Le rêve n'est donc pas nécessairement un déguisement, un filtre favorisant notre "hypocrisie"; au contraire, il est d'autant plus sincère et équilibré qu'il naît, comme nous l'avons vu, de valeurs universelles et qu'il n'est pas influencé par la morale.
Nous savons tous ce qu'est un symbole: le drapeau par exemple est un symbole: il représente une nation. En réalité

c'est simplement un morceau de tissu coloré, mais tous, en le regardant, comprennent la valeur symbolique qui lui est communément attribuée. Se donner la main est un geste symbolique: c'est l'expression d'une salutation, d'un voisinage, d'une amitié. Sans ce concept (que nous connaissons depuis longtemps), ce n'est qu'un mouvement comme un autre, sans signification. Le symbole est une chose qui prend la place d'un concept. A partir des symboles de son rêve, le rêveur doit commencer son analyse des ressemblances et des analogies qui existent entre le rêve et le monde extérieur.

Nous analyserons plus avant les catégories de symboles les plus communs, et la signification qu'on leur attribue.

Nous pouvons également penser aux métaphores, figures rhétoriques que nous utilisons dans le langage de tous les jours sans même nous en rendre compte: nous dirons d'une jeune fille qu'"elle est fraîche comme une rose", sans penser le moins du monde à la fleur que nous citons. Certains chercheurs estiment que quelquefois les images qui se présentent dans le rêve doivent être prises comme des métaphores, et non pas au pied de la lettre. Une série d'images oniriques, apparemment sans sens logique, peut acquérir une signification à la lumière d'une expression métaphorique.

Voyons comment s'est exprimé Jung à ce sujet: "Une des caractéristiques du rêve est de ne jamais s'exprimer dans cette forme d'abstraction logique, mais d'utiliser le langage des paraboles ou encore de procéder par images.

"...Pensons aux monuments de la littérature ancienne, au langage de la Bible par exemple, et nous comprendrons que ce que nous obtenons aujourd'hui à travers l'abstraction s'obtenait autrefois en utilisant des similitudes... Tout comme notre corps porte en lui les traces de son évolution philogénétique, il en est de même pour notre esprit. Il n'y a en conséquence rien d'étrange dans l'hypothèse que le langage métaphorique de nos rêves soit un reste archaïque de notre évolution".

Sans le symbole et la métaphore, le contenu secret de notre esprit ne pourrait pas s'exprimer. Les traduire en un langage objectif signifie connaître des mystères qui nous entourent, des mystères qui sont au-dedans de nous-mêmes, des mystères qui sont le patrimoine de l'homme depuis des siècles.

Le rôle des rêves

Nous avons vu dans le chapitre précédent à travers quel langage s'exprime le rêve: un langage essentiellement symbolique dont l'interprétation ne peut pas être immédiate. Ce n'est qu'à travers l'interprétation des symboles qu'il est possible de comprendre la nature du message.
La question à laquelle il est nécessaire de répondre maintenant est la suivante: quel est le rôle du rêve?
Lorsque nous rêvons, nous sommes seuls; un phénomène de communication interpersonnel se manifeste alors; comme nous l'avons vu, la communication implique nécessairement l'existence de deux sujets: le premier qui formule et transmet un message et le second qui le reçoit. En bref, le rêveur rêve pour lui-même et il est logique de supposer que la compréhension de ce message puisse l'aider à une vision plus complète de la vie et de sa propre personnalité.
Si celui qui rêve ne négligeait pas, à cause de leur peu de crédibilité et de leur incohérence, les messages qu'il reçoit, il serait obligé de modifier l'opinion qu'il a de lui-même.
On sait en effet que le "moi" rêveur possède une vision plus complète et plus claire que le "moi" éveillé. Son point de vue est totalement différent et dépourvu d'idées préconçues. Dans le rêve, donc, la vision d'un problème s'élargit et s'approfondit: des concepts et des indications que le rêveur a sous-évalués lui sont reproposés, volontairement ou inconsciemment. Comme dit C.G. Jung, le rêve "rectifie la situation. Il apporte ce qui manque à un cadre pour être complet, et améliore ainsi l'attitude du rêveur".
On a remarqué en effet que plus la façon de penser d'un individu est partielle et unilatérale, plus le rêve présente de solutions

contrastant avec les principes et la mentalité du rêveur. Dans ce sens le rêve peut être considéré comme un moyen de défense de l'individu contre lui-même. Naturellement, le rêve assume petit à petit différentes fonctions, selon la nécessité du sujet. On sait par exemple que les rêves des personnes peu honnêtes, ou dépourvues de scrupules, proposent souvent des concepts de bonne conscience ou de moralité. Au contraire les personnes "irrépréhensibles" ont souvent des rêves que l'on peut qualifier d'immoraux. Saint Augustin se disait heureux de n'être pas responsable devant Dieu du contenu de ses rêves.
Nous en arrivons maintenant à l'analyse de trois types de rêve: le rêve, révélateur de la réalité, le rêve compensateur de la réalité, le rêve comme moyen de re-dimensionner la réalité.

Le rêve, révélateur de la réalité

Dans certains moments de crise ou d'incertitude, nous cherchons à résoudre nos problèmes en évitant de les analyser. Nous ne nous posons pas de questions pour ne pas avoir de remords ou de désillusions. Le rêve dépasse cette dangereuse indifférence, et nous montre la situation sans rien nous en cacher. Ce genre de rêve peut sembler trop simple ou prévisible même, mais il n'en est pas ainsi: il représente la seule façon de se rendre compte de sa propre situation, situation qu'en conscience nous refusons d'analyser. La considération que nous avons de nous-mêmes peut subir de dures attaques à travers le rêve, mais en revanche, des problèmes qui nous tiennent à cœur peuvent apparaître sous un jour moins dramatique.
Le rêve, à travers ses symboles, illustre la relativité de notre façon de penser: il peut nous montrer comme superficielles et inutiles des choses que l'on estimait très importantes.
Le milieu dans lequel nous vivons nous est montré en toute réalité objective, observé de très loin à travers une caméra impartiale. En analysant ses rêves, chaque individu peut retrouver équilibre et sérénité. Les rêves nous font prendre conscience de l'inutilité de certaines préoccupations et de l'importance de certains problèmes que nous ne nous décidons pas à affronter. Ils nous montrent les périls vers lesquels nous nous dirigeons inconsciemment, et dans ce sens ils peuvent être considérés

comme des "rêves prémonitoires". Eclaircir la réalité qui nous entoure est le premier pas qui nous conduira à accepter cette réalité et à l'améliorer pour pouvoir éviter une dépense d'énergies physiques et psychiques inutile.

Le rêve, compensateur de la réalité

Rêver d'une situation que nous avons vue ou vécue peu auparavant révèle l'exacte réalité de celle-ci. Le rêve de compensation fait un pas plus en avant, enrichit et complète la réalité de facteurs qui représentent nos exigences. Chaque individu a tendance à s'orienter sur le chemin de la vie selon des concepts définis et précis. On a cependant tendance à voir les choses de façon un peu étriquée et à négliger une bonne partie de nos exigences réelles. Le rêve de compensation montre donc des aspects de notre vie qui nous échappent ou que nous refusons inconsciemment. Les symboles oniriques, dans ce cas, transforment la réalité pour permettre au rêveur de trouver un équilibre intérieur meilleur. La fonction compensatrice du rêve a donc un rôle de guide, d'aide, et permet d'exprimer des sensations et des exigences inexprimables autrement. Voyons maintenant quelques exemples: face à une situation fatigante et stressante, considérée cependant comme nécessaire par l'individu, le rêve montrera clairement les côtés négatifs de cette manière de vivre. L'insatisfaction et l'exaspération réprimées dans la réalité se manifesteront de façon remarquable dans le rêve, qui nous rappellera ce que nous cherchons à oublier.
Un autre rêve de compensation typique est celui que font souvent les personnes qui ont une vie ennuyeuse et répétitive: leurs rêves sont peuplés de voyages et d'aventures pleines d'émotions. Les rêves à connotation sexuelle sont souvent des compensateurs révélateurs et sont parfois le fait de personnes qui ont depuis longtemps refusé cet aspect de la vie.

Le rêve, une façon de redonner une dimension à la réalité

Les rêves qui redonnent une dimension à la réalité, ou rêves "réducteurs" peuvent en un certain sens être considérés comme

des rêves de compensation avec des caractéristiques particulières: la compensation se vérifie en sens négatif et atténuent les exagérations qui se produisent dans la réalité.
Nous citerons à ce propos un passage de Freud: "... Nous nous trouvons face à des individus dont l'attitude consciente et l'adaptation vont au-delà des possibilités individuelles... Des hommes de ce genre montent sur une marche plus élevée que celle qui convient à leur nature... Ils ne sont pas, en un mot, intérieurement à la hauteur de leur aspect extérieur, c'est pourquoi, dans ces cas-là, l'inconscient a un rôle compensateur en sens négatif, ou encore une fonction restrictive".
Le rêve, donc, à travers des symboles, des comparaisons, des allusions, des paradoxes, réajuste l'idée que nous avons de nous-mêmes ou des personnes qui nous entourent. Il libère notre esprit des problèmes que nous avons sous-évalués, il confond et met en doute ce que nous considérions comme clair et incontestable.
Dans l'interprétation de ces rêves, il est nécessaire de faire très attention au rapport qui existe entre les personnes et les choses d'une part et nous-mêmes d'autre part. C'est justement dans ce rapport d'indifférence ou d'extrême intérêt que se manifestent les exagérations de notre façon de penser.

Différents types de rêves

Rêves de tous les jours, rêves importants, rêves précédant le réveil

Nous nous rendons immédiatement compte, à peine éveillés, de l'importance du rêve que nous venons de faire. Il y a en effet des rêves "de tous les jours" et de "grands" rêves. Les premiers se réfèrent à la vie quotidienne, au petit univers de nos amis, aux problèmes peu importants, aux difficultés momentanées. Leur interprétation, même si elle peut révéler des aspects de nous-mêmes que nous ignorons, peut difficilement nous aider à prévoir des événements importants. Les symboles qui se présentent pendant ce type de rêve sont rares et généralement simples: on n'y rencontre pas les symboles importants dont nous avons parlé dans le paragraphe "symbole et métaphore", et qui apparaissent dans les rêves les plus importants. Ce sont ces derniers qu'il faut examiner avec attention. Il est nécessaire de noter attentivement leur contenu, de les examiner et de les interpréter dé façon précise. Ce sont justement ces rêves qui cachent une réalité plus importante, bien au-delà de la vie quotidienne: nous pouvons en tirer des conseils et des avertissements pour le futur.

Parmi les rêves "de tous les jours", il est important de s'attarder un peu plus longuement sur ceux qui précèdent le réveil; ils sont généralement très banals, mais ce sont ceux dont on se souvient le plus facilement. Ce genre de rêve se manifeste à l'approche du réveil; son rôle consiste à réveiller celui qui dort. En effet, alors que certaines personnes ont, pendant le sommeil, une connaissance exacte du temps qui s'écoule, et peuvent donc se réveiller à une heure bien précise sans avoir besoin d'un réveille-matin, d'autres continuent à dormir. Si quelqu'un ou quelque chose ne les éveille pas, ces personnes sont "éveillées" par le rêve. Le rêve, en effet, augmente d'intensité, au point de provoquer, quelquefois brutalement, la fin du sommeil. Par exemple, on peut rêver que l'on court comme un fou pour prendre un train et que des obstacles ou des imprévus se dressent sur le chemin: l'angoisse de cette course contre la montre provoquera le réveil. De la même façon on peut rêver que l'on arrive trop tard à l'école ou à un rendez-vous de travail: la tension ou la peur interrompront le sommeil. En général, plus la situation vécue dans le rêve est angoissante ou menaçante, plus un réveil immédiat se révélera nécessaire. Il peut arriver au contraire que le rêve serve à prolonger le sommeil: on rêve alors de tout ce que l'on devra faire à peine levés: se laver, s'habiller, prendre son petit déjeuner, prendre l'autobus... On a ainsi l'impression d'avoir déjà fait ces actions fatigantes, et au moment de se réveiller on recommence à dormir, la conscience tranquille.

Rêves traumatisants

Ces rêves sont souvent le lot de ceux qui ont subi un traumatisme de quelque nature qu'il soit; ces rêves sont la répétition de cet événement traumatisant. Accidents, malheurs, situations de périls graves, douleurs inattendues déjà vécus, peuvent réapparaître en rêve, même si ces événements se sont déroulés des années auparavant. En général la fréquence de ces rêves diminue avec le temps, pour disparaître, mais si l'on ne se souvient pas consciemment du traumatisme, et si celui-ci n'a pas été "digéré" et accepté, le phénomène peut durer pendant des années. Il n'est pas possible d'interpréter ces rêves qui ne sont pas le fait de l'imagination mais celui d'un événement extérieur réel. Leur rôle est d'adoucir et de diminuer par sa représentation la portée traumatisante de cet événement.
Celui-ci, en effet, revécu dans le rêve plus ou moins clairement perdra peu à peu le caractère qui le rendait effrayant.

L'angoisse pendant le rêve

Les rêves angoissants sont très communs et beaucoup plus fréquents que les cauchemars à proprement parler. Alors que la peur est un sentiment clair et bien défini que chacun peut éprouver dans une situation qu'il considère comme dangereuse, l'angoisse est une émotion que l'on éprouve lors d'un événement étrange ou imprévu, mais pas nécessairement dangereux. Une situation nouvelle nous oblige d'une certaine façon à un choix mais nous avons peur de ne pas savoir prendre une décision.

L'angoisse n'est donc pas nécessairement une stimulation négative, et peut même nous aider à agir, même si nous ne savons pas dans quelle direction nous orienter. Il est évident que l'angoisse diurne, lors d'un examen par exemple ou d'un test difficile dans le travail, se manifeste de la même façon pendant le sommeil. Il est fréquent de faire des rêves angoissants lorsque nous craignons de nous éloigner d'une situation familiale protectrice. Ces rêves sont plus fréquents chez les enfants et les adolescents qui ont peur d'être abandonnés par leurs parents. En général, un rêve angoissant n'est pas forcément le symptôme d'une situation anormale ou préoccupante. Au cours de l'existence, en effet, nous rencontrons des situations nouvelles ou imprévues que nous ne savons pas toujours affronter, ou que nous craignons d'affronter. L'importance de ces rêves réside dans le fait que, souvent, de jour, nous minimisons ou nous effaçons ces sensations angoissantes que nous considérons comme enfantines ou peu importantes. Encore une fois le rêve donnera une valeur exacte aux conflits qui le font naître et éclaircira des peurs naissantes ou passées. L'angoisse peut également être provoquée par un désir caché . Comme le soutient Freud, certains désirs sont réprimés lorsque l'on est éveillé, et lorsque l'on en rêve, ils créent angoisse et préoccupations.

En effet, nous ne réussissons pas à croire que nous désirons vraiment quelque chose que nous considérons comme déplorable ou négatif.

Parmi les rêves angoissants les plus communs, on peut citer les rêves qui nous trouvent dévêtus ou vêtus de façon peu correcte au point de susciter la curiosité ou la désapprobation des autres. Il est fréquent de rêver que l'on a raté un train, que l'on arrive en retard à un rendez-vous important ou que l'on passe un examen difficile sans succès. Dans tous ces cas-là, le rêveur se trouve face à des souvenirs qu'il ne reconnaît pas mais qui sym-

boliquement lui rappellent des incertitudes du passé. Quelquefois ces rêves nous éclairent sur les raisons de cette perte de confiance en soi: c'est le cas lors de la perte de parents ou lorsque l'on se trouve éloigné de sa famille.
La signification des symboles oniriques, que vous trouverez dans le dictionnaire, donnera une dimension exacte et une interprétation correcte à vos rêves; elle contribuera à la solution de problèmes importants ou minimes concernant votre monde extérieur et votre personnalité.

Le cauchemar

Il faut réserver une place particulière dans ce livre au cauchemar, rêve effrayant qui a fait naître dans la tradition populaire les légendes les plus diverses, relatives aux vampires, aux diables, aux sorcières et aux fantômes.
Voici comment Erasmus Darwin décrit le cauchemar dans un poème:
"Ainsi dans son cauchemar, dans le brouillard du soir.
L'esprit malin survole les étangs, les lacs, les marais.
Il cherche une femme affamée d'amour, qui vient de succomber au sommeil.
Et en ricanant il se pose sur sa poitrine".
Jones, auteur de *La psychanalyse du cauchemar*, observe quant à lui qu'aucun dérangement psychophysique n'a été autant sous-évalué par la science médicale tout au long des siècles. La raison principale de ce désintérêt naît du fait qu'il est difficile pour celui qui se réveille de rendre avec des mots l'idée de la terreur et des souffrances endurées pendant le rêve.
Pendant des siècles en effet, les médecins ont soutenu que ce phénomène était provoqué essentiellement par des dérangements digestifs ou circulatoires. Il a fallu attendre de nombreuses années pour que le cauchemar ne soit plus considéré comme une manifestation physique mais psychologique, et donc comme un moment pendant lequel les forces de l'esprit luttent de façon désespérée contre une oppression externe.
Venons-en maintenant aux caractéristiques principales du cauchemar: terreur mélangée à une angoisse qui se manifeste avec une intensité effrayante. Voici ce que Shakespeare écrivait dans

l'une de ses œuvres à propos d'un cauchemar: "Je ne passerai pas une autre nuit comme celle-ci, même si cela me permettait d'acheter un monde de jours heureux, tellement cette nuit fut remplie d'horrible terreur... éveillé je tremblais, et pendant une saison entière je ne réussissais pas à croire de ne point être en enfer, tant l'impression de mon rêve fut horrible..."

Un autre aspect du cauchemar est cette impression d'étouffement que l'on ressent, ce poids sur la poitrine qui cause des difficultés respiratoires. Enfin, un des derniers symptômes est la sensation de paralysie complète que l'on ressent parfois.

Pendant le cauchemar, le rêveur essaye de se libérer de quelque chose qui lui écrase la poitrine; il croit qu'il hurle mais en fait il émet seulement des gémissements et des lamentations; il veut bouger mais il se sent paralysé. Peur et terreur augmentent d'intensité jusqu'au moment où un mouvement brusque réveille le rêveur qui se retrouve tremblant et en sueur.

Au Moyen Âge on considérait que le cauchemar était un démon libidineux qui violait les femmes durant leur sommeil. Ces croyances ont duré pendant des siècles et la fantaisie populaire les a accentuées. Le cauchemar se manifestait sous la forme d'un animal terrifiant, d'un vieillard monstrueux ou du diable. Une analyse moderne a éclairci le phénomène du cauchemar: selon cette théorie les symptômes du cauchemar peuvent s'expliquer si on considère qu'il s'agit d'un rapport sexuel imaginaire. Sensation d'étouffement, tension, immobilité forcée, transpiration. Alfred Maury observe à ce propos: "Le dormeur s'imaginait être séduit par un esprit, opprimé par les étreintes impures d'un démon qui le tenait sous son emprise... L'origine de cette croyance s'explique par le fait que dans le rêve la sensation voluptueuse est presque toujours accompagnée par un sentiment désagréable". Freud, en étudiant le cauchemar soutenait que ce dernier se manifestait plus facilement chez les individus qui présentaient des dysfonctionnements sexuels, et en conséquence des troubles psychiques et une profonde angoisse. Toujours en rapport avec cette théorie du désir, il remarqua que plus le désir caché était fort chez le "moi" conscient, plus le conflit qui se créait était fort, et plus le rêve se déformait. L'intensité du cauchemar est donc proportionnelle à la sensation de culpabilité du dormeur.

En général, cependant, les personnes qui souffrent de cauchemars ont un équilibre psychologique menacé ou altéré. Le cauchemar est une menace pour l'identité du rêveur, et les personnes qui ont fréquemment ce genre de rêve devraient commencer un patient travail d'auto-analyse ou demander conseil à un médecin spécialiste de ce genre de problèmes.

Rêves de bon ou de mauvais augure

Avant tout, il est utile de définir ce que l'on appelle rêve de bon ou de mauvais augure. Un rêve de bon augure n'est pas nécessairement synonyme de porte-bonheur, de même que le rêve de mauvais augure n'est pas automatiquement annonciateur d'un désastre. Un rêve peut en effet donner une indication précise, une clé, une solution à une situation difficile, mais peut aussi ne pas être limpide et placer le rêveur dans une situation un peu angoissante. Dans ce dernier cas nous le considérons dans un premier temps comme négatif, mais une analyse plus attentive nous offre une autre interprétation. Par exemple, nous pouvons rêver que nous sommes prisonniers, ou seuls dans un pays inconnu, ou perdus dans un bois: ces rêves, d'une certaine manière, nous préparent à affronter consciemment des périodes difficiles ou des déplaisirs; quelquefois ils nous aident à mûrir et à examiner avec un peu plus d'attention les difficultés que nous rencontrons. En ce sens on peut les considérer comme positifs et utiles.

Par conséquent, pour une interprétation correcte des rêves, il importe de savoir que certains rêves, et donc certains symboles, ne sont pas négatifs ou positifs de façon absolue, mais peuvent avoir une signification qui diffère selon le contexte dans lequel ils se manifestent et selon la personnalité du rêveur.

Une classification générale des symboles positifs ou négatifs est cependant nécessaire. Au cours des siècles on a attribué à certains symboles une valeur universelle. Ce sont les symboles les plus anciens; ils ont une signification favorable ou défavorable bien précise. Nous parlerons plus loin de ces symboles, en les divisant par catégories: ils serviront de guide et d'orientation pour une utilisation beaucoup plus correcte du dictionnaire proprement dit.

Rêves prémonitoires

L'histoire est riche en exemples de rêves prémonitoires. On raconte par exemple que Jules César, quelques jours avant d'être assassiné par Brutus au Sénat, rêva qu'il volait très haut dans le ciel où il serrait la main de Jupiter. Ce rêve fut confirmé par la suite des événements car voler vers le ciel symbolise la mort et serrer la main de Jupiter signifiait alors gloire et reconnaissance du rêveur dans l'Histoire.

Le fait qu'un événement puisse être représenté et prévu en rêve n'est pas en contradiction avec ce que nous avons soutenu jusqu'à présent, puisque les rêves naissent et se développent à l'intérieur de nous-mêmes. Les rêves parlent de notre passé et il est logique qu'ils donnent des indications sur notre futur; mais leur signification ne doit pas être recherchée à l'extérieur de l'homme comme une voix mystérieuse qui viendrait de très loin. A ce propos, Jung écrit: "... Tout comme nos pensées, lorsque nous sommes conscients, nous entraînent vers le futur et les possibilités qu'il offrira, de même l'inconscient et les rêves se comportent de façon analogue". Il faut par ailleurs considérer que nous ne nous souvenons que des prévisions qui se sont réalisées, et que nous oublions toutes celles qui n'ont pas eu de suite. Il est cependant certain que la grande lucidité et la capacité intuitive que nous possédons pendant le sommeil nous aident beaucoup dans la prévision des événements futurs. Il est important de ne pas négliger cette voix intérieure; car une fois qu'un événement s'est produit, lorsque nous nous rappelons l'avoir rêvé précédemment, nous avons perdu la possibilité d'utiliser le message de ce rêve.

La prémonition naît donc de l'ampleur de la pensée que le rêveur a de lui-même et de son propre destin.

Angel Garma, psychanalyste, affirme en effet que "le rêve s'exprime au présent parce que la pensée archaïque n'a pas d'autre type de représentation, mais à travers le présent il peut représenter le futur et le passé".

Voyons maintenant un exemple pratique: selon les croyances populaires, la perte de dents lors des rêves a une signification tout à fait négative. En effet pour l'homme primitif, les dents représentaient la possibilité de se nourrir et donc de survivre. La perte des dents était donc quelque chose de grave. Quand dans le rêve nous revivons ces peurs ancestrales cela signifie que nous nous trouvons réellement dans une situation de danger que seul le rêve peut mettre en lumière. Le péril imminent de maladie ou de mort est donc symbolisé par la perte des dents. Le rêve donne effectivement un signal pour le futur, mais la situation critique est déjà présente et elle est captée par l'inconscient.

Autre exemple: une femme rêva que sa maison s'écroulait: le sens du rêve était que sa famille, déjà en crise, allait s' "écrouler". Sa relation avec son mari s'était dégradée depuis quelque temps et les disputes se faisaient de jour en jour plus fréquentes. Le rêve exprimait donc une situation déjà présente et en prévoyait les développements futurs.

Pour approfondir cet aspect des rêves, nous conseillons au lecteur de se reporter au livre de Schopenhauer *Rêves prémonitoires*.

L'interprétation des rêves

De l'Antiquité à nos jours

"Un jour, à ma grande surprise, j'ai découvert que la conception profane du rêve, et non la conception médicale de celui-ci, à cause des superstitions encore existantes, s'approche de la vérité". C'est ainsi que s'exprime Freud dans un bref écrit intitulé *Le rêve* publié en 1901.
Par "conception profane", Freud entend sans doute toute une série de théories, de croyances, de superstitions, qui se sont créées au cours des siècles autour du phénomène "rêve".
Le grand nombre de textes, de citations, de théories sur le rêve est un signe évident de l'intérêt que ce phénomène a suscité au cours des siècles. Depuis les temps les plus reculés, la compréhension des rêves a été une exigence de l'homme; écrivains, philosophes et chercheurs ont toujours été conscients de l'importance du rêve et de son interprétation pour la compréhension du présent et du futur.
Il est difficile de préciser quand a commencé l'habitude d'interpréter les rêves. On trouve un exemple d'interprétation très ancien et très célèbre dans la Bible: il s'agit du rêve du pharaon. Le pharaon vit en rêve sept vaches grasses et sept vaches maigres; dans un rêve suivant, il vit sept épis chargés de grains et sept épis vides. Joseph, fils de Jacob, interpréta le rêve comme un avertissement de Dieu qui annonçait l'arrivée après sept années d'abondance de sept années de famine. La prémonition sauva l'Egypte d'une ruine certaine. Les Chaldéens, les Arabes, les Perses interprétaient les rêves. En Egypte, en Grèce et à Rome l'interprétation des rêves était confiée à des spécialistes, les "oniromanciens" qui créèrent l'oniromancie ou "explication des rêves".

La pratique de "l'incubation des rêves" était elle aussi répandue: le "client" dormait dans un temple sacré et au matin il racontait le rêve qu'il avait fait au prêtre qui fournissait son interprétation, donnait des conseils et faisait des prophéties. Au IIe siècle après J.-C., il y avait en Grèce et dans l'Empire romain plus de trois cents temples où l'on pratiquait cette science.
Dans le rêve, le dieu du temple apparaissait et donnait des indications sur la voie à suivre ou sur les médicaments à prendre.
L'art divinatoire était donc généralement accepté, et déjà Homère donnait une théorie personnelle de l'interprétation des rêves: il dit, en effet, par la bouche de Pénélope que "les rêves sont inexplicables par nature et contiennent des messages difficiles à interpréter; ils ne se réalisent pas toujours pour les mortels. Les portes des rêves immatériels sont deux: l'une est en corne, l'autre en ivoire. Les rêves qui passent par la porte en ivoire sont une illusion car ils apportent des messages qui ne se réaliseront pas, tandis que ceux qui passent par la porte de corne prévoient des événements réels chaque fois qu'un mortel les voit".
Mais il faut arriver au second siècle après J.-C pour trouver le premier traité sur le rêve et son interprétation. Artémidore, médecin grec, écrivit cinq livres sur le rêve dans lesquels il analyse sa structure et son symbolisme. Ses livres sont encore aujourd'hui un point de référence intéressant pour les chercheurs qui se penchent sur le phénomène "rêve". Artémidore distingue cinq types de rêve: les rêves symboliques (nous avons déjà cité le rêve du pharaon), les visions diurnes, les signes des oracles (qui exprimaient des révélations divines), les rêves qui sont des satisfactions de nos désirs, et les cauchemars.
Il considérait en outre comme fondamental le fait de connaître le nom du rêveur, son activité et son passé pour donner une interprétation correcte du rêve.
En l'an 400 après J.-C. Macrobio écrivit un commentaire au *Somnium Scipionis* de Cicéron en classant lui aussi les rêves en cinq catégories: les deux premières catégories concernent les cauchemars et les visions qui se vérifient pendant le sommeil et qui, selon Macrobio, ne servent en rien à l'interprétation du futur. Les trois autres catégories de rêve étaient décrites de la façon suivante:

— les rêves énigmatiques "qui cachent sous d'étranges formes

et voilent d'ambiguité le sens exact de l'information transmise";
– les visions, qui annoncent ce que nous verrons lorsque nous serons éveillés;
– les oracles, réponses des dieux aux questions que les hommes leur posent.

On appelait également oracles les lieux où siégeaient ces devins. L'oracle de Jupiter siégeait à Olympe, celui d'Apollon à Delphes. L'oracle donnait des informations précises sur le destin choisi par le dieu pour le rêveur. Quelquefois on consultait le dieu pour s'assurer de sa santé ou de sa fécondité: Andromaque d'Epire, par exemple, se rendit à Epidaure dans l'espoir d'être guérie de sa stérilité. En rêve, le dieu lui souleva sa robe, lui toucha le ventre et elle eut un fils.

Les temples et les oracles, très répandus dans l'Antiquité, ne survécurent pas à l'avènement du christianisme. En revanche la croyance que dans les rêves se manifestaient des êtres supérieurs, non humains du moins, survécut.

Le Moyen Age est justement l'époque des grands cabalistes: Gauric, Ruggeri, Nostradamus, Cardano, écrivirent des théories fascinantes et fantaisistes, mélange d'occultisme, d'oniromancie et d'astrologie, qui aujourd'hui encore sont objet de lectures.

Le mot "cabala" ou "kabala" est d'origine juive; il signifie littéralement "tradition" et, dans le cas qui nous intéresse, tradition des choses divines. Sa caractéristique principale est le symbolisme. C'est pour cette raison qu'au Moyen Age ce mot a fini par indiquer les arts magiques, l'occultisme et la sorcellerie, et en général les arts difficiles de l'interprétation.

Jusqu'à la fin du XVIIe siècle, on continua à admettre la possibilité de l'apparition en rêve d'un prêtre ou d'un dieu qui fournissait des informations ou des conseils pour le futur. C'était l'époque des cauchemars, des diables, des sorcières, et la superstition avait tellement pénétré l'âme des gens de l'époque qu'il fut difficile de s'en libérer pendant des siècles. Des épisodes de fanatisme et d'intolérance, dus justement à une interprétation rigide des rêves, sont très fréquents à cette époque.

A ce propos rappelons les propos de Jones, auteur de l'ouvrage *La psychanalyse du cauchemar*: "Nous avons déjà noté un fait très significatif par rapport à notre théorie sexuelle du cauche-

mar: le nom scientifique sous lequel on l'appelait au Moyen Age indiquait aussi un démon libidineux qui visitait les femmes de nuit, se couchait pesamment sur elles et les violait".
La présence d'un démon dans les rêves était considérée comme la preuve de son existence réelle. Le rêveur pouvait croire à sa propre innocence en culpabilisant des agents extérieurs. Les rêves sexuels étaient toujours attribués à la présence d'un de ces démons libidineux qui persécutaient le rêveur.
Petit à petit cette conception médiévale du rêve mûrissait en rencontrant cependant des résistances importantes. A ce propos on peut citer une phrase tirée d'une comédie anglaise du XVIIIe siècle: "Vous disiez que les follets, les fées et autres ne sont que nos peurs elles-mêmes, et pourtant, je vous l'assure, une fois j'ai rêvé d'un homme jeune, et j'étais sous l'emprise d'un cauchemar; mais comme ma conscience est limpide je ne m'inquiète pas de l'étrangeté de mes rêves".
Le rationalisme s'affirmait et la révolution scientifique commençait: le rêve cessa d'être un thème d'analyses et de recherches. Vu l'impossibilité de l'analyser scientifiquement, on préféra simplifier le problème en donnant une explication purement physique; nous citerons encore Jones à cet effet: "... Une autre manifestation de cette tendance est l'attitude matérialiste qui prévaut encore par rapport à l'origine et à la nature des symptômes mentaux en général et des rêves en particulier que les médecins considèrent comme le résultat d'une alimentation erronée ou de troubles cardiaques, et donc dépourvus d'importance réelle".
Ce n'est que beaucoup plus tard que cette conception très limitée du rêve fut dépassée et que commença à s'élaborer une théorie moderne "psychologique" du rêve.
Nous en arrivons au début du siècle, et c'est alors qu'apparaît celui qui est considéré comme la personnalité la plus importante et la plus révolutionnaire pour l'étude et l'interprétation du rêve: Sigmund Freud. En résumant et en simplifiant les concepts fondamentaux de sa théorie psycho-analytique, on peut rappeler les points suivants:
— les rêves sont des symptômes névrotiques, ou plutôt sont semblables aux symptômes névrotiques;
— ils manifestent des désirs refoulés, (c'est-à-dire refusés par le sujet lui-même), qui sont satisfaits en rêve;

– les symboles sont un filtre qui cachent ces désirs qui autrement troubleraient le rêveur;
– les rêves des adultes représentent généralement des désirs érotiques;
– ce dont le rêveur se souvient est appelé "contenu manifeste" du rêve tandis que l'on appelle "contenu latent" les désirs qui ont provoqué le rêve.

Freud a eu entre autres le grand mérite de développer la théorie de l'inconscient. Le rêve cesse d'être considéré comme une manifestation de forces qui agissent extérieurement à l'homme; on l'étudie désormais comme l'expression d'impulsions et de tensions internes qui s'agitent dans l'inconscient, qui est comme nous l'avons déjà dit cette part de nous-mêmes sur laquelle la conscience n'a aucun pouvoir.

La psychanalyse enfin est l'enquête médico-scientifique sur l'état psychique d'un sujet: elle a permis d'obtenir de grands résultats en éliminant tensions et angoisses. L'élimination des complexes ramène l'individu à une situation d'équilibre psychique.

Une erreur de la théorie freudienne est l'explication du rêve exclusivement par rapport à la "satisfaction d'un désir", et plus particulièrement d'un désir sexuel.

Outre Freud, il est nécessaire de citer un autre personnage: C.-G. Jung, tête de file de l'école suisse de psychanalyse. Ce dernier affirme que l'inconscient ne contient pas seulement des souvenirs et des sensations personnelles d'un individu, mais qu'on y trouve également, réuni de façon confuse, une sorte de "bagage collectif", somme des expériences de l'homme dans le temps. Il définit justement cette partie de l'inconscient par le terme "inconscient collectif"; réfutant certaines observations de Freud , il attribue à l'inconscient un rôle stabilisateur par rapport à la conscience. Les rêves cessent ainsi d'être la simple satisfaction de désirs refoulés.

Ces pages sont une tentative incomplète, nous en sommes conscients, d'illustrer les étapes fondamentales à travers lesquelles l'homme est passé, pour essayer d'analyser et d'interpréter les rêves.

Nous avons vu que l'on est passé d'une conception surnaturelle du rêve, à son étude de façon impersonnelle. Il est probablement évident pour le lecteur que l'interprétation des rêves n'est pas une science exacte. Cependant chaque étude sur le rêve ad-

met le fait que ceux-ci sont des événements fondamentaux dans l'existence des hommes, et que l'on doit les interpréter en analysant les symboles à travers lesquels ils se manifestent (naturellement la façon dont les symboles se manifestent et la raison pour laquelle ils apparaissent trouvent dans les différentes théories des explications différentes).
Nous aurons l'occasion dans les pages suivantes d'illustrer certaines règles précises, utiles pour ceux qui voudraient interpréter avec succès les rêves.

Règles et conseils

Une interprétation correcte d'un rêve doit être attentive et personnalisée. Ce n'est qu'ainsi que nous pouvons mieux nous comprendre ou prévoir des événements futurs. Nous voyons de quels facteurs il est nécessaire de tenir compte pour arriver à une interprétation la plus complète et surtout la plus objective possible.
C'est pourquoi les éléments suivants sont particulièrement importants:

- le degré de culture du rêveur: les rêves des personnes cultivées sont essentiellement symboliques. Les rêves des enfants, au contraire, sont en général simples à interpréter et sont rarement interprétables sur le plan symbolique;
- l'état d'âme du rêveur: angoisse, peur, joie, soulagement indiquent tour à tour l'attitude spirituelle par rapport au rêve que l'on a fait. C'est en outre une démonstration claire du caractère de l'individu;
- l'âge du rêveur: chaque période de la vie a ses problèmes particuliers. Il est clair qu'un même rêve fait par un enfant ou par un adulte, par un jeune homme ou par une personne âgée, ne peut pas avoir le même sens;
- la position sociale et les aspirations du rêveur. Des désillusions professionnelles, des ambitions, des problèmes économiques se présentent souvent dans le rêve; connaître à l'avance les exigences et les tensions possibles du rêveur facilitera sûrement l'interprétation de ses rêves;
- le caractère du rêveur, sa façon d'aborder la vie, sereinement ou avec angoisse ou pessimisme: tout cela émergera certainement dans les rêves.

Le rêveur: protagoniste ou spectateur?

Dans le rêve, nous pouvons être protagonistes, c'est-à-dire agir, parler, "participer" en quelque sorte au rêve, ou bien être de simples spectateurs et assister de l'extérieur au déroulement d'un événement, exactement comme cela se produit lorsque nous regardons un film.

Naturellement, de la même façon que nous pouvons rire, pleurer ou avoir peur en assistant à un spectacle cinématographique, le fait de n'être pas directement impliqué dans l'action d'un rêve ne signifie pas une participation inférieure psychologiquement parlant du rêveur. Au contraire, c'est justement l'impossibilité d'intervenir dans le rêve qui provoque quelquefois un sentiment d'angoisse et de frustration. Cependant, le fait d'agir dans le rêve ou d'y assister de façon passive donne des indications précieuses sur l'état d'âme du rêveur.

Rêver d'être un protagoniste du rêve indique en effet un optimisme et une confiance en soi-même; être de simples spectateurs peut indiquer un certain fatalisme, et un caractère faible face aux difficultés de l'existence.

Rêveur: actif ou passif

Il y a des rêves dans lesquels nous agissons, et d'autres dans lesquels nous subissons les actions des autres. Rêver par exemple de marcher, de voyager, de manger, témoigne d'un désir de nouveauté et de changement, en général positif.

Si au contraire on rêve que l'on subit quelque chose, que l'on est frappé, ridiculisé ou grondé, cela signifie que l'on se trouve dans une période plutôt négative déterminée généralement par l'ennui, les désillusions, la dépression ou la peur.

Quelle est la signification du rêve, quelles sont les questions qu'il faut se poser?

Nous sommes maintenant seuls face à notre rêve, et il ne nous reste qu'à nous poser quelques questions clés avant d'avoir recours à la consultation du dictionnaire des symboles.

Efforcez-vous de répondre de façon la plus complète possible aux questions qui suivent et dans l'ordre dans lequel elles sont présentées.

QUI?

– Qui est présent dans le rêve?
– Quel rôle ai-je dans le rêve?
– Quelles sont les personnes qui apparaissent dans le rêve: amis, ennemis, parents, inconnus, personnes décédées?
– Que nous rappellent les personnes que nous rencontrons: un événement, une autre personne, moi-même?
– Quel aspect ont les personnes rencontrées dans le rêve: taille, cheveux, yeux, expression, ton de la voix, habillement.

QUOI?

– De quoi parle le rêve? A-t-il une structure simple ou complexe?
– Il me rappelle quelque chose? Un fait oublié, un événement important, quelque chose dont on a entendu parler.
– Quelle est la trame du rêve? Succession d'événements, faits nouveaux, périls, conclusion (heureuse ou malheureuse).

COMMENT?

– Quelles sensations a-t-on éprouvé pendant le sommeil?
– S'agit-il de sensations logiques par rapport au rêve? Joie ou peur sont-elles justifiées ou non?
– Quelles sensations est-ce que j'éprouve en me rappelant du rêve déjà fait. S'agit-il de sensations différentes de celles éprouvées pendant le rêve?
– Quelle est mon attitude dans la réalité par rapport au rêve que j'ai fait (suis-je plus ou moins effrayé, confiant, soupçonneux?)

Voici maintenant les dernières questions: en y répondant il est possible d'éviter une interprétation simpliste ou commode du rêve que l'on a fait. Il est évidemment important de ne pas renier le sens d'un rêve quand son interprétation semble désagréable ou embarrassante.

- Le rêve m'apparaît-il clair ou confus? Est-ce que je réussis à y voir un sens?
- Le rêve augmente-t-il ou ridiculise-t-il mes peurs?
- Me montre-t-il une attitude erronée par rapport à quelque chose ou à quelqu'un?
- Me rappelle-t-il un événement triste que je veux oublier?
- Représente-t-il un moment heureux que je voudrais revivre?
- Manifeste-t-il simplement un de mes désirs?
- Représente-t-il quelque chose qui me manque ou quelque chose à laquelle j'ai renoncé de mauvais gré?
- Me fait-il sentir que je suis coupable pour une raison quelconque?
- Me fait-il sentir que je suis insatisfait de la réalité?

La réponse à ces questions ne sera pas toujours simple. L'important est que l'analyse soit faite de façon sérieuse et constante. Avec un peu de pratique vous arriverez vite à de bons résultats qui seront une stimulation pour une analyse toujours plus attentive et plus utile de vos rêves.

Les symboles oniriques - Les catégories

Les personnages rencontrés dans le rêve

Dans le rêve, comme dans l'état de veille, l'homme rencontre d'autres personnes. Ce sont en général des gens de sa famille ou encore des amis. Quelquefois cependant il rencontre des inconnus, ou des gens qui n'ont qu'une vague ressemblance avec des parents ou des amis. Dans ce cas il peut sembler difficile de se fier au message que ce personnage nous propose si l'on ne se souvient pas qu'il faut aussi considérer la valeur allégorique du rêve. Le rêveur peut en effet se reconnaître lui-même dans la personne qui se présente dans le rêve, et retrouver à travers ce personnage ses propres problèmes dans les attitudes qu'il observe. Une des figures fondamentales pour l'homme, dans la vie comme dans les rêves, est la figure de la mère. C'est un symbole personnel et en même temps universel qui représente la naissance et la vie.
Quand elle apparaît en rêve, elle représente la volonté de revenir à un état de pureté perdue, et la nécessité d'une élévation spirituelle. Sa présence révèle aussi la nécessité d'une protection, d'une aide, un besoin de compréhension, et d'amour. Si le rêveur voit souvent sa mère en rêve, il faudra en analyser attentivement la personnalité, car il n'a probablement pas conquis sa véritable indépendance dans la vie.
La figure du père représente la rationalité, la logique, l'indépendance et tout ce qui concerne les relations avec le monde extérieur. Dans certains rêves il peut aussi être le symbole de la tradition, de l'équilibre, de l'éducation; quelquefois sa présence fait allusion à la virilité et à l'esprit d'initiative. Dans ce cas rêver de son père peut définir un conflit de génération, une lutte pour devenir adulte et conquérir le pouvoir et le prestige paternel.

Rencontrer ses enfants dans un rêve symbolise l'intérêt porté à la cellule familiale, depuis les problèmes de l'éducation des enfants jusqu'aux problèmes découlant des conditions économiques de la famille. Il est également important de savoir que les fils représentent le mariage; des rêves angoissants à ce sujet mettent en lumière l'instabilité d'un couple.
Rêver d'enfants plus jeunes que ses propres enfants indique un désir de revenir en arrière dans le temps, ou peut être l'expression d'une partie de nous-mêmes que nous sentons trop jeune et pas assez mûre pour un rôle déterminé.
Rêver de ses frères et sœurs est en quelque sorte une allégorie de nous-mêmes; leur comportement ou leur aspect peuvent nous montrer notre véritable personnalité.
L'épouse, en rêve, est un symbole de tranquillité et de confiance; elle peut indiquer quelquefois la nécessité d'un long repos. De la même façon rêver de son mari signifie désir de protection, de sécurité, et d'affection sincère.
Rêver d'un vieillard représente l'expérience et la sagesse et en général c'est un signe de longévité.

La maison

Le corps du rêveur et son esprit sont symbolisés dans le rêve par la maison, lieu dans lequel se déroulent les événements les plus personnels de la vie de chacun d'entre nous. La structure de la maison se prête bien à cette comparaison: comme un corps elle a un devant et un arrière, des ouvertures (les fenêtres) qui peuvent rappeler les yeux. C'est à la maison que l'on mange et le parallèle avec le corps humain est assez évident. On a en outre observé que les étages et les différentes pièces symbolisaient parfaitement l'esprit et ses différentes fonctions, reliées entre elles par les portes. C'est pourquoi ce qui se déroule dans la maison dans un rêve nous concerne personnellement. Si la maison nous semble en désordre, c'est notre désordre intérieur qui se manifeste; si la façade est vieille et délabrée, c'est notre aspect extérieur peu soigné qui transparaît. Si nous trouvons une porte fermée dans le rêve, c'est le signe que nous manquons de souplesse et que quelque chose s'oppose à une façon de raisonner plus équilibrée. Si au contraire nous rêvons que nous découvrons une pièce vide, dont nous ne nous étions jamais aperçus auparavant, c'est le signe que notre esprit a découvert de nouveaux espaces, de nouvelles possibilités d'enrichissement, et c'est en ce cas un rêve très favorable.

L'ameublement et tous les objets présents dans une maison représentent les souvenirs et l'expérience du rêveur; il est très important, si l'on se souvient d'un détail particulier avec précision, de découvrir sous le symbole le message qu'il cache.

Quand la maison est remplie d'une infinité de meubles c'est le signe que notre esprit est rempli d'indécision. Au contraire, des pièces à demi-vides indiquent une pauvreté d'esprit et un vide intérieur. Nous n'analyserons pas dans les détails les différentes pièces de la maison et leurs significations respectives car le nombre très important de symboles demanderait des explications trop longues à donner. Le sens symbolique de chaque objet pourra être contrôlé dans le dictionnaire.

Nous rappellerons simplement brièvement que la cave représente l'inconscient. Jung arriva à cette conclusion après avoir fait un rêve apparemment incompréhensible: en explorant sa maison il découvrait à sa base une vieille cave, au-dessous de laquelle existait une grotte dans laquelle se trouvaient des ossements. La maison représentait la conscience, la cave l'inconscient et, enfoncée plus profondément dans le sol, la caverne représentait l'inconscient collectif et les os symbolisaient le reste de l'humanité qui l'avait précédé sur la terre.

La cave est donc riche de secrets et l'obscurité est source de dangers. Descendre à la cave signifie donc explorer des zones inconnues de soi-même, celles qui sont les plus éloignées de l'enfance ou des traditions acquises au cours des générations.

La cuisine, endroit où l'on prépare à manger, représente l'aspect féminin et maternel de chacun.

La chambre à coucher est l'endroit le plus intime pour chacun de nous. Si les sensations qu'elle nous rappelle sont positives, c'est un signe d'union tranquille et heureuse avec la personne chère à notre cœur; si c'est un sentiment d'angoisse qui domine, cela signifie que nous craignons de perdre la personne aimée et de ne pas être à la hauteur de la situation.

L'escalier est le symbole de la liaison entre les différents aspects de l'esprit: si l'escalier est endommagé, ou étroit et impraticable, c'est le signe que les progrès dans la vie sont lents.

Les rêves de déménagement, si nous rêvons d'une maison vaste et lumineuse, sont un signe favorable pour le futur. Les rêves où il est question d'une maison détruite en reconstruction révèlent un caractère enthousiaste, bourré d'optimisme, aspirant à une amélioration de vie. Quelquefois cela signifie la naissance d'une nouvelle famille ou d'un nouvel être humain.

Les vêtements

Les vêtements sont un élément important de notre vie quotidienne et représentent la façon d'exprimer notre personnalité et généralement notre niveau social.
Les rêves dans lesquels se présentent des images de vêtements sont très fréquents; à travers ces symboles ce sont nos peurs et nos incertitudes qui s'expriment.
On peut rêver que l'on se promène nu dans la rue, sans réussir à se cacher, ou que l'on est vêtu de façon étrange et inhabituelle, ce qui nous fait éprouver une grande honte. Il arrive également de rêver que l'on cherche à s'habiller de façon correcte sans réussir à trouver les vêtements qui conviennent. Etant donné que les vêtements transforment d'une certaine manière le "moi" privé (nu, spontané, sans défense) en un "moi" public qui peut se présenter en société, la façon de s'habiller en rêve peut représenter la sincérité ou au contraire l'hypocrisie dans les rapports avec le monde extérieur. Par exemple, une femme d'un certain âge qui s'obstine à s'habiller comme une jeune fille peut rêver de porter des vêtements noirs, de vieille dame, et trouver dans ce rêve un conseil et un avertissement pour être plus sincère avec elle-même. Il nous arrive quelquefois en rêve de porter un vêtement qui ne nous appartient pas et que nous avons vu porter par un ami: cela signifie encore ici qu'il nous faut être nous-mêmes et non copier les autres à tout prix. Les hommes qui rêvent de porter des vêtements féminins, ou vice-versa, reçoivent en rêve le conseil de ne pas sortir des rôles qui sont les leurs.
Si en rêve le vêtement que nous portons nous fait sembler plus jeunes ou plus vieux, plus beaux ou plus laids que nous ne le sommes en réalité, c'est que nous ne nous rendons pas compte

que nous nous trompons nous-mêmes et que nous trompons les autres en nous montrant sous un aspect différent de celui qui est le nôtre.
A travers les vêtements, on remarque également les complexes d'infériorité ou de supériorité; étant donné que le vêtement est depuis toujours le symbole d'un statut social, porter des vêtements non adaptés signifie que l'on ne se sent pas bien intégré socialement et que l'on se considère par conséquent supérieur ou inférieur à ce que l'on est réellement.
Quand nos capacités de jugement et notre comportement ne sont pas corrects, nous pouvons en rêve nous imaginer habillés de vêtements sales, tachés, abîmés, qui indiquent de façon symbolique un manque d'attention et une mauvaise conscience.
En ce qui concerne les différents vêtements on peut rappeler que le chapeau est interprété par la psychanalyse comme un symbole sexuel masculin; il peut cependant avoir une autre signification: si l'on considère qu'autrefois le chapeau était le symbole de la profession, et donc de la classe sociale (chapeau d'officier, d'homme d'affaires, d'ouvrier), le chapeau que nous portons en rêve peut être une allusion à notre façon de nous comporter. Une femme qui en rêve se voyait porter un chapeau d'officier comprit l'allusion et la référence à son caractère rigide et à sa tendance excessive à mettre de l'ordre partout.
On peut également rêver de chaussures: elles peuvent être d'une taille qui n'est pas la nôtre, ou d'un modèle complètement démodé. Le message qui nous est communiqué en ce cas nous fait découvrir l'insécurité dans laquelle nous nous débattons et notre manque d'objectivité. Rêver de chaussures et de vêtements d'enfants indique une difficulté à assumer ses responsabilités, la peur de la solitude et le désir de retourner à l'atmosphère de sécurité de l'enfance.

Le corps humain

Nous avons tendance, en rêve, à comparer les objets extérieurs ou les sensations que nous éprouvons dans la vie, à des parties de notre corps. Le symbolisme corporel est donc un moyen de décrire nos pensées et nos raisonnements à travers des images corporelles. L'expression de ces concepts dans la vie quoti-

dienne serait impossible si les symboles du rêve n'existaient pas.
Nous en arrivons maintenant aux symboles les plus communs.
Cheveux et poils sont en rapport étroit avec notre nature animale. Rêver d'en avoir beaucoup peut indiquer un désir de liberté, d'une vie sans liens et sans règles précises.
Rêver des yeux indique que l'on mûrit, que l'on a une vision plus complète du monde, et peut aussi signaler une découverte. Lorsque dans le rêve apparaissent des lunettes, le rêve peut être déformé. Si les verres sont foncés et nous empêchent de voir clairement, nous saurons que nous sommes trop pessimistes et que nous ne devons pas nous laisser influencer dans nos jugements par les opinions d'autrui qui s'immiscent dans nos pensées. Si en rêve nous utilisons les lunettes de quelqu'un d'autre, c'est une invite à suivre nos propres idées et à ne pas toujours se fier à celle des autres.
Les yeux, comme la bouche, peuvent également avoir une signification sexuelle. En ce qui concerne la bouche on peut rappeler que la signification sexuelle de la succion tire son origine dans le premier rapport que l'enfant a avec sa mère lors de l'allaitement.
Les dents, lorsqu'elles sont nombreuses et saines, ont une signification positive: elles peuvent être reliées à l'action de mâcher des aliments et donc à une volonté inconsciente de posséder, matériellement ou sexuellement (mordre la personne aimée pour la faire sienne).
Si au contraire on rêve de perdre ses dents, c'est que nous nous trouvons dans une situation dangereuse. Quelquefois cela peut indiquer la perte imminente d'une personne chère.
Si l'on rêve d'organes génitaux la signification du rêve peut être plus ample qu'on ne le suppose: en général c'est un signe de vitalité, de santé, et quelquefois le symbole de la continuation de l'espèce.
La main représente notre façon d'agir, notre travail. Si elle est sale, elle montre que nous risquons de nous laisser entraîner sur une fausse route et dans des entreprises risquées. Les jambes et les pieds sont le premier moyen de transport dont nous disposons pour nous mouvoir: ce sont des symboles de progrès et d'amélioration continuelle. La psychanalyse attribue aussi aux pieds et aux orteils une signification sexuelle.
Voici un rêve qui nous frappe et nous épouvante souvent: rêver

de perdre une partie de notre corps. Si une femme rêve qu'elle perd ses jambes, cela signifie qu'elle ne s'est pas encore acceptée comme femme. Rêver de perdre la tête, ou seulement le visage annonce un changement de personnalité et d'idées.

Boissons et aliments

Si dans la réalité les aliments sont une nécessité physiologique, dans le rêve ils représentent une croissance et un achèvement psychologique et intellectuel. On peut les définir alors comme l'aliment de l'âme. Selon la situation qui se présente, le type d'aliment, la personne qui les prépare, le rêve offre des messages différents. Par exemple se trouver face à une grande quantité d'aliments signifie être équilibré et mûr psychologiquement. Rêver que l'on est affamé signifie au contraire que l'on a besoin de nouvelles forces vitales.

Il peut également arriver de rêver que l'on refuse ce qui nous a été servi; cela montre notre présomption et notre certitude d'avoir assez vécu pour connaître le monde. Au contraire, refuser de manger de la viande et de la charcuterie indique une peur de la sexualité et de tout ce qui touche à la chair dans un sens large.

Si, dans un rêve, les aliments sont naturels et savoureux, le rêveur est un individu sûr de lui mais disposé à apprendre encore et toujours. Etre assis à table en compagnie d'amis (ou d'inconnus) est le signe d'un rapport harmonieux avec la société. Nous sentons les autres grandir et s'enrichir avec nous. C'est un rêve très positif.

Les gâteaux symbolisent les sentiments romantiques, les aventures sentimentales. Il est important de noter si, dans le rêve, on remarque des références à une situation réelle. Dans certains cas, les gâteaux peuvent faire allusion à l'enfance, aux gâteaux que l'on recevait en récompense.

L'alimentation peut aussi être en rapport avec l'appétit sexuel: même en parlant, nous utilisons souvent des termes ambigus pour parler d'une personne "douce", d'une histoire "piquante", et ainsi de suite.

Parmi les aliments les plus riches de signification, on trouve le pain, depuis toujours symbole de vie et du travail de l'homme.

Les rêves dans lesquels on rencontre le pain sont toujours favorables. Ils indiquent des résultats positifs, obtenus après un long travail.

Le vin, lui, est un symbole positif de la valeur spirituelle du dormeur, fruit d'un travail de mûrissement intérieur et d'un processus d'amélioration.

Il est très important de remarquer, dans les rêves, si l'on nourrit d'autres personnes ou si l'on est nourri. Cuisiner des aliments pour les servir à un ou plusieurs convives dénote une soif de pouvoir, un désir de domination, un désir de rendre les autres dépendants de nous; cela peut aussi signifier un désir de liberté d'action dans le domaine privé ou dans le travail.

Si, en revanche, on attend de la nourriture de quelqu'un, cela symbolise le désir d'être protégé et accepté par les autres: cela peut indiquer un manque de maturité, un refus d'assumer ses responsabilités, un désir de retour à l'enfance, période de la vie pendant laquelle on est totalement pris en charge.

Blessures et maladies

Si, en rêve, nous découvrons une blessure profonde, qui saigne abondamment et que nous ne ressentons pas de douleur, la blessure est à l'intérieur de nous-mêmes, dans notre inconscient, même si nous refusons consciemment de l'admettre. Il est nécessaire d'interpréter l'origine de ces blessures pour découvrir ce qui nous fait souffrir si profondément.

Rêver d'amputations est de mauvais augure: c'est le symbole de notre impuissance. Cela peut signifier que, pendant un long moment, notre activité sera arrêtée et que nous tomberons dans un état de prostration.

Si, en rêve, nous nous voyons malades, cela signifie que notre vie intérieure est en danger, et nous en recevons un avertissement sous forme de maladie.

Si nous rêvons que nous devons subir une opération, cela veut dire qu'une partie de nous, une attitude ou un jugement par exemple, n'est pas honnête et mine la partie saine. Nous devons renoncer à la partie malade, inutile et dangereuse: amour, haine, tendance au pessimisme.

Voici une allégorie facile à interpréter: rêver d'être malade du

cœur. Une relation sentimentale nous fait souffrir, mais nous ne voulons renoncer à l'amour, même s'il nous fait du mal.
De la même façon, la fièvre symbolise la passion: quand la fièvre est élevée, nous délirons, c'est-à-dire que nous ne savons pas nous contrôler.

L'argent

En rêve, l'argent représente l'énergie psychique, la créativité, le potentiel que chaque individu doit investir dans ses rapports avec le monde: c'est la richesse intérieure que possède chacun.
Le rêve est resté ancré à un système de valeurs traditionnelles. On peut en conséquence rêver de pièces d'or, de bijoux, de billets de banque, mais il est plus rare de rêver de traites ou de chèques.
L'argent est une force à utiliser pour faire naître des possibilités, des espoirs, des projets. C'est cependant le prix que nous payons pour obtenir quelque chose.
Après une longue maladie, il peut arriver de rêver d'argent qui, dans ce cas, représente la santé, l'énergie, la force vitale qui a vaincu la maladie.
Rêver d'argent est un signe d'optimisme et de succès pour l'avenir.
Un autre rêve positif: recevoir ou trouver de l'argent de façon inattendue.

L'école

Souvent, alors que nous sommes déjà adultes, l'école apparaît dans nos rêves. Examens, interrogations, devoirs nous ramènent brutalement aux années de notre enfance. L'époque de l'école est d'une importance fondamentale dans l'existence de chaque individu: c'est le moment où l'on grandit, où l'on mûrit; c'est le moment des découvertes et aussi des premiers devoirs et des obligations qui préparent au travail futur.
Les rêves sur l'école ne sont pas simplement des souvenirs des années passées; ils n'apparaissent que dans des situations bien déterminées et représentent notre situation du moment.

Dans la vie, comme à l'école, nous devons suivre des règles précises: nous avons des "devoirs" qui demandent de l'assiduité et quelquefois nous fatigue, nous avons des échéances précises à respecter, nous devons rendre compte de ce que nous faisons à nos supérieurs (ou à nous-mêmes), et quelquefois nous devons passer des tests plus ou moins difficiles.
C'est ainsi qu'il peut nous arriver d'être interrogé en rêve (par un professeur d'école ou par le chef de service) et de ne pas savoir la réponse exacte: c'est que nous sommes mal préparés à un problème de travail et qu'inconsciemment nous ne voulons pas l'admettre. Le rêve éclaire nos craintes et nos peurs.
Il est également fréquent de rêver que l'on doit passer un examen dans une langue inconnue: cela signifie que nous avons des difficultés pour exprimer un aspect de notre caractère, ou encore que nous ne réussissons pas à mettre en valeur nos mérites et nos qualités.
Il arrive aussi souvent que le rêveur doive affronter de nouveau le baccalauréat. C'est le signe que nous traversons un moment critique: nous savons que nous devons faire face à une nouvelle obligation, sentimentale ou professionnelle, qui demande de la pondération, de l'expérience et une certaine maturité que nous doutons de posséder. Nous nous retrouvons donc affrontant de nouveau cet examen que nous ne sommes pas sûrs de réussir.
Si, en rêve, nous ne réussissons pas à résoudre un exercice de mathématiques, cela peut vouloir dire que nous ne réussissons pas à examiner les obstacles qui se présentent à nous de façon rationnelle: nous devrions être lucides et décidés et ne pas avoir une attitude de défiance envers nous-mêmes qui ne peut qu'aggraver les difficultés dans lesquelles nous nous débattons.
Quand, au contraire, le rêveur se rend compte qu'il a les moyens et la possibilité de réussir une épreuve déterminée, la signification du rêve est positive: confiance, courage, et une bonne préparation aideront à affronter sereinement toutes sortes de problèmes.

Les voyages

On rêve souvent que l'on parcourt des routes connues ou inconnues. Le voyage représente de façon allégorique le déroulement de notre vie; les obstacles que nous rencontrons au cours de ces périples représentent les difficultés et les problèmes psychologiques auxquels nous nous heurtons quotidiennement; le but que nous devons atteindre peut symboliser le couronnement d'un désir, une amélioration économique ou sociale, mais quelquefois aussi la mort. Il est donc essentiel d'examiner très attentivement la structure du rêve: il importe de se souvenir du paysage et des personnages que l'on a rencontrés, des obstacles plus ou moins difficiles qu'il était nécessaire de surmonter, enfin des sensations positives ou négatives.

Parfois, nous nous rendons compte que nous connaissons parfaitement la route que nous parcourons: maisons, lieux et personnes font partie de notre vie quotidienne. Il est cependant plus fréquent de parcourir des rues inconnues, et d'ignorer le but du voyage. Tentons maintenant d'interpréter les situations oniriques les plus classiques.

Lorsque nous marchons dans un bois touffu, nous avons l'impression de ne pas voir clairement, tout semble plongé dans l'ombre.

C'est le signe que nous devons éclaircir certains aspects de notre personnalité que nous ne connaissons pas encore assez bien. Si, au long du chemin nous sommes agressés ou menacés par des voleurs et des bandits, cela signifie que quelque chose ne va pas au sein de la famille. Nous devons éclaircir nos rapports avec les autres et les vivre sans peur et sans incertitude. Il peut arriver également de rencontrer un animal féroce; dans ce cas il est probable que notre instinct entre en conflit avec notre esprit rationnel.

Autre situation possible: nous marchons sur une route qui semble facile et sûre lorsque soudainement surgissent des difficultés: la route se rétrécit, devient de plus en plus raide, et à la fin nous sommes obligés de grimper le long d'un chemin de plus en plus étroit et escarpé. Dans ce cas, si nous réussissons tout seuls à trouver une solution pour aller de l'avant, en construisant un pont pour traverser une vallée longue et étroite par exemple (en rêve, heureusement, tout est plus simple) le rêve est favorable: nous savons, seuls, résoudre des problèmes et des difficultés grâce à notre intelligence et à notre imagination, nous avons confiance en nous.

Les rêves dans lesquels apparaît un pont sont toujours très favorables. Nous pouvons par exemple nous trouver au bord d'un fleuve tumultueux. Dans un premier temps, nous désespérons de pouvoir un jour le traverser, mais en regardant mieux autour de nous, nous apercevons un peu plus loin un pont, ou une simple passerelle. L'angoisse disparaît, et nous nous sentons sauvés. Il est nécessaire d'interpréter correctement le rêve et d'éclaircir les points communs qu'il a avec notre vie: le pont peut symboliser le moyen de réussir un examen difficile ou la manière d'instaurer une relation (liaison des rives par le pont) avec une personne chère. La rive au-delà du fleuve peut aussi représenter le futur et dans ce cas nous nous sentons libérés des liens du passé: en passant d'une rive à l'autre, nous changeons de vie.

Venons-en aux obstacles et aux imprévus: sacs, valises, paquets encombrants sont des obstacles qui ralentissent parfois notre cheminement dans l'existence. Quelquefois, certains obstacles au milieu de la route nous empêchent de poursuivre le chemin et font naître une situation angoissante. Il faut observer attentivement cet obstacle. En interprétant son symbolisme, nous pouvons découvrir les grands conflits qui freinent nos possibilités, dans le travail comme dans nos rapports avec les personnes du sexe opposé.

Il est assez fréquent, en rêve, d'arriver à un croisement. Il faut choisir la direction à prendre; c'est là un avertissement permettant de signaler l'importance d'une décision que nous avons sous-évaluée; si les routes sont orientées dans deux directions opposées, une vers la droite, une vers la gauche, il convient de se rappeler que la gauche représente l'instinct, l'irrationalité, la féminité, et que la droite représente l'esprit logique et rationnel, et en général notre conscience.

Autre situation difficile: le voyageur peut se trouver dans l'obligation de passer par un tunnel étroit ou la caverne d'un rocher. Le rêveur se désespère en pensant ne jamais pouvoir en sortir, mais, au bout de quelques mètres, il aperçoit de la lumière et il se tranquillise. Ce passage étroit symbolise la naissance de l'homme. Quand dans la vie nous découvrons de nouveaux horizons et de nouvelles valeurs existentielles, dans le rêve on "renaît" symboliquement. C'est donc ici aussi un rêve qui prédit un futur riche en nouveautés.

Quand nous rêvons que nous marchons pieds nus, c'est que

nous avons probablement besoin d'un lien plus profond avec la nature, et qu'il est nécessaire que nous redécouvrions nos instincts et notre spontanéité. Quelquefois le fait de marcher pieds nus peut être un signe de pauvreté ou symboliser la crainte de la pauvreté.

Si, sur le chemin, nous suivons un enfant ou un animal, c'est une invite à suivre notre propre instinct et à ne pas nous créer de faux problèmes en rationalisant tout, à tout prix.

Nous en arrivons aux dernières remarques: nos compagnons dans le rêve sont un aspect de nous-mêmes que nous avons tendance à oublier: ces derniers peuvent être des inconnus ou des amis plus ou moins proches.

Un homme nous a raconté avoir rêvé qu'il était accompagné dans un voyage par un ami d'école qui, comme alors, le dépassait et le laissait en arrière: après avoir analysé son rêve il se rendit compte qu'il n'avait pas encore vaincu le complexe d'infériorité qui le tourmentait lorsqu'il était enfant.

Les moyens de transport

En général, ils indiquent un désir d'amélioration morale ou sociale, à travers la connaissance de nouveaux lieux et de gens nouveaux. Monter dans un véhicule pour faire des centaines de kilomètres signifie que nous sommes prêts à affronter de nouvelles expériences et à élargir notre horizon. Les rêves de moyens de transport sont liés aux voyages et aux changements qui se déroulent dans notre vie.

Le véhicule le plus fréquent dans les rêves est sans doute l'automobile, étant donné que c'est le moyen de transport le plus communément utilisé, considéré comme moyen de transport personnel, comme une "petite maison" en mouvement.

Lorsque l'on a rêvé d'une automobile il faut essayer de se souvenir, comme toujours, des caractéristiques du véhicule: type, marque, couleur, vieille ou neuve; qui conduit? Etes-vous le conducteur ou un passager? Est-ce votre voiture ou celle de quelqu'un d'autre? Rêver que l'on conduit bien signifie que l'on possède équilibre, self-control et personnalité.

C'est le signe que la voie que nous avons décidée de suivre dans la vie est bien celle qui nous convient et que nous pouvons nous

attendre à des progrès et à des améliorations. Si nous rêvons que nous conduisons une voiture de luxe que nous n'avons jamais possédée, cela peut signifier que nous avons pris une décision que nous n'avions pas l'autorisation de prendre, que nous sommes trop égoïstes, et que nous nous surestimons.
Il arrive quelquefois que l'on rencontre un obstacle sur la route, la voiture s'arrête et nous ne pouvons plus continuer; selon le type d'obstacles et de sensations que nous éprouvons nous pourrons éclaircir, comme nous l'avons vu pour les voyages, peurs et craintes de notre âme.
L'impossibilité de tourner dans la direction choisie et les problèmes de direction en général symbolisent un manque de self-control et la peur de ne plus pouvoir modifier la ligne de conduite que l'on a choisie dans la vie. Si les phares n'éclairent pas, ou pas suffisamment, la route, c'est que le futur semble incertain et que nous craignons de ne pas comprendre ce qui se passe autour de nous. Etre en panne d'essence peut indiquer un manque de moyens ou de courage, et des difficultés à affronter les imprévus de l'existence.
Voyager en voiture à grande vitesse indique que nous sommes conscients d'exploiter quelqu'un ou quelque chose dans notre intérêt: en effet, la puissance du moteur est "empruntée" par le conducteur pour arriver au but qu'il a choisi. C'est une situation dans laquelle le sujet passif se sent actif et puissant grâce à l'automobile. C'est pour cette raison que la psychanalyse considère la voiture comme un symbole phallique, comme le désir d'une "puissance" que l'on ne possède pas.
Il est également fréquent de rêver de train. Certains moments significatifs de notre existence se déroulent dans les gares: départs, arrivées, séparations. Contrairement à l'automobile, le train a des horaires bien précis. Aussi la peur d'être en retard et de ne pas arriver à l'heure est-elle fréquente dans les rêves. Cela peut être la représentation de ce qu'éprouvent de nombreuses personnes en pensant qu'elles perdent certaines bonnes occasions de l'existence sans être prêtes pour autant à en exploiter les possibilités. Une telle attitude peut dépendre d'un manque de maturité, qui bloque les impulsions et la volonté de changement.
Nous avons vu dans le paragraphe des voyages que les bagages peuvent indiquer des obstacles psychologiques. Si nous nous

encombrons d'objets provenant de la maison, nous raterons le train, signe que nous ne sommes pas capables d'être autonomes au-delà des murs domestiques. Mais, en général, les bagages représentent le pouvoir et la personnalité du voyageur. L'angoisse de les perdre dérive de l'impossibilité de vivre sans une partie de nous-mêmes, sans notre propre "bagage culturel".
Le billet que nous achetons, et que nous sommes obligés d'acheter, symbolise le prix de fatigues et de problèmes que nous devons affronter pour aller de l'avant, pour ne pas vivre passivement. Le contrôleur peut nous punir: dans ce cas, si nous voyageons sans billet, c'est le signe que nous occupons dans la vie une situation imméritée.
Rêver de voyager en bateau signifie avoir à sa disposition une grande possibilité: traverser l'océan, arriver sur l'autre rive et commencer une nouvelle vie. Cela peut quelquefois montrer que nous comprenons mieux notre inconscient, sorte de mer tumultueuse qui s'agite dans notre esprit.
L'avion qui se déplace dans les airs représente le monde des idées et de la pensée. Mais, attention, les pensées peuvent s'élever trop haut et faire perdre le contact avec la réalité. Ne pas réussir à s'envoler est le signe d'une vitalité entravée par un pessimisme excessif.

Les animaux

Dès l'origine, l'homme s'est trouvé en contact avec les animaux. Au départ, ceux-ci lui semblaient très forts et très puissants: l'homme n'a pas de crocs ni de griffes pour attaquer, il n'a ni plumes ni poils pour se défendre des intempéries. C'est pour cela que les animaux furent adorés et devinrent des symboles magiques et religieux dans de nombreuses civilisations: totems et divinités étaient souvent représentés par un animal.
Par la suite, l'homme apprit à domestiquer les animaux qui lui fournirent une aide précieuse; bœufs et vaches sont encore aujourd'hui le symbole de la force, du travail patient et quotidien.
Les animaux qui apparaissent le plus souvent dans les rêves sont les chevaux, les chiens et les chats. Ce sont les animaux que l'on rencontre le plus dans la vie quotidienne et il est logique qu'ils apparaissent souvent dans nos rêves. Mais comme

nous le savons, les rêves peuvent aussi prendre forme à partir de photographies, de films, de récits ou de légendes qui nous ont frappés: c'est ainsi qu'il peut arriver de rêver de lions ou de tigres même si nous n'en avons jamais vus dans la réalité.
Les animaux ont de nombreux points communs avec les humains: naissance, vie, mort; comme les hommes ils mangent, s'accouplent, luttent. Mais ils n'ont pas, à la différence de l'homme, conscience de leur vie et de leur destin: c'est pour cela qu'ils sont de parfaits symboles pour représenter les impulsions, les passions et les instincts primitifs de l'homme.
L'histoire, le mythe et les croyances populaires ont tour à tour attribué à chaque animal des qualités spécifiques: la mémoire aux éléphants, la fidélité aux chiens, la fourberie aux renards, et ainsi de suite. Peu importe le fondement de ces affirmations. Il importe seulement de retenir l'association de chaque animal à une qualité ou un défaut particuliers. C'est cet aspect qui correspond à la partie la plus instinctive de nos êtres et qui échappe à toute analyse rationnelle.
Quand on rêve d'un animal, il est nécessaire de se demander quand on a eu l'occasion de le rencontrer ou de le voir. Il faut ensuite analyser les sensations éprouvées face à l'animal: si on l'aime ou on le craint, si on le trouve beau ou laid. La signification spécifique de chaque animal se trouve dans le dictionnaire. Il convient de rappeler que les animaux carnivores ont en général une connotation agressive, surtout s'il s'agit d'animaux sauvages. Les insectes, pillards de récoltes, sont des symboles de destruction et de péril.

Les plantes, les fleurs, les fruits

Si le monde animal, expression des instincts et des passions, offre des symboles d'insécurité et d'instabilité, le monde végétal, indissolublement lié à la terre, symbolise la stabilité et la sécurité.
La vie des plantes se déroule selon des rythmes précis, presque harmonieux, et représente, dans le rêve, la vie spirituelle et son équilibre.
Les fleurs sont en général des symboles féminins: elles représentent la beauté, la douceur et plus généralement les senti-

ments. Pour cette raison rêver de fleurs qui se fanent ou se dessèchent est le signal évident que quelque chose s'est altéré en nous et que nos sentiments deviennent stériles.
Le jardin, lui, est la représentation de la croissance intérieure de chacun d'entre nous: lorsque nous rêvons d'un jardin en ordre et bien fleuri, c'est que notre personnalité est harmonieuse, équilibrée et sereine; s'il est, au contraire, nu et envahi de mauvaises herbes c'est le symbole de l'égoïsme, de la froideur et de la dureté.
Les fruits, aliments agréables pour l'homme, ont en rêve une signification érotique. Il est donc important d'en observer la couleur, la forme et la saveur.
Les arbres sont en général un symbole de force et d'énergie si on les voit dans un bois ou dans un pré. Dans un jardin, ils représentent l'équilibre et la tranquillité.

L'eau et le feu

L'eau a toujours été l'élément fondamental de l'existence. Le philosophe grec Talete considérait l'eau comme étant à l'origine de la nature: sans elle, il n'existerait aucune forme de vie sur la terre.
L'eau apparaît souvent dans nos rêves. Quand elle provient des profondeurs de la terre, elle symbolise notre inconscient. Si elle vient du ciel, elle représente la fécondité et la régénération. Le bain a toujours été pour l'homme un symbole de purification: le baptême dans la religion chrétienne en est un exemple. L'eau courante est la représentation de l'énergie vitale: une fontaine à sec est un symbole négatif. Lorsque nous rêvons que l'eau inonde une pièce de notre maison, cela signifie que des sentiments incontrôlables risquent de nous apporter de grands déplaisirs.
Le feu est le symbole de la première "culture" humaine: il a toujours attiré le regard de l'homme de façon presque magique. La transformation de la matière ne cesse de fasciner l'homme moderne. Avant que l'on ait apprit à éclairer les lieux d'habitation et les rues, le feu était le seul moyen d'échapper aux ténèbres et aux périls de la nuit. Le feu représente donc la chaleur non seulement physique, mais aussi spirituelle: par "foyer", on

entend famille, affection, protection. Le feu illumine, réchauffe, transforme les aliments et les métaux.
Rêver d'un feu vigoureux et lumineux peut indiquer la naissance ou le développement d'un sentiment que le rêveur n'a pas encore reconnu. "Amour ardent", "coup de foudre" sont des métaphores à travers lesquelles on indique une passion amoureuse en utilisant l'élément "feu". C'est également pour cela qu'obscurité et ténèbres sont dans les rêves des symboles de tristesse et d'abattement.
Mais le feu n'a pas toujours une signification positive. Les rêves d'incendies sont en effet le signe d'un grave péril pour le rêveur: une force destructrice se développe à l'intérieur de nous, contre nous-mêmes ou contre les autres. Vengeances, remords, passions négatives "brûlent" l'équilibre intérieur. Face aux rêves d'incendies, il est important de noter à quel endroit prend le feu: dans une maison, un bois, des livres, un toit. On pourra en interprétant les symboles découvrir le péril qui nous menace.

Le Soleil et la Lune

Le Soleil est un symbole masculin. Les peuples de l'Antiquité le vénéraient comme un dieu. Sans le Soleil, la vie sur la terre serait plongée dans une effrayante obscurité. C'est pour cette raison qu'il a toujours eu, même dans les rêves, une signification positive. Il indique la clarté de la conscience, l'énergie et la connaissance.
C'est donc un bon présage que de rêver d'un paysage ensoleillé: c'est qu'une période de vitalité et de confiance se présente dans notre vie.
On sait "où l'on va", peut-être parce que le Soleil illumine notre chemin.
Cependant si sa lumière est très forte, il prend une signification négative: son énergie peut blesser ou aveugler.
Dans le rêve, il faut observer la position du Soleil: matin, après-midi et soir représentent en effet les différentes périodes de la vie de l'homme. C'est pour cette raison que les rêves dans lesquels on voit l'aube se lever sont particulièrement favorables: ils peuvent en effet indiquer une renaissance intérieure. Le coucher du Soleil représente au contraire la vieillesse et la fin d'un

moment particulièrement vital. En général, même dans ces rêves, prédomine de toute façon une atmosphère de sérénité et d'équilibre.
La Lune est un symbole surtout féminin: elle est la reine de la nuit, symbole d'incertitude et d'incohérence. Si le Soleil est une manifestation d'énergie et de clarté, la Lune représente en revanche l'inconscient. Si une femme rêve de la Lune, cela signifie qu'elle a besoin de retrouver sa douceur et sa féminité. La Lune dans les rêves des personnes âgées représente au contraire l'équilibre et la paix intérieure.

Les couleurs

Dans le rêve, nous le savons, rien n'est le fait du hasard. Si, dans la vie réelle, nous pouvons exprimer des préférences et avoir un penchant pour une couleur ou une autre, dans le rêve les couleurs sont des symboles, de la même façon que les objets ou les personnes dont nous rêvons. Les couleurs expriment essentiellement notre état d'âme.
Il est intéressant de noter que l'on ne rêve pas toujours en couleur, ou plus exactement, que tout le monde ne rêve pas en technicolor. On a avancé à ce propos différentes théories.
Les rêves en noir et blanc se réfèrent à des faits et à des sensations très éloignées dans le temps; s'ils sont fréquents, ils sont le signe d'un état psychique déprimé ou inhibé.
Au contraire, ceux qui disent rêver de couleurs très vivaces et très voyantes ont généralement une tendance à l'exagération et à l'exhibitionnisme.
En général, plus la vie réelle est intense, plus les images des rêves sont contrastées et vice-versa.
Il est très important de se rappeler des couleurs de ses rêves, et en particulier des couleurs dominantes, chaque couleur ayant en effet une signification symbolique.
Venons-en maintenant aux couleurs et à leurs significations.

Vert: c'est la couleur des arbres, de l'herbe, du monde végétal en général. C'est donc un symbole de confiance dans la vie, d'espoir en une amélioration et en une renaissance. Le vert de l'herbe a un sens très positif.

Rouge: il a diverses significations et il est nécessaire de faire très attention au contexte dans lequel il se présente. Il est en général synonyme d'agressivité, de force, de conquêtes. Il peut être le symbole de la vengeance et de la rage, et souvent de la passion sentimentale.

Jaune: couleur vive et lumineuse. La couleur du soleil représente l'intuition, la spontanéité, la joie. S'il est mélangé à d'autres couleurs, son sens change et peut indiquer la tromperie et la fausseté.

Marron: indique le calme, la relaxation. Comme c'est la couleur de la terre, il peut indiquer la nécessité d'accepter plus simplement la réalité de la vie.

Violet: dans les rêves à caractère religieux, le violet indique la pénitence et le recueillement. En général, il symbolise l'élévation spirituelle obtenue par la méditation.

Blanc: c'est la couleur de la pureté, de l'honnêteté, de la virginité. Si le blanc est la couleur dominante dans un rêve, il peut indiquer la solitude, l'abandon, la désolation.

Noir: c'est la couleur du deuil, de la tristesse, des ténèbres. En occident, le noir a toujours eu une signification négative. Rêver en noir indique le pessimisme, la dépression, la solitude et la peur.

Les nombres

Les nombres sont une partie très importante de notre univers. Pythagore qui vécut au Ve siècle avant J.-C. fut le premier à comprendre la grande importance des chiffres pour ordonner la vie. Les mouvements des astres peuvent être exprimés en constantes numériques. La musique elle-même peut être comprise comme un grand ensemble mathématique. Ainsi, même dans le sommeil, les nombres peuvent être "la substance des choses". Ils expriment le temps, les dates, relient deux faits survenus à des époques différentes, rappellent des événements ou des pério-

des de la vie oubliés depuis longtemps. Un nombre peut symboliser une période de notre vie, peut représenter un siècle, un âge désormais dépassé ou plus simplement un numéro de téléphone.
Le jeu du loto est un bon exemple de l'importance des nombres dans les rêves. Traditionnellement les nombres qui apparaissent en rêve sont joués au loto. Ceci justement parce que depuis toujours les hommes ont eu confiance dans les grandes capacités intuitives et prémonitrices des rêves.
Voyons quelle est la signification communément donnée aux nombres de 1 à 12:

1: ce chiffre représente l'unité de mesure, et c'est en ce sens un nombre absolu, premier. Certains, en effet, ne le considèrent même pas comme un chiffre s'il n'est pas accompagné par d'autres chiffres. Il peut représenter l'égoïsme mais également un travail actif.

2: c'est le nombre de l'opposition, de la dualité; homme / femme; clair / obscur; blanc / noir; bien / mal; jour / nuit; statique / dynamique sont les contrastes primordiaux de notre culture.
Dans le rêve, il peut aussi se présenter comme dualité entre le conscient et l'inconscient: deux entrées à travers lesquelles passer, deux types d'aliments, l'un sucré, l'autre amer. Il peut symboliser l'équilibre intérieur mais aussi la passivité et le renoncement.

3: le trois est le nombre du changement, de la lutte, de la vie renouvelée. C'est un nombre "parfait" et, dans la religion, c'est souvent un nombre sacré: dans le christianisme, Dieu est trois: Père, Fils et Saint-Esprit; dans l'Antiquité, le destin était confié aux trois Parques. La vie elle-même se divise en trois périodes: passé, présent et futur.

4: ce nombre a une signification positive; il indique l'orientation et l'unité retrouvée. C'est le nombre des points cardinaux, des saisons, des éléments premiers dont est composé le monde: eau, terre, feu, et air. En général, on associe le quatre à la rationalité.

En géométrie, les côtés du carré, figure fermée et régulière, sont au nombre de quatre.

5: ce nombre rappelle le temps qui passe, la vie de l'homme, le mouvement en général. Les côtés du pentagone sont au nombre de cinq, la montre est divisée en fractions de cinq minutes, la main comporte cinq doigts.

6: c'est le nombre de la liberté, des possibilités, des choix: six comme les facettes du dé à jouer, six comme les pointes de l'étoile de David composée de deux triangles entrelacés indiquant des directions opposées.

7: nombre magique et sacré par excellence. Il indique le bien-être, le succès, les honneurs. Les exemples que nous pouvons rappeler sont très nombreux: sept comme les jours de la semaine qui, multipliés par 4, donnent le nombre de jours du cycle lunaire. Dans la mythologie grecque, les principaux dieux sont au nombre de sept; *Sept contre Thèbes* est une tragédie d'Eschyle; sept encore comme les péchés capitaux, les vertus, les merveilles du monde, les sacrements, les églises de Rome.

8: indique la dialectique, le médiateur pacifique; ce chiffre a une signification positive d'équilibre et de justice.

9: c'est le plus élevé des nombres simples: il annonce des indécisions et des changements.

10: il apparaît rarement dans les rêves. Il n'a pas une signification très positive: il peut en effet indiquer l'instabilité, la solitude et l'angoisse.

11: signifie la fatigue, un devoir fatigant. Certains disent que ce chiffre indique une relation difficile entre un homme et une femme.

12: c'est le nombre des signes du zodiaque et des mois de l'année. Il représente le destin, le temps défini. Il peut symboliser le regret des occasions perdues, les désillusions, la douleur.

Les figures géométriques

Le rêve s'exprime quelquefois par des figures géométriques apparemment dépourvues de signification; elles ont cependant une valeur symbolique bien précise.

Carré: symbole des choses concrètes, de l'unité, de l'équilibre. Comme le rectangle (que l'on peut définir comme un carré imparfait), le carré a la forme d'une pièce, d'une maison, d'une ville. Il symbolise la précision et la constance dans le travail.

Cercle: figure parfaite, le centre est équidistant de tous les points de la circonférence. C'est pour cette raison qu'il symbolise la perfection, l'équilibre, l'altruisme. C'est toujours un symbole positif.

Triangle: symbole de l'action, de l'idéal auquel on arrive avec de la persévérance. Il représente l'idéalisme lié à un sens pratique intelligent.

Introduction au dictionnaire

Nous avons déjà dit que l'interprétation des rêves n'est pas une science exacte. Trop de facteurs interviennent dans le rêve pour que l'on puisse en donner des significations valables pour chacun. C'est justement pour cela que nous avons parlé longuement du rêve, de ses formes, de ses fonctions, de son langage, et que nous avons consacré de nombreuses pages à un discours plus général sur les différents symboles oniriques.
Le dictionnaire seul est en effet un instrument incomplet pour interpréter les rêves. Tout comme un dictionnaire n'enseigne pas une langue étrangère, mais aide à comprendre des points obscurs dans un texte que nous ne comprenons pas dans son ensemble, de la même façon le dictionnaire des rêves doit être considéré comme un instrument de recherche avant tout. Il donne des idées, des concepts, des hypothèses et des significations que le lecteur doit considérer avec attention et de façon critique, afin de pouvoir reconstruire la trame complexe de ses rêves. De cette façon, il sera possible d'éviter le danger d'une interprétation trop rigide et trop schématisée.
Le grand nombre d'exemples contenus dans ce dictionnaire aidera certainement le lecteur à trouver ce qu'il recherche, depuis les symboles les plus communs jusqu'aux détails apparemment les plus insignifiants. Les définitions recueillies dans le dictionnaire sont en partie tirées des croyances populaires et cabalistiques qui sont parvenues jusqu'à nous; nous avons par ailleurs considéré comme opportun d'ajouter certains mots qui représentent des situations de la vie moderne. Dans certains cas, nous avons préféré compléter les significations traditionnelles par des explications et des concepts dérivés de théories oniriques plus modernes.
Une utilisation correcte et attentive de ce dictionnaire permettra au lecteur d'avoir une vision plus complète de lui-même, l'aidera à affronter les événements futurs avec équilibre et de façon sereine.

A

A: *lettre:* de nouvelles possibilités se présentent à vous.
– *voir la lettre A écrite:* vous ne pouvez pas modifier votre destin.
– *écrire la lettre A:* avec un peu d'attention vous pourrez améliorer votre avenir.

ABANDON: *de la maîtresse:* vous cherchez la liberté.
– *des enfants:* vous avez peur de la vieillesse.
– *des parents:* vous préférez ne pas avoir de responsabilités.

ABANDONNER: vous voulez changer le cours de votre vie.
– *être abandonné par la famille:* vous aurez bientôt une amélioration de votre situation financière.
– *être abandonné par ses amis:* vous perdrez une somme d'argent importante.
– *abandonner un chien:* problèmes dans les rapports avec la personne aimée.
– *abandonner un ami en danger:* vous n'êtes pas sincère, analysez mieux vos sentiments.
– *abandonner un petit enfant:* vous n'êtes pas prêt à assumer vos responsabilités.
– *abandonner un refuge sûr:* vous vous êtes rendu compte que vous devez affronter les difficultés de la vie.

ABAT-JOUR: vous cachez quelque chose à tous.

ABATTOIR: *voir un abattoir:* situation dangereuse.
– *se trouver dans un abattoir:* vous assisterez à des scènes douloureuses.
– *travailler dans un abattoir:* travail difficile, dur et plein d'imprévus.

ABATTRE: conflit de personnalités.
– *un ennemi:* vous surmonterez bientôt vos difficultés économiques.
– *des animaux:* vous luttez contre des personnes faibles.
– *de gros animaux:* vous aurez du mal à obtenir ce que vous désirez.
– *un animal dangereux:* vous aurez le dessus sur vos ennemis.
– *des arbres fruitiers:* vous tomberez malade à l'improviste.
– *se sentir abattu:* si vous voulez une amélioration il faut faire plus d'efforts.

ABBAYE: vous retrouverez la paix que vous désirez.
– *avec des moines et des moniales:* problèmes de famille.

ABBE: *en prière:* vous aurez des nouvelles d'un ami ou d'un parent oublié.
– *qui bénit:* quelqu'un pense à votre avenir.
– *qui fait une oraison:* votre mauvaise conscience vous persécute.
– *ivre:* vos incertitudes vous abandonnent.
– *près d'une religieuse:* chance assurée.
– *qui administre les sacrements:* présage de longue vie.
– *qui dort:* vous devez avoir plus de patience pour obtenir ce que vous désirez.
– *gras et bedonnant:* il est nécessaire de sacrifier quelque chose pour obtenir des résultats.

ABBESSE: on vous donnera un mauvais conseil.

ABCES: *avoir un abcès:* vous ne réussissez pas à comprendre ce qui vous fait souffrir.

ABECEDAIRE: vous n'êtes pas sûr d'être à la hauteur de la situation.

ABEILLE: satisfactions dans tous les domaines.
– *abeille sur une fleur:* vous êtes à la recherche du bien-être et de la tranquillité.
– *abeille qui vole:* vous avez finalement réussi à laisser libre cours à votre fantaisie.
– *essaim d'abeilles:* vous êtes très sociable.
– *abeille morte:* ruine.
– *abeille qui s'enfuit:* vous désirez le plaisir dans toutes ses expressions.

ABIME: vous craignez les changements et l'inconnu, mais vous devez réagir.
– *tomber dans un abîme:* vous êtes obligé de mieux vous analyser.

ABJURATION: vous commettez une erreur.

ABONDANCE: pauvreté future.
– *d'enfants:* préoccupations et responsabilités.

ABONNER (S'): *à des revues ou à des quotidiens:* vous n'admettez pas d'être banal.

ABORDAGE: *approche d'une personne:* sensation de difficulté.

ABOYER: vous vous trouvez devant un péril grave.
– *entendre aboyer et hurler:* les admirateurs se révèleront être de faux amis.
– *un chien la nuit:* péril de mort.
– *un chien le jour:* péril conjuré.
– *un chien enragé:* vous recevrez des offenses et des insultes.
– *une personne:* un ami vous demande désespérément de l'aide.

ABREGER: *la route:* vous voulez un succès rapidement.
– *le travail:* une période de repos serait salutaire.
– *la vie:* n'ayez pas hâte de vivre intensément.

ABREUVER: *des animaux:* vous trouverez un obstacle sur votre chemin.
– *des chevaux:* la chance est proche de vous.

– *les animaux des autres:* voyages en perspective.
– *des animaux féroces ou sauvages:* nouveautés imprévues et agréables.

ABREUVOIR: votre sagesse vous aidera.

ABRI ANTI-AERIEN: dangers inévitables.

ABRICOT: vous avez besoin d'évasion.
– *manger des abricots:* satisfaction momentanée et déplaisir imminent.

ABRITER (S'): *d'un danger:* bonnes ressources face au danger.
– *des intempéries:* problèmes momentanés.

ABSENT: *être absent:* vous désirez éviter les jugements des autres.
– *remarquer l'absence de quelqu'un:* celui qui est parti a laissé un vide derrière lui.

ABSOLUTION: *la recevoir:* ne soyez pas trop critique face à vos erreurs.
– *donner l'absolution:* ne vous occupez pas de ce qui ne vous regarde pas.

ABSOUDRE: *soi-même:* égoïsme.
– *les autres:* vous avez appris à comprendre et à moins juger les autres.

ABSTEME: *personne qui ne boit pas de vin:* personne ne partage vos joies.
– *offrir du vin à un abstème:* il est inutile de chercher à convaincre les autres de votre façon de vivre.
– *être abstème:* il vaut mieux ne pas se contrôler complètement et laisser un peu de place à la fantaisie.

ABSTENIR (S'): *de voter:* vous êtes incertain et indécis; vous avez souvent peur.

ABUSER: *de la confiance d'un ami:* vous aimeriez être plus rusé, plus adroit.

ACCABLER: *quelqu'un:* agressivité manifeste.
– *être accablé par quelqu'un:* défaite prévue dès le début.

ACCAPARER: *des objets:* manque de sécurité, peur du futur.
– *des denrées alimentaires:* vous redoutez une période de misère.

ACCELERATEUR: vous voulez aller au-delà de vos possibilités.

ACCELERER: vous voulez vous montrer plus fort que vous ne l'êtes.

ACCEPTER: *quelqu'un ou quelque chose:* votre humeur est excellente.

ACCIDENT: *ferroviaire:* attention aux longs voyages.
– *de la route:* vos certitudes sont ébranlées.
– *mortel:* une profonde désillusion.

ACCLAMATIONS: voir **APPLAUDIR.**

ACCLAMER: un ami lointain va arriver.

ACCOMPAGNER: *un ami:* il est important de parler du travail.
– *un mort:* vous vous rendez compte qu'une affaire s'est mal déroulée.
– *un parent:* divergences d'intérêts.
– *un inconnu:* un inconnu veut vous faire du mal.

ACCORD: *obtenir un accord:* vos amis vous estiment.
– *perdre un accord:* vous avez agi sans scrupules.
– *pour un mariage:* formalité, vous vous soumettez aux traditions.

ACCORDER: vous n'êtes pas capable de faire cesser une dispute.

ACCOUCHEE: *la voir:* votre famille ne sera pas très nombreuse.

ACCOUCHEMENT: *assister à un accouchement:* moments dramatiques mais dont le dénouement sera heureux.
– *ressentir les douleurs de l'accouchement:* vous surmonterez brillamment vos difficultés.

ACCOUCHER: moments de joie, chance.
– *pour un homme:* créativité la plus poussée.

ACCOUPLER: *deux animaux:* vous vous sentez responsable d'une amitié.

ACCOURIR: *en aide:* malchance proche.

ACCROCHER: *des tableaux:* vous êtes très matérialiste et vous rejetez l'art sous toutes ses formes.
– *une pendule:* avarisme et égoïsme.

ACCROCHER (S'): *à quelque chose pour ne pas tomber:* votre sort dépend de votre force d'âme.

ACCUEIL: *froid:* peur de ne pas être à la hauteur de la situation.
– *chaleureux:* vous avez conquis respect et estime.

ACCUEILLIR: vous devez exprimer vos sentiments les meilleurs.

ACCUMULER: *des richesses:* vous perdrez votre argent.

ACCUSER: gare à ceux qui veulent provoquer une dispute.
– *quelqu'un injustement:* danger de maladie.
– *être accusé:* mauvaises nouvelles en vue.

ACHAT: *de marchandises:* les souffrances ne dureront pas longtemps.
– *d'une maison:* vous voulez changer votre situation actuelle.
– *d'un terrain:* vous changerez de métier.
– *d'une automobile:* changements en vue.
– *de choses que vous possédez déjà:* vous perdrez ce à quoi vous tenez.

ACHEMINER (S'): *vers un but donné:* constance et courage vous aideront à traverser cette épreuve.
– *vers la maison:* période tranquille.
– *seul:* vous êtes vaniteux.
– *avec des amis:* moments agréables en société; aide précieuse.

ACHETER: *des objets:* vous voulez améliorer votre situation.
– *de la nourriture:* vous allez avoir des invités à dîner.
– *des fruits:* attention aux dépenses inutiles.
– *une maison:* vous voulez changer radicalement votre situation.
– *de l'or:* attention à ceux qui cherchent à vous corrompre.
– *des choses inutiles:* vous réfléchissez toujours à vos achats.
– *de vieilles choses:* nostalgie.
– *quelqu'un:* on découvrira bientôt vos stratagèmes.

ACIDE: *le donner à boire:* votre insensibilité est énorme.

ACIER: vous êtes têtu et ne changez jamais d'avis.
– *incandescent:* votre décision peut causer des dommages aux autres.

ACQUITTER (S'): vous perdrez le contact avec une personne.

ACROBATE: vous voulez démontrer aux autres de quoi vous êtes capable.

ACTES (inconvenants): *les voir:* commérages et commentaires peu sympathiques.
– *les faire:* anticonformisme dangereux.

ACTEUR / ACTRICE: *de cinéma:* grande fantaisie.
– *de théâtre:* voir **ARTISTE**.
– *s'identifier à un acteur:* vous aimeriez changer votre condition.

ADDITION: vous avez besoin de loisir.

ADIEU: peur de la solitude.

ADJUDICATAIRE: vous êtes tyrannique et faites souvent naître des disputes.

ADMETTRE: *une faute:* vous détestez les conseils et les critiques.

ADMINISTRER: *une société:* danger de faillite.
– *des rentes:* désillusions.
– *les sacrements:* vous vous sentez très important.
– *un médicament:* vous estimez donner de bons conseils aux autres.

ADMIRER: *quelqu'un ou quelque chose:* le milieu dans lequel vous vivez est pauvre et peu stimulant.

ADOLESCENT: *se voir adolescent:* succès dans la vie affective.
– *être en compagnie d'adolescents:* certains aspects de votre esprit ne vieilliront pas.

ADOPTER: problèmes en vue.
– *être adopté:* quelqu'un aura soin de vous.

ADORER: *Dieu:* vous traversez un moment de crise.

ADOUCIR: vous ne réussissez pas à maintenir un rythme de vie aussi fatigant.

ADRESSE: *lire son adresse:* nouveautés agréables.
– *écrire son adresse:* perte de sécurité.
– *oublier son adresse:* rapports distants avec votre famille.
– *demander son adresse à un étranger:* connaissances intéressantes à approfondir.
– *chercher son adresse:* une personne que vous ne réussissez pas à oublier.

ADULTERE: *commettre un adultère:* on dit du mal de vous.
– *en être victime:* soyez certain de la fidélité de votre conjoint.
– *s'en repentir:* vous découvrirez ce que vous désirez vraiment.

AEROPLANE: *le voir ou l'entendre:* quelqu'un se souvient de vous.
– *voyager en aéroplane:* vos désirs se réaliseront.

– *voir tomber un aéroplane:* les parents peuvent vous procurer des déplaisirs.
– *le piloter et avoir peur:* vous n'êtes pas capable de prendre des décisions.
– *le voir à terre:* malheur en vue.

AEROPORT: vous ne réussissez pas à organiser votre journée.

AFFAIBLIR (S'): baisse de tension.
– *couleur faible:* peur d'oublier des émotions agréables.
– *son faible:* peur de perdre une affection.

AFFAMER: votre avarice n'a pas de bornes.

AFFECTIONNER: vous êtes généralement hostile et méfiant.

AFFICHE: manifestez vos idées.
– *suspendre une affiche:* vous faites connaître votre projet.
– *déchirer une affiche:* vous vivez dans un milieu intolérant.

AFFLIGER (S'): vous savez qu'il n'est pas toujours utile d'insister.
– *être affligé:* la vie s'améliorera prochainement.

AFFRONTER: *des ennemis:* complications en vue, sans doute côté cœur.
– *des animaux féroces:* les personnes de votre entourage vous sont hostiles.

AFFUTER: vous vous préparez avec enthousiasme; vous aurez du succès.

AGATE: votre passion secrète n'est pas partagée.

AGE: *demander l'âge:* vous donnez de l'importance à l'expérience.
– *si quelqu'un vous demande votre âge:* peur d'être trop vieux.

AGE: *personne âgée:* voir **VIEUX**.

AGENDA: vous donnez trop peu d'importance au temps perdu.

AGENOUILLER (S'): vous supporterez de nombreuses humiliations.

AGENT: vous aurez bientôt des problèmes avec la justice.
– *de police:* voir **GARDE.**

AGILE: *se sentir agile:* vous avez dépassé un moment d'oppression.

AGITE: *se sentir agité:* problèmes non résolus.

AGITER: *quelque chose:* manifestation de courage.
– *un mouchoir:* vous n'avez pas honte de vos sentiments.
– *un drapeau:* vous manifestez audacieusement vos idées.

AGITER (S'): vous ne devez pas trop vous préoccuper.

AGNEAU: *le voir:* vous êtes enfantin et ingénu.
– *le manger:* une liaison sentimentale vous fera de la peine.
– *le caresser:* la chance est proche.
– *le tuer:* ne vous laissez pas corrompre par de mauvais conseils.
– *le voir dans un pré:* satisfactions de la part de vos enfants.
– *l'acheter:* vous allez conquérir des moments de bonheur.

AGONIE: *assister à une agonie:* présage de bonne santé.
– *votre agonie:* incapacité de changer de vie.

AGRICULTEUR: le travail vous fera devenir riche.
– *qui bêche:* abondance, satiété, fin des sacrifices.

AGRUME: *manger un agrume:* période de sacrifice.
– *arbres:* compliments et adulations.
– voir également **ORANGE, CITRON,** etc.

AIDE: *demander de l'aide:* vous désirez inconsciemment faire du bien à quelqu'un.
– *entendre crier "à l'aide":* vous vous sentez en danger.

AIDER: les affaires vont bien en ce moment.

AIEUX: vous êtes lié aux traditions.
– *aieux qui vous parlent:* ne méprisez pas la sagesse des personnes âgées.

AIGLE: *en vol:* vous êtes sûr de vous; quelquefois vous vous surévaluez.
– *qui saisit une proie:* vous êtes sûr de vous, décidé, prompt, telles sont vos qualités (ou du moins le croyez-vous).
– *être transporté par un aigle:* grand péril.
– *tuer un aigle:* vous n'avez plus de scrupules et voulez vous faire respecter.
– *apprivoiser un aigle:* vous pouvez compter sur l'aide et sur l'appui d'hommes haut placés et puissants.
– *aigle qui tombe:* satisfactions en amour.
– *aiglon:* il vaut mieux approfondir vos connaissances avant de juger.
– *voir beaucoup d'aigles dans le ciel:* vos richesses se multiplieront.
– *être menacé par un aigle:* vous craignez votre adversaire.
– *aigle blanc:* signe de deuil

AIGUILLAGE (de chemin de fer): manque de décision.
– *le manœuvrer:* vous avez pris une décision définitive.

AIGUILLE: *perdre une aiguille:* vous n'êtes pas sûr de ce que vous avez.
– *être piqué par une aiguille:* désir d'aventures sexuelles.
– *changer l'aiguille d'un tourne-disques:* vous analysez certaines de vos attitudes.
– voir aussi **AIGUILLES** et **COUDRE**.

AIGUILLES: *pointues:* vous découvrirez bientôt un secret et vous aurez de la peine.
– *aiguilles d'une montre en mouvement:* l'inactivité vous rend nerveux.
– *aiguilles d'une montre arrêtées:* vous attendez nerveusement quelqu'un.

AIGUILLON: *le voir:* vous vous sentez menacé.
– *être poussé avec un aiguillon:* vous devrez accomplir des choix nécessaires.
– *pousser quelqu'un avec un aiguillon:* vengeances et rancunes.

AIL: *le planter:* une agréable relation sentimentale va commencer.
– *le manger:* vous allez traverser une période triste.
– *le cueillir:* discussions familiales.
– *le cuisiner:* satisfactions affectives.

AILE: *d'oiseau:* vous serez sans doute trompé.

– *d'un ange:* vous devez apprendre à accepter la réalité.

AIMANT: vous vous sentez attiré par un inconnu.

AIMER: *son (sa) compagnon (compagne):* désir de protection.
– *son frère:* vous êtes jaloux de ses succès.
– *sa sœur:* vous êtes dans une condition psychologique calme et tranquille.
– *son père:* vous êtes convaincu de n'avoir jamais été compris par personne.
– *sa mère:* vous avez réussi à vous affirmer dans votre travail.
– *une personne inconnue:* vous êtes Narcisse.

AINE: *douloureuse:* santé en danger.
– *toucher l'aine de quelqu'un:* une situation équivoque.

AINE (frère): jalousies dans la famille.

AIR: *clair et limpide:* vous allez retrouver de façon inattendue un objet perdu depuis longtemps.
– *sombre:* il vaut mieux ne pas entreprendre un voyage.
– *ventilé:* votre caractère impulsif vous mènera loin.

AIRE: une fête rendra plus gai le week-end.
– *aire à grain:* présage de victoire.

AISSELLE: vous êtes souvent embarrassé.

AJUSTER: *des vêtements:* vous êtes responsable et autonome.
– *du linge:* vos dons cachés s'amélioreront.

ALARME: *entendre sonner une alarme:* vous êtes toujours tendu, tranquillisez-vous.
– *faire sonner une alarme:* vous tomberez malade, attention aux symptômes de la maladie.

ALBATRE: vous désirez plus de clarté dans les rapports de famille.

ALBUM: *de photographies:* le passé est une obsession.

ALCOOL: vous êtes souvent irrité.

ALGUE: quelque chose vous a échappé des mains.

ALIGNER: *des objets quelconques:* perte de temps.

ALIMENT: vos désirs seront satisfaits.
– *manger un aliment:* votre caractère s'améliore.
– *refuser des aliments:* mauvaise santé.

ALIMENTE: *être sous-alimenté:* vous vous sentez pauvre sur le plan spirituel.
– *voir une personne sous-alimentée:* vous voyez l'image que les autres ont de vous.

ALIMENTER: voir **NOURRIR**.

ALLAITER: *pour une femme:* désir de mûrir, vous aurez des difficultés pour élever vos enfants.
– *voir une femme qui allaite:* désir de paix, de tranquillité.

ALLEE: une situation favorable.
– *la parcourir:* vous ne rencontrerez aucune difficulté.

ALLIANCE: vous avez besoin d'un amour durable.
– *porter une alliance:* vous croyez en votre mariage.
– *perdre son alliance:* litige entre mari et femme, séparations.
– *recevoir une alliance:* une personne vous montre son amour.
– *voir une alliance:* amour sincère et durable.

ALLIER (S'): *avec un ami:* seul vous vous sentez faible.
– *avec un ennemi:* vous voulez oublier des controverses passées.

ALLONGER (S'): *une route:* vous vous êtes surestimé.

ALLUMER: *un feu:* cherchez à être plus tranquille.
– *une allumette:* n'hésitez pas.
– *la lumière:* vous ne trouvez pas la solution de votre problème.
– *un fourneau:* vous préférez rester dans votre milieu.
– *une cigarette:* insécurité; vous croyez être mal accepté.
– *la cheminée:* vie tranquille; équilibre économique.
– *une bougie:* période gaie et sans soucis.

ALLUME-CIGARE: vous voulez sembler meilleur que vous ne l'êtes.

ALLUVION: l'abondance peut vous nuire, sachez vous contrôler.

ALMANACH: *lire un almanach:* il faut prendre des décisions importantes.
– *voir les dessins d'un almanach:* il est fatigant de vivre une vie déréglée.

ALOUETTE: plus de liberté dans l'avenir.

ALPHABET: vous avez encore beaucoup à apprendre.

ALPINISTE: vous avez besoin d'aide. Laissez ceux qui ont plus d'expérience vous conseiller.

ALTERCATION: il vous est difficile d'exprimer vos idées.

ALTITUDE: *perdre (de l'):* ralentissement dans les affaires.
– *prendre (de l'):* une soudaine amélioration financière.
– *ne pas réussir à prendre (de l'):* difficulté à oublier les problèmes quotidiens.

AMANDES: *voir des amandes:* la vérité est difficile à découvrir.
– *manger des amandes:* une épreuve heureusement passée.

AMANDIER: *fleuri:* illusions tenaces.
– *sec:* grandes désillusions.

AMANT: *votre amant:* vous luttez pour conquérir le bonheur.
– *amant jaloux:* vous comprenez les difficultés de l'existence.
– *amant lointain:* vous voulez changer d'air, peut-être s'agit-il de nouvelles aventures.
– *amant triste:* les responsabilités vous pèsent.
– *amant qui vous abandonne:* vous êtes sûr de vous-même.
– *amant qui vous caresse:* vous craignez les tromperies et le double jeu.
– *qui vous embrasse:* vous recevrez bientôt un cadeau.

– *amant trompé:* conflits et discussions en vue.
– *amant calme et serein:* votre amant vous est fidèle.
– *amant infidèle:* vous recevrez le juste prix de votre constance en amour.
– *faire l'amour avec son amant:* vous avez la nostalgie d'une union passée.

AMASSER: *de l'argent:* un engagement important que vous ne pouvez pas respecter.

AMBASSADEUR: vous recevrez bientôt une très bonne nouvelle.

AMBRE: désir de richesse et de luxe.
– *collier d'ambre:* les disputes en famille se feront plus fréquentes.
– *fume-cigarette en ambre:* la femme que vous désirez est sophistiquée et intelligente.

AMBULANCE: *voir une ambulance et un blessé à bord:* bonne santé en famille.
– *ambulance vide:* vous perdrez une personne chère.

AMER: *manger ou boire quelque chose d'amer:* excellente santé.

AMERIQUE: désir de grandeur.
– *rêver d'y aller:* bonnes affaires en perspective.

AMETHYSTE: vous subirez de mauvais traitements.

AMIDONNER: *un col:* caractère inflexible.

AMIRAL: vous êtes décidé et sûr de vous en amour.
– *parler avec un amiral:* surprise agréable avec des amis.
– *amiral en uniforme:* chance, gaieté.

AMIS: *amis oubliés:* difficultés financières.
– *être offensé par des amis:* bonnes nouvelles.
– *voir des amis déjà morts:* nouvelles inattendues.
– *trouver de nouveaux amis:* bon augure, chance et bonheur.
– *rire avec les amis:* les disputes gâcheront la journée.
– *vieux amis:* nécessité de sécurité.
– *faux amis:* méfiance.

AMNISTIE: vous voudriez être libre d'agir à votre gré pendant quelque temps.

AMONCELER: *de l'argent ou des objets:* vous dépensez en réalité plus que vos possibilités ne vous le permettent.
– *des livres:* vous avez besoin d'une période de méditation.
– *des choses inutiles:* trop de confusion en tête.

AMORCER: *une bombe:* vous provoquerez un gros scandale.
– *désamorcer une bombe:* vous trouverez un remède à une erreur.

AMOUR *partagé:* tristesse et désespoir sont proches.
– *être repoussé en amour:* vous aurez du succès.
– *amour pour une personne méchante:* beaucoup de chance.
– *amour pour une personne bonne et sincère:* douleurs et malheurs.
– *amour avec un inconnu:* aventures enthousiasmantes.
– *amour avec une prostituée:* bonheur.

AMOUREUX (être): solitude, besoin de dialoguer.
– *voir des amoureux:* vous vous sentez écarté d'une situation agréable.
– *accompagner deux amoureux:* envie.

AMPHORE: liens avec ses parents.

AMPLIFICATEUR: personne n'écoute vos paroles.

AMPOULE: petits ennuis.
– *sur la peau:* avertissements que vous ne devriez pas ignorer.
– *sur les mains:* l'excès de travail nuit à votre santé.

AMPOULE: *électrique:* aides et idées précieuses.
– *brisée:* manque d'idées.

AMPUTER: *une jambe ou un bras:* vous devez renoncer à une attitude négative.

AMULETTE: il faut exorciser vos peurs.
– *désirer une amulette:* maladie mentale.
– *refuser une amulette:* sagesse et réalisme.

AMUSEMENT: vous cherchez la sécurité économique.

AMUSER (S'): moment positif.
– *s'amuser avec des amis:* vous vous sentez bien inséré dans votre groupe.

ANALPHABETE: *être analphabète:* sentiment d'impuissance.
– *rêver d'un analphabète:* sensation de supériorité.

ANALYSE: *faire des analyses:* insécurités, peurs.
– *recevoir un résultat positif à une analyse:* vous vous mentez à vous-même.
– *recevoir un résultat négatif à une analyse:* vous êtes en bonne santé. Ne laissez pas ceux qui vous veulent du mal vous effrayer.

ANANAS: bonnes affaires.
– *manger avec avidité un ananas:* désagréments futurs.

ANCETRE: de vieilles questions qui n'ont jamais été résolues vous créeront des problèmes.
– *ancêtre souriant:* bon présage.
– *ancêtre triste:* présage de mauvaises nouvelles.

ANCHOIS: *vivants:* vous craignez qu'on se moque de vous.
– *manger des anchois:* désir sexuel.
– *les voir cuits:* les rapports sentimentaux se détériorent.
– *les pêcher:* agréable surprise.
– *les réjeter à l'eau:* votre générosité vous causera des problèmes.

ANCRE: *jeter l'ancre:* vous réaliserez vos projets avec facilité.
– *voir une ancre:* vous allez repousser un voyage longuement attendu.

ANE: *le voir:* vous considérez que certaines de vos connaissances sont médiocres.
– *entendre un âne:* ne vous laissez pas impressionner par de faux appels de détresse.

– *chevaucher un âne:* vous n'éprouvez pas le besoin de démontrer votre force.
– *se sentir un âne:* c'est un mauvais moment à passer, vous connaîtrez bientôt des moments heureux.
– *âne mort:* mauvais présage.
– *âne qui court:* vous serez trompé.
– *âne attaché:* vous traverserez une période très difficile.

ANGE: *voir un ange voler:* pureté, désir d'évasion.
– *ange proche de vous:* vous attendez des nouvelles d'une personne que vous aimez.
– *ange doré:* les grands projets ne se réaliseront pas.

ANGLAIS: *étudier l'anglais:* vous projetez un voyage.
– *homme:* gentillesse, self-control.

ANGOISSE: *sensation:* maladie ou malchance.

ANGUILLE: désir de rapports sexuels.
– *refuser une anguille:* peur de la sexualité.
– *manger une anguille:* émancipation, liberté d'esprit.
– *anguille morte:* vous ne désirez plus rien.

ANIMAL: *féroce:* vous cherchez à fuir une menace.
– *animal domestique:* richesse et satisfaction sur le plan affectif.
– *animal inconnu:* chance.
– *animal dans la maison avec ses petits:* votre bonté vous causera des ennuis.
– *animal qui parle:* ne vous laissez pas impressionner par les personnes savantes et cultivées.
– *animal qui vous suit:* un peu d'agressivité et de décision vous aideront dans votre travail.
– *se changer en animal:* fourberie, astuce.

ANIS: période agréable.

ANNEAU: *de bronze:* succès rares.
– *d'acier:* pour gagner, vous devrez beaucoup lutter.
– *d'or:* présage de mort.
– *avec des brillants:* grande avidité.
– *son propre anneau:* disponibilité à l'amitié.
– *anneau des autres:* ambiguïté, peu de disponibilité.
– *enfiler un anneau:* désir sexuel.
– *retirer un anneau:* rompre un lien affectif.
– *perdre un anneau:* malheur.
– *recevoir un anneau en cadeau:* tranquillité et sécurité.
– *donner un anneau:* perte, manque de chance.
– *trouver un anneau:* visites inattendues.

ANNIVERSAIRE: vous aurez de nombreux amis autour de vous.
– *de mariage:* vous craignez de ne pas réussir à sauver votre rapport affectif.
– *oublier un anniversaire:* vous n'avez pas la notion du temps.

ANNUAIRE: symbolise votre mémoire.
– *fabriquer un annuaire:* vous faites de gros efforts de mémoire.
– *lire un annuaire:* mémoire excellente.
– *téléphonique:* vous devez retrouver quelqu'un.

ANNULAIRE: *doigt:* vous espérez une liaison durable.

ANTECEDENTS: *les avoir:* vous n'avez pas confiance en vous.

ANTENNE: vous capterez dans l'air des avertissements et des dangers.

ANTICHAMBRE: vie honorable et respectée.

ANTIPATHIE: *pour un inconnu:* vous avez des goûts très difficiles.
– *envers un ami:* quelqu'un vous ridiculisera.

ANTIQUAIRE: travail fatigant en perspective.
– *parler avec un antiquaire:* vous êtes fasciné par ce que vous ne connaissez pas.
– *libraire antiquaire:* vous en savez plus que vous ne le croyez.

ANTIQUITE: *objets d'antiquité:* cessez de vivre dans le passé.
– *avoir et vendre des antiquités:* bonnes nouvelles.
– *acheter des antiquités:* pauvreté; votre sens des affaires est peu développé.
– *trouver des antiquités:* vous allez hériter d'une fortune importante.

ANTRE: *souterrain:* laissez plus de liberté à vos instincts.

ANXIETE: *sensation d'anxiété:* votre vie est trop calme; cherchez de nouveaux centres d'intérêt.

AOUT: *mois de l'année:* vous voulez vous convaincre que vous devez travailler.

APAISER: tranquillité et self-control.

APERITIF: *boire un apéritif:* paresse, manque de courage.

APICULTEUR: amour du gain.

APOSTILLE: *la lire:* vous découvrirez de petites supercheries.
– *l'écrire:* vous voulez tromper quelqu'un.

APPARITEUR: vous avez un certain pouvoir dans votre milieu, mais en général vous valez peu.

APPARITION: vous avez l'esprit vif et une grande fantaisie.

APPARTEMENT: *vide:* il faut élargir votre patrimoine culturel.
– *meublé:* richesse d'âme.
– *riche et luxueux:* mauvais présage.
– *pauvre:* vous connaîtrez bientôt une période de chance.
– voir également **MAISON**.

APPAT: attention aux pièges.
– *mettre un appât à un hameçon:* préparer un piège.
– *mordre à un appât:* attention, ne soyez pas trop optimiste.

APPAUVRIR (S'): perte d'affections.
– *à l'improviste:* la personne que vous aimez vous abandonnera.

APPETIT: désir sexuel.

APPLAUDIR: vous appréciez les autres.
– *être applaudi:* la vanité et l'orgueil ne vous manquent pas, cependant vous avez des mérites.

APPLAUDISSEMENT: voir **APPLAUDIR**.

APPRENDRE: *quelque chose:* vous recherchez une certaine sécurité.
– *par cœur:* vous n'avez pas confiance en vous-même.
– *à écrire:* vous avez une communication difficile à faire.
– *à lire:* vous désirez mieux comprendre une situation confuse.
– *à nager:* vous avez peur que l'on vous laisse à la traîne.
– *à conduire:* vous avez besoin d'un peu de self-control.
– *une langue étrangère:* nouvelles connaissances intéressantes.

APPRENTI: vous pensez ne pas mériter la position que vous occupez.
– *l'être:* vous commencerez une nouvelle activité.

APPRIVOISER: vous aimeriez avoir plus de pouvoir, dans tous les domaines.

APPROCHER (S'): *de quelqu'un:* une nouvelle relation va naître prochainement.
– *de quelque chose d'étrange:* curiosité.

APPROPRIER (S'): *des objets appartenant aux autres:* l'envie est votre grand défaut.

APPUYER (S'): *à un mur:* vous recherchez une position sûre.
– *sur un bâton:* vous vous sentez fatigué; peut-être êtes-vous proche de la dépression nerveuse.
– *sur une personne:* vous avez besoin de quelqu'un à qui vous confier.

AQUARELLE: votre fantaisie vous aide beaucoup.

AQUARIUM: faites plus attention à ceux qui vous sont proches.

ARABE: *homme arabe:* vous avez la nostalgie d'une personne lointaine.

ARAIGNEE: litiges et discussions.
– *la voir:* une situation désagréable.
– *la voir qui tisse:* vous vous attendez à être trompé.
– *très grosse:* une grave discussion qui aura beaucoup de conséquences.
– *la prendre en main:* vous affrontez avec courage même les situations les plus désagréables.
– *la tuer:* bon auspice.

ARBITRE: *de football:* vous manquez de sens pratique.

ARBRE: *isolé:* insistez sur la voie que vous avez choisie.
– *fleuri:* bonheur.
– *couvert de fruits:* dans votre milieu vous n'avez pas que des amis.
– *abattu:* une nouvelle vous a profondément attristé.

– *grimper sur un arbre:* désir sexuel.
– *sec:* deuil en famille.
– *planter un arbre:* c'est le moment de faire des projets pour l'avenir.
– *s'abriter sous un arbre:* désir de protection.
– *arbre de Noël:* la famille sera bientôt réunie.
– *arbre à feuillage persistant:* ne vous laissez pas abattre par les soucis.
– *mât d'un bateau:* vous avez de grandes aspirations.

ARBUSTE: vous êtes têtu et votre caractère vous nuit souvent.

ARC: *comme élément architectural:* stabilité dans les affaires et sur le plan sentimental.
– *passer sous un arc:* les nouvelles situations ne doivent pas vous effrayer.
– *arc comme arme:* il faut savoir se défendre.
– *arc de triomphe:* vous avez raté une affaire et vous vous sentez contrarié.

ARCADES: une protection apparente.
– *se promener sous les arcades:* vous serez surpris par quelques événements imprévus.

ARC-EN-CIEL: signe positif, tout ira comme vous le voulez.
– *arqué vers la droite par rapport au soleil:* beaucoup de chance.
– *arqué vers la gauche:* vous rencontrerez des problèmes et des difficultés.

ARCHANGE: ne surévaluez pas votre créativité.

ARCHET (de violon): besoin de solidarité.

ARCHEVEQUE: *le voir:* récompense pour vos bonnes actions.
– *l'entendre parler:* vous recevrez une aide inattendue.
– *qui bénit:* différends en famille avec les parents.

ARCHIPRETRE: vous êtes bien disposé envers votre prochain.

ARCHITECTE: vous trouverez votre équilibre et résoudrez une situation instable.

ARCHITECTURE: *antique:* vous êtes nostalgique et trop romantique.
– *architecture moderne:* dynamisme, don de vous-même au travail.

ARDOISE: *toit en ardoise:* vous vous sentez en sécurité dans votre milieu.

ARETE: *de poisson:* un petit ennui.
– *avoir une arête dans la gorge:* vous vous rendrez compte trop tard de vos erreurs.

ARGENT: *trouver de l'argent:* chance.
– *posséder de l'argent:* prestige, finesse.
– *compter de l'argent:* possibilités de bons gains.
– *perdre de l'argent:* présage de chance et de danger.
– *dépenser de l'argent:* vous serez ruiné en peu de temps.
– *accumuler de l'argent:* misère imminente.
– *gagner de l'argent:* petits ennuis faciles à résoudre.
– *manger de l'argent:* grave maladie.
– *prêter de l'argent:* un moment difficile que vous surmonterez rapidement.
– *monnaies d'argent:* vous ferez des affaires importantes.

– *coupes d'argent:* les victoires de la vie vous donnent de grandes satisfactions.
– *dents en argent:* bon augure.
– *devenir en argent:* vous sortirez prostré d'une longue maladie.

ARGENTERIE: *l'utiliser:* vous considérez qu'il est important de se distinguer en étant raffiné.
– *la nettoyer:* votre image sociale est fondamentale.
– *acheter de l'argenterie neuve:* problèmes dans le futur.
– *la vendre:* vous cherchez la facilité qui vous convient.
– *recevoir de l'argenterie en cadeau:* vous aimez que les autres vous considèrent pour ce que vous êtes.

ARGILE: la décision que vous avez prise n'est pas définitive et vous risquez de changer d'idée.
– *modeler de l'argile:* tendances artistiques.

ARISTOCRATE: *rêver d'être un aristocrate:* vous ne réussissez pas à vous accepter vous-même et à accepter votre position sociale.

ARME: signe de puissance sociale et sexuelle.
– *arme blanche* (couteau par exemple): vous exprimez votre pouvoir sans subterfuges ni aides extérieures.
– *arme à feu:* votre puissance se manifeste indirectement.
– *jeter les armes:* désir de paix.
– *être menacé par une arme:* les propositions un peu imprévues vous font fuir.
– *arme impropre:* il n'est pas nécessaire de continuer à démontrer quelque chose à vous-même et aux autres.
– *posséder des armes:* vous vous sentez sûr de vous et autosuffisant.

ARMEE: manque de sécurité, peur des dangers.
– *en armes:* honneurs et reconnaissances.
– *en temps de paix:* moment positif, tranquillité d'âme.
– *en guerre:* perte de richesses.

ARMOIRE: vous pouvez avoir confiance en vos amis; l'affection qu'ils vous portent est sincère.
– *armoire fermée à clef:* efforcez-vous d'être plus sociable.
– *armoire remplie de vêtements:* vous avez du goût et une grande sensibilité artistique.
– *voir transporter une armoire:* le vent tourne, vous aurez plus de chance à l'avenir.

ARMOIRIES: *les voir:* désirs irréalisables.
– *les porter:* vous traversez une période heureuse.

ARMOISE: bonheur.

AROMES (herbes de cuisine): certains problèmes imprévus se résoudront tout seuls.

ARQUEBUSE: la personne que vous admirez ne mérite pas autant d'attention.

ARRET: interruptions non voulues.
– *interdit:* vous savez qu'il est dangereux de rester passif.
– *bref:* un intervalle pour prendre une décision.

ARRET (de l'autobus): *voir l'arrêt:* un moment de pause nécessaire.
– *attendre à l'arrêt d'autobus:* vous ne pouvez pas obtenir tout tout de suite.
– *descendre à l'arrêt de l'autobus:* observez bien l'endroit où vous êtes descendu, c'est peut-être un endroit important.

ARRETER: mauvaises nouvelles.
– *être arrêté:* vous serez offensé en public.
– *voir arrêter quelqu'un:* vous vous sentez très coupable.
– *arrêter des ennemis:* vous devez oser davantage dans la vie.

ARRIVER: *au retour d'un voyage:* il vous arrivera quelque chose d'imprévu.
– *arriver à la maison:* il vaut mieux que vous restiez seul en ce moment.

ARROSER: impulsivité, esprit créatif.
– *quelqu'un avec de l'eau:* vous subirez l'influence d'une personne entreprenante.
– *son propre champ:* augmentation de votre richesse.
– *son jardin:* harmonie familiale.
– *les fleurs:* moments de joie en vue.

ARROSOIR: prudence en affaires.

ARSENAL: vous croyez avoir beaucoup d'"armes" à votre disposition.

ART: on vous confiera une grande responsabilité.

ARTERE: vous vous sentez plein de vitalité.

ARTILLERIE: *en action:* vous vous laissez impressionner par des manifestations de force.
– *seulement quelques canons:* vous rencontrez quelques difficultés mais savez y faire face.

ARTISAN: votre conjoint vous est très attaché.

ARTISTE: *d'art figuratif:* vous sentez la nécessité d'exprimer votre fantaisie.
– *de théâtre:* vous aimez être apprécié et écouté en public.
– *écrivain:* vous avez un esprit d'observation, de l'intelligence et êtes réaliste.

AS: si vous rêvez de jouer aux cartes, c'est un présage de victoire.

ASCENSEUR: *rêver de l'attendre:* vous attendez des occasions meilleures.
– *prendre l'ascenseur:* vous avez un grand sens pratique.
– *y rester bloqué:* vous vous méfiez de la mécanique.

ASILE (politique): *le demander:* vous vous sentez frustré et bloqué dans chacun de vos gestes.

ASPERGE: besoin de douceur.

ASPHALTER: *une route:* il est inutile de faire de trop grands projets.

ASPHYXIER: libérez-vous de celui qui vous empêche de vous exprimer.

ASPIC: vous avez tendance à chercher des solutions définitives.

ASPIRATEUR: vous désirez faire le "ménage" et éliminer de vieux préjugés.

ASPIRATION: vous mettez en pratique les projets que vous avez à l'esprit.

ASPIRER: *des fumées nocives:* les mauvaises amitiés vous détournent du droit chemin.

ASSAILLIR: *des ennemis:* un nouvel engagement sera un échec.
– *des amis:* vous êtes instable et on ne peut pas avoir confiance en vous.

ASSASSIN: présage négatif.
– *voir un assassin:* vous êtes terrorisé.
– *devenir un assassin:* la passion vous fait déraisonner.
– *rencontrer un assassin:* difficultés imprévues feront obstacle à vos plans.

ASSASSINER: voir **TUER**.

ASSAUT: *partir à l'assaut:* vous vous laissez impliquer par des décisions prises par d'autres.
– *subir un assaut:* les peurs réprimées vous causent des ennuis.
– *assaut de bandits:* vous êtes désorienté, méditez sur vos choix.

ASSECHER: *un fleuve:* grosse perte économique.

ASSEMBLEE: vous n'êtes pas satisfait de l'attitude des autres.
– *se trouver dans une assemblée:* vous désirez être seul, ne pas toujours être remarqué.
– *convoquer une assemblée:* vous aimeriez que les autres participent à vos joies.

ASSEOIR (S'): vous vous sentez à votre aise.
– *sur une chaise:* voir **CHAISE**.

ASSESSEUR: vous avez peur de ne pas faire les gestes qu'il faut.

ASSIEGER: vous aimeriez voir tous vos ennemis à vos pieds.

ASSIETTES: désirs de tous genres.
– *les voir pleines:* vos désirs seront exaucés.
– *les voir vides:* insatisfactions.
– *les casser:* vous aurez une violente discussion avec votre partenaire.
– *les laver:* petit contretemps.

ASSISTER: *des malades:* il faut faire des choix avec plus de décision.
– *des moribonds:* votre relation amoureuse se termine; vous allez changer de partenaire.

ASSOCIATION: *faire partie d'une association:* trop de frais peuvent vous ruiner.

ASSOCIE: *le voir:* une personne en qui vous avez confiance.

– *être un associé:* vous savez que vous pouvez compter sur beaucoup d'amis.

ASSOIFFE: *être assoiffé:* insatisfaction.
– *voir quelqu'un assoiffé:* altruisme.
– *donner à boire à quelqu'un d'assoiffé:* vous êtes bon avec une pointe de paternalisme.

ASSOMBRISSEMENT: situation économique qui se détériore.
– *à l'improviste:* difficultés qui vous prendront au dépourvu.

ASSOMMER: *quelqu'un:* vous éliminerez momentanément un adversaire.
– *être assommé:* désagréments passagers.

ASSORTIMENT: *de chaussures:* vous êtes trop pris, essayez de trouver des moments libres.
– *d'objets divers:* vous donnez une juste importance à votre travail.

ASSOURDIR: *en provoquant du bruit:* désir de se faire remarquer.

ASSURER: *s'assurer sur la vie:* vous n'avez pas confiance dans l'avenir.
– *ses biens:* une peur exagérée vous interdit de vivre tranquillement.

ASTHME: *rêver d'avoir de l'asthme:* vous devez changer d'air, le milieu vous étouffe.

ASTIQUER: *quelque chose:* voir **CIRER**.

ASTRE: *resplendissant:* vos initiatives se concluront de façon positive.
– *astre obscurci:* mauvais présage.

ASTROLOGUE: vous êtes incertain; méfiez-vous des personnes fausses qui vous flattent.

ASTRONOME: vous aimeriez augmenter votre bagage culturel.

ATHLETE: *voir un athlète:* vos efforts seront récompensés.
– *être un athlète:* grande force de caractère.
– *voir tomber un athlète:* vous vous rendez compte que vous n'êtes pas à la hauteur de la situation.

ATLAS: *feuilleter un atlas*: vous partirez bientôt pour un voyage inattendu.

ATMOSPHERE: *être dans l'atmosphère:* votre présence d'esprit vous conduira au succès.
– *être hors de l'atmosphère:* vous cherchez trop loin ce qui est facile à trouver.
– *rompre l'atmosphère:* un ami vous considérera responsable d'une soirée ennuyeuse.

ATOME: il arrivera une petite chose agréable.

ATTAQUER: *dans le sens de se disputer:* en réalité vous êtes passif et subissez tout.

ATTEINDRE: *un but:* optimisme et courage.

ATTENDRE: *un ami:* vous êtes susceptible et vous vous sentez tout de suite offensé.

– *un train:* les occasions arrivent pour vous toujours au mauvais moment.
– *les vacances:* vous aimeriez vivre sans travailler.

ATTENTAT: un événement important changera votre vie.
– *organiser un attentat:* vous haïssez profondément quelqu'un.
– *être victime d'un attentat:* péril imminent.

ATTENTE: *salle d'attente:* vous allez recevoir des nouvelles importantes.

ATTENTION: *faire attention:* vous avez besoin de distractions.
– *ne pas faire attention:* voir **DISTRACTION**.

ATTENUER: *une douleur:* la situation n'est pas brillante mais vous réussissez à trouver une issue.

ATTERRISSAGE: vous avez appris à être réaliste et à ne pas rêver les yeux ouverts.
– *atterrissage difficile:* vous avez du mal à considérer les choses de façon rationnelle.

ATTIRER: *un regard:* vous êtes très égocentrique.
– *une personne:* solitude.

ATTISER: vous serez responsable d'une dispute.

AUBE: *voir l'aube:* vous avez un avenir intéressant.
– *aube très colorée:* le romantisme vous joue de vilains tours.

AUBERGE: un voyage imprévu.
– *dormir dans une auberge:* une situation précaire.

AUBERGINE: *voir des aubergines:* ambiguïté.
– *manger des aubergines:* sensations superficielles.

AUBERGISTE: gentillesse apparente.

AUDACIEUX: *être audacieux:* la timidité bloque toutes vos tentatives.

AUDIENCE: vous avez besoin de faire savoir quelque chose à tout le monde.
– *au tribunal:* ennuis avec la justice.
– *accordée:* quelqu'un acceptera de vous écouter.
– *refusée:* vous devrez vous taire.

AUDITOIRE: vous devez faire attention à ce que vous dites.
– *attentif:* vous savez qu'on vous écoute avec attention.
– *distrait:* vous ne jouissez pas d'une grande considération.

AUGMENTATION: *recevoir une augmentation:* ne soyez pas trop optimiste.
– *demander une augmentation:* vous croyez que l'on ne vous estime pas pour ce que vous valez.

AUGURE: *mauvais augure:* craintes irrationnelles.

AUMONE: vous aimez vous sentir supérieur aux autres.
– *demander une aumône:* humiliation, honte.

– *faire une aumône:* bonheur, satisfaction.
– *vivre d'aumônes:* manque de sécurité, peur du futur.

AUREOLE: *avoir une auréole:* vous vous sentez isolé, unique et infaillible.

AURORE: optimisme, bonheur.

AUTEL: un héritage vous rendra riche.
– *autel dépouillé:* grande désillusion.
– *autel fleuri:* vous n'admettez pas que vous pensez au mariage.
– *s'agenouiller devant un autel:* respect de l'autorité.

AUTO BLINDEE: vous avez besoin de protection.

AUTOBUS: désir de voyager.
– *autobus vide:* vous voyagerez seul.
– *autobus bondé:* vous ne réussissez pas à vous libérer d'amis indiscrets.
– *autobus incendié:* chance.

AUTOGRAPHE: *lire un autographe:* persévérance.
– *demander un autographe:* vous êtes influencé par les gens qui ont du succès.
– *faire un autographe:* vous êtes prétentieux et vaniteux.

AUTOMNE: période de mélancolie.

AUTOMOBILE: désir de puissance.
– *automobile personnelle:* désir d'évasion.
– *automobile qui roule à grande vitesse:* vous aimeriez être plus fort que vous ne l'êtes.
– *automobile à peine achetée:* vous êtes fier de vous.
– *conduire une automobile:* responsabilité.
– *se faire conduire en automobile:* vous préféreriez renoncer à vos responsabilités.
– *vieille automobile:* vous avez l'impression de ne pas aller au rythme du temps.
– *qui se fracasse:* espoirs déçus, il faut recommencer depuis le point de départ.

AUTOMOBILISTE: *téméraire:* vous vous sentez en danger.
– *indécis:* trop de prudence freinent les initiatives.

AUTONOMIE: *vous rêvez d'autonomie:* il vous faut apprendre à vous passer de la famille.

AUTORISER: *quelque chose:* vous aimeriez être obéi par un grand nombre de personnes.

AUTORITE: vous devez décider tout seul de votre vie.

AUTOROUTE: vous aimeriez rejoindre des personnes lointaines.
– *en mauvais état:* au fond vous préférez ne pas vous éloigner de chez vous.

AUTO-STOP: vous avez besoin d'aide.

AUTRUCHE: vos amis et vos parents vous causeront des déceptions.

AVALANCHE: impétuosité dangereuse.
– *qui se précipite sur vous:* vous serez entraîné par une personne impulsive.

AVALER: *un cachet:* vous êtes inquiet pour votre santé.
– *ses larmes:* moment de grave crise.
– *un médicament:* moments difficiles mais utiles pour l'avenir.
– *un poison:* grosses pertes d'argent.

AVANCEE: *de soldats:* en groupe vous avez des possibilités de succès.

AVANTAGE: *l'avoir:* vous êtes très optimiste.
– *le perdre:* vous avez trop compté sur une aide extérieure.
– *l'acquérir:* vous affrontez un conflit avec décision.

AVANT-SCENE: vous aimez vous faire remarquer.
– *y monter:* exhibitionnisme.
– *recevoir des applaudissements:* vous ferez remarquer vos mérites.
– *la voir de loin:* vous enviez ceux qui ont eu du succès.

AVARE: très mauvais présage; vous perdrez vos amis.
– *être avare:* vous vous sentirez complètement isolé.

AVENTURE: *sentimentale:* désir d'émotions nouvelles.
– *dangereuse:* peur de rencontres peu agréables.
– *amusante:* besoin d'évasion.

AVENTURIER: *sur le plan sportif:* vous savez combattre.
– *en amour:* vous vous rendez trop facilement.
– *déloyal:* vous êtes trop méticuleux.

AVERSE: voir **PLUIE**.

AVERSION: *pour quelque chose:* vous êtes très formel et très "comme il faut".
– *aversion pour quelqu'un:* ne jugez pas quelqu'un sur son aspect seulement.

AVERTIR: *quelqu'un:* vous craignez les punitions.
– *quelqu'un d'un danger:* altruisme.

AVEUGLE: il vaut mieux éviter tout genre de voyages.
– *le voir:* ne vous fiez pas de ceux qui disent en savoir plus long que vous.
– *l'être:* vous vous rendez compte qu'il vous faut être très prudent.
– *le devenir à l'improviste:* vos horizons s'élargiront de façon inexplicable.

AVEUGLER: *quelqu'un:* vous savez que vous êtes au fond de vous-même faux et malhonnête.

AVIATEUR: vous aimez les faits héroïques; vous avez l'âme romantique.

AVILIR (S'): vous écoutez trop volontiers ceux qui en savent moins que vous.

AVIRON: si vous prenez le rythme juste tout sera plus facile.

AVIS: *public:* mariage.
– *mortuaire:* une amitié est définitivement perdue.

AVOCAT: angoisse, expériences désagréables.
– *au tribunal:* vous vous sentez observé par tout le monde.
– *être un avocat:* vous provoquerez des dommages à quelqu'un.

AVOINE: prospérité et bien-être.
– *manger de l'avoine:* les affaires prospéreront, vous savez que vous méritez le bonheur.

AVORTEMENT: ennuis en vue.
– *spontané:* peur des responsabilités.
– *volontaire:* désir de liberté.
– *d'un animal:* le péril que vous craigniez est passé.

AZALEE: invitation au calme et à la réflexion.

AZUR: nouveauté, ouverture, les nouveaux projets doivent être mis en œuvre immédiatement.

B

BABA (gâteau): désir de douceur.

BABIOLE: souvenirs.
– *acheter des babioles:* vous voulez vous souvenir de quelqu'un.
– *fabriquer des babioles:* douceur et mélancolie.
– *casser une babiole:* déplaisirs de brève durée.

BABOUIN: vous vous sentez quelquefois ridicule.

BAC (bateau): *le voir:* vous savez que vous pouvez compter sur un ami.
– *y monter:* opportunisme, capacité de tirer parti de toutes les occasions.
– *prendre le bac pour une traversée:* une chose qui vous paraissait compliquée se révélera très simple.
– *faire passer le bac:* vous facilitez les choses à des personnes qui n'en ont pas besoin.

BACCALAUREAT: *passer le baccalauréat:* vous ne vous sentez pas à la hauteur de la situation.
– *être recalé:* vous pensez que vous ne méritez pas votre situation.
– *être reçu:* vous voulez une confirmation de votre valeur.

BACILLE: maladie imminente en famille.

BAFOUER: *un estropié:* maux, peu de santé.
– *un pauvre:* vous vous sentez en sécurité, et en effet vous allez bientôt vous enrichir.
– *un vieux:* la vieillesse vous terrorise.
– *un aveugle:* vous ne voyez pas clairement la situation dans laquelle vous vivez.

BAGAGES: voyage en perspective.
– *perdre ses bagages:* appauvrissement personnel.
– *avoir trop de bagages:* difficultés à s'éloigner de chez soi.

BAGARRE: difficultés dans vos rapports avec les autres.
– *entre femmes:* vos affaires connaissent une passe difficile.
– *entre hommes:* certaines nouvelles vous compliquent l'existence.
– *entre chats:* disputes entre amants.
– *entre chiens:* cherchez à aider un ami qui vous le demande.
– *entre amants:* ne grossissez pas les petits problèmes.

BAGUETTE: *magique:* vous vous surévaluez.
– *de chef d'orchestre:* vous vous sentez en harmonie avec le monde.
– voir aussi **PAIN**.

BAIE: bord de mer: désirs insatisfaits.

BAIES: *trouver des baies:* gains inattendus.
– *en chercher beaucoup:* nécessité de franchir certains obstacles.
– *en ramasser:* désir d'accumuler.
– *en manger:* sensation agréable.

BAIGNER (SE): *dans de l'eau claire:* sérénité.
– *dans une eau courante:* attention aux dangers.
– *avec son amant:* jalousie.
– *avec des amis:* vous avez bon espoir pour l'avenir.

BAIGNEUR: *à la mer:* besoin de vacances.
– *sur un fleuve:* le week-end doit être tranquille.
– *solitaire:* sensation d'amertume.
– *en compagnie:* gaieté.

BAIGNOIRE: vous êtes trop ambitieux.
– *pour le bain:* maladie imminente.
– *pleine d'eau:* bon présage.
– *vide:* période difficile.

BAILLEMENT: une chose peu importante.

BAILLER: indifférence.
– *voir quelqu'un qui bâille:* vous ne vous croyez pas intéressant.

BAILLONER: *quelqu'un:* vous craignez qu'un grave secret ne soit dévoilé.
– *être bâillonné:* vous savez que certains ont des doutes sur votre capacité de tenir votre langue.

BAIN: *salle de bains:* votre intimité a été violée.
– *prendre un bain:* vous voulez vous laver, vous purifier d'une faute.
– *bain froid:* petites contrariétés.
– *bain chaud:* vous êtes trop détendu.
– *bain tout habillé:* vous vous sentez souvent déplacé en compagnie.
– *bain de pieds:* satisfaction pour avoir oublié certains chagrins.

BAIONNETTE: vous savez être agressif, mais n'êtes jamais sournois.
– *être blessé par une baïonnette:* graves problèmes en vue.

BAISER: *donner un baiser:* générosité.
– *recevoir un baiser:* carences affectives.
– *donner un baiser à son père:* vous avez besoin de quelqu'un qui vous protège.
– *à sa mère:* vous vous sentez incompris.
– *à ses frères:* solidarité familiale.
– *à un mort:* mauvais présage.
– *à son partenaire:* l'amour est solide.

– *sur la main:* âme romantique.
– *sur le visage:* tendresse.
– *sur la bouche:* grande passion ou quelquefois hypocrisie.
– *donner un baiser et être repoussé:* tristesse, mélancolie, incertitude.
– *à un ennemi:* vous avez mûri.
– *à un inconnu:* narcissisme.

BAISSER: *les mains:* désir de repos.
– *les yeux:* vous ne vous rendez pas compte de la réalité.
– *le visage:* tristesses et problèmes vous feront pleurer.
– *la tête:* vous vous sentez inférieur aux autres.

BAL: désir de divertissement.
– *bal masqué:* ne vous obstinez pas à vouloir paraître différent de ce que vous êtes.
– *bal champêtre:* préoccupations familiales.
– *refuser un bal:* vous êtes trop modeste.

BALAFRER: *quelqu'un:* votre comportement laissera des traces.
– *être balafré:* une personne mauvaise que vous n'arrivez pas à oublier.

BALAI: un travail qui vous ennuiera.

BALANCE: soyez plus équilibré, vos amis s'éloignent de vous.
– *être pesé sur une balance:* le jugement des autres vous importe beaucoup.
– *se peser:* vous avez des problèmes pour vous affirmer.
– *cassée:* comme il vous manque un point de référence, vous ratez des occasions précieuses.

BALANCER (SE): vous refusez d'abandonner une situation instable mais agréable.
– *sur une balançoire:* vous profitez du présent sans penser au futur.
– *se balancer sur une branche:* vous croyez qu'il s'agit d'un jeu, mais vous risquez trop.
– *suspendu à un fil:* vous aimez le risque d'une situation incontrôlable.

BALANCIER: *d'une pendule:* tâches que l'on ne peut reporter.

BALANÇOIRE: grand désir sexuel.

BALAYER: *sa propre maison:* bon signe, nouveautés agréables.
– *la rue:* succès lent à venir mais certain.
– *une pièce:* vous devez mettre au clair certaines choses.

BALBUTIER: il est quelquefois difficile de se faire comprendre.

BALCON: vous avez un champ visuel plutôt limité.
– *être sur un balcon:* égocentrisme.
– *balcon fleuri:* la persévérance vous permettra de mériter des honneurs.
– *balcon qui s'écroule:* catastrophe.
– *linge au balcon:* quelqu'un médit de vous, vous juge mesquin et petit d'esprit.

BALDAQUIN: narcissisme.
– *au-dessus de son lit:* protection de personnes importantes.

BALEINE: renouvellement, une grande force vous aide.
– *être mangé par une baleine:* il est temps de cesser de croire aux contes de fées.

BALLERINE: petits problèmes de vanité.
– *rêver d'être une ballerine:* vous aimeriez vous mouvoir plus librement.

BALLET: *assister à un ballet:* vous vous sentez exclu des décisions qui sont de votre ressort.
– *participer à un ballet:* désir de s'insérer dans un groupe.

BALLON: *le voir:* malchance dans les affaires, mais vous pouvez encore tout arranger.
– *jouer avec:* tentatives pour remédier aux erreurs.
– *l'envoyer au loin:* aucun espoir de remédier aux erreurs commises.

BALLONNET: légèreté d'âme.
– *qui s'envole:* vous avez perdu une bonne occasion.
– *le faire éclater:* imprévu désagréable.

BALLOTTER: vous ne vous souciez pas des ennuis des autres.
– *être ballotté:* une personne qui vous cause des imprévus désagréables.

BALLUCHON: une petite surprise.
– *voyager avec un balluchon:* un voyage imprévu.

BALUSTRADE: votre capacité de compréhension est limitée.
– *balustrade en fer:* certains obstacles vous empêchent de vous réaliser.
– *dans une église:* ne cherchez pas à expliquer toujours tout.
– *la construire:* vous vous sentez exposé à des dangers.
– *qui manque:* état dépressif dangereux.
– *très haute:* vous êtes trop protecteur.

BAMBOU: principes inflexibles.

BAN: *être mis au ban:* quelqu'un essaye de vous évincer dans le travail.

BANANE: représente l'organe sexuel masculin.
– *manger une banane:* désir sexuel.
– *jeter une banane:* période de réflexion spirituelle.

BANC: repos; perte de temps.
– *d'école:* nostalgie du passé.
– *de tribunal:* la sensation d'être persécuté ne vous quitte jamais.
– *d'église:* requête faite avec d'autres.
– *en bois:* bénéfices médiocres.
– *en pierre:* sécurité économique.
– *en métal:* les bonnes affaires ne vous donneront pas satisfaction.
– *le voir:* besoin de repos.
– *y rester longtemps assis:* l'oisiveté vous ruinera.
– *y dormir:* misère.

BANDE: *de jeunes:* vous ne réussissez pas à comprendre la nouvelle génération.
– *bande musicale:* grande gaieté.
– *bande de malandrins:* sensation d'impuissance.

– *bande militaire:* chance imprévue.
– *ne pas en voir la fin:* angoisse non justifiée.

BANDEAU: difficulté de choix.

BANDER: *quelqu'un:* un ami en difficulté.
– *se bander:* vous vous plaignez vous-même.
– *une blessure:* une interruption momentanée du travail.
– *un enfant:* désir de protéger les faibles.

BANDEROLE: vous vous laissez charmer par l'avis des autres.

BANDIT: *qui attaque:* complexe d'infériorité.
– *être suivi par des bandits:* vous êtes faible et vous cherchez à fuir les risques de l'existence.
– *tuer un bandit:* il vous manque un peu de courage.
– *être tué par un bandit:* esprit de sacrifice.

BANQUE: vous considérez qu'il est très important d'accumuler de l'argent.
– *faire des opérations de banque:* peurs, afflictions.
– *percevoir de l'argent:* pertes financières.
– *déposer de l'argent en banque:* autocontrôle.
– *employé de banque:* vous éprouvez de l'envie pour ceux qui sont en sûreté sur le plan financier.

BANQUET: réunion qui peut dégénérer en une fête licencieuse.
– *banquet de noce:* bonheur.
– *banquet en famille:* disputes et litiges.
– *aller à un banquet:* attention aux pièges tendus par de faux amis.
– *ne pas aller à un banquet:* perte apparente; gain d'argent.

BAPTEME: présage de bonheur.
– *être baptisé:* vous améliorerez votre situation sociale.
– *aller à un baptême:* votre âme est sereine, la chance est proche.

BAPTISER: vous êtes altruiste et cherchez toujours à aider les autres.

BAPTISTERE: solitude.

BAQUET: symbole féminin.
– *vide:* préoccupations familiales.
– *plein:* famille nombreuse.
– *y prendre un bain:* un moment de sérénité.
– *dans de l'eau propre:* vous prouverez que les accusations qui vous sont faites sont fausses.
– *dans de l'eau sale:* vous avez la conscience chargée.
– *voir quelqu'un qui y prend un bain:* vous avez proféré des accusations injustes.

BAR: apathie, vous n'avez pas d'esprit d'initiative.

BARAQUE: il vous manque un peu de solidarité, de détermination.
– *grande baraque de foire:* ne refusez pas une invitation sympathique.

BARATTE: vous avez un engagement urgent.

BARBE: *épaisse:* vous vous sentez mûr et responsable.
– *barbe peu épaisse:* manque de maturité, impulsivité.
– *barbe hirsute:* vous craignez le jugement des autres; vous tenez à l'image que l'on a de vous.
– *barbe non rasée:* vous avez peu d'amour-propre.
– *barbe blanche:* vous vous sentez très sage.
– *barbe bouclée:* attention aux tromperies.
– *barbe que l'on rase:* ennuis, disgrâces.
– *barbe blonde:* faiblesse.
– *barbe noire:* grande force.

BARBELE: obstacles invisibles.
– *le voir devant soi:* vous vous rendez compte des difficultés que vous avez devant vous.
– *le sauter:* bon esprit d'initiative face aux difficultés.
– *le couper:* vous avez les moyens de surmonter les obstacles.

BARBIER: commérages.
– *barbier en train de raser:* vous devez affronter des échéances importantes.

BARBILLON: *de coq:* désir de commandement.

BARBOUILLAGES: idées confuses.
– *les faire:* manque de détermination et d'idées.

BARBOUILLER: gestes malhonnêtes.
– *des murs:* exaspération de votre haine pour une personne.
– *des cartes:* travail inutile.
– *les mains:* vous êtes mêlé à une affaire peu claire.
– *le visage:* vous vous sentez coupable et cherchez à vous cacher.

BARCASSE: *vieux bateau abandonné:* vous êtes angoissé à l'idée de vieillir.

BARDER: *un cheval:* vous avez pris votre décision; vous voulez changer de vie.
– *une mule:* obstination.
– *un âne:* malchance.

BARIL: symbole de maternité.
– *vide:* vous vous sentez vide d'idées.
– *de vin:* bien-être.
– *d'huile:* tout ira bien.
– *cassé:* vous trouverez des obstacles et des pièges sur votre chemin.

BARMAN: vous aimez vous mettre au service des autres.

BAROMETRE: vous êtes d'une précision exaspérante.

BARON: difficulté de s'affirmer socialement.
– *rêver que l'on devient baron:* fortune inattendue.

BARQUE: *petite barque:* des évasions agréables vous attendent.
– *barque élégante:* vous aimeriez toujours vous faire remarquer, soyez plus modeste.

– *à voile:* vous désirez des émotions naturelles.
– *en arrêt:* bonnes nouvelles.
– *renversée:* accidents, douleurs, litiges.
– *qui rentre au port:* le travail entrepris donnera de bons résultats.
– *en navigation:* ne laissez pas passer les bonnes occasions.
– *ancrée:* fatigue, inaction.
– *qui arrive:* bonnes nouvelles.
– *qui coule:* voir **COULER**.
– *ramer sur une barque:* voir **RAMER.**

BARRE: *de fer:* votre haine pour une personne de votre connaissance est exagérée.
– *plier une barre:* rien ne vous arrête.

BARRICADE: grande excitation.
– *défendre une barricade:* vous êtes perturbé par de graves conflits, vous prenez des positions hasardeuses.
– *attaquer une barricade:* vous êtes très conformiste et ne raisonnez pas avant de choisir.

BARRICADER: *la porte:* vous êtes saisi par la peur.
– *les fenêtres:* vous craignez que certains secrets ne soient découverts.

BARRIERE: vous devez faire un choix mais quelqu'un vous en empêche.
– *barrière ouverte:* les difficultés sont seulement apparentes.

BASCULE: infantilisme, indécision.

BASE: *d'une colonne:* avant de prendre une décision vous voulez à juste titre examiner à fond la question.
– *d'une statue:* pour vous la fausseté est le pire des défauts.
– *militaire:* vous voulez être complètement protégé, vous manquez d'autonomie.

BASILIC: perfectionnisme; vous voulez toujours quelque chose en plus.

BASILIQUE: vous croyez au patriarcat.
– *prier dans une basilique:* vous acceptez l'autorité qui vient d'en haut.
– *visiter une basilique:* vous reconnaissez l'autorité mais hésitez à vous y soumettre.
– *basilique en ruine:* vos certitudes faiblissent.

BAS-RELIEF: il ne se passera rien d'important.

BASSINOIRE: vous avez un partenaire qui sait vous consoler et vous tenir compagnie.

BASTION: vous avez construit une barrière pour vous protéger de l'extérieur.

BAT: vous sentez le poids de vos responsabilités.
– *sur un âne:* vous devez résoudre un problème ennuyeux.

BATAILLE: disputes passagères.
– *voir une bataille militaire:* vous éviterez que de petites disputes ne se transforment en graves discussions.

– *voir une bataille navale:* la tactique que vous utilisez n'est pas toujours la meilleure.
– *participer à une bataille:* vous vous sentez blessé; n'exagérez pas dans vos réactions.
– *être au milieu d'une bataille de pierres:* vous êtes au centre d'une âpre discussion.

BATAILLON: solidarité, force et cohésion.
– *bataillon en marche:* ne prenez pas d'initiatives tout seul.
– *bataillon en manœuvre:* ne sortez pas du groupe.
– *bataillon dans ses quartiers:* en famille vous vous sentez protégé.

BATARD: vous voulez éviter de prendre vos responsabilités.
– *chien bâtard:* vous êtes partial dans vos jugements.

BATEAU: *bondé:* confusion dans vos sentiments.
– *sur la mer:* vous voulez résoudre les problèmes de votre existence une fois pour toutes.
– *sur un fleuve:* le changement est seulement apparent.
– *sur un lac:* la paresse entrave votre créativité.

BATELIER: porteur de bonheur.
– *qui rame:* de grandes nouveautés en vue.
– *qui pêche:* il vaut mieux être prudent.
– *mort:* maladie en famille.

BATON (coup de): *donner des coups de bâton:* vous êtes agressif et vous réagissez de façon erronée.
– *recevoir des coups de bâton:* vous vous sentez toujours victime de la situation.
– *sur les épaules:* une maladie vous obligera à quitter votre travail.
– *sur la tête:* les autres agissent sans tenir compte de votre avis.
– *sur les jambes:* vous ne pourrez pas agir, les affaires iront mal.
– *sur les mains:* vous éviterez des incidents désagréables.

BATON: agressivité.
– *tenir un bâton en main:* votre caractère éloignera vos amis.
– *s'appuyer sur un bâton:* faiblesse.
– *trouver un bâton:* vous aurez le dessus sur un ennemi.
– *en bois:* votre agressivité cache votre humilité.
– *bâton brisé:* vous ne pouvez pas compter sur des aides extérieures.
– *bâton avec un pommeau d'or:* une personne importante acceptera de vous aider.

BATTANT: *de cloche:* une grande fête s'annonce.
– *de porte:* vous êtes hostile aux nouveautés.
– *d'une porte antique:* nostalgie d'un amour passé.

BATTEMENTS (de cœur): *émotion:* la raison est vaincue par les sentiments.
– *d'épouvante:* une peur oubliée vous fait encore souffrir.

BATTEMENTS (de mains): voir également **APPLAUDIR**.

BATTERIE: vous vous sentez privé d'énergie.

BATTRE: *les tapis:* vous voulez éliminer tout ce qui est vieux.
– *le tambour:* vos espoirs ne sont pas fondés.
– *des pieds:* soumission.
– *des mains:* gaieté; voir également **APPLAUDIR**.
– *un enfant:* vous ne trouvez pas d'exutoire à votre agressivité.
– *le blé:* bien-être, richesse.
– *la mesure:* position de commandement.

BAUME: cherchez à alléger les douleurs que vous éprouvez.

BAVE: *d'un enfant:* chance, générosité.
– *d'une personne âgée:* un ami est en danger, ne soyez pas insensible.
– *de malade:* vous êtes trop sensible.
– *d'un moribond:* la vie est très dure envers vous.
– *d'un chien:* danger.

BAVOIR (d'enfant): douceur de l'âme.

BEATITUDE: vous viendrez bientôt à bout de vos difficultés actuelles.

BEATNIK: *le voir:* vous êtes hostile aux nouveautés.
– *en être un:* vous êtes ordonné, minutieux.

BEAU-FRERE: aucun problème en famille.

BEAUTE: *admirer la beauté:* sensibilité, goût.

BEC: *d'oiseau:* vous êtes très humble.
– *d'aigle:* exhibitionnisme exagéré.

BECASSE: vous êtes en contradiction permanente; vous désorientez ceux qui veulent mieux vous connaître.

BECASSINE: intuition, rapidité, intelligence.

BECHE: un travail productif.

BECHER: votre force de caractère vous permettra de faire fortune dans tous les domaines.
– *un potager:* satisfactions en famille.
– *un jardin:* un travail agréable.
– *des champs:* période de dur travail.
– *sous le soleil:* vous allez connaître une période très difficile.
– *des terrains vagues:* vous êtes sur le point d'entreprendre une carrière.

BECQUEE: *donner la becquée à des oiseaux:* amour pour ses enfants.

BECQUETER: *un oiseau qui becquette:* les satisfactions arriveront à petites doses.

BEDOUIN: il vous arrivera quelque chose d'insolite.

BEGUE: manque de maturité.
– *rêver que l'on bégaie:* les autres interprètent mal vos paroles.

BEGUINE: par conformisme et manque de fantaisie, vous manquerez de grandes occasions.

BELER: vous allez recevoir des cadeaux.
– *voir un mouton bêler:* vous vous sentirez en devoir de protéger un ami en difficulté.

BELLE-MERE: querelles en famille.

BELVEDERE: vous avez besoin de beaucoup de repos.

BELZEBUTH: voir **DIABLE**.

BENEDICTION: *à l'église:* incertitude; ne laissez pas les autres vous influencer.
– *des parents:* le mariage sera heureux.
– *du pape:* un de vos désirs sera exaucé.

BEQUILLES: *les voir:* bon présage.
– *marcher avec:* amélioration économique due à des aides extérieures.
– *les casser:* vous vous sentez bloqué.

BERCEAU: vous désirez avoir des enfants.
– *qui se balance:* vos désirs de maternité (ou de paternité) seront bientôt satisfaits.
– *sans enfant:* votre désir ne se réalisera pas.

BERCER: préoccupations pour la santé de vos enfants.
– *un enfant:* sentiments doux.
– *se faire bercer:* besoin d'affection et de compréhension.

BERET BASQUE: vous essayez de cacher vos véritables sentiments.

BERGE: *la voir:* une position sûre.
– *marcher sur la berge:* vous devez prendre une décision importante.
– *l'atteindre à la nage:* après beaucoup de dangers, vous vous sentirez en sécurité.
– *s'éloigner de la berge:* perte de la sécurité.

BERGER: bonheur en famille.
– *le voir:* réflexions sur la stabilité de votre famille.
– *l'être:* vous vous considérez comme un bon père (ou une bonne mère) de famille.
– *qui cherche une brebis:* un de vos enfants va vous quitter.
– *avec beaucoup de brebis:* famille nombreuse.
– *avec peu de brebis:* petite famille.

BERGERE: une femme utile et attentive.

BERGERIE: tranquillité et sécurité.
– *vivre dans une bergerie:* conformisme.
– *sortir d'une bergerie:* vous affronterez des imprévus.
– *revenir à la bergerie:* vous vous repentez d'un choix précipité.

BERLINE: promotion sur le travail.

BESACE: *vide:* les imprévus ne vous effraient pas.
– *pleine:* conformisme, peu de fantaisie.

BESOIN: *être dans le besoin:* vous vous sentez autosuffisant mais vous ne l'êtes pas.
– *besoin d'aide:* de petits traumatismes enfantins se font encore sentir.
– *besoin d'argent:* vous ne serez jamais satisfait si vous ne savez pas vous contenter de ce que vous avez.

BETE: vous affrontez les situations avec beaucoup d'agressivité.
– *bête féroce:* quelqu'un près de vous est particulièrement cruel.
– voir aussi **ANIMAL.**

BETISES: *les dire:* vous avez peur de ne pas être à la hauteur de la situation.
– *les entendre:* une compagnie superficielle qui n'est absolument pas stimulante.

BETON: c'est le sens de la mesure qui fait votre force.

BETTERAVE: vous mûrissez; vous atteindrez bientôt le bonheur que vous cherchez.

BEURRE: vous vous sentez détendu, tout ira bien.
– *étendre du beurre:* vous désirez atteindre un équilibre entre repos et activité.
– *fondre du beurre:* quelqu'un interrompra votre repos.

BIBLE: vous aurez de nouvelles idées et de nouveaux projets: mettez-les en application.
– *lire la Bible:* vous cherchez quelque chose qui vous stimule à agir.
– *écouter quelqu'un qui lit la Bible:* vous ne réussissez pas à prendre des initiatives tout seul.

BIBLIOTHEQUE: *voir une bibliothèque:* vous êtes sensible et plein d'imagination.
– *chercher un livre dans une bibliothèque:* il vous arrive souvent de ne pas trouver de réponse aux questions que vous vous posez.
– *se perdre dans une bibliothèque:* des avis différents vous désorientent.
– *une bibliothèque en flammes:* vous avez l'impression d'avoir perdu la sagesse que vous possédiez.
– *posséder une bibliothèque:* votre caractère déterminé vous conduira loin.

BICEPS: vous êtes Narcisse et cherchez à faire des conquêtes.

BICOQUE: *voir une bicoque:* un rien vous rend heureux.
– *habiter une bicoque:* votre chance diminuera.

BICYCLETTE: simplicité, amour du sport.
– *de course:* vous désirez améliorer votre forme physique.
– *brisée:* des obstacles freineront vos projets.
– *d'enfant:* nostalgie de l'enfance.

BIDET: vous avez l'impression d'avoir commis une faute.

BIEN-ETRE: *vivre dans le bien-être:* votre idée fixe est le gain.

BIENFAIT: *faire un bienfait:* difficultés économiques.
– *recevoir des bienfaits:* vous êtes disponible et votre âme est sincère.

BIENFAITEUR: *être un bienfaiteur:* égoïsme.
– *rencontrer un bienfaiteur:* chance.

BIENS: *posséder des biens:* situation économique instable.
– *hériter des biens:* paresse, vous aimeriez vivre sans avoir à vous fatiguer.
– *perdre ses biens:* vous ne voulez pas reconnaître que vous n'avez pas le sens des affaires.

BIERE: vous êtes timide et vous manquez d'esprit de décision.
– *boire une bière:* il faut apprendre à vaincre certains petits complexes.
– *renverser une bière:* vous commencez à avoir confiance en vous.
– *acheter de la bière:* vous êtes insatisfait.

BIFTECK: *manger un bifteck:* vous n'avez pas peur des aspects les plus durs de la vie.
– *bifteck cru:* vous êtes facilement impressionnable.
– *bifteck cuit:* sécurité, indépendance.
– *refuser un bifteck:* peurs latentes d'origine sexuelle.

BIFURCATION: vous devez prendre une décision importante.

BIGAMIE: *votre bigamie:* vous n'êtes pas sûr d'avoir choisi le bon compagnon.
– *celle de votre compagnon:* vous ne réussissez pas à distinguer vos amis de vos ennemis.

BIGOT: *être bigot:* vous vous rendez compte que vos principes sont trop rigides.
– *parler avec un bigot:* vous vous croyez très moderne, mais en réalité vos idées sont dépassées.

BIJOUTIER: *voir un bijoutier:* vous aimeriez être riche.
– *être bijoutier:* votre chance ne durera pas.

BIJOUX: vous rencontrerez des personnes importantes pour votre avenir.
– *faux bijoux:* vous êtes très vaniteux et bientôt ce défaut vous nuira.
– *voir des bijoux:* période de chance.
– *porter des bijoux:* vous avez peur de montrer vos propres richesses.
– *bijoux en argent:* vous n'avez jamais exploité les occasions qui se présentaient.
– *bijoux en or:* richesse, tranquillité économique et psychique.
– *bijoux sertis de pierres précieuses:* ambitions, grands désirs et possibilité de les réaliser.

BIKINI: vous aimez vous faire remarquer.
– *porté par une femme:* désir d'évasion et d'aventures.

BILAN: *faire un bilan:* problèmes économiques.
– *lire un bilan:* vous êtes convaincu que quelqu'un vous veut du mal.
– *falsifier un bilan:* vous êtes honnête avec les autres mais malhonnête avec vous-même.

BILE: *vomir de la bile:* vous guérirez d'une maladie nerveuse.

BILINGUE: *être bilingue:* vous avez de grands dons cachés.

BILLARD: besoin de compagnie.
– *jouer au billard:* vos initiatives auront toutes du succès.

BILLE: vous êtes superficiel, vous survolez les problèmes importants.
– *bille qui roule:* vous vous laissez dépasser par les événements.

BILLET: *d'amour:* vous ne pourrez pas voir la femme que vous aimez.
– *de loterie:* chance; attention à ne pas trop en vouloir.
– *de cinéma ou de théâtre:* vous êtes tellement expansif que les divertissements vous fatiguent.
– *de train:* vous devez faire des sacrifices pour améliorer votre situation.
– *de bus:* même les petits changements demandent un peu d'esprit d'initiative.
– *être sans billet:* si pour le moment tout semble facile, d'un moment à l'autre il faudra payer.

BILLET (de banque): *perdre un billet:* les affaires iront mal.
– *trouver un billet:* fortune inattendue.
– *faux billet:* vous avez au fond une double personnalité.

BIOGRAPHIE: *lire sa propre biographie:* vous allez vivre de grands moments.
– *écrire sa propre biographie:* vous vous sentez original: vous manquez de modestie.

BIOLOGISTE: *être un biologiste:* respectez la nature.

BISCUIT: vous avez de la fantaisie et aimez les nouveautés.
– *cru:* vous ne réussissez pas à suivre les programmes que vous vous fixez.
– *préparer des biscuits:* il faut mettre du cœur même pour faire des choses peu importantes.

BISON: force et courage ne vous suffiront pas si vous n'apprenez pas à raisonner.
– *bison blessé:* un rival en amour s'est moqué de vous pendant longtemps.

BISTOURI: vous voulez rompre avec le passé.

BISTROT: amitiés peu recommandables.
– *aller au bistrot avec des amis:* heures agréables suivies de préoccupations.
– *aller seul au bistrot:* isolement et frustrations.
– *patron de bistrot:* retrouvailles entre amis.
– *commander du vin au patron d'un bistrot:* vous cherchez des amis joyeux.
– *être patron d'un bistrot:* période de malchance.

BITUME: vous vous cachez dès que cela est possible.

BIVOUAC: âme romantique.

BLAIREAU (brosse): tâches quotidiennes.

BLAIREAU (mammifère): une personne paresseuse.
– *le voir marcher:* une personne qui vous dérange à cause de sa paresse et de son indifférence.

BLAMER: tristesse passagère.

BLANC: couleur symbolisant la pureté, l'ingénuité, la conscience tranquille.

BLANCHIR (javelliser): vous aimeriez que l'on vous pardonne des fautes graves.

BLANCHIR: améliorations apparentes.
– *la maison:* une période lumineuse commence.
– *sa propre chambre:* vous voulez oublier les problèmes passés.

BLASON: honnêteté et honneur très importants pour vous.

BLEMIR: un grand échec moral.

BLESSER: un conflit intérieur.
– *blesser involontairement:* vous causerez un grand déplaisir.
– *être blessé:* même dans ce cas la blessure doit être comprise dans le sens psychologique.
– *à coups de couteau:* la situation est compliquée, n'agissez pas par impulsion.
– *voir blesser à coups de couteau:* la rivalité amoureuse vous tourmente.
– *être blessé à coups de couteau:* quelqu'un que vous n'avez pas vu depuis longtemps peut vous créer des ennuis.

BLESSER (SE): vous vous créez vous-même des ennuis et des soucis.

BLESSURE: quelque chose vous fait souffrir.
– *voir une blessure ouverte:* un conflit que vous pensiez avoir surmonté vous fait encore souffrir.
– *qui se ferme:* un problème psychologique rapidement surmonté.
– *mortelle:* votre équilibre psychique est en jeu.
– *soigner une blessure:* remontez à la cause des conflits.

BLEU: spiritualité et âme romantique.
– *bleu turquoise:* calme et sensation de relaxation.

BLEU (ecchymose): *faire des bleus:* sincérité et loyauté.
– *se faire des bleus:* il est nécessaire de rester calme.

BLEUET: pensées honnêtes, comportement irréprochable.

BLINDES: esprit de compétition.
– *qui avancent:* colère, fureur.
– *attaqués:* vous savez que vous n'êtes pas imbattable.

BLOC-NOTES: vous n'avez pas bonne mémoire.

BLOND (être): vous n'êtes pas sincère.

BLOUSE: promotion dans le travail, qualification.

BLUE-JEANS: vous voulez sembler plus jeune que vous ne l'êtes réellement.

BLUFFER: *en jouant aux cartes:* la chance n'est pas de votre côté; ne risquez pas trop.

BOA: ne vous laissez pas emporter dans des entreprises dangereuses.
– *qui vous étouffe:* vous ne réussissez pas à vous libérer de liens pesants.
– *dans l'eau:* vous n'avez pas de points de référence.

BOBINE: *de fil:* illusions de longue durée.

BOCAL: vous n'avez pas le sens de la mesure.

BŒUF: énergie pacifique.
– *dans un pré:* des gains.
– *manger du bœuf:* vous accumulez de l'énergie.

BOHEMIEN: *le voir:* faites attention aux personnes qui veulent vous nuire.
– *devant la porte de chez soi:* une personne en qui vous aviez confiance vous trompera.

BOIRE: *de l'eau:* un nouveau-né dans la famille.
– *du vin:* joie, harmonie, gaieté.
– *des boissons alcoolisées:* vous n'avez pas le sens de la mesure.
– *offrir à boire:* vous êtes expansif et sociable.
– *boire de l'eau chaude:* malaise.
– *de l'huile:* maladie.
– *dans des verres précieux:* vous deviendrez bientôt riche.
– *dans des verres très fragiles:* votre caractère instable vous crée bien des problèmes.
– *boire plus que de raison:* problèmes en perspective.

BOIS: les situations mystérieuses vous attirent.
– *se promener dans un bois:* vous êtes à la recherche de vous-même.
– *se perdre dans un bois:* ce que vous ne connaissez pas vous désoriente.
– *faire des rencontres dangereuses dans un bois:* vous vous trouverez face à des dangers.
– *bois en feu:* vos peurs disparaissent.

BOIS (matière): manque de décision.
– *tas de bois:* chance.
– *ramasser du bois:* vous devez être prévoyant.
– *bois éteint dans la cheminée:* mauvais présage.
– *brûler du bois:* chance passagère.
– *porter des objets en bois:* si vous vous fiez à des personnes justes vous réussirez dans votre entreprise.
– *bois vermoulu:* faites attention aux torts que vous êtes en train d'accumuler.

BOISSEAU: il faut moderniser vos idées.

BOISSON: les ingrédients de cette boisson correspondent à certains aspects de votre caractère.
– *aqueuse:* vous n'êtes jamais assez incisif.
– *très alcoolisée:* vous ne savez pas vous modérer.
– *exotique:* vous n'êtes pas satisfait de votre milieu.
– *mauvaise:* vous vous méprisez pour votre caractère aigre.

BOITE: *la voir:* gains possibles.

– *l'ouvrir:* un secret, une aventure.
– *la fermer:* vous êtes très méfiant.
– *cassée:* il vous est difficile de garder un secret.
– *en carton:* précautions insuffisantes.
– *en fer blanc:* vous prenez des mesures raisonnables.

BOITE DE NUIT: désir de divertissement.
– *boîte de nuit connue:* aucune nouveauté.
– *boîte de nuit inconnue:* possibilité de rencontres intéressantes.

BOITER: hésitations qui vous coûteront cher.

BOITEUX: *le voir:* un malheur en famille.
– *l'être:* vous n'arrivez pas à rester au niveau des autres.
– *le voir tomber:* vous risquez de connaître une grave crise.

BOL: *le voir:* sécurité pour l'avenir.
– *plein:* aucun problème économique.
– *vide:* une période difficile.
– *le remplir:* les affaires commencent à aller mieux.
– *le casser:* décisions trop hâtives, moment difficile.

BOLET: voir **CHAMPIGNON.**

BOMBANCE: *faire bombance:* vous vous sentez profondément ennuyé.

BOMBARDEMENT: *voir un bombardement:* malheur et malchance.
– *se trouver sous un bombardement:* insécurité, peur du futur.

BOMBE: peur des malheurs.
– *voir une bombe exploser:* quelque chose vous séparera des personnes qui vous sont chères.
– *voir désamorcer une bombe:* votre confiance dépasse toujours vos craintes.
– *une bombe lacrimogène:* un moment très dangereux.

BOMBONNE: *d'oxygène:* potentiel caché.
– *de gaz:* de vieilles blessures brûlent encore.

BONBON: les petites choses vous procurent de la joie, petites récompenses.

BOND: *faire un bond:* améliorations au niveau professionnel.

BONDIR: tensions nerveuses.

BONHOMME DE NEIGE: personne froide et statique.

BONIFIER: altruisme, optimisme.

BONNET: *de femme:* petits différends.
– *phrygien:* nostalgie du passé.
– *de toutes les couleurs:* hypocrisie.
– *militaire:* vous êtes indiscipliné ou trop rigoureux.
– *de marin:* vous rêvez de voyager.

BONSOIR: *souhaiter le bonsoir:* âme sereine.

BONTE: *de quelqu'un:* vous serez très déçu.

— *votre bonté:* vous ne vous sentez pas apprécié pour les efforts que vous faites.

BOOMERANG: vos gestes sont toujours lourds de conséquences.

BORDER: *un lit:* affection et compréhension.

BORGNE: une personne à qui on peut difficilement se fier.
— *un borgne qui vous parle:* vous n'acceptez pas de conseils improvisés.

BORNE: aide, avertissements.
— *la voir:* votre autonomie a des limites.
— *se cogner contre une borne:* vous avez trop risqué, il vous manque un peu d'équilibre.
— *s'asseoir dessus:* un voyage malaisé.

BOSSE: chance, augmentation de vos richesses.
— *toucher une bosse:* davantage de chance.

BOSSU: *voir un bossu:* plus de chance de façon imprévue en famille.
— *se voir bossu:* désir de richesses et de chance, quelquefois complexes physiques.
— *femme bossue:* malchance.

BOTTES: vous vous imposez aux autres avec fermeté.
— *trouées:* vous ne devez pas craindre la mauvaise fortune dans les affaires.
— *tachées de boue:* décisions trop hâtives.
— *à talons hauts:* escalade sociale.
— *avec des éperons:* vous avez du succès en faisant travailler les autres.
— *les cirer:* vous vous présentez toujours très bien; vous ferez carrière.

BOUCHE: *ouverte:* surprise, admiration.
— *fermée:* vous ne réussissez pas à communiquer.
— *qui parle:* soyez plus discret.
— *grande:* vous dites toujours plus que vous n'en savez.

BOUCHEE: *avaler une bouchée:* vous avez eu du mal à oublier un tort que l'on vous a fait subir.
— *ne pas réussir à avaler une bouchée:* vous gardez de la rancune à cause d'un vieux conflit.
— *bouchée amère:* vous avez l'impression de ne pas réussir à oublier les offenses.

BOUCHER: symbole négatif.
— *le voir:* violence.
— *en être un:* vous utiliserez les manières fortes pour résoudre une situation difficile.
— *le voir couper de la viande:* une personne sans scrupules.

BOUCHER: une situation exceptionnelle.
— *des trous:* vous êtes en crise et vous tâchez de vous en arranger.
— *boucher (se) les oreilles:* vous ne voulez pas voir la réalité en face.

BOUCHON: *le voir:* vous savez garder un secret.
— *s'en servir:* vous savez vous taire s'il le faut.

BOUCLE: *de cheveux:* finesse.
— *voir la boucle d'une ceinture:* quelque chose qui représente votre sécurité.

BOUCLER: *ses cheveux:* si vous êtes artiste, c'est un bon présage.
— *boucler une perruque:* vos rêves de gloire ne se réaliseront pas.
— *être bouclé:* vous avez trop de problèmes en tête.

BOUCLES: *les voir:* une personne complexe et originale.
— *les perdre:* fin des préoccupations.
— *les couper:* oubliez vos problèmes pour vous consacrer à la personne que vous aimez.
— *les offrir:* vous ferez en sorte que la personne que vous aimez se souvienne de vous.

BOUDIN: bonnes perspectives de travail.
— *le manger:* nouvelles énergies.

BOUE: *voir de la boue:* vous êtes entouré de personnes sournoises.
— *marcher dans la boue:* une situation désagréable.
— *se couvrir de boue en marchant:* vous avez peur de vous salir moralement.
— *tomber dans la boue:* vous serez impliqué dans une situation dangereuse.
— *prendre de la boue dans la main:* vous ne craignez pas les dangers.

BOUEE: *de sauvetage:* une aide certaine.
— *pour rester à la surface:* prudence et méfiance.

BOUFFON: *voir un bouffon:* vous avez un grand sens du comique.
— *rire d'un bouffon:* vous vous sentez très sérieux.
— *être un bouffon:* les autres ne vous prennent pas au sérieux.

BOUGONNER: *entendre quelqu'un bougonner:* vous aurez bientôt de petits ennuis.
— *entendre bougonner les autres à propos de soi-même:* vous êtes insatisfait et pessimiste.

BOUILLIR: votre énergie vous aidera à modifier certains aspects de votre caractère.

BOUILLON: votre simplicité vous procurera de grands avantages.

BOULANGER: *le voir:* il est nécessaire d'être prudent.
— *le voir couvert de farine:* beaucoup de chance, gains probables.
— *en être un:* force, courage, travail, honnêteté.

BOULANGERIE: conversations agréables.
— *y entrer:* vous profitez du travail des autres.
— *y travailler:* situation favorable, mais vous devez quand même vous appliquer.

BOULE: des hauts et des bas, période incertaine.
— *jouer avec:* votre insécurité nuira à vos affaires.
— *la lancer très loin:* vous refusez d'assumer certaines de vos responsabilités.
— *qui vole:* désirs irréalisables.

– *en fer:* quelqu'un bloquera vos activités.
– *de neige:* préjudices peu importants.

BOULEAU: punition pour une erreur du passé.

BOULES: la vieillesse sera une période d'agréable tranquillité.

BOULET: *de canon:* ne plaisantez pas avec les dangers.

BOULEVARD: *prendre un boulevard extérieur:* vous préférez emprunter un chemin long mais sûr.

BOULIER: vous vous perdez dans des détails.
– *calculer sur un boulier:* maigres bénéfices.

BOULON: vous n'êtes pas sûr de vous, vous manquez de points de repère.
– *dévisser des boulons:* vous voulez vous libérer de liens trop étroits.

BOUQUET: le mariage est votre plus grande aspiration.
– *de fleurs:* vous voulez manifester vos sentiments.
– *de légumes:* sentiments mesquins.

BOUQUETIN: timidité, promptitude et intuition.

BOURBIER: *le voir:* obstacles insidieux.
– *y être:* une situation statique et désagréable.

BOURGEON: une nouvelle activité qui naîtra de rien.

BOURGEONNER: *voir une plante bourgeonner:* caractère optimiste, vous n'avez pas peur des nouveautés.

BOURRASQUE: *en mer:* de grands changements dans votre âme.

BOURREAU: quelqu'un vous hait encore à cause d'une vieille dispute.

BOUSSOLE: les nouveautés vous désorientent.
– *boussole détraquée:* ne tenez pas compte des conseils des amis.
– *trouver une boussole:* vous avez résolu la plus grande partie de vos problèmes.

BOUT DES DOIGTS: sensibilité.
– *ne pas en avoir:* vous manquez de sensibilité.

BOUTEILLE: *pleine:* richesse immédiate.
– *vide:* désillusions, pertes au jeu.
– *déboucher une bouteille:* prendre une décision importante.
– *cassée:* un rêve brisé.
– *boire à la bouteille:* réalisme, sens des affaires.

BOUTIQUE: activité importante à entreprendre.
– *être propriétaire d'une boutique:* période de tranquillité économique.
– *aller dans une boutique:* désir de faire des achats.
– *boutique ouverte:* possibilité de faire des affaires.
– *boutique fermée:* période difficile pour les affaires.
– *boutique bondée:* concurrence en affaire.
– *acheter quelque chose dans une boutique:* tranquillité économique.

– *boutique de luxe:* vous gaspillez votre argent.
– *boutique peu achalandée:* manque de possibilités.
– *bien achalandée:* grandes possibilités de choix.

BOUTIQUIER: voir **NEGOCIANT / COMMERÇANT**.

BOUTON (de fleur): symbole de pureté.
– *offrir à quelqu'un un bouton de fleur:* accepter les aspects négatifs de la vie.
– *voir éclore un bouton de fleur:* vous êtes mûr intérieurement.

BOUTONNER: *le vêtement de quelqu'un:* une dispute s'est bien terminée.
– *sa chemise:* vous cherchez à cacher vos problèmes.
– *son vêtement:* faites attention, ne prenez pas de risques.

BOUTONS: petits imprévus de l'existence.
– *coudre des boutons sur les vêtements:* perfectionnisme.
– *boutons qui se décousent:* attention aux petits malaises.
– voir également **POUSSOIR**.

BOXE: *pratiquer la boxe:* en réalité vous ne savez pas vous défendre contre vos ennemis.
– *assister à une rencontre de boxe:* vous êtes peu sûr de vous et facilement impressionnable.

BOXEUR: maigres profits.
– *l'être:* vous croyez pouvoir tout obtenir par la force.
– *le voir boxer:* vous appréciez le courage et l'agressivité.

BOYAUX: *voir des boyaux:* moments désagréables en perspective.
– *voir ses propres boyaux:* vous vous rendez compte des pires aspects de votre caractère.

BRACELET: vous vous sentez lié sentimentalement.
– *d'or:* noces imminentes.
– *cassé:* fin d'un rapport sentimental.
– *perdu:* vous êtes trop superficiel et cela vous procurera des ennuis.

BRACONNIER: vous êtes courageux mais vous manquez d'honnêteté.

BRAIRE: vous sous-estimez vos raisons.
– *entendre braire:* quelqu'un vous juge mal.

BRAISE: même les choses les plus simples peuvent apporter des satisfactions.

BRANCARD: votre santé vous préoccupe beaucoup.
– *voir un brancard et un blessé:* vous ne vous sentez pas à la hauteur de vos responsabilités.
– *un brancard et un mort:* vous allez au devant de bien des mésaventures.
– *un brancard vide:* la peur de tomber malade est devenue une obsession.
– *être transporté sur un brancard:* attention aux accidents.

BRANCHE: possibilités, opportunités pour agir.
– *chargée de fruits:* sécurité intérieure, projets valables.
– *sèche:* vous avez perdu toute énergie.

– *verte:* une nouvelle période commence, votre vitalité vous apportera beaucoup de joies.
– *la couper:* vous ôterez énergie et courage à quelqu'un.
– *se cacher derrière des branches:* peurs et manque de sécurité préoccupants.

BRANDIR: *une arme:* quelqu'un trame un complot contre vous.

BRAQUER: vous prendrez de sages décisions.
– *brusquement:* vous changerez rapidement d'idée.
– *ne pas réussir à braquer:* vous êtes obligé de continuer votre vie habituelle.

BRAS: créativité, travail.
– *bras vigoureux:* vos efforts dans le travail vous donneront de grandes satisfactions.
– *blessures au bras:* vous devrez quitter votre travail.

BRASIER: *en feu:* vous êtes gai et aurez beaucoup de satisfactions.
– *éteint:* vous allez connaître une période de mélancolie.

BRECHE: vous réussirez à conquérir le cœur de la personne que vous aimez.

BRELOQUE: ne vous laissez pas distraire par des choses sans importance.

BREVETER: *une invention:* vous avez beaucoup de fantaisie.
– *notifier un brevet:* vous vous rendez compte que vos méthodes sont dépassées.

BREVIAIRE: *lire un bréviaire:* désir d'analyse intime.

BRIDE: *mettre la bride à un cheval:* désir de dominer.
– *se faire mettre la bride:* quelque chose vous freine.

BRIDER: *quelque chose:* vous essayez de contrôler une situation dangereuse.
– *un cheval:* vous freinez vos impulsions.

BRIGADIER: vous vous sentez coupable.

BRIGAND: vos affaires seront bloquées de l'extérieur.

BRILLANT: vous vous sentez toujours au centre de l'attention.
– *perdre un brillant:* perte de la personne aimée.
– *découvrir qu'un brillant est faux:* quelqu'un vous trompe depuis longtemps.
– *vendre un brillant:* restrictions économiques.

BRILLANTINE: *mettre de la brillantine sur ses cheveux:* vous êtes vaniteux et démodé.

BRINDILLE: imprévus peu importants.

BRIQUET: seul, vous ne réussirez pas à résoudre les problèmes les plus simples.

BRISE: vous pouvez vous attendre à des changements agréables.

BRISER: *une vitre:* une décision qui provoquera des commérages.
– *avoir le cœur brisé:* amour non partagé.

BRISEUR DE GREVE: vous êtes trop individualiste.

BROC: sentiment maternel.
– *plein:* vous êtes en pleine maturité.
– *vide:* une désillusion vous a ôté l'envie de vivre.
– *boire dans un broc:* vous êtes à la recherche d'une affection nouvelle.
– *renverser un broc:* vous n'avez plus d'illusions et ne croyez plus à l'amour.
– *casser un broc:* grande désillusion en famille.

BROCANTEUR: *le voir:* bonnes affaires à partir de peu.
– *l'être:* vous savez avoir avant tout de la chance.
– *s'y rendre:* vous vous rendez compte des choses importantes que vous avez délaissées.

BROCART: vous avez un esprit romantique mais équilibré.

BROCHE (ustensile de cuisine): une personne peu recommandable.
– *l'enfiler:* vous tromperez quelqu'un.
– *s'y piquer:* vous serez trompé.

BROCHE (bijou): vanités qui peuvent vous causer des problèmes.
– *en argent:* petites satisfactions.
– *en or:* vos mérites seront reconnus.
– *se mettre une broche:* vous êtes content de vous-même.
– *quelqu'un qui vous la met:* vos mérites seront récompensés.
– *s'y piquer:* vous découvrez des embûches auxquelles vous ne vous attendiez pas.

BROCHET: votre courage vous aidera dans une situation difficile.
– *le pêcher:* une affaire qui a bien marché.
– *le manger:* vous ne savez pas gérer vos richesses.

BRODER: vous vous contentez de peu de chose.
– *des vêtements précieux:* perfection dans les petites choses.
– *porter des vêtements brodés:* petite ambition.

BRODERIE: une chose que vous pratiquez avec beaucoup de soin.
– *la voir:* grâce à des petits expédients, vous renouerez avec de vieilles connaissances.
– *la faire:* coquetterie, vous soignez les détails.

BRONCHITE: *avoir la bronchite:* votre santé est excellente mais un importun vous persécute.

BRONZE: solidité, cohérence dans les choix.

BRONZER: vous voulez changer d'aspect et vous améliorer sur tous les plans.

BROSSE: individualisme productif.
– *à cheveux:* décisions importantes: mariage en vue.
– *à vêtements:* une décision que vous reportez depuis longtemps.

– *à chaussures:* préoccupations de peu d'importance.
– *à dents:* soucis pour votre santé.

BROSSER: *des vêtements:* période triste, vous serez abandonné par la personne que vous aimez.
– *des chaussures:* superficialité.

BROUILLARD: manque de sécurité, manque d'orientation.
– *se perdre dans le brouillard:* vous faites des affaires qui n'aboutissent à rien.
– *chercher quelqu'un dans le brouillard:* une personne vous crée des problèmes et vous rend peu sûr de vous.
– *voir tomber le brouillard:* un moment difficile approche.
– *voir le brouillard se dissiper:* vous saurez surmonter des moments difficiles.
– *perdre quelque chose dans le brouillard:* un moment de confusion vous coûtera cher.

BROUILLE: *avec la famille:* vous ne devez pas vous inquiéter des difficultés que vous rencontrez.
– *au travail:* ne vous plaignez pas, la situation est calme.

BROUSSAILLES: ennuis dont vous vous débarrasserez difficilement.

BROYER: vous vous servez de votre pouvoir pour rendre inoffensive une personne.
– *être broyé:* une personne puissante qui fait tout son possible pour vous éliminer.

BRUIT: *l'entendre:* un avertissement.
– *menaçant:* insécurité profonde.
– *sourd:* espoirs déçus.

BRULER: *voir brûler une maison:* il faudra tout recommencer à partir du début.
– *des arbres:* vous souffrirez bientôt à cause d'une perte.
– *du bois:* bonne situation économique.
– *des vêtements:* maladie.

BRULER (SE): *le visage:* vous manquez de personnalité.
– *les mains:* vous avez peur de l'inactivité.
– *les pieds:* des imprévus vous retiendront à la maison.
– *les cheveux:* vous ne pourrez plus compter seulement sur votre beauté.

BRULURE: une question que vous croyez réglée vous pose encore des problèmes.

BRUME: une situation peu claire.

BRUTALITE: *subir une brutalité:* vous avez toujours peur de vous tromper.
– *user de brutalité:* prendre trop de décisions vous procurera des ennuis.

BRUYERE: noblesse d'âme, vous avez tendance à être très intellectuel.

BUCHE: *qui brûle:* bon présage.

– *bûche éteinte:* mauvais présage.

BUCHER (local): *plein de bois:* solidité, prospérité.
– *vide:* période difficile.

BUCHER: mauvais présage, sentiments violents.
– *le voir:* vous ne savez pas contrôler vos impulsions.
– *y voir un cadavre:* vous punirez injustement.
– *se voir sur un bûcher:* autodestruction.

BUCHERON: vous avez besoin d'une main assurée qui vous guide.
– *le voir au travail:* vous aimez la force physique.
– *l'être:* un travail dur et sans scrupules.

BUEE: *voir de la buée sur les vitres:* vous ne voyez pas clairement votre objectif.

BUFFLE: votre caractère est difficile à supporter.
– *furieux:* votre comportement irritant éloigne de vous vos amis.
– *abattu:* égoïsme, vaine gloire.

BUISSON: quelque chose vous empêche de comprendre clairement une situation.
– *enjamber un buisson:* vous viendrez à bout de problèmes de communication.
– *tourner autour d'un buisson:* vous renoncez à chercher à comprendre.
– *buisson fleuri:* la situation, apparemment obscure, n'est pas dangereuse.
– *buisson épineux:* vous souffrirez beaucoup si vous cherchez à connaître la vérité.
– *se cacher derrière un buisson:* vous faites semblant de ne pas avoir de problèmes.

BULBES (de fleurs, de plantes): vous manquez de souplesse.

BULL-DOG: agressivité.

BULLDOZER: vous êtes partisan des solutions radicales.

BULLE: *de savon:* votre santé délicate est un obstacle à des projets de travail.
– *d'air:* vous ne supportez plus qu'on vous fasse des torts et des méchancetés; vous êtes exaspéré.

BURALISTE: un caractère faible.
– *bureau (meuble):* un travail lent et très absorbant.

BUREAU (lieu de travail): engagements et responsabilités dans le travail.
– *s'y trouver:* une situation inquiétante.

BUREAUCRATIE: vous aimeriez être plus rapide en tout.

BUREAU DE VOTE: complications bureaucratiques.

BUREAU DE TABAC: moments agréables mais de brève durée.
– *ancien:* nostalgie des plaisirs passés.

BUSTE: vous avez des principes trop rigides.

– *buste incliné:* vous ne savez pas défendre vos opinions avec des arguments valables.
– *buste de femme:* agissez selon vos idées, ne vous laissez pas influencer par les autres.
– *sculpture:* grâce à vous quelqu'un trouvera l'activité qui lui convient le mieux.

BUT: *tirer le ballon dans un but:* il est inutile de chercher à éliminer ce qui ne vous plaît pas.

BUT: *avoir un but:* bon présage.
– *ne pas avoir de but:* vous êtes désorienté.
– *arriver au but:* vous avez déjà le succès en main.
– *ne pas atteindre son but:* pessimisme exagéré.
– *but impossible:* votre manque de sens pratique vous nuit.

BUTIN: vous avez obtenu quelque chose.
– *le cacher:* vous avez honte d'un geste peu correct.
– *le partager:* une action incorrecte commise avec d'autres.

C

CABALE: chance et tromperies.

CABANE: peu à peu vous vous construirez une famille.
– *s'abriter dans une cabane:* un peu d'aide suffit à vous consoler.
– *construire une cabane:* il ne sert à rien de résoudre les choses à moitié.

CABARET: les divertissements sont importants pour vous.

CABINE: vous vous sentez isolé.
– *être dans une cabine:* vous vous sentez très protégé.

CABINET: *bureau:* voir **BUREAU.**
– *cabinet de juristes:* vous aurez affaire à la justice.
– *s'y trouver:* de petits problèmes d'ordre juridique.

CABINETS: vous vivez une situation désagréable et embarrassante.
– *aller aux cabinets:* excellente santé.
– *cabinets propres:* vous n'avez pas de problèmes intérieurs.
– *cabinets sales:* quelque chose vous tourmente et vous effraie.
– *ne pas trouver les cabinets:* vous craignez les situations embarrassantes.
– *voir des cabinets:* vous savez que vous devez résoudre tout seul vos problèmes.
– *dormir dans des cabinets:* votre seule préoccupation est l'analyse intérieure.

CABRIOLE: vous avez l'impression que les choses autour de vous changent d'un moment à l'autre.

CABRIOLET: *tiré par des chevaux:* vous vous êtes finalement décidé à prendre une initiative.
– *voyager en cabriolet:* une fois que vous aurez pris une décision, tout deviendra plus simple.

CACAO: *manger du cacao:* votre caractère est à la fois fort et doux.

CACHALOT: vous n'utilisez pas votre force pour faire du mal.

CACHER: *quelque chose:* vous n'êtes pas sincère et vous vous sentez coupable.
– *de l'argent:* vous vous méfiez de tout le monde.
– *une personne:* jalousies injustifiées.

– *un enfant:* sentiment de culpabilité.
– *se cacher:* vous devez affronter des situations difficiles.

CACHET: honnêteté et discrétion.
– *le casser:* vous êtes au courant de secrets que vous ne devriez pas connaître.

CACHETTE: *trouver une cachette:* vous connaîtrez un moment de paix.
– *découvrir la cachette de quelqu'un:* vous comprendrez mieux une personne.

CACTUS: obstacles invisibles sur votre chemin.

CADASTRE: vous vous sentez emprisonné par des règles et des obligations d'ordre divers.

CADAVRE: *voir un cadavre:* tristesse profonde.
– *dans la maison:* il vaut mieux ne pas courir de risques, la chance est contre vous.
– *d'un ami:* vous vous sentez sain et sauf.
– *dans une église:* les traditions sont une contrainte.
– *d'un ennemi:* vous haïssez quelqu'un sans lui vouloir du mal.
– *cadavre caché:* vous cherchez à cacher vos antipathies.
– *enterrer un cadavre:* vous avez décidé d'oublier les conflits passés.
– *en décomposition:* l'écho de vieilles questions se fait encore entendre.
– *embaumé:* vous avez oublié ce qui vous a fait souffrir; vous êtes désormais indifférent à tout.

CADEAU: échange d'intérêts.
– *le faire:* vous avez des intérêts sentimentaux ou économiques.
– *le recevoir:* un lien désormais devenu définitif.
– *recevoir un cadeau précieux:* vous espérez une aide importante.

CADENAS: situation mentale.
– *ouvert:* vous vous accordez encore une chance.
– *fermé:* vous en avez terminé avec le passé.
– *ouvrir un cadenas:* vous voulez de nouveau analyser une expérience du passé.
– *briser un cadenas:* vous faites des efforts pour comprendre votre caractère.

CADRAN: *d'une montre:* regrets pour le temps perdu.

CADRE: vous ne faites pas attention aux apparences.
– *luxueux:* son contenu n'a pas beaucoup de valeur.
– *en bois:* vous vous souvenez de quelqu'un.

CAFARD: présage de maladie.
– *en voir beaucoup:* vous aurez beaucoup d'ennuis de santé, et probablement une maladie dangereuse.
– *dans son propre lit:* accusations cinglantes.
– *les écraser:* vous savez réagir aux événements négatifs.

CAFE: situation nouvelle et stimulante.
– *préparer le café:* vous voulez vous montrer plein d'énergie.

– *moudre du café:* angoisses et frustrations ne doivent pas être sous-estimées.
– *offrir du café:* vous êtes nerveux et ne savez pas vous contrôler.
– *renverser du café:* de petits incidents augmenteront votre appréhension.
– *boire du café:* votre existence s'enrichit agréablement.

CAFETIERE: vous allez connaître de nouvelles amitiés.
– *en or ou en argent:* ne vous attendez pas à une amélioration sur le plan économique.
– *brisée:* un gros ennui en perspective.

CAGE: limitation de la liberté.
– *être prisonnier dans une cage:* quelqu'un trame quelque chose dans votre dos.
– *avec des animaux:* vos instincts sont bloqués.
– *avec des oiseaux:* situation familiale préoccupante.
– *avec des bêtes féroces:* quelqu'un que vous avez beaucoup craint ne peut plus vous faire de mal.
– *s'échapper d'une cage:* sens de la liberté, conscience tranquille.
– *voir des animaux qui s'échappent d'une cage:* harmonie entre raison et instinct.

CAHIER: méditations, analyses.
– *vierge:* un moment d'incertitude.
– *rempli:* un souvenir d'enfance vous tourmente.
– *plein de chiffres:* messages incompréhensibles.
– *vieux:* souvenirs d'enfance.
– *taché:* petits sentiments de culpabilité.
– *le refermer:* vous avez mis un problème de côté.

CAILLE: un ami sincère dont vous ne suivrez pas les conseils.
– *la manger:* par votre faute, une amitié prendra fin.

CAILLOU: des propos fatigants.
– *qui vous frappe:* vous serez violemment accusé.
– *frapper avec un caillou:* une accusation qui ne sera pas oubliée.
– *qui roule:* vous avez amorcé une discussion interminable.
– voir aussi **PIERRE.**

CAISSE: *en bois:* vous êtes cohérent dans vos décisions.
– *ouvrir une caisse:* si elle est pleine: symbole d'abondance, si elle est vide: problèmes économiques.
– *de cinéma ou de théâtre:* votre générosité est très appréciée.

CAL: *avoir un cal:* ennuis.
– *cal qui fait mal:* vous vous rendez compte que vous ne pouvez pas vous mentir à vous-même.
– *enlever un cal:* vous avez pris une décision opportune.

CALAMITE: vous vous sentez attiré par un inconnu.

CALANDRE: vous vous servez des autres.

CALCIUM: *élément chimique:* votre relation sentimentale s'est détériorée.

CALCULATEUR: *machine à calculer:* vous êtes doué pour les relations publiques.
– *électronique:* vous recherchez toujours de nouveaux éléments.
– *caractère d'une personne:* faites attention à la façon dont on interprétera vos paroles.

CALCULER: vous avez tendance à être pessimiste.
– *mathématiquement:* vous êtes logique mais vos conclusions ne sont pas toujours exactes.
– *dans le sens psychologique:* trop d'analyses vous conduisent sur le mauvais chemin.

CALE: *la voir:* vous voulez accumuler des biens à tout prix.
– *pleine:* vous avez eu du succès.
– *vide:* votre travail n'a servi à rien.
– *s'y trouver:* vous étouffez dans un entourage à l'esprit rétréci.

CALENDRIER: une considération exacte du temps vous aidera dans votre travail.
– *vieux calendrier:* il est inutile de revenir sur les erreurs du passé.
– *calendrier étranger:* vous ne savez pas évaluer l'importance des choses.

CALICE: *d'or:* trop d'envie peut seulement vous nuire.
– *de messe:* si vous ne vous laissez pas influencer négativement vous aurez du succès.
– *plein:* c'est l'occasion que vous attendiez.
– *vide:* on n'est jamais trop prudent.
– *d'argent:* si vous apprenez à vous contenter de ce que vous avez, vous serez plus serein.
– *boire dans un calice:* vous êtes trop prétentieux.
– *verser du vin dans un calice:* vous vous appropriez une décision qui ne vous revient pas.

CALMANT: *prendre un calmant:* un malentendu désagréable vous empêche de dormir.
– *administrer un calmant:* vous aimeriez que les autres soient plus tolérants.

CALMAR: une décision que vous reportez depuis longtemps.

CALME: *garder son calme:* l'angoisse vous conduit à des actions inopportunes.
– *l'être:* voir **TRANQUILLE**.

CALMER: *quelqu'un:* vous aiderez quelqu'un en difficulté.
– *se laisser calmer:* vous renoncez à revendiquer vos droits.

CALOMNIER: vous vous sentez en concurrence avec quelqu'un.
– *un ami:* vous êtes jaloux de ses succès.
– *un ennemi:* manque de sécurité.
– *être calomnié:* vous vous rendez compte que vous avez commis certaines erreurs.

CALQUE: vous avez pris une habitude.

CALUMET: *fumer le calumet de la paix:* vous voulez résoudre définitivement certains problèmes.
– *refuser de le fumer:* vous gardez rancune à quelqu'un.

CALVAIRE: *supporter un calvaire:* vous n'êtes pas le seul à devoir faire des sacrifices.

CALVITIE: vous êtes fasciné par les personnes mûres.

CAMBRIOLER: vous profiterez d'une situation favorable.
– *trouver sa maison cambriolée:* ne vous fiez à personne; période d'angoisse.

CAMBUSE: réserves d'énergie.

CAMEE: cadeau inattendu.

CAMELEON: vous ne voulez pas vous faire remarquer, vous êtes un peu ambigu.

CAMELIA: vous allez tomber amoureux.

CAMERA: vous avez peur que la vie vous glisse entre les mains.

CAMION: vous surévaluez vos forces.
– *camion-citerne:* vous possédez une grande richesse.

CAMIONNEUR: vous croyez ne pas souffrir en vous éloignant de chez vous.

CAMOMILLE: vous avez besoin de repos et de tranquillité.

CAMOUFLER: vous ne réussissez pas à cacher vos intentions.
– *se camoufler:* cherchez à améliorer votre caractère sans le modifier.

CAMPAGNE: sérénité, et quelquefois un peu d'ennui.
– *vivre à la campagne:* avec tranquillité vous réaliserez les projets que vous avez en tête depuis longtemps.
– *verte:* votre jour de chance est arrivé.
– *gelée:* vous devrez attendre encore avant que n'arrive votre jour de chance.

CAMPEMENT: quelque chose de nouveau à l'horizon.
– *de tziganes:* vous avez en projet un long voyage.

CAMPHRE: attention aux imprévus.

CAMPING: situation agréable de courte durée.

CANAL: vous vous sentez porté vers une profession donnée.
– *à sec:* vous rencontrerez de nombreuses difficultés dans votre profession.
– *plein d'eau:* tout ira bien.

CANARD: vous ne vous sentez pas bien inséré dans votre milieu.

CANARI: *voir un canari:* méfiez-vous des personnes superficielles.
– *entendre chanter un canari:* n'écoutez pas les malicieux.

CANCAN: joie, anticonformisme.

— *danser le cancan*: vous vous sentez libre de vous comporter comme bon vous semble.

CANCER: *maladie:* vous avez l'impression que l'on vous enlève quelque chose qui vous appartient.
— *au sein:* attention à la santé de vos enfants.
— *du cerveau*: une idée fixe vous rend fou.
— *constellation du cancer:* vous êtes à la recherche de quelqu'un qui vous comprenne.

CANDELABRE: *sans bougies:* vous vous sentez inutile et déplacé.
— *avec des bougies:* finalement vous vous êtes réalisé.

CANDIDAT: vous avez une grande responsabilité.

CANDIDE: *un objet candide:* vous ne voyez jamais le mal autour de vous.

CANDIS (bonbons): *en manger:* petites joies domestiques.

CANEVAS: vous avez en tête des projets bien nets.

CANINE: *dent:* affrontez les événements avec agressivité.
— *qui tombe:* vous êtes craintif et n'osez pas agir.

CANIVEAU: *voir un caniveau:* soyez un peu plus souple.

CANNE: vous êtes toujours plus faible lorsque vous vous trouvez en groupe.
— *dans l'eau:* vous ne savez pas vivre loin de votre milieu.
— *à pêche:* ingénuité.
— *qui se plie:* vous êtes très influençable.
— *à sucre:* facilités en amour.

CANNELLE: *épice:* il suffit de peu pour améliorer votre caractère.

CANNIBALE: *être un cannibale:* vous aimeriez vous servir des autres sans scrupule.
— *voir un cannibale:* les personnes trop cyniques vous effraient.

CANOE: vous ne viendrez à bout de gros problèmes que grâce à votre force.
— *qui se retourne:* vous êtes dépassé par un problème énorme.
— *qui prend l'eau:* vous devrez accepter un compromis pour satisfaire vos désirs.

CANON: ne vous laissez pas intimider par ceux qui cherchent à vous impressionner.
— *de fusil:* vous êtes décidé et quelquefois autoritaire.
— *utiliser un canon:* vous voulez que tout le monde vous craigne et vous considère avec plus d'attention.
— *entendre un coup de canon:* vos craintes ne sont pas fondées.

CANOT: *à moteur:* de la puissance et un peu d'exhibitionnisme.

CANOTIER: vanité injustifiée.
— *en être coiffé:* vous attirez l'attention.

CANTILENE: une personne maniaque et sans fantaisie.
– *entendre une cantilène:* les racontars vous ennuient énormément.
– *chanter une cantilène:* vous manquez de moyens d'expression.

CANTINE: vous détestez partager avec les autres.
– *manger à la cantine:* routine.

CANYON: vous vous trouvez devant une situation trop difficile pour vous.

CAOUTCHOUC: vous avez un caractère doux et malléable.

CAP: programmes précis.
– *le suivre:* vous n'aimez pas les incertitudes.
– *se tromper de cap:* vos plans se sont révélés mauvais.
– *changer de cap:* soudain changement d'idées.

CAPITAINE: vous sentez encore que vous avez besoin de l'aide de votre père.

CAPITALISTE: *être capitaliste:* votre situation économique ne vous satisfait pas.

CAPITULATION: *l'ordonner:* vous vous trouvez en position de force.
– *l'obtenir:* vous vous félicitez de vos succès.

CAPITULER: vous ne savez pas défendre votre avis.

CAPORAL: vous êtes resté modeste malgré votre changement de poste.

CAPRES: sens artistique et goût de la perfection.

CAPRICE: esprit frondeur.

CAPRICORNE: une fois que vous avez pris une décision, réalisez vos desseins avec fermeté.

CAPSULE: *cachet à avaler:* vous n'oubliez pas facilement les torts subis.

CAPTURER: *des papillons:* vous êtes indécis et vous préférez ne pas prendre d'engagement.
– *des voleurs:* vous surmonterez avec succès une situation difficile.
– *des mouches:* vous êtes insensible aux commérages.
– *des puces:* vous serez bientôt réduit à la misère.

CAPUCHON: vous ne savez même pas de quoi vous voulez vous cacher.

CAPUCIN: *frère:* vivez plus calmement.

CAR: *prendre le car:* un voyage peu important.

CARABINE: vous menacez de faire mal, mais en fait vous êtes seulement très fâché.
– *découvrir qu'elle n'est pas chargée:* vous savez que vos éclats de colère peuvent vous nuire.

CARABINIER: peurs cachées.

CARAFE: *d'eau:* les années passeront avec sérénité.
– *de vin:* joies et émotions égayeront votre futur.
– *vide:* faites attention à ne pas épuiser vos ressources.

– *brisée:* vous avez gâché vos meilleures chances.

CARAPACE: vous n'avez pas un caractère très sociable.
– *avoir une carapace:* vous êtes renfermé et vous allez perdre vos amis à cause de cela.
– *perdre sa carapace:* vous vous sentez exposé aux dangers.
– *construire une carapace:* certaines désillusions vous ont convaincu qu'il vaut mieux rester seul.

CARAVANE: *voir une caravane:* un long voyage vous attend.

CARBURANT: vous avez encore beaucoup d'énergie.
– *rester sans carburant:* vous avez peur d'épuiser vos ressources vitales.

CARCASSE: *d'un animal mort:* la vieillesse vous fait peur.

CARDER: vous résoudrez positivement des affaires importantes.

CARDINAL: noces imminentes.

CARDIOLOGUE: *voir un cardiologue:* vous aimeriez que les autres écoutent vos problèmes amoureux.
– *être cardiologue:* vous savez parfaitement ce qui vous fait souffrir.

CAREME: période de renoncements.

CARESSE: besoin de douceur et de compréhension.

CARESSER: vous voulez que les autres participent à votre joie.
– *sa femme ou son mari:* vous souffrez de solitude.
– *des animaux domestiques:* attention aux envieux.
– *des animaux sauvages:* cherchez à éviter des disputes à l'avenir.
– *ses parents:* vous devez vous libérer d'un complexe de culpabilité.
– *son amant ou sa maîtresse:* le luxe que vous désirez est au-delà de vos possibilités.
– *un objet:* soyez moins matérialiste.

CARICATURE: *voir une caricature:* la personne représentée est difficile à comprendre.
– *voir sa propre caricature:* vous découvrez des aspects ridicules de votre personnalité.
– *faire sa propre caricature:* vous avez un grand sens critique et un excellent don d'observation.

CARIE: quelques déplaisirs vous feront souffrir.

CARILLON: *entendre sonner un carillon:* douceur, âme romantique.

CARNAGE: *voir un carnage:* vous vous rendez compte des aspects négatifs de l'existence.
– *faire un carnage:* vous voulez vous venger mais vous n'avez pas choisi le bon chemin.

CARNAVAL: une grande joie durera peu.

CAROTTE: observez bien la situation.
– *manger une carotte:* vous acquerrez un don d'observation.

CAROUBE: vous vous contentez de peu.

CARRE: unité et perfection.
– *le dessiner:* vous avez les idées bien claires.

CARREFOUR: un moment de grave indécision.

CARRIERE: *voir une carrière:* un travail très dur vous attend.
– *travailler dans une carrière:* vous avez peur des fatigues qui vous attendent.

CARRIERE: *commencer une carrière:* vous avez trop de projets en tête.
– *faire carrière:* vous vous sentez sous-évalué.
– *interrompre sa carrière:* c'est le moment de vous attendre à une promotion.

CARRIOLE: avec un peu d'attention vous pouvez éviter de trop vous fatiguer. Vous envoyez des nouvelles à des amis lointains.
– *chargée d'objets:* ne soyez pas trop expansif.

CARROSSE: vous êtes très orgueilleux.

CARROSSERIE: *d'une voiture:* vous faites très attention à l'aspect extérieur des choses.
– *cabossée:* vous ne vous êtes plus rétabli après un petit accident.
– *bien astiquée:* vous êtes vaniteux.

CARTABLE: vous serez le messager de nouvelles agréables.
– *porter un cartable ou une serviette:* on vous demandera bientôt de prendre une position plus importante.
– *ouvrir un cartable:* trop de curiosité vous causera des ennuis.

CARTES: *à jouer:* faites attention à ceux qui veulent vous tromper.
– *carte postale:* vous êtes préoccupé car les nouvelles n'arrivent pas.
– *écrire une carte postale:* vous êtes pratique et concis.
– *lire une carte géographique:* vous avez reçu des indications précises.
– *carte indiquant un trésor:* des conseils très utiles pour obtenir de l'argent.
– *dessiner une carte:* soyez clair dans votre exposé.

CARTOMANCIENNE: préoccupations pour l'avenir.

CARTON: *un objet en carton:* la fragilité des choses vous effraie.

CARTON-PATE: quelqu'un que vous croyiez irréprochable se révélera être un menteur.

CARTOUCHE: *qui explose:* vous avez résolu une question que vous aviez depuis longtemps laissée de côté.

CARTOUCHIERE: *vide:* vous avez épuisé vos ressources.
– *pleine:* vous partez plein de courage vers une aventure.

CASAQUE: il vous suffit de peu pour être satisfait de vous-même.

CASCADE: *d'eau:* vous avez toujours de nouvelles idées.
– *être sous une cascade:* la compagnie de personnes dynamiques réveillera votre esprit.

CASEMATE: attention aux pièges.

CASER: *ses enfants:* vous aimeriez avoir moins de problèmes.

CASERNE: vous devez mettre de l'ordre dans vos pensées.

CASIER JUDICIAIRE: *extrait de casier judiciaire non vierge:* sentiment de culpabilité pour des erreurs commises dans le passé.
– *avoir un casier judiciaire vierge:* si vous êtes convaincu de votre innocence, contrez les accusations.

CASINO: vous risquez trop.

CASQUE: vous ressentez un besoin de protection.

CASSE-NOIX: petites difficultés.
– *s'en servir:* des obstacles gênants à surmonter.

CASSER: changement d'avis soudain.
– *un objet précieux:* perte de votre sang-froid.
– *une loi:* sentiments de culpabilité.

CASSER (SE): *les jambes:* voir **JAMBES.**
– *les bras:* voir **ROMPRE.**

CASSEROLE: elle représente la famille, et en particulier la femme.
– *sur le feu:* vous attendez quelque chose.
– *avec de l'eau qui bout:* événements imprévus et contretemps.
– *en avoir beaucoup sur le feu:* visites inattendues de parents.
– *pleine:* tranquillité en famille.
– *vide:* déceptions dans le mariage.
– *en enlever le couvercle:* vous êtes à la recherche de quelque chose.
– *lourde:* solidité dans les affections.
– *trouée:* vous gaspillez vos énergies.

CASTAGNETTE: vérité, exhibitionnisme.
– *jouer des castagnettes:* vous voulez conquérir une personne.
– *entendre le bruit de castagnettes:* une occasion de rencontres agréables.

CASTOR: la patience vous aidera à émerger.

CASTRER: vous perdrez une bonne occasion à cause de votre mauvais caractère.
– *des chats:* vous aimeriez tout dominer.
– *des chevaux:* vous préférez ignorer vos problèmes sexuels.
– *être castré:* vous ne réussissez pas à oublier un grand tort qui vous a été fait dans le passé.

CATACOMBE: tout ce qui est mystérieux vous attire.

CATALOGUE: soyez attentif aux différentes possibilités qui s'offrent à vous avant de choisir.
– *de prix:* avant de faire des achats, éclaircissez-vous les idées.
– *demander un catalogue:* vous n'avez pas confiance dans les commerçants.

CATAMARAN: goût de l'aventure.

CATAPULTE: vous vous sentez apte à renverser une situation.

CATARRHE: *avoir du catarrhe:* de petits problèmes vous empêchent de vous concentrer sur votre travail.

CATASTROPHE: votre vie changera complètement.
– *mourir dans une catastrophe:* vous croyez ne pas être capable de surmonter un moment terrible que vous avez vécu.

CATHEDRALE: mariage dans la famille.
– *inconnue:* un voyage lointain.

CAUCHEMAR: angoisse, agitation, conflits intérieurs.

CAVALCADE: *faire une longue cavalcade:* votre énergie est inépuisable.
– *faire une brève cavalcade:* vous surévaluez vos forces.

CAVALIER: *voir un cavalier qui tombe:* votre chance est passée.
– *au galop:* vous êtes jaloux du succès des autres.

CAVE: elle représente l'inconscient de chacun de nous.
– *voir une cave:* vous découvrirez des aspects de votre caractère que vous ignoriez.
– *descendre à la cave:* vous avez décidé de mieux analyser votre caractère.
– *rester bloqué à la cave:* conflits intérieurs.
– *voir un étranger dans sa cave:* le fait que les autres s'occupent de vos affaires vous ennuie.

CAVERNE: secret inviolable.
– *se réfugier dans une caverne:* des amis indiscrets vous ont obligé à être méfiant.
– *entrer dans une caverne:* vous apprendrez des nouvelles sensationnelles.
– *sortir d'une caverne:* vous êtes fatigué de cette loi du silence qui règne autour de vous.
– *explorer une caverne:* vous êtes très curieux.

CAVIAR: *voir du caviar:* votre véritable objectif est le succès.
– *manger du caviar:* vous voulez vous considérer comme une personne importante.

CECITE: *avoir peur de la cécité:* vous avez peur de ne pas comprendre la situation.

CEDRAT: *fruit:* la douceur et l'inconstance de votre partenaire vous désorientent.
– *arbre:* grande sécurité.

CEINTURE: pouvoir et vexation.
– *enlever sa ceinture:* vous menacez quelqu'un.
– *frapper avec une ceinture:* vous êtes violent, vous ne savez pas vous exprimer par des paroles.
– *voir une ceinture:* amour.
– *détacher une ceinture:* trahisons.

CELEBRE: *être célèbre:* quelqu'un vous sous-estime.

CELEBRITE: *connaître la célébrité:* vous donnez trop d'importance aux apparences.

CELERI: mauvais présage.
– *l'acheter:* méfiez-vous des nouvelles expériences et des personnes que vous connaissez depuis peu.
– *le manger:* veillez à votre santé.

CELESTE: voir **AZUR.**

CELIBATAIRE: *pour un homme marié:* nostalgie de sa jeunesse.
– *rêver d'être célibataire si l'on est marié:* le mariage ne vous donne pas de satisfactions.
– *rester célibataire:* vous désirez clairement vous marier.
– *l'être:* possibilité d'une nouvelle aventure.
– *si vous ne l'êtes pas:* vous enviez parfois ceux qui sont libres.
– *le voir:* possibilités de mariage.
– *célibataire âgé:* manque de satisfaction dans vos affections.

CELLULE: vous refusez d'affronter la réalité.
– *être dans une cellule:* peur du futur.
– *d'isolement:* vous vous jugez très sévèrement.
– *frigorifique:* les amis vous ont abandonné, vous vous sentez très seul.

CELLULITE: *avoir de la cellulite:* peur du jugement des autres.

CELLULOSE: force et vitalité.

CENDRE: un amour très solide est désormais mort.
– *recueillir des cendres:* attention aux malheurs en famille.
– *cendres sur le corps:* pénitence; auto-commisération.
– *marcher sur les cendres:* insouciance pour la douleur des autres.

CENDRIER: *le trouver:* petites préoccupations résolues.
– *ne pas le trouver:* vous éprouverez un peu d'embarras bien vite surmonté.

CENTAURE: vos projets se réaliseront seulement en partie.

CERAMIQUE: *objets de céramique:* vous avez le goût des choses belles et simples.

CERCLE: *voir un cercle:* une passion vous transporte.
– *dessiner un cercle:* vous vous rendez compte que vous n'avez pas d'issue possible.
– *être à l'intérieur d'un cercle:* vous êtes lié sentimentalement mais vous n'êtes pas satisfait de cette liaison.

CERCUEIL: *être dans un cercueil:* très mauvais présage.
– *voir un cercueil:* attention aux dangers.
– *voir un cercueil fermé:* longue vie.
– *cercueil vide:* vous avez découvert que l'on vous trompait.
– *être vivant dans un cercueil:* vous craignez que quelqu'un ne veuille vous ridiculiser.

CEREALES: *voir beaucoup de céréales:* richesse et abondance.

– *voir peu de céréales:* il faut faire attention lors de vos achats.
– *manger des céréales:* bonne santé.

CEREMONIE: *religieuse:* vous êtes très formel, vous aimez respecter les convenances.
– *civile:* vous êtes pratique, réaliste.
– *entre amis:* attention aux faux amis.

CERF: quelque chose vous pousse à être infidèle.
– *voir un cerf:* vous serez bientôt considéré comme une personne importante.
– *tuer un cerf:* vous voulez réprimer vos instincts les plus vils.
– *voir un cerf courir:* vous méprisez ceux que vous considérez comme inférieurs à vous.

CERF-VOLANT: sens du bonheur, de la joie, de la sérénité.

CERISE: de nombreux petits moments de joie.
– *manger des cerises:* désirs insatisfaits.

CERISIER: force et bonté.
– *fleuri:* la personne que vous désirez vous aime profondément.

CERNES: fatigue.
– *avoir des cernes:* vous avez besoin de beaucoup de repos.
– *voir des cernes:* vous avez fatigué quelqu'un.

CERTIFICAT: vous n'êtes pas sûr de vous.
– *faire une demande de certificat:* vous avez besoin de confirmations.
– *ne pas réussir à obtenir un certificat:* personne ne veut reconnaître votre importance.

CERUMEN: *dans les oreilles:* quelque chose vous empêche de comprendre les discours que vous entendez.

CERVEAU: vous faites un gros effort pour comprendre les autres.
– *rêver de ne pas avoir de cerveau:* vous vous considérez comme irresponsable.

CERVELLE: *d'un animal:* période d'instabilité.
– *manger de la cervelle:* vous ne vous faites aucune illusion.

CESARIENNE: difficultés dans les rapports avec les enfants.
– *avoir une césarienne:* vous ne supportez pas l'idée que vos enfants se séparent de vous.

CHAGRIN: *avoir du chagrin:* un tort subi et pas encore oublié.

CHAINE: les liens affectifs sont forts et stables.
– *rompre une chaîne:* vous serez bientôt libéré des liens du passé.
– *d'argent:* les liens solides vous procurent de la joie.
– *en or:* votre amour est très fort.

CHAIR DE POULE: avoir trop de courage est aussi un risque.

CHAIRE: vous êtes très sûr de vos idées.
– *être en chaire:* ne soyez pas trop fier, cela peut vous nuire.

– *la voir:* quelqu'un veut vous imposer son opinion.

CHAISE: une position très sûre.
– *la voir:* vous vous sentez très fatigué.
– *s'y asseoir:* agréables moments de relaxation.
– *ancienne:* vous êtes réfractaire aux nouveautés.
– *de luxe:* position bonne et sûre.
– *électrique:* vous réagissez aux menaces.

CHALE: sécurité dans la famille et dans les affections.
– *sur les épaules:* une aide qui pourra éventuellement vous être utile.
– *s'envelopper dans un châle:* vous craignez tout ce que vous ne connaissez pas.
– *en faire cadeau:* vous offrez une affection sincère.

CHALOUPE: une aide précieuse.
– *de sauvetage:* vous savez sur qui compter en cas de danger.
– *la voir dans l'eau:* vous avez peur de ne pas savoir vous tirer d'un mauvais pas.
– *si elle n'y est pas:* vous vous sentirez perdu dès les premières difficultés.

CHAMBRE: représente nos sentiments.
– *à coucher:* harmonie entre mari et femme.
– *entrer dans une chambre:* désir de contacts et de nouvelles relations.
– *sale:* âme troublée.
– *rangée:* vous êtes très rationnel.
– *en désordre:* quelque chose a dérangé votre existence.
– *d'hôtel:* il vous manque un peu de persévérance.

CHAMBREE: *au collège:* vous avez un grand sens social.
– *de militaires:* c'est avec vos amis que vous avez fait les meilleures expériences.

CHAMEAU: vous êtes auto-suffisant; faites tranquillement vos choix.
– *dans le désert:* vous courez un grand danger.

CHAMOIS: vous viendrez à bout de problèmes que vous croyiez insolubles sans vous en rendre compte.
– *peau de chamois:* vous sacrifiez les autres à votre plaisir.

CHAMP: *de blé:* abondance, chance.
– *de fleurs:* rencontres romantiques.
– *inculte:* vous n'êtes pas disposé à accepter des médiations.
– *verdoyant:* les affaires sont excellentes.
– *labouré:* il est temps de mettre de l'ordre dans vos pensées.
– *militaire:* voir **CAMPEMENT**.

CHAMPAGNE: exubérance, joie, grandes occasions en vue.

CHAMPIGNON: attention aux pièges.
– *trouver un champignon:* une agréable surprise.
– *ramasser un champignon:* ce qui vous semblait positif peut devenir dangereux.
– *manger un champignon:* quelqu'un vous tend des pièges.

CHAMPION: *sportif:* vous vous sentez en compétition avec les autres.
– *voir un champion*: vous appréciez ceux qui sont capables de tant d'efforts pour arriver les premiers.
– *être un champion:* la vie est pour vous une compétition permanente.

CHANCELER: vous ne réussissez pas à prendre une décision.

CHANCELIER: les personnes importantes vous intimident.

CHANDELIER: vous avez de grands espoirs pour l'avenir.

CHANDELLE: une flamme d'amour ne s'est pas encore éteinte.
– *allumée:* n'oubliez pas une promesse que vous avez faite.
– *éteinte:* vous avez perdu tout espoir.
– *tenir une chandelle en main:* vous aimez une personne mais vous n'êtes pour elle qu'un (e) ami (e).
– *allumer une chandelle à l'église:* personne ne peut résoudre vos problèmes.

CHANGEMENT: *vers une amélioration:* vous êtes optimiste de nature.
– *vers une situation plus mauvaise:* vous craignez les conséquences d'une action erronée.

CHANGER: chaque petit changement est pour vous une aventure.
– *de vie:* les projets que vous avez fait sont très difficiles à réaliser.
– *de maison:* un nouvel amour, peut-être un mariage en vue.
– *de ville:* changement de travail.
– *de vêtement*: vous cherchez à améliorer certains aspects de votre caractère.

CHANSON: *entendre une chanson:* désir d'évasion.
– *chanter une chanson:* vous ne croyez pas au bonheur trop facilement acquis.

CHANT: vous serez le messager de nouvelles importantes.

CHANTAGE: sentiment de peur et de contrainte.
– *le faire:* vous vous rendez compte que vous n'agissez pas correctement.
– *le subir:* tensions latentes, litiges probables.

CHANTER: vous pourrez maintenant révéler des secrets qui "brûlent".
– *en prenant son bain:* simplicité, âme sereine.
– *faux:* des paroles qu'il vaudrait mieux ne pas prononcer.
– *s'entendre chanter faux:* des propos qui vous laissent des doutes.

CHANTEUR: *voir un chanteur:* chance, rencontres intéressantes.
– *être un chanteur:* beaucoup de gaieté.
– *lyrique:* vous êtes sérieux même pour des bagatelles.

CHANTIER: vous allez enfin trouver des satisfactions dans votre travail.
– *naval:* vous vous préparez à un long voyage.

CHANVRE: *tissu de chanvre:* les liens qui vous lient à votre partenaire sont forts et tenaces.
– *plante de chanvre:* attention à ne pas vous faire exploiter par les autres.
– *indien:* vous manquez d'objectivité dans vos jugements.

— *cordage de chanvre:* liens indissolubles.

CHAOS: graves conflits intérieurs.

CHAPEAU: ne cherchez pas à cacher vos idées.
— *porter un chapeau:* vous avez du succès.
— *militaire:* ne soyez pas trop rigide.
— *perdre son chapeau:* vous avez perdu la face devant vos amis.
— *enlever son chapeau:* vous respectez les idées des autres.
— *acheter un chapeau:* vous êtes à la recherche de votre identité.

CHAPELAIN: bonnes nouvelles.

CHAPELET: craintes qui se répètent.
— *le réciter:* demande d'aide.
CHAPELLE: écoutez les bons conseils, réfléchissez profondément.

CHAPITEAU: sens artistique, sensibilité.

CHAPON: les affections familiales ne sont pas toujours sincères.
— *manger un chapon:* de petites joies vous feront oublier des douleurs.

CHAR/CHARRETTE: possibilité d'un déplacement définitif ou d'un déménagement.
— *monter sur une charrette:* votre pouvoir augmentera.
— *descendre d'une charrette:* échecs cuisants.
— *tirer une charrette:* la situation est difficile; vous êtes à la limite de vos forces.
— *être transporté dans une charrette:* vous ne pouvez pas déléguer aux autres vos responsabilités.
— *char funéraire:* grand anniversaire.
— *char de combat:* voir **BLINDES**.

CHARBON: un grand amour caché brûle au fond de vous.
— *ardent:* vous êtes capable de grandes passions..
— *éteint:* vous êtes convaincu d'aimer encore, mais la passion s'est éteinte.

CHARDON: de petits litiges désagréables ne doivent pas vous enlever votre sérénité.

CHARDONNERET: vous êtes heureux dans votre petit monde.

CHARGE: *publique:* désir de puissance.
— *de la police:* vous craignez la haine de vos ennemis, vous avez pris des engagements importants.

CHARGER: *des objets:* votre désir d'accumuler ne vous aidera pas dans les affaires.
— *quelqu'un de faire quelque chose:* vous vous libérerez de certains engagements.

CHARITE: *faire la charité:* vous vous sentez supérieur aux autres, vous êtes vaniteux.
— *recevoir la charité:* vous acceptez avec simplicité les petites aides qu'on vous donne.

CHARIOT: *tirer un chariot:* vous sentez le poids de vos responsabilités.
– *pousser un chariot:* une fois que vous aurez trouvé une méthode de travail valable, tout sera plus simple.
– *chariot de David* (Grande Ourse): des fiançailles vous conduiront au mariage.

CHARLATAN: *entendre parler un charlatan:* ne vous fiez pas aux beaux parleurs.
– *parler avec un charlatan:* vous croyez avoir en main une situation, mais vous vous trompez.

CHAROGNE: *d'animal:* peurs et conflits intérieurs.

CHARPENTIER: vous ne vous sentez pas libre en famille.

CHARRUE: vos qualités sont difficiles à montrer.
– *utiliser une charrue:* vous vous réconcilierez avec vos enfants ou avec un (e) ami (e).
– *voir une charrue:* c'est un moment de fête: noce ou naissance en famille.

CHAS: *de l'aiguille:* petites difficultés.

CHASSE: vous avez lancé un défi dangereux.
– *participer à une chasse:* évaluez bien les risques que vous courez.
– *avec des filets:* vous êtes sournois, et il vous arrivera quelque chose de désagréable.
– *battue de chasse:* vous ne vous sentez sûr de vous que lorsque vous n'êtes pas seul.
– *frauduleuse:* vous ne savez pas combattre loyalement.
– *au gros gibier:* vous vous efforcez d'agir au-delà de vos forces, attention aux dangers.

CHASSE D'EAU: ressources épuisées.
– *la tirer:* vous ne pouvez pas revenir sur une décision que vous avez prise.

CHASSE-NEIGE: quelqu'un vous aidera dans les moments difficiles.
– *le voir en action:* vous serez tiré d'une situation d'immobilisme.
– *s'en servir:* vous avez la force nécessaire pour écarter les obstacles.

CHASSER: *un fils de chez soi:* votre équilibre psychique est en danger.
– *un animal de la maison:* égoïsme.
– *les mouches:* vous éloignerez avec autorité les personnes gênantes.
– *être chassé:* vous savez que vous avez commis une grave incorrection.

CHASSEUR: avec de la patience et de l'intelligence vous mènerez à terme les projets que vous avez en tête.

CHASTETE: *ceinture de chasteté:* la violence vous fait horreur.

CHAT: beaucoup de fantaisie, quelquefois vous êtes trop irrationnel.
– *voir un chat:* trahison.
– *en colère:* une relation orageuse.
– *noir:* attention à la méchanceté de personnes mauvaises.
– *capturer un chat:* attention aux voleurs.
– *être mordu par un chat:* vous tomberez amoureux malgré vous.

– *nourrir un chat:* vous aimez quelqu'un qui ne vous mérite pas.
– *tuer un chat:* vous romprez une relation dangereuse.
– *caresser un chat:* passion.
– *qui ronronne:* un amour partagé.
– *domestique:* indépendance, autonomie.
– *sauvage:* votre indépendance se transforme souvent en agressivité.

CHATAIGNE: votre fortune se fera lentement mais sûrement.

CHATAIGNER: grandeur d'âme.

CHATEAU: l'inconnu vous attire.
– *inhabité:* peur des imprévus.
– *entrer dans un château:* grandes nouvelles.
– *vivre dans un château:* vous ne croyez pas à une chance trop facile.
– *fermé:* vous avez de gros obstacles à franchir.

CHATIER: *des animaux:* vous êtes faible et cherchez à dominer comme vous le pouvez.
– *ses enfants:* les problèmes familiaux vous angoissent.

CHATOUILLEMENTS: chagrins.

CHAUD: *avoir chaud:* équilibre, bien-être.
– *souffrir d'avoir trop chaud:* trop d'attentions vous ennuient.

CHAUDIERE: vous avez de grandes possibilités, succès imminent.
– *pleine d'eau bouillante:* ne surchargez pas votre esprit.

CHAUDRON: travail en famille.
– *plein:* tranquillité économique.
– *vide:* grave indigence.

CHAUDRONNIER: un ami vous aidera à résoudre une affaire de cœur.

CHAUFFE-BAIN: vous aimez le confort.

CHAUFFE-EAU: vous vous sentez plein d'énergie.

CHAUFFER: *quelqu'un:* compréhension et tendresse.
– *se chauffer:* vous surmontez un moment de solitude.

CHAUFFERETTE: désir de tendresse.
– *s'en servir:* vous êtes décidé sans être impulsif.

CHAUFFEUR: *voir un chauffeur:* des situations nouvelles se présenteront à vous.
– *être chauffeur:* vous acquerrez un pouvoir de décision.
– *chauffeur de taxi:* une personne disposée à se déplacer.
– *l'être:* vous êtes bien disposé envers les autres qui, parfois, en profitent.

CHAUSSEE: *voir une chaussée:* vous êtes conscient de vos limites.
– *sortir de la chaussée:* vous avez modifié votre conduite, rentrez dans le droit chemin.

CHAUSSE-PIEDS: pour agir vous avez besoin de stimulations externes.

CHAUSSER: *des chaussures:* vous êtes prêt à affronter n'importe quel imprévu.

CHAUSSETTES: *porter des chaussettes:* vous avez besoin d'avoir au moins un ami près de vous.
– *être sans chaussettes:* vous ne faites pas attention aux détails.
– *dépareillées:* deux aspects contraires de votre caractère.

CHAUSSURES: *les mettre:* un voyage de brève durée.
– *neuves:* moments pénibles.
– *vieilles:* embarras économiques.
– *tachées de boue:* vous craignez une détérioration de votre situation économique.
– *étroites:* difficultés et ennuis d'argent.
– *trouées:* vous rencontrez des difficultés pour agir.
– *ne pas en avoir:* grande pauvreté.
– *les acheter:* vous êtes plein d'initiatives.
– *les cirer:* voir **CIRER.**
– *se les faire cirer:* vous vous sentez supérieur.
– *porter des chaussures de montagne:* prévoyance et préparation psychologique.

CHAUVE: *femme chauve:* ne donnez pas d'importance à l'aspect extérieur des gens mais à leur intelligence.
– *homme chauve:* vous vous sentez à l'aise.
– *être chauve:* vous enviez les jeunes.

CHAUVE-SOURIS: maladie.
– *la voir voler:* vous aurez de gros chagrins.
– *chez soi:* préoccupations pour la santé des membres de votre famille.
– *qui se pose sur votre tête:* maladie des yeux.

CHAUX: votre amour est indestructible.

CHEF: *tête:* l'aspect intellectuel d'une personne est important.
– *commandant:* vous n'êtes pas encore profondément sûr de vous.
– *de classe:* vous avez hérité de votre enfance un complexe d'infériorité désagréable.
– *être le chef de classe:* difficultés à parler en public.
– *de famille*: problèmes familiaux.
– *être le chef de famille:* vous sentez le poids de vos responsabilités.
– *de gare:* vous aimeriez être toujours informé des arrivées et des départs en famille.

CHEMIN: symbole de votre avenir.
– *fatigant:* vous n'êtes pas au bout de vos peines.
– *dangereux:* pour émerger vous devez absolument accepter certains risques.
– *demander son chemin:* désorientation.
– *perdre son chemin:* vous n'avez pas saisi votre chance.

CHEMIN DE FER: *voyager en chemin de fer:* affaires sûres.

– *voir un chemin de fer:* vous aimeriez partir mais vous ne pouvez pas le faire.

CHEMINEE: vos paroles ont eu des résultats négatifs. La famille est solide. Vous êtes entouré d'affection sincère.
– *qui fume:* bien-être et abondance.
– *sans feu:* quelque chose trouble l'atmosphère du foyer.

CHEMINEMENT: vous avez une longue route devant vous.

CHEMINER: *en descente:* vous trouverez une route facile et agréable.
– *en montée:* vos desseins ne seront pas faciles à réaliser.
– *lentement:* les forces pour aller de l'avant vont vous manquer.
– *rapidement:* ne cherchez pas de solutions dans l'immédiat.
– *seul:* votre avenir dépend exclusivement de vous.
– *en compagnie:* un bon accord avec votre entourage vous avantagera.
– *avec une femme:* des amitiés sincères peuvent naître dans le travail.

CHEMINOT: *voir un cheminot:* vous surmonterez les obstacles sans difficulté.
– *être cheminot:* vous aimeriez voir une route dégagée et sûre devant vous.

CHEMISE: vous êtes expansif.
– *de nuit:* vous ne vous sentez jamais en sécurité.
– *camisole de force:* les autres considèrent vos extravagances comme un symptôme d'instabilité.
– *porter une chemise:* vous cherchez tous les moyens de sauvegarder votre intimité.
– *déchirée:* il est impossible de cacher complètement vos défauts.
– *déboutonnée:* vous essayez de vaincre votre timidité.
– *laver sa chemise:* désir de s'améliorer.
– *repasser sa chemise:* votre équilibre est seulement apparent.

CHENE: richesse et force d'âme.
– *feuilles de chêne:* vous recevrez reconnaissance et honneurs.
– *sec:* vous épuiserez votre force.
– *l'abattre:* vous vaincrez une personne forte et équilibrée.

CHENIL: vous avez besoin d'un peu de paix et de solitude.

CHENILLE: vous êtes sournois et pas très perspicace.

CHEQUE: *recevoir un chèque:* votre travail est positif et apprécié.
– *perdre un chèque:* vous craignez de ne pas savoir conclure une affaire.
– *tenir un chèque en main:* vous êtes arrivé au point où vous devez conclure une histoire.

CHERCHER: *quelque chose:* insatisfaction.
– *un objet perdu:* vous ne pouvez pas vivre de regrets.
– *quelqu'un:* vous reverrez une personne que vous avez perdue de vue depuis longtemps.
– *une maison:* un tournant décisif dans votre vie; le mariage est probablement ce tournant.
– *de l'argent:* votre situation financière empirera dans l'avenir.

CHERCHEUR: ne vous fiez pas à vos idées.
– *d'or:* vous trouverez un travail intéressant et très rentable.

CHERUBIN: innocence et bonté.

CHEVAL: intelligence, harmonie, équilibre.
– *noir:* misère.
– *blanc:* ingénuité, superstition.
– *qui paît:* moment de sérénité.
– *qui rue:* vous n'êtes ni raisonnable ni cohérent.
– *qui galope:* votre grandeur d'âme vous permettra d'éviter les pièges de vos ennemis.
– *qui trotte:* vous êtes content de vous et ne faites pas beaucoup d'efforts pour obtenir plus que vous n'avez.
– *voir de nombreux chevaux sauvages:* vous aimez tous les aspects spontanés et naturels de la vie.
– *très obéissant:* vous êtes raisonnable et équilibré mais aussi un peu monotone.
– *dompter un cheval:* vous voulez modifier certains aspects de votre personnalité que vous considérez comme négatifs.
– *grand cheval:* vous vous sentez très puissant.
– *hongre:* vous avez l'impression d'être dans une situation très désagréable.

CHEVAUCHER: la chance vous suit partout.
– *un cheval:* grande vitalité.
– *un âne:* vos impulsions seront bloquées par certaines difficultés.
– *une personne:* vous aimeriez avoir une position de pouvoir et de responsabilité.
– *un balai:* votre esprit est très confus.

CHEVELURE: voir **CHEVEUX**.

CHEVET: *du lit:* votre générosité vous pousse à aider les autres.
– *être au chevet d'un malade:* quelqu'un a besoin de votre aide.

CHEVEUX: *coupés au carré:* vous vous sentez encore jeune.
– *courts:* vous prenez facilement des initiatives.
– *longs:* bon augure.
– *coiffés:* formalisme.
– *décoiffés et sales:* vous avez trop de pensées en tête.
– *faux:* complexité apparente.
– *être sans cheveux:* voir **CALVITIE**.

CHEVILLE: problèmes dans les relations familiales.
– *se fouler la cheville:* un tort que vous n'avez pas oublié.

CHEVRE: votre vie est tranquille et simple.
– *blanche:* vous pouvez améliorer votre situation économique.
– *noire:* votre situation modeste se transformera en misère.
– *avoir beaucoup de chèvres:* avec de la volonté et de la chance, vous deviendrez riche.

CHEVREAU: moments de joie.

CHEVREUIL: *voir un chevreuil:* un juste équilibre entre travail et repos vous procurera des moments très heureux.
– *tuer un chevreuil:* vous agissez par intérêt, vous êtes froid et calculateur.

CHEWING-GUM: plaisir momentané.
– *mâcher du chewing-gum*: vous cherchez à obtenir le maximum de toutes les situations.

CHICOREE: nouvelles qui ne sont pas toujours agréables.
– *la cueillir:* les chagrins ne vous font pas peur.
– *la cuire:* petites souffrances et grandes satisfactions.

CHIEN: n'oubliez jamais vos amis.
– *qui aboie:* attention aux dangers.
– *qui mord:* un ami peut vous tromper.
– *attacher un chien:* vous n'avez pas totalement confiance en ceux qui vous entourent.
– *de garde:* vos amis vous protégeront des dangers.
– *de chasse:* vous obtiendrez de grands succès en société.
– *taché:* vos amis commettent de petites impolitesses envers vous.
– *bâtard:* ne vous laissez pas impressionner par les apparences.
– *votre chien:* vous aimez que les autres se comportent comme il vous plaît.

CHIENDENT: moment de malchance, pertes en affaires.
– *le cultiver:* vous êtes sur la mauvaise voie.
– *l'arracher:* vous essayez de sauver ce qui peut l'être.

CHIENNE: une situation que vous n'arrivez pas à comprendre.
– *avec des chiots:* beaucoup d'idées nouvelles.
– *qui s'enfuit:* une amie vous abandonne.

CHIFFON: vous ignorez certaines formalités importantes.
– *l'utiliser pour nettoyer:* vous résoudrez des petits problèmes.
– *feutré:* ne vous laissez pas tenter par des jeux dangereux.
– *l'acheter neuf:* vous vous attendez à quelques nouveautés.
– *en voir:* signe de chance, arrivée de la richesse.
– *en acheter:* vous ferez de mauvaises affaires.
– *en laver:* votre esprit d'initiative ne servira à rien.
– *en vendre:* affaires de peu d'importance.
– *être vêtu de chiffons:* vous serez au centre d'un scandale.
– *en jeter:* vous comprenez la juste valeur des choses.

CHIFFRE: *voir un chiffre écrit:* rappelez-vous à quoi il se réfère; en général il signifie simplement la prudence dans les achats.
– *écrire un chiffre:* vous ne devez pas oublier une chose importante.

CHIMISTE: attention à votre santé.
– *au travail:* ne tirez pas de conclusions approximatives.
– *expériences:* vous entreprenez une activité originale.
– *étudier la chimie:* ne sous-estimez pas les détails.

CHIMPANZE: une personne qui vous semble ridicule.

– *le voir dans une cage:* une personne trop impulsive a été mise hors d'état de nuire.

CHINCHILLA: désirs particuliers.

CHINOIS (petit fruit): *boire ce fruit:* vous êtes imprévisible, vous devez être très patient.
– *cuisine chinoise:* adaptez-vous aux changements sans trop vous plaindre.

CHIOT: tendresse, besoin de protection. Amour pour un enfant.
– *qui tète son lait:* vous comprenez la nature.
– *malade:* une maladie passagère touchera un de vos enfants.
– *trouver un chiot et le ramener chez soi:* vous adopterez un enfant.

CHIOURME: la situation est complexe: vous avez affaire à des personnes très irritables.

CHIROMANCIEN: gardez-vous de ceux qui veulent intervenir dans votre vie privée.

CHIRURGIEN: votre santé empirera.
– *qui opère:* meilleure santé après une opération.

CHLORE: vous désirez vous améliorer, vous purifier pour commencer une nouvelle période de vie.
– *dans l'eau:* quelqu'un cherche à corriger vos défauts.

CHOCOLAT: bonté, douceur, santé.
– *boire une tasse de chocolat:* vous avez besoin d'énergies nouvelles.
– *fondant:* vous réussissez à vous consoler avec peu.

CHŒUR: vous avez le sens de l'harmonie.
– *chanter en chœur:* vous intervenez au moment juste.

CHOISIR: manque de décision.

CHOLERA: période triste.
– *avoir le choléra:* période de maladie; vous resterez longtemps couché.

CHOMEUR: *être chômeur:* vous n'êtes pas convaincu de l'intérêt de votre travail.

CHORISTE: vous vous réaliserez dans un groupe.

CHOU: vous vous sentez complexé.
– *manger un chou:* vous ne faites rien de bon.
– *cultiver un chou:* vous avez une relation sentimentale.

CHOUCROUTE: *manger de la choucroute:* de nombreux problèmes.

CHOUETTE: mauvais présage.
– *dans la maison:* les affaires de famille iront plus mal.
– *dans une nuit de pleine lune:* les dangers sont conjurés.

CHRIST: vous avez besoin d'appui et de confiance.
– *invoquer le Christ:* vous êtes en difficulté.

CHROMER: *un objet:* vous cherchez à améliorer l'aspect de votre situation.

CHRONOMETRE: vous avez toujours peur de perdre du temps.

CHRONOMETRER: pour vous le temps est de l'argent.

CHRYSALIDE: grands changements.
– *voir une chrysalide:* vous savez que vous pouvez vous améliorer.
– *voir une chrysalide qui s'ouvre:* tout change autour de vous.
– *être une chrysalide:* des moments d'amour et de bonheur vous attendent.

CHRYSANTHEME: souvenir des morts.
– *porter des chrysanthèmes:* fidélité éternelle.
– *offrir des chrysanthèmes:* promesse d'amour.

CHUCHOTER: la fourberie peut vous nuire.

CHUTE: une période de malchance.
– *faire une chute en marchant:* peines que vous pouvez facilement éviter si vous le voulez.
– *voir quelqu'un faire une chute:* la personne que vous voyez tomber éprouvera un petit chagrin.

CIBLE: c'est la personne que vous voulez conquérir.
– *toucher la cible:* succès en amour.
– *manquer la cible:* grandes déceptions.

CICATRICES: expériences douloureuses du passé.
– *sur votre corps:* vous avez surmonté des traumatismes qui vous ont fait souffrir.
– *qui se rouvrent:* un problème que vous croyez résolu vous fait encore souffrir.
– *voir des cicatrices sur les autres:* vous vous rendrez compte que vous avez causé du mal par votre insensibilité.

CICATRISER: *voir une blessure qui se cicatrise:* même si vous ne voulez pas l'admettre vous avez surmonté la crise qui vous faisait souffrir.

CIEL: *serein:* vous avez la situation en main.
– *nuageux:* problèmes en vue.
– *constellé d'étoiles:* il y aura bientôt de grandes nouveautés dans votre vie.
– *rouge:* profitez d'un moment favorable.
– *noir:* très mauvais présage.

CIERGE: voir **CHANDELLE**.

CIGALE: le travail n'est pas très important pour vous.
– *qui chante:* vous cherchez un travail créatif.

CIGARE: *le voir:* pouvoir et assurance.
– *le fumer:* voir **FUMER.**

CIGARETTE: instabilité, manque de sécurité, nervosité.
– *la voir:* il vous manque quelque chose.
– *la fumer:* aventures sans aucun sens.
– voir aussi **FUMER**.

CIGOGNE: un nouveau-né dans la famille pour bientôt.

– *avec un enfant:* attention aux fausses alarmes.
– *en hiver:* malheurs familiaux.
– *en été:* période heureuse et sereine.

CIGUE: *boire de la ciguë:* désir d'autopunition.
– *donner de la ciguë à boire à quelqu'un:* vous ne respectez pas les idées des autres.

CILS: vous avez trop de pensées en tête.
– *épais:* grande confusion mentale.
– *rares:* vous avez peu d'esprit d'initiative.
– *bien implantés:* quelque chose vous tourmente.
– *qui tombent:* inconstance, insécurité.

CIME: *arriver sur la cime d'une montagne:* les difficultés vous stimulent.
– *arriver à une cime:* ne vous vantez pas des succès de faible importance.
– *cime d'un arbre:* vous croyez que votre jugement est meilleur que celui des autres.

CIMENT: *voir du ciment:* les décisions définitives vous effraient.
– *tenir en main un peu de ciment:* rigidité et malléabilité sont deux aspects de votre caractère.

CIMETERRE: comme toutes les armes, il représente l'agressivité masculine.
– *le porter:* vous vous imposez aux autres sans aucune retenue.
– *l'agiter:* menaces.
– *en être menacé:* une peur que vous n'aviez jamais éprouvée.
– *en être blessé: (pour une femme):* un homme insensible vous fera souffrir.
– *en être blessé: (pour un homme):* un ennemi vous a causé des préjudices sur le plan économique et sentimental.

CINEMA: ne vous fiez pas aux apparences.
– *être au cinéma:* vous lutterez inutilement contre de petites tromperies.
– *aller au cinéma:* nouvelles intéressantes.
– *inviter quelqu'un au cinéma:* vous voulez partager votre curiosité avec la personne invitée.
– *ne pas trouver un cinéma:* trop de réalisme vous crée des problèmes.

CIMETIERE: rêve de bon augure.
– *se trouver dans un cimetière:* vous êtes en très bonne santé, vous vivrez longtemps.
– *visiter la tombe d'un parent défunt:* vous avez la nostalgie du passé.
– *accompagner quelqu'un au cimetière:* moment de crise.
– *plein de visiteurs:* vous aurez bientôt de bonnes nouvelles.
– *abandonné:* vous voulez oublier le passé.

CIRAGE: vous respectez les apparences.

CIRCONCISION: peur de changements définitifs.

CIRCONFERENCE: vous craignez d'affronter une situation qui vous effraie.

CIRCONVENIR: vous croyez que les autres ne se rendent pas compte de vos manœuvres.
– *être circonvenu:* vous vous rendez compte que quelqu'un se moque de vous.

CIRCUIT: *court-circuit:* quelque chose a fait changer vos projets.
– *automobile:* vous n'avez pas peur du risque et vous vous sentez capable de l'affronter.

CIRE: personne complaisante.
– *modeler de la cire:* il est facile de convaincre des personnes sans caractère.
– *fondre de la cire:* vous êtes en train de profiter de la bonté d'une personne.
– *statue de cire:* attention aux apparences: la situation n'est pas stable.
– *à cacheter:* sachez défendre vos opinions.
– *rompre un sceau de cire:* vous changez d'avis très facilement.
– *sceller avec de la cire:* vous êtes très décidé; vous ne revenez jamais sur ce que vous avez dit.

CIREE: *toile cirée:* vous avez des habitudes modestes.

CIRER: vous respectez les apparences.
– *une voiture:* vous aimez vous montrer toujours en pleine forme.
– *des chaussures:* vous ne supportez pas les décisions hâtives.

CIREUR: *de meubles:* vous n'avez pas confiance en vous.

CIRQUE: vous voulez faire quelque chose qui soit hors du commun.
– *aller au cirque:* votre existence est trop tranquille.

CISAILLES: *voir des cisailles:* une grave dispute vous séparera de la personne aimée.
– *utiliser des cisailles:* vous voulez couper net avec le passé.

CISELET: sens artistique et grande habileté manuelle.

CITADIN: vous voulez vivre tranquillement.

CITERNE: *vide:* période de malchance.
– *pleine:* c'est le moment de faire des affaires.

CITHARE: *jouer de la cithare:* harmonie, douceur, bon caractère.
– *entendre jouer de la cithare:* vous connaîtrez bientôt une personne agréable et sereine.

CITRON: *voir un citron:* évitez de petits déplaisirs.
– *manger des citrons:* l'amour que vous vivez sera assombri par des moments amers.

CLAPIER: vous êtes exaspéré par des discussions inutiles.
– *avec des poules:* vous en avez assez d'entendre des commérages.

CLAQUER: *la porte:* une querelle qui aura de vilaines conséquences.

CLARINETTE: la personne aimée vous comprendra enfin.
– *jouer de la clarinette:* vous serez plus patient pour écouter les autres.

CLASSEMENT: *être en tête du classement:* optimisme, aides de l'extérieur.
– *être en queue du classement:* pessimisme, présage d'échecs.

CLAVECIN: moment de méditation. Rencontres galantes.
– *jouer du clavecin:* vous êtes un excellent parleur.

CLAVICULE: *voir une clavicule:* attention aux accidents sportifs.
– *se casser la clavicule:* vous avez peur d'être obligé d'abandonner le sport.

CLAVIER: *d'un piano:* choix immédiats.

CLE: les personnes importantes que vous connaissez vous ouvriront certaines portes.
– *perdre des clés:* vous avez perdu une chance.
– *trouver des clés:* vous n'avez pas les moyens de faire carrière.
– *ouvrir une porte avec des clés:* nouvelles expériences positives.
– *fermer à clé:* vous voulez changer de méthode.
– *fausses clés:* vous n'êtes pas à la hauteur de la situation, vous trompez les autres.
– *mauvaises clés:* manque d'attention et manque de précision vous feront perdre de bonnes occasions.
– *de voiture:* vous avez la possibilité d'aller loin.

CLEPSYDRE: vous ne vous rendez pas compte que le temps passe pour tout le monde.
– *renverser la clepsydre:* vous savez que vous avez peu de temps à votre disposition.

CLIGNER: *de l'œil:* vous vous sentez attiré par des expériences nouvelles.
– *cligner des yeux:* ententes superficielles.

CLIGNOTER: *avec des phares:* avertissements.

CLINIQUE: *voir une clinique:* vous aimeriez déléguer vos responsabilités aux autres.
– *être dans une clinique:* petite maladie, vous serez soigné affectueusement.

CLOCHARD: un ami résoudra une mauvaise affaire.
– *pauvre et seul:* vous avez peur de vous laisser aller, relaxez-vous.

CLOCHE: ne refusez pas une invitation importante.
– *observer une cloche:* n'attendez pas que les autres prennent des décisions pour vous.
– *qui sonne:* un ami n'a pas le courage de vous donner une nouvelle importante.
– *sonner la cloche:* vous avez un grand besoin de communiquer.

CLOCHER: *voir un clocher:* visites inattendues.
– *monter sur un clocher:* certaines questions de famille seront bientôt résolues.

CLOCHETTE: un conseil à ne pas suivre.
– *fleur:* moments d'intimité.

CLOITRE: *voir quelqu'un cloîtré:* vos engagements vous sembleront soudain peu importants.
– *être cloîtré:* le poids de vos responsabilités vous écrase.

CLOTURE: vous êtes contrôlé.
– *la voir:* vous êtes conscient de ne pouvoir dépasser certaines limites.
– *être à l'intérieur:* vous vous sentez arrêté dans vos initiatives.
– *la sauter:* vous surmonterez les obstacles avec courage.

CLOUER: *quelque chose:* une décision définitive.
– *être cloué:* un engagement qui vous occupe complètement.

CLOUS: ils représentent vos liens affectifs.
– *voir des clous:* vous êtes content d'avoir du succès parmi vos amis.
– *planter des clous:* vous établirez de nouveaux rapports amicaux.
– *enlever des clous:* vous briserez une vieille amitié.
– *de girofle:* invitation à dîner inattendue.

CLOWN: vous vous sentez au centre de l'attention.
– *être un clown:* vous désirez attirer l'attention sur vous.
– *être habillé en clown:* gaieté, insouciance.
– *dans un cirque:* distractions qui ne vous font pas oublier vos problèmes.

CLUB/CERCLE: besoin de retrouver de vieux amis; la vie de société est très importante pour vous.
– *y être:* moment en société que vous considérez comme une perte de temps.
– *y être avec des amis:* passe-temps agréables.
– *cercle d'officiers:* vous vous sentez plus respecté parmi vos amis.

CLYSTERE: situation désagréable.
– *faire un clystère:* un peu de satisfaction.

COAGULER (SE): *voir le sang se coaguler:* vous guérissez rapidement.
– *sang qui ne se coagule pas:* votre maladie durera encore pendant longtemps.

COASSER: des mots dépourvus de signification.

COBALT: influences bénéfiques.

COBAYE: *voir un cobaye:* vous avez peur que quelque chose aille mal pour vous.
– *être un cobaye:* les autres font des expériences à vos frais.

COBRA: sagesse dangereuse.
– *qui rampe:* attention aux pièges.

COCA-COLA: *voir du coca-cola:* il vous suffit de peu pour vous sentir satisfait.
– *boire du coca-cola:* simplicité et intelligence.

COCAGNE: *mât de cocagne:* rêve d'enfant.
– *monter au mât de cocagne:* satisfactions peu importantes.

COCAINE: *voir de la cocaïne:* vous vous sentez en danger.

COCARDE: on vous considère comme important dans la position que vous occupez.
– *avoir une cocarde:* une dispute en public.

COCCINELLE: une petite fille fort douce vous mettra de bonne humeur.
– *voir une coccinelle s'envoler:* vous aimez l'ingénuité; faites en sorte de ne pas l'éloigner de vous.

COCHER: une personne serviable.
– *l'être:* appuis qui ne sont pas reconnus.

COCHONNET: chance.
– *en voir beaucoup:* vous ferez des affaires rentables.
– *le manger:* bien-être et sérénité.

COCKTAIL: vous serez invité à une réception chic.
– *y être invité:* vous vous vantez de vos relations.

COCON: *de soie:* vous aimez le luxe.

CODE: *pénal:* ennuis avec la justice.
– *recueil de lois:* peur de vous tromper.
– *de la route:* vous pensez ne pas être à la hauteur de la situation.

CŒUR: symbole de l'amour.
– *avoir mal au cœur:* vous êtes profondément amoureux.
– *avoir le cœur brisé:* vous vous sentez offensé et méprisé. La personne aimée vous abandonnera.
– *avoir un cœur d'or:* vous êtes très généreux.
– *voir son propre cœur:* vous êtes conscient de vos souffrances.
– *sain:* vous êtes équilibré et tranquille.
– *qui bat:* émotions, attente de la personne aimée.

COFFRE: sens pratique.
– *fermé:* vous avez l'impression d'avoir perdu quelque chose.
– *ouvert:* tout est plus clair.

COFFRE-FORT: votre amour est solide et certain.
– *vide:* votre sécurité s'est évanouie.

COGNAC: une soirée entre amis.
– *boire un cognac:* vous passerez des heures agréables.

COGNER: *contre quelque chose:* une surprise désagréable.
– voir aussi **FRAPPER** et **BATTRE**.

COIFFE: vous ne comprenez pas les personnes âgées.
– *porter une coiffe:* vieilles idées.
– *enlever sa coiffe:* désir de rajeunir.

COIFFEUR: changements provisoires.
– *aller chez le coiffeur:* modifications superficielles de votre caractère.
– *s'y faire couper les cheveux:* vous perdrez votre force et votre décision.
– *s'y faire raser:* indécisions dans les choix.
– *l'être:* vous influencez les personnes qui vous connaissent.

COIFFURE: *la changer:* vous avez eu une grosse déception.
– *habituelle:* les choses continueront comme par le passé.

COIN: vous voulez réussir dans les affaires.
– *angle:* vous avez peur des nouveautés.
– *se cacher dans un coin:* vous aimeriez mieux vous retirer de certaines entreprises dangereuses.
– *jouer aux quatre coins:* souplesse et mobilité peuvent vous aider à éviter des dangers.

COING: vous n'êtes pas mûr sous certains aspects.
– *confiture de coings:* vous êtes en train de mûrir.

COL: petite conquête.
– *monter sur un col:* vos succès ne seront pas grands mais vous en retirerez de grandes satisfactions.
– *regarder du haut d'un col:* la situation n'est pas claire.
– *de chemise:* le fait que les autres puissent vous considérer de façon superficielle vous préoccupe.
– *sale:* vous avez peur de ne pas être à la hauteur de la situation.
– *usé:* vous vous sentez dans une position d'infériorité.
– *ouvert:* ne faites pas de déclarations inconsidérées.
– *relevé:* besoin de protection.
– *prendre quelqu'un par le col:* vous êtes trop impatient de rencontrer la personne qui vous convient.

COLBACK: vous ne vous défendez pas de la bonne façon.
– *voir quelqu'un qui porte un colback:* vous ne réussissez pas à comprendre les décisions des autres.

COLEOPTERE: sensation de gêne.

COLIBRI: présage favorable.

COLIQUE: faites attention à ce que vous mangez.

COLIS: *le voir:* vous attendez quelque chose.
– *le recevoir:* bonnes nouvelles.
– *l'expédier:* vous voulez communiquer une agréable nouvelle.

COLLAGE: *voir un collage:* peu de cohérence.
– *faire un collage:* vous cherchez à faire coexister deux situations complètement opposées.

COLLANT: vous voulez être protégé.
– *de soie:* vous êtes raffiné.

COLLAPSUS: *voir quelqu'un souffrant de collapsus:* craintes pour votre propre santé.
– *avoir un collapsus:* vous avez besoin d'un moment de repos.

COLLE: vous établirez des liens solides.
– *utiliser de la colle:* quelqu'un cherchera à se lier à vous.
– *renverser de la colle:* vous avez perdu l'occasion d'établir une amitié profonde.

COLLECTION: perte de temps.
– *de papillons:* vous ne savez pas comment passer votre temps.
– *de timbres:* vous aimeriez vous distinguer mais vous n'y réussissez pas.
– *d'armes:* vous vous préparez à frapper quelqu'un, mais n'en aurez probablement pas le courage.
– *de médailles:* succès peu appréciés.
– *de tableaux:* richesse intérieure.
– *montrer sa collection:* vous voulez vous faire apprécier par quelqu'un.

COLLER: *quelque chose:* une relation durable naîtra grâce à vous.
– *deux morceaux de papier:* vous voulez cacher quelque chose.
– *quelque chose au mur:* vous n'avez pas confiance en votre mémoire.
– *se coller les mains:* impossibilité d'agir.

COLLIER: vous voulez à tout prix manifester vos sentiments d'amour.
– *d'argent:* petite histoire d'amour.
– *en or:* grandes désillusions.
– *de perles:* tristesse, larmes.
– *le voir:* désirs.
– *le porter:* joies et satisfactions.
– *offrir un collier:* une promesse importante.
– *recevoir un collier:* vous devez prendre un engagement.
– *de chien:* vous voulez humilier quelqu'un.
– *porter un collier de chien:* attention aux scandales.

COLLINE: voir **COL**.

COLLISION: opinions contradictoires, vous prévoyez des discussions.
– *entre deux voitures:* deux personnes peu équilibrées finiront tôt ou tard par se faire du mal.
– *physique:* voir **BAGARRE.**

COLONEL: vous aimez que l'on vous obéisse sans discuter.
– *être un colonel:* vous désirez améliorer votre situation.

COLONNADE: désir d'amitiés solides.

COLONNE: une aide solide.
– *qui s'écroule:* vos appuis ne vous serviront à rien.

COLORER: la fantaisie vous procure joies et imprévus.
– *un dessin:* vous imaginez quelquefois la situation meilleure qu'elle ne l'est.
– *une étoffe:* la fantaisie seule ne vous conduira pas au succès.

COLOSSE: une personne importante vous protège.
– *statue:* les personnes qui ont les idées claires vous fascinent.

COMA: *voir quelqu'un dans le coma:* vous baissez les bras devant les difficultés.
– *être dans le coma:* vous vous sentez faible et impuissant.

COMBAT: *voir un combat:* vous préférez vous tenir en dehors des disputes.
– *participer à un combat:* acceptez les défis qui se présentent.

COMBATTRE: lutte, problèmes, fatigues.
– *avec des armes:* vous avez de grandes chances de réussir.
– *à cheval:* vous avez l'avantage.
– *avec des amis:* les rapports sont en train de se dégrader.
– *avec des parents:* vous voulez conquérir votre indépendance.
– *avec un supérieur:* votre situation d'infériorité, loin de vous effrayer vous encourage à combattre.
– *corps à corps:* dispute avec la personne aimée.
– *avec des animaux:* vous luttez contre vos instincts.

COMBINAISON: *la voir:* moments d'intimité.
– *voir une femme en combinaison:* femme qui vous charme.
– *combinaison suspendue dans une armoire:* séductions cachées.

COMBUSTIBLE: voir **ESSENCE, KEROSENE,** etc.

COMEDIE: vous êtes très curieux.
– *assister à une comédie:* nostalgie du passé.
– *jouer dans une comédie:* vous ne savez pas distinguer la réalité de la fiction.

COMETE: suivez les conseils de ceux qui en savent plus que vous.
– *voir une comète:* vous viendrez à bout d'une situation difficile si vous suivez les conseils donnés.

COMIQUE: *voir un comique:* vous avez le sens de l'humour.
– *être comique:* vous aimez que l'on se moque de vous avec bonhomie.

COMMANDEMENT: *prendre le commandement:* le fait d'avoir de nombreuses responsabilités vous donne satisfaction.

COMMANDEMENTS: vous connaissez parfaitement les règles du jeu.
– *ne pas obéir aux commandements:* vous avez lancé un défit dangereux.

COMMANDER: avec force et constance vous arriverez à une bonne position.
– *au travail:* vous détestez la situation dans laquelle vous vous trouvez.
– *des soldats:* vous exagérez dans vos prises de position.

COMMANDEUR: les formalités vous donnent la nausée.

COMMERÇANT: *voir un commerçant:* vous ferez de très bonnes affaires.
– *être un commerçant:* attention à ne pas vous faire duper.

COMMERCE: bons rapports sociaux.
– *faire du commerce:* on vous considère comme un être social et sympathique.

COMMISSAIRE: vous serez estimé et craint.
– *être un commissaire:* vous aimeriez régler son compte à quelqu'un.

COMMODE: affection pour votre famille.
– *antique:* liens avec les traditions.
– *abîmée:* vos rapports avec la famille se sont dégradés.

COMMUNAUTE: *religieuse:* vous sacrifiez beaucoup à vos amis.
– *familiale:* sécurité familiale.

COMMUNION: *recevoir la communion:* vous vous sentez plus mûr et plus responsable.

COMMUNIQUER: *par des mots:* vous êtes taciturne et peu sociable.
– *par des gestes:* la fantaisie et l'esprit d'initiative ne vous manquent pas.

COMPAGNIE: *être en compagnie:* vous passerez les meilleurs moments de votre vie avec vos amis.
– *voir un groupe d'amis:* votre caractère vous tient éloigné de la société.

COMPAGNON: solidarité, amitié.
– *être avec un compagnon:* seul vous vous sentez perdu.
– *d'école:* le passé vous semble meilleur.
– *de voyage:* si vous n'abandonnez pas vos amis vous irez loin.

COMPARAISON: *la faire entre deux personnes:* envie mal dissimulée.
– *entre vous et une autre personne:* vous êtes jaloux des succès de cette personne.

COMPARTIMENT: vous avez des idées claires.
– *changer de compartiment:* vous êtes très rigoureux dans vos jugements.

COMPAS: votre vie est très régulière.

COMPASSION: vous savez écouter les problèmes des autres sans pour autant être paternaliste.
– *pour quelqu'un:* attention, ne jugez pas!
– *pour un animal:* bonté d'âme.

COMPATRIOTE: *le rencontrer:* vous voudriez revivre le passé.
– *lui parler:* vous regrettez votre jeunesse.

COMPETITION: de nombreux obstacles, angoisses dans le travail.
– *entrer en compétition avec quelqu'un:* vous allez éprouver vos forces.
– *de course à pied:* votre avenir économique est en jeu.
– *gagner une compétition:* vous aurez le dessus sur les autres.

COMPLICE: *avoir un complice:* certains amis vous causeront des ennuis.
– *être un complice:* vous approuvez sans aucun sens critique les idées d'un ami.

COMPLIMENT: *recevoir un compliment:* quelqu'un veut vous aduler.
– *faire un compliment:* vous n'estimez pas la personne à qui vous faites ce compliment.

COMPLOT: quelque chose vous semble obscur.
– *participer à un complot:* vous n'êtes pas sincère avec les autres.

COMPLOTER: vous pensez à une décision dangereuse.

COMPOSER: *de la musique:* créativité accompagnée d'insatisfaction intérieure.
– *des poésies:* fantaisie, anticonformisme, sens artistique.

COMPOSITEUR: *voir un compositeur:* vous appréciez ceux qui savent s'exprimer de façon parfaite.

– *être compositeur:* vous aimeriez pouvoir manifester correctement vos sensations.

COMPREHENSION: vous n'êtes pas rancunier, vous avez bon caractère.

COMPRESSION: *subir une compression:* attention aux problèmes de digestion.

COMPROMETTRE: *quelqu'un:* en parlant plus que vous ne devriez vous provoquerez de petits ennuis.
– *se compromettre:* vous vous êtes laissé impliquer dans une affaire peu claire.
– *se faire compromettre:* votre ingénuité vous joue de mauvais tours.

COMPROMIS: *arriver à un compromis:* vous êtes capable de convaincre les autres.

COMPTABLE: préoccupations d'ordre économique.
– *être un comptable:* vous avez peur de vous faire duper.
– *aller chez un comptable:* vous avez besoin d'une personne aux idées claires et précises.

COMPTE: *voir un compte:* vous n'oubliez pas les engagements que vous avez pris.
– *payer un compte:* vous pouvez faire face à vos responsabilités.
– *ne pas pouvoir payer un compte:* vous avez pris trop d'engagements et vous ne pouvez pas y faire face.

COMPTE-GOUTTES: il est difficile de vous faire parler de façon claire.

COMPTER: vous êtes très ambitieux.
– *de l'argent:* vous avez peur des voleurs.
– *les jours:* une situation insupportable.

COMPTE RENDU: *le faire:* rien ne vous échappe.
– *le lire:* vous apprendrez beaucoup de choses grâce aux autres.

COMPTINE: *écouter une comptine:* écoutez les conseils d'une personne sensée.
– *réciter une comptine:* vos conseils sont un peu répétitifs.

COMTE: *voir un comte:* esprit romantique.
– *rêver d'épouser un comte:* vous devez vous améliorer par vous-même.
– *être comte:* vous aimeriez vaincre vos complexes d'infériorité.

COMTESSE: une femme fascinante.

CONCERT: vous avez les idées très confuses.
– *diriger un concert:* des décisions importantes dépendent de vous.

CONCERTISTE: vous savez vous faire écouter par tous.
– *être concertiste:* vous aimeriez gagner l'attention des autres.

CONCEVOIR: *des enfants:* vous aurez de grandes responsabilités.
– *de nouvelles idées:* c'est le moment de mettre en œuvre vos grands projets.

CONCOMBRE: on ne tolère pas longtemps les personnes indiscrètes.

CONCOURS: *s'inscrire à un concours:* vous voulez tenter toutes vos chances.
– *pour un poste de travail:* avec un peu d'efforts vous trouverez un travail plus intéressant.
– *pour une bourse d'études:* vous acceptez les aides dont dépend votre avenir.
– *de beauté:* vanité, provocation.

CONCUBINAGE: attention à une mauvaise nouvelle.

CONCUBIN (E): votre relation sentimentale est très solide.

CONDAMNATION: vous vous sentez coupable de quelque chose.
– *aux travaux forcés:* votre travail vous pèse énormément.
– *à perpétuité:* vous êtes découragé, vous n'avez aucun espoir pour l'avenir.
– *à mort:* vous pensez devoir faire de gros sacrifices pour commencer une vie meilleure.

CONDAMNE: *voir quelqu'un de condamné:* vous êtes satisfait de ne pas être impliqué dans une affaire dangereuse.
– *être condamné:* grave danger.

CONDAMNER: vous êtes trop cynique dans vos jugements.

CONDITIONNER: *quelqu'un:* vous utilisez votre pouvoir contre les plus faibles.
– *être conditionné:* vous n'êtes pas encore sûr de vos idées.

CONDUIRE: discipline, sens des responsabilités.
– *une automobile:* progrès en affaires.
– *une voiture de course:* vous croyez trop en vous-même.
– *un camion:* un travail difficile qui vous donnera des satisfactions.
– *une personne:* vous êtes très optimiste.
– *un animal:* sécurité, décision.
– *une motocyclette:* décision, goût de l'aventure.

CONDOLEANCES: *faire des condoléances:* âme sincère.
– *recevoir des condoléances:* quelque chose en famille ne fonctionne pas.

CONDUCTEUR: *voir un conducteur:* vous avez confiance dans quelqu'un.
– *voir un conducteur imprudent:* divergences d'idées.
– *conducteur très lent:* vous ne considérez pas que votre supérieur soit à la hauteur de la situation.
– *conducteur de tramway:* embarras financiers.
– *l'être:* soucis d'ordre pratique.

CONDUIT (être): vous avez besoin d'être conduit et guidé.
– *par la main:* vous êtes très lié à vos parents.
– *en promenade:* vous passerez des moments très joyeux.

CONFECTIONNER: vous voulez faire les choses une fois pour toutes.
– *cadeau:* n'oubliez pas un événement important.

CONFERENCE: *tenir une conférence:* vous êtes très sûr de votre avenir.
– *écouter une conférence:* on vous donnera bientôt un poste important.

CONFERER: *une charge:* vous déchargez vos responsabilités.

CONFESSER (SE): vous vous sentez coupable.
– *à un inconnu:* vous avez besoin que les autres vous écoutent.
– *à un ami:* fiez-vous à ceux qui savent garder les secrets.
– *à sa mère:* vous dépendez encore beaucoup de votre famille.
– *à un prêtre:* personne n'osera critiquer vos gestes.

CONFESSER: *quelqu'un:* en réalité vous vous sentez coupable.

CONFESSEUR: *voir un confesseur:* quelqu'un veut vous faire parler.
– *être un confesseur:* vous désirez découvrir un secret qui ne vous concerne pas.

CONFESSIONNAL: *voir un confessionnal:* vous n'avez pas la conscience tranquille.

CONFETTIS: petites satisfactions.
– *lancer des confettis:* joie, fête.
– *recueillir des confettis:* vous voulez vous souvenir des joies passées.

CONFIDENT: vous avez besoin que quelqu'un vous écoute.
– *être un confident:* apprenez à vous taire quand il le faut.
– *de la police:* attention aux vengeances personnelles.

CONFIER: vous aimez que les autres aient confiance en vous.
– *un secret:* ne parlez pas à haute voix.
– *un nom:* ne dites pas de mal des absents.
– *des bijoux:* de bonnes nouvelles qui arrivent de loin.
– *des objets:* perte assurée.
– *des animaux:* vous arriverez à un accord avec vos amis.
– *des enfants:* disponibilité et confiance.
– *de l'argent:* excellente santé.

CONFIRMATION: *avoir la confirmation de quelque chose:* vous finirez par guérir votre manque de confiance en vous.
– *donner une confirmation:* vous ne croyez pas aux informations officieuses.
– *sacrement:* on vous donnera de plus grandes responsabilités.
– *confirmer - donner un sacrement:* vous confiez à quelqu'un des responsabilités.

CONFISQUER: quelqu'un veut vous enlever ce que vous possédez.
– *des vêtements:* maladie.
– *la maison:* envie des voisins.

CONFITURE: *manger de la confiture:* désir de douceur.
– *offrir de la confiture:* vous exprimez votre douceur.
– *pot de confiture:* parenthèse agréable dans votre vie.

CONFLIT: *être en conflit avec quelqu'un:* en général vous supportez sans protester.

CONFONDRE: vous aimez détourner l'attention d'un sujet qui ne vous plaît pas.
– *les traces:* vous avez peur que l'on découvre vos "trucs".

CONFUSION: *dans la maison:* vous n'avez pas les idées claires.
– *d'objets:* vous êtes trop distrait dans votre travail.
– *mentale:* manque de maturité, manque de décision.
– *entre deux personnes:* problème d'identité.

CONGE: vous avez peur de rester seul. Vous allez bientôt vous marier.
– *si vous êtes militaire:* vous quitterez bientôt votre famille.

CONGELATEUR: *voir un congélateur:* vous enviez ceux qui n'ont pas de temps pour penser.

CONGELER: ne prenez pas de décisions précipitées.
– *quelque chose:* attendez.
– *de la viande:* rupture avec votre partenaire.

CONGESTION: *avoir une congestion:* votre rapport avec les aliments est erroné.

CONGRES: connaissances utiles.
– *assister à un congrès:* vous ne croyez pas à tout ce que l'on vous dit.
– *parler à un congrès:* vous aimeriez être interpellé plus souvent.

CONJURATION: *organiser une conjuration:* vous enviez quelqu'un.
– *contre vous:* vous souffrez d'un complexe de persécution.

CONNAISSANCE: *d'un homme:* vous croyez le connaître mais vous vous méprenez.
– *d'une femme:* vos intentions ne sont pas claires.

CONNAISSEUR: *être un connaisseur de quelque chose:* vous êtes un vrai professionnel dans votre domaine.
– *parler avec un connaisseur:* vous recherchez les avis de personnes illustres.

CONQUERANT: *voir un conquérant:* vous craignez les risques qui vous attendent.
– *être un conquérant:* vous enviez les personnes plus fortes et plus décidées que vous.

CONQUERIR: désir d'aventures.
– *quelque chose:* attention aux risques.
– *quelqu'un:* vous êtes amoureux.
– *un territoire en guerre:* vous voulez vous venger d'un tort que l'on vous a fait.

CONSACRER: vous aimez que l'on vous demande l'autorisation avant de faire quelque chose.

CONSECRATION: vous avez beaucoup de pouvoir en main.
– *d'un prêtre:* période positive.
– *d'une religieuse:* c'est le moment de penser au mariage.
– *d'un évêque:* vous vous croyez très important.

CONSEIL: attention aux envieux.
– *refuser un conseil:* vous êtes très méfiant.
– *accepter un conseil:* rappelez-vous de juger sur l'intelligence et non sur la mine.

CONSEILLER: *quelqu'un:* vous admettez difficilement d'avoir tort.
– *être conseillé:* vos propositions sont écoutées avec méfiance.

CONSEILLER (nom): *être un conseiller:* votre culture vous rend orgueilleux.
– *avoir un conseiller:* vous ne savez pas prendre des décisions tout seul.

CONSEILLER COMMERCIAL: vous détestez la bureaucratie.
– *être conseiller commercial:* vous croyez connaître à la perfection les règles de la vie.

CONSERVATOIRE: vous aimeriez vous exprimer plus correctement.
– *travailler au conservatoire:* vous avez une bonne culture et un bon niveau intellectuel.
– *étudier au conservatoire:* vous enviez les artistes.

CONSERVER: dépenses peu importantes.
– *une lettre:* votre amour est fort et solide.
– *un objet:* importance des souvenirs et du passé.

CONSPIRER: voir **CONJURATION.**

CONSTELLATION: il est impossible de mettre vos projets en pratique.

CONSTERNATION: *éprouver de la consternation:* vous ne réussissez pas à aider celui qui vous a demandé votre appui.

CONSTIPE: *être constipé:* tristesse, avarice.

CONSTITUTION: vous vous sentez opprimé.

CONSTRUCTION: le travail que vous avez réalisé.
– *solide:* avenir assuré.
– *en ruine:* période de malchance.
– *vieille construction:* vous ne faites plus rien depuis un bon moment.
– *restructurer une construction:* vous souhaitez améliorer certains aspects de votre caractère.

CONSTRUIRE: vous travaillez pour l'avenir.
– *la maison:* passés les moments difficiles c'est un bon présage.
– *une petite maison:* peu à peu vous arriverez au bien-être.
– *de grands édifices:* des projets importants.
– *une cabane:* moments de médiation.
– *un meuble:* vous êtes satisfait de vous-même.
– *un pont:* vous surmonterez les obstacles de façon brillante.
– *une route:* maturité; vous poursuivrez votre chemin sans problèmes.
– *une enceinte pour des animaux:* contrôlez vos instincts.
– *un gratte-ciel:* vous avez des idées prétentieuses.

CONSUL: *voir un consul:* une personne qui a une double vie.

— *être un consul:* avec l'expérience que vous avez, vous pouvez donner de bons conseils.

CONSULAT: *y travailler:* vous êtes prêt à aider les autres.
— *aller au consulat:* vous avez besoin de l'aide de personnes influentes.

CONSULTER: *un guide:* un détail important vous échappe.
— *un livre:* vous aimeriez être toujours à la hauteur de la situation.
— *un médecin:* préoccupations en vue.

CONTAGION: vous désirez rester seul.
— *être contaminé:* vous vous méfiez des personnes que vous ne connaissez pas.

CONTE: *l'écrire:* projet réalisable.
— *le lire:* nouvelles impressions.

CONTE DE FEES: *raconter un conte de fées:* vous devez apprendre à être plus sincère.
— *écouter un conte de fées:* une proposition irréalisable.
— *écrire un conte de fées:* vous faites des projets inutiles.

CONTEMPLER: vous n'êtes pas capable d'agir rapidement.
— *quelque chose:* vous éprouvez de l'émotion devant les belles choses.
— *quelqu'un:* vous êtes très émotif.

CONTESTER: esprit de contradiction.

CONTORSIONNISTE: vous admirez ceux qui réussissent à rester calmes quelle que soit la situation.
— *être un contorsionniste:* vous devez être prêt à toute éventualité.

CONTOURNER: *un obstacle:* il vaut mieux ne pas se croire trop malin.

CONTRAINDRE: *quelqu'un à faire quelque chose:* avec les mots vous n'obtiendrez rien.
— *un animal:* vous vous sentez faible.
— *être contraint:* incompréhensions en famille.

CONTRAT: vous sentez un fort lien.
— *faire un contrat:* vous n'avez pas confiance dans les mots.
— *signer un contrat:* vous voulez que quelqu'un se sente votre obligé.
— *annuler un contrat:* vous serez bientôt libre.
— *de location:* vous reviendrez chez vous après un long voyage.

CONTRAVENTION: quelqu'un a découvert vos défauts.
— *payer une contravention:* soyez sincère avec vous-même et avec les autres.
— *remplir une contravention:* vous êtes très polémique.

CONTREBANDE: vous jouez le tout pour le tout.
— *d'alcools:* vous ne méritez pas le bonheur que vous avez.
— *de cigarettes:* vous vous êtes enrichi sur le dos des autres.

CONTREBANDIER: des risques dans des affaires peu claires.

CONTREBASSE: harmonie sentimentale.

– *jouer de la contrebasse:* vous désirez une femme que vous ne voyez pas depuis longtemps.

CONTREDIRE: en général, on vous trouve peu critique.
– *son mari ou son épouse:* votre rapport est dynamique et destiné à durer dans le temps.

CONTROLEUR: *être contrôleur:* vous avez le sens de la justice très développé.
– *voir un contrôleur:* votre position est supérieure à vos mérites.
– *le contrôleur vous trouve dépourvu de billet:* vous n'avez pas la conscience tranquille et craignez d'être découvert.

CONTUSION: attention aux efforts physiques.

CONVAINCRE: vous voulez trop vous imposer.
– *quelqu'un:* vous avez besoin d'un appui.
– *vous-même:* vous êtes incertain et indécis.

CONVALESCENCE: *être en convalescence:* des moments calmes et sereins vous attendent.

CONVERSATION: bons rapports sociaux.
– *avec des amis:* situation sereine et agréable.
– *animée:* vous défendez vaillamment vos opinions.
– *peu animée:* votre vie est monotone, même si vous ne voulez pas l'admettre.

CONVERSION: *religieuse:* certains aspects de votre caractère sont obscurs.

CONVERTIR: *quelqu'un:* vous ne supportez pas ceux qui ont des idées différentes des vôtres.
– *être converti:* il y a beaucoup de personnes intolérantes autour de vous.

CONVOITISE: la jalousie vous fait beaucoup souffrir.

CONVOQUER: *une audience:* vous voulez que vos amis vous donnent raison.

CONVULSION: *avoir des convulsions:* un désagrément vous fera perdre votre self-control.
– *voir quelqu'un atteint de convulsions:* un ami vous dira clairement ce qu'il pense de vous.

COORDINER: vous aurez bientôt des devoirs importants.

COOPERER: solidarité.

COPIE: *d'un document:* vous êtes méticuleux.
– *d'une lettre:* vous voulez vous rappeler de ce que vous avez dit.
– *d'un contrat:* vous n'avez pas confiance dans les autres.

COPIER: vous n'avez pas confiance dans vos capacités.
– *une attitude:* vous n'êtes pas sincère.
– *quelque chose d'un livre:* on vous accusera de plagiat.
– *à l'école:* vous n'avez pas surmonté votre sentiment d'insécurité.

COPISTE: un travail répétitif; vous vous déchargez sur d'autres personnes.

COPROPRIETE: *voir une copropriété:* vous aimez la vie sociale.
— *habiter en copropriété:* vous vous sentez seul même parmi les autres.

COQ: litiges, problèmes familiaux.
— *qui chante:* chance, satisfaction dans le travail, gains.
— *qui pond:* désirs irréalisables.
— *attraper un coq:* un conflit désagréable.
— *tuer un coq:* vous allez avoir moins de chance.
— *manger un coq:* bonnes nouvelles.

COQUELICOT: remords et repentir.
— *le cueillir:* demandez pardon à une personne.
— *l'offrir:* pièges.

COQUILLAGE: vous ne voulez pas vous éloigner des choses simples.
— *trouver un coquillage:* vous tomberez amoureux d'une femme sincère.
— *mettre un coquillage sur son oreille:* vous attendez qu'on vous confie de grands secrets.

COQUILLE: vous ne réussissez pas à rompre l'isolement dans lequel vous vivez.
— *briser une coquille:* connaissances agréables.

CORAIL: une affection sincère.
— *collier de corail:* le mariage vous procurera joies et douleurs.

CORAN: *lire le Coran:* de nouvelles stimulations.
— *écouter le Coran:* vous rencontrerez un étranger.

CORBEAU: malheurs.
— *blanc:* pensées claires.
— *noir:* pensées lugubres.
— *chasser des corbeaux:* vous voulez éloigner le péril.
— *voir beaucoup de corbeaux:* moments difficiles et désillusions.

CORBEILLE: *à papier:* vous craignez de perdre une chose précieuse.
— *de fleurs:* quelqu'un cherchera à vous ruiner.
— *de fruits:* cadeaux agréables.
— *"faire une corbeille":* vous obtiendrez les résultats désirés.

CORDE: engagements précis.
— *rompue:* vous êtes libre de tout engagement.
— *longue:* vos projets ont besoin de temps pour être réalisés.
— *courte:* agissez tout de suite, avant qu'il ne soit trop tard.
— *coupée:* quelqu'un a voulu vous libérer de vos liens.
— *au cou:* vous vous sentez gravement menacé.

CORDONNIER: vous vous êtes réalisé, ne faites pas attention à ceux qui ne respectent pas votre travail.
— *voir travailler un cordonnier:* activité intense.

CORMORAN: désillusions.

CORNEILLE: des racontars derrière votre dos.
– *qui chante:* une situation nouvelle.

CORNEMUSE: *jouer de la cornemuse:* joie profonde.
– *entendre jouer de la cornemuse:* nostalgie de l'enfance.

CORNES: vous vous sentez humilié et offensé.
– *avoir des cornes:* vous êtes très orgueilleux.
– *voir des cornes:* vous avez peur des trahisons.
– *faire les cornes:* on critiquera votre comportement.
– *d'abondance:* chance et succès.
– *avoir la corne d'abondance:* quelqu'un vous sera reconnaissant.

CORNET (petite trompette): vous ne réussissez pas à comprendre ce que l'on vous dit.

CORNICHE: *voir une corniche:* le danger vous effraie.
– *marcher sur une corniche:* vous osez trop et vous vous surestimez.
– *s'asseoir sur une corniche:* vous voulez démontrer quelque chose.

COROLLE: *de fleur:* sensibilité.

CORPS: *avoir un gros corps:* vous vous sentez prêt à affronter les difficultés.
– *maigre:* faiblesse, frustrations.
– *corps à corps:* tension qui finira par une dispute.

CORRIDA: *voir une corrida:* vous vous laissez facilement impressionner.
– *participer à une corrida:* vous voulez démontrer votre courage.

CORRIGER: *quelqu'un qui parle:* vous vous sentez supérieur mais au fond vous êtes seulement peu courtois.
– *un devoir:* esprit d'observation.
– *un jugement:* vous apprenez à être moins tyrannique.

CORROMPRE: *quelqu'un:* vous aimeriez avoir plus de pouvoir.
– *être corrompu:* pertes d'ordre financier.

CORSAGE: vous désirez sexuellement une personne.
– *ouvert:* vous avez la voie libre.

CORSAIRE: vous n'avez aucun scrupule.
– *être un corsaire:* vous aimeriez être moins scrupuleux.

CORTEGE: vous aimeriez avoir un gros appui.
– *funèbre:* malchance.
– *de protestation:* vous vous laissez influencer par les autres.
– *nuptial:* vous êtes fascinant et faites des "victimes"..

CASAQUE: vous avez beaucoup d'imagination.

COSMOS: *voir le cosmos:* vous vous sentez au centre du monde.
– *être dans le cosmos:* vous enviez ceux qui ont plus de possibilités de voir et de connaître.

COSTUME: *porter un costume:* vous voulez sembler différent de ce que vous êtes en réalité.

– *fabriquer un costume:* vous avez décidé de changer d'attitude.

COTE (une): elle représente le corps humain.
– *se casser une côte:* petites maladies.

COTE (un): c'est votre point faible.
– *douloureux:* faiblesse soudaine.
– *blessé:* peur et sensation d'égarement.
– *être touché au côté:* un déplaisir qui vous affaiblira psychologiquement.
– *avoir quelqu'un à son côté:* sentiment de protection, de tranquillité.

COTELETTE: une fête agréable.

COTON: *voir du coton:* soyez plus simple et plus spontané.
– *plante de coton:* petites difficultés.
– *tissu de coton:* si vous savez vous contenter vous vivrez heureux.
– *vêtements en coton:* tranquillité, propreté, sérénité.

COTONNERIE: *avoir une cotonnerie:* de bonnes affaires si vous travaillez sereinement.

COTOYER: vous n'approfondissez pas les choses comme vous devriez le faire.
– *en barque:* vous avez peur de découvrir quelque chose.
– *en bateau:* vous ne réussissez pas à analyser les choses.
– *à la nage:* vous êtes indécis.

COU: essayez de mieux raisonner avant d'agir.
– *mal au cou:* santé délicate.
– *prendre par le cou:* vous allez faire chanter quelqu'un.
– *long cou:* vous connaissez très bien la situation: succès.
– *coupé:* malheurs en famille.

COUCHER (SE): paresse.
– *avec un homme (une femme):* après une longue attente, votre rêve d'amour se réalisera.
– *seul:* moments d'angoisse.
– *avec des amis:* période de vacances.
– *sur le dos:* période d'oisiveté qui n'apporte aucune satisfaction.

COUCHER: *de soleil:* une affaire qui n'est réglée que provisoirement.
– voir aussi **SOLEIL.**

COUCHETTE: *dormir en couchette:* situation précaire.

COUCOU: attention aux voleurs.
– *qui chante:* amitiés gênantes.

COUDE: énergie, activité.
– *malade:* période d'oisivité forcée.
– *blessé:* quelqu'un veut freiner votre activité.

COUDRE: désir de paix.
– *un vêtement:* harmonie retrouvée.
– *ne pas terminer un travail de couture:* vos efforts seront vains.

COULANT (nœud): voir **NOEUD.**

COULEE: *de lave:* vous vous sentez menacé par des situations imprévues.

COULEUR: elle exprime votre caractère.
– *blanc:* triomphe de la justice.
– *bleu:* paix, loyauté.
– *jaune:* générosité.
– *noir:* inquiétude.
– *rouge:* colère, vengeance.
– *violet:* chance.
– *vert:* confiance dans la vie.

COULEUVRE: quelqu'un complote habilement contre vous.
– *être mordu par une couleuvre:* un ami que vous croyez sincère vous a trompé.

COULOIR: il représente les divers étages de votre esprit.
– *parcourir un couloir:* vous aurez une vision plus complète de vous-même.
– *encombré:* vous ne réussissez pas à devenir plus mûr.
– *long couloir:* vous avez un chemin long et fatigant devant vous.
– *court:* vous approchez de la solution de vos problèmes.
– *être sur le mauvais couloir d'une route:* vous êtes désorienté.
– *être sur le couloir de dépassement:* vous luttez avec un collègue de travail.
– *d'hôpital:* attention aux petits accidents.

COUP: *physique:* quelque chose qui vous a profondément heurté.
– *psychologique:* vous avez été très déçu.

COUPABLE: *voir un coupable:* vous avez un grand sens de la justice.
– *être coupable:* complexe de faute.

COUP D'EPAULE: *le donner:* vous voulez vous faire valoir à tout prix.
– *le donner à quelqu'un:* prévarication.
– *à une porte:* décision dangereuse.
– *le recevoir:* vous subirez l'arrogance de quelqu'un ayant une forte personnalité.

COUP DE PIED: *donner un coup de pied à un ami:* l'amitié est devenue pour vous un lien insupportable.
– *à un ennemi:* vous avez finalement décidé de réagir.
– *à la chance:* vous avez eu une bonne occasion que vous avez perdue.
– *recevoir un coup de pied sur la tête:* quelqu'un veut à tout prix vous faire changer d'idée.
– *sur les jambes:* quelqu'un cherche à bloquer vos initiatives.

COUP DE PINCEAU: tentative d'effacer quelque chose.
– *le donner:* vous oublierez un événement désagréable.

COUPE: *verser le contenu d'une coupe:* vous voulez arriver loin.
– *remettre une coupe:* vous admettez le succès de quelqu'un d'autre.
– *voir une coupe:* vous enviez quelqu'un.
– *de glace:* vous avez besoin d'un peu de douceur.

COUPER: vous avez perdu une occasion.
– *la queue d'un animal:* vous empêchez quelqu'un d'agir.
– *la langue:* vous empêchez quelqu'un de parler.
– *avoir la langue coupée:* impossibilité de s'exprimer.
– *du bois:* difficultés qui peuvent être surmontées.
– *des arbres:* vous aurez de gros chagrins.
– *du tissu:* satisfactions de brève durée.
– *se couper les doigts:* tristesse en famille.
– *se couper les cheveux:* vous voulez nuire à quelqu'un.
– *se couper les ongles:* dettes réglées.
– *se couper avec un couteau:* vous êtes en train de vous faire du mal.

COUPLE: *former un couple avec son mari ou sa femme:* bonne harmonie familiale.
– *former un couple avec un inconnu:* une rencontre imprévue.

COUPLET: voir **POEME**.

COUPOLE: *voir une coupole:* affaires chanceuses.

COUPON: achats de peu d'importance.
– *l'acheter:* vous vous contentez de ce que vous pouvez avoir.
– *le vendre:* vous vous débarrasserez d'objets inutiles.

COUPURE: considérations simplistes.
– *de journal:* vous jugez sans avoir une vision générale des choses.

COUR: vous retournerez bientôt chez vous en vacances.
– *pleine:* des amis ont besoin de vous parler.
– *vide:* vos parents sont très seuls.
– *ombragée:* vous ne vous sentez en sécurité que chez vous.
– *ensoleillée:* heures heureuses.

COURANT: *eau:* énergie.
– *être entraîné par le courant:* vous vous surestimez.
– *électrique:* vous dispersez vos énergies.
– *d'air:* informations secrètes divulguées.

COUREUR: prudence quand vous prenez des initiatives.
– *automobile:* vous prenez des risques mais vous irez loin.
– *de jupons:* vous aimeriez être plus sûr de vous.

COURGE: un caractère fermé et lâche.
– *la manger:* caractère têtu.

COURGETTES: *les manger:* avarice et caractère dur.

COURIR: *voir quelqu'un courir:* nouveautés agréables.
– *se voir courir:* attention, ne soyez pas impulsif.
– *désespérément:* grands conflits intérieurs.
– *dans une course:* vous tentez le tout pour le tout pour gagner un défit.
– *nu:* vous vous êtes fait tout voler sans vous en rendre compte.

COURONNE: grandes ambitions.
– *voir une couronne sur la tête de quelqu'un:* envie.
– *avoir une couronne sur la tête:* récompense; honneur.

– *de fleurs:* tristesse.
– *en or:* vous êtes soumis à l'autorité.
– *de lauriers:* vous êtes respecté et honoré.
– *d'épines:* vous serez offensé.
– *de pierres précieuses:* vous recevrez un très beau cadeau.

COURONNER: gratitude exagérée.
– *son partenaire:* ne vous montrez pas trop dépendant de lui.
– *son père ou sa mère:* respect excessif pour la famille.
– *être couronné:* vous vous sentez incompris et êtes convaincu de mériter beaucoup mieux.

COURRIER: vous attendez quelques changements et vous vous sentez tendu.
– *avoir beaucoup de courrier:* c'est votre désir.
– *avoir peu de courrier:* vous aimeriez vous isoler.
– *avoir du courrier imprévu:* un ami ne vous a pas oublié.
– *voir le courrier:* chance.
– *l'attendre:* vous attendez des nouvelles d'une personne que vous aimez.
– *le lire:* vous serez tranquillisé par de bonnes nouvelles.

COURROIE: *de transmission:* vous entretenez des contacts avec des personnes importantes.

COURSE: *de chevaux:* les affaires auront une issue positive.

COURSIER: des nouveautés agréables en prévision.

COURTIER: une personne qui ne vous inspire pas confiance.
– *l'être:* vous profitez de la situation.

COURTISER: *quelqu'un:* gain inattendu.
– *un inconnu:* risques inutiles.
– *être courtisé:* gare aux adulateurs.

COUSEUSE: *femme:* milieu serein créé par la mère.

COUSIN(E): réunion de famille.
– *aimer son cousin (sa cousine):* désirs irréalisables.

COUSSIN: protection.
– *s'asseoir sur un coussin:* période tranquille.
– *appuyer la tête sur un coussin:* quelqu'un pense à vous protéger.
– *jeter un coussin:* vous voulez affronter seul les risques.
– *épais:* grande sécurité.
– *de plumes:* un appui influent.

COUTEAU: *voir un couteau:* danger proche.
– *épointé:* vous aimeriez être plus fort que vous ne l'êtes.
– *cassé:* vous avez de bonnes chances à votre disposition.
– *tenir un couteau en main:* position de supériorité.
– *donner un coup de couteau:* les disputes vous font perdre le contrôle de vous-même.
– *recevoir un coup de couteau:* quelqu'un que vous aimez vous créera un grand déplaisir.

COUTURE: *voir une couture:* les désaccords ne sont pas complètement aplanis.
– *voir une couture décousue:* les rancœurs sont encore vives.

COUVEE: *de poussins:* tendresse.

COUVENT: vous avez besoin de paix et de méditation.
– *voir un couvent:* vous avez une vie trop mouvementée.
– *aller au couvent:* vous voulez changer votre mode de vie.
– *vivre dans un couvent:* peu à peu vous devenez plus mûr.

COUVER: vos enfants ont besoin de vous.
– *voir un oiseau qui couve:* affection pour les enfants.
– *un sentiment:* vous méditez des pensées obscures.

COUVERCLE: *voir un couvercle:* une initiative organisée de façon attentive.
– *qui manque:* vous tomberez dans un piège.
– *ôter le couvercle d'une casserole:* vous découvrirez un secret.
– *ôter le couvercle d'un pot:* curiosité satisfaite.

COUVERT (place à table): *ajouter un couvert:* visite d'un ami que vous n'avez pas vu depuis longtemps.
– *enlever un couvert:* maladie d'un membre de la famille.
– *mettre le couvert:* vous donnez de l'importance à la vie sociale.

COUVERTS: *les utiliser:* vous vous sentez embarrassé dans les dîners mondains.
– *mal les utiliser:* vous avez peur que vos défauts soient découverts.
– *en avoir beaucoup:* luxe et richesse.
– *en or:* vous allez connaître le succès et serez estimé.
– *en argent:* vous aimez le luxe, mais ne voulez pas le montrer.
– *en fer:* vie tranquille et sécurité économique.
– *en bois:* vous êtes très traditionnaliste et ne voulez pas changer.

COUVERTURE: vous sentez le besoin d'être protégé.
– *épaisse:* trop d'attentions vous suffoquent.
– *s'habiller avec une couverture:* vous vous sentez pris à contrepied.
– *ne pas en avoir et en désirez une:* vous vous sentez exposé aux dangers.

COUVERTURE (de livre): ne vous fiez pas aux apparences.
– *qui manque:* attention aux escroqueries.
– *lire une couverture de livre:* vous êtes superficiel et risquez de faire des choix hasardeux.

COUVEUSE (poule): vous voulez protéger vos enfants des dangers.
– *qui couve:* une maternité en perspective.
– *avec des poussins:* vous devez vous occuper davantage de vos enfants.

COUVRIR (SE): *le visage:* danger proche.
– *les yeux:* grande frayeur.

COYOTE: une personne sournoise.
– *qui hurle:* quelqu'un se moque de vous.

CRACHER: une réaction très nette.
– *se voir cracher:* un travail dur et ingrat.
– *sur quelqu'un:* impulsivité et agressivité.
– *du sang:* voir **SANG**.
– *si quelqu'un vous crache dessus:* vous serez offensé dans une querelle violente.

CRAIE: une situation délicate qui dure.
– *pour écrire:* des mots qui seront vite oubliés.

CRAINTE: *la ressentir:* en réalité vous êtes décidé et vous savez ce que vous voulez.

CRAMPE: vous ne réussissez pas à vous exprimer, quelque chose vous bloque.
– *aux jambes:* période d'immobilité.

CRANE: *voir un crâne:* votre intelligence vous fera conclure de bonnes affaires.
– *brisé:* vous aurez de gros problèmes à résoudre.

CRAPAUD: danger.
– *le voir chez soi:* vous vous sentez menacé.
– *qui saute:* un danger inévitable.
– *le tuer:* vous vivrez des moments de tranquillité.
– *qui nage:* privations et difficultés.

CRAQUEMENTS: *dans la maison:* problèmes qui ébranlent la solidité des liens familiaux.
– *dans l'obscurité:* peurs enfantines.

CRAVATE: vous vous sentez bloqué dans une situation embarrassante.
– *ne pas trouver sa cravate:* vous avez peur de ne pas être à la hauteur de la situation.
– *enlever sa cravate:* peu à peu vous vous habituerez à la situation et vous vous sentirez à votre aise.
– *couper sa cravate en morceaux:* vous participerez au mariage d'un ami.

CRAYON: vous sous-évaluez les problèmes.
– *écrire au crayon:* vous parlez dans le vide.
– *crayon-feutre:* vous ne pouvez pas revenir sur les décisions prises.
– *pour les yeux:* vanité.

CRECELLE: conversations désagréables et pleines de médisances.
– *en jouer:* vous faites des discours dénués de sens.

CRECHE: une situation irréelle.
– *la préparer:* vous vous faites beaucoup d'illusions.

CRECHE (pour enfants): votre rôle de parent vous émeut.

CREDIT: *avoir crédit:* vous êtes trop confiant.
– *faire crédit:* vous serez récompensé par un cadeau.
– *recevoir un crédit:* sécurité, tranquillité.

CREDITEUR: *rencontrer un créditeur:* quelqu'un vous persécute.

CREER: *quelque chose à partir de rien:* vous surestimez vos possibilités.
– *dans le sens artistique:* moment positif pour les peintres et les sculpteurs.

CREME: trop de bonté doit susciter des soupçons.
– *manger de la crème:* ne vous fiez pas aux apparences.
– *préparer de la crème:* vous voulez faire bonne impression.
– *voir de la crème fraîche:* vous attendez douceur et compréhension de votre partenaire.
– *fouetter de la crème:* vous soignez les détails, mais vous exagérez parfois.

CRENEAUX: *d'une tour:* petits désaccords.
– *se cacher derrière des créneaux:* précaution intelligente.

CREPI: un remède provisoire.
– *écaillé:* points faibles.
– *enlever un crépi:* vous découvrirez la vraie nature d'une personne.

CREPUSCULE: moment de solitude.
– *voir arriver le crépuscule:* une période tranquille vous attend.
– *contempler le crépuscule:* caractère romantique.

CRETE: symbole de puissance sexuelle.
– *avoir une crête:* caractère irascible, désir de puissance.
– *lever la crête:* vous êtes très susceptible.

CREUSER: *la terre:* travail dur qui donne peu de satisfactions.
– *une fosse:* voir **FOSSE.**

CREVASSE: quelqu'un vous prépare un piège.
– *voir le fond d'une crevasse:* vous connaîtrez un moment difficile mais vous pourrez le surmonter.
– *ne pas voir le fond d'une crevasse:* vous vous sentez complètement perdu.
– *tomber dans une crevasse:* crise grave, quelqu'un vous a trompé.
– *voir quelqu'un tomber dans une crevasse:* faites attention aux dangers.

CRI: *de guerre:* vous êtez décidé à laisser éclater votre haine.

CRIAILLERIES: propos inutiles.
– *les entendre:* vous méprisez les propos peu sérieux.

CRIBLER: recherche effrénée.
– *passer au crible:* votre comportement est très sélectif.
– *de la terre:* vous cherchez une fortune facile.

CRIER: lutter contre quelque chose.
– *de façon désespérée:* une situation angoissante.
– *sans émettre de sons:* personne ne peut vous aider, vous devez résoudre tout seul vos problèmes.
– *vengeance:* vous êtes profondément en colère mais ne voulez pas le reconnaître.
– *suffoquer des cris:* caractère faible, vous ne savez pas exprimer vos peurs et vos désirs.

CRIMINEL: *rencontrer des criminels:* votre rapport avec les autres est difficile.

— *qui entre dans la maison:* un aspect de votre caractère que vous détestez.
— *qui commet un délit:* graves complexes de faute.
— *être un criminel:* vous n'avez pas confiance en vous-même.

CRIN: un travail vous donnera satisfaction.
— *de cheval:* travail peu important.
— *avoir du crin sur la tête:* maladie.

CRINIERE: *voir une crinière:* désirs réprimés.
— *s'attacher à une crinière:* vous faites tout pour ne pas tomber dans l'erreur.
— *voir ondoyer une crinière au vent:* désir de liberté.

CRINOLINE: quelqu'un vous fait une plaisanterie.
— *de femme:* vous n'êtes pas sincère.

CRISTAL: ne vous laissez pas fasciner par la perfection apparente.
— *verre de cristal:* les choses belles sont aussi très fragiles.
— *cassé:* une personne qui vous semblait honnête et loyale vous a trompé.
— *de neige:* votre confiance dans une personne parfaite s'évanouira.

CRITIQUE: *profession:* vous croyez être impartial.

CRITIQUER: *quelque chose:* esprit d'observation.
— *quelqu'un:* intolérance.
— *un ami:* vous n'avez confiance en personne.

CROC: pièges astucieux.

CROCHET: mauvais présage.
— *le voir:* préoccupations dont vous pensiez vous être débarrassé.
— *le tenir dans la main:* actions peu correctes.
— *utiliser un crochet:* vous trouverez ce que vous cherchez en abandonnant vos scrupules.
— *pour remorquer:* vous serez contraint de suivre quelqu'un.
— *suspendre un crochet au mur:* peu de liberté en famille.

CROCODILE: votre situation économique deviendra désastreuse.
— *qui pleure:* vous regretterez d'avoir commis une mauvaise action.

CROCS: *les voir:* une personne sans scrupule.
— *les avoir:* vous avez un caractère très décidé et n'avez pas de scrupules.

CROIRE: *à quelque chose:* ingénuité.
— *une personne:* amitié sincère.
— *aux journaux:* confiance aveugle.

CROISEMENT: moment d'indécision.
— *rester immobile à un croisement:* période de crise, attention aux faux pas.
— *prendre une route à un croisement:* après quelques hésitations vos projets aboutiront.
— *suivre une indication à un croisement:* vous ne vous fiez pas à l'instinct, vous êtes très rationnel.
— *demander des informations à un croisement:* manque d'indépendance.

CROISER: *les jambes:* période d'inactivité.

CROISIERE: *prendre un billet pour une croisière:* le travail vous tourmente.
– *faire une croisière:* en voyageant, vous découvrirez de nouvelles perspectives.

CROITRE: amélioration sociale.
– *rapidement:* carrière rapide et satisfaisante.
– *voir une plante croître:* vous vous rendez compte du temps qui passe.
– *voir ses enfants croître:* vous avez la nostalgie du passé.

CROIX: à chaque moment vous vous souvenez d'engagements fatigants.
– *porter une croix:* période difficile, vous serez incompris.
– *voir porter une croix:* quelqu'un souffre à cause de vous.
– *voir une croix sur une route:* quelqu'un vous donnera de lourdes responsabilités.
– *du mérite:* vos fatigues seront reconnues.

CROSSE: elle est symbole de pouvoir et d'autorité.
– *la tenir en main:* tâchez d'obtenir plus de pouvoir.

CROUPE: *monter sur la croupe d'un animal:* un travail en vue qui sera moins fatigant.

CROUPIER: *voir un croupier:* attention, ne prenez pas trop de risques au jeu.
– *être croupier:* vous perdrez une fortune.

CROUTE: vous avez surmonté les dangers.
– *de pain:* situation modeste.
– *de fromage:* la situation économique n'est pas gaie.
– *d'une blessure:* vous avez résolu vos problèmes.
– *terrestre:* vous savez que rien n'est solide et définitif.

CRUCIFIER: vous prétendez trop, et vous tourmentez ceux qui vous sont proches.
– *être crucifié:* angoisses, tourments, souffrances.

CRUCIFIX: engagements difficiles, obstacles à surmonter.

CRUEL: *être cruel:* en réalité vous ne feriez pas de mal à une mouche.
– *voir quelqu'un qui est cruel:* vous détestez celui qui vous fait souffrir.

CRYPTE: pensées cachées.
– *voir une crypte:* vous craignez qu'on ne découvre vos secrets.
– *ouvrir une crypte:* vous vous êtes libéré de secrets angoissants.

CUBE: *voir un cube:* perfection, solidité.
– *dessiner un cube:* évolution de la personnalité vers la perfection.

CUEILLIR: *des fleurs:* âme sereine.
– *des fruits:* désirs cachés.

CUILLERE: affection et compréhension.
– *en argent:* abondance et harmonie en famille.

CUIR: *acheter du cuir:* maladie.
– *couper du cuir:* fin d'une longue amitié.

CUIRASSE (marine): *voir un cuirassé:* vous méditez une grande revanche.
– *voyager sur un cuirassé:* si vous agissez de façon agressive vous perdrez votre cause.
– *descendre d'un cuirassé:* vous vous sentez faible quand vous êtes pris au dépourvu.

CUIRASSIER (militaire): vous sentez le poids de l'autorité.

CUIRE: santé et succès.
– *à l'eau:* une situation qui dure depuis longtemps.

CUISINE: bien-être, sérénité.
– *propre:* ordre en famille.
– *sale:* tensions cachées.
– *grande:* harmonie familiale.
– *petite:* problèmes de communication.

CUISINER: désir de maternité.
– *pour une femme:* vous aurez bientôt un enfant.
– *pour un homme:* douceur, protection familiale.

CUISINIER (E): quelqu'un pense à vous.
– *voir un cuisinier dans la maison:* famille heureuse.
– *voir un cuisinier qui cuisine:* vous remarquez les efforts que les autres font pour vous.
– *être cuisinier:* responsabilités en famille.

CUISSE: *d'animal:* un repas merveilleux.
– *de femme:* grandes idées et nouveaux désirs amoureux.
– *d'homme:* sécurité, stabilité.
– *blessée:* ennuis familiaux.
– *grasse:* abondance.
– *maigre:* restrictions.

CUIVRE: optimisme et expansivité.
– *objets en cuivre:* discours pas toujours sincères.
– *offrir des objets en cuivre:* vous montrez le meilleur de vous-même.
– *recevoir des objets en cuivre:* on appréciera votre compagnie.

CUIVRES: vous faites miroiter des richesses que vous ne possédez pas.
– *astiquer des cuivres:* vanité.
– *voir des cuivres bien astiqués:* vous êtes content de vous.
– *cuivres ternis:* vous ne pouvez plus faire étalage de richesses que vous ne possédez plus.

CULTE: *pratiquer un culte étrange:* de nouvelles connaissances, de nouvelles perspectives.
– *pour une personnalité:* vous êtes très influençable.
– *de sa propre personne:* vous êtes très vaniteux.

CULTIVATEUR: voir **PAYSAN.**

CULTIVER: vous avez confiance dans votre avenir.
– *un champ:* vos espoirs seront exaucés.
– *une amitié:* au fond vous êtes un peu intéressé.
– *un jardin:* désirs modestes.

CUPIDON: période triste sur le plan sentimental.
– *Cupidon aux yeux bandés:* votre amour est aveugle.
– *se sentir un Cupidon:* involontairement vous provoquerez la naissance d'un amour.

CURE (une): *faire une cure:* ne vous fiez pas des conseils de vos amis.
– *thermale:* vous n'êtes pas malade, vous êtes seulement fatigué.

CURE (un): une personne qui donne de bons conseils.
– *le voir:* vos mérites vont être reconnus.
– *qui bénit:* préoccupations pour la santé.
– *l'être:* vous ne réussissez pas à exprimer ce que vous voulez.

CURE-DENT: petits ennuis.

CURIEUX: *être curieux:* ne dites pas du mal des autres.
– *voir un curieux:* attention à ceux qui mettent le nez dans vos affaires.

CUSPIDE: vous êtes ponctuel et incisif.

CUVE: vous voulez vous protéger.
– *remplie d'eau:* vous préférez la sécurité et le repos.

CUVETTE: *pleine:* surprises agréables.
– *de céramique:* attention à ne pas blesser une âme romantique.
– *en argent:* vous venez de résoudre un problème qui vous préoccupait depuis longtemps.
– *en or:* gain au jeu.
– *en cuivre:* sens de la réalité, solidité.
– *en verre:* l'équilibre de vos affaires peut se briser.

CYANURE: quelque chose vous empoisonne l'existence.
– *donner du cyanure à boire:* vous êtes intolérant et votre âme est noire.

CYCLAMEN: l'amour que vous éprouvez n'est pas partagé.

CYCLISTE: vous aimez les personnes simples et décidées.
– *être un cycliste:* vous avez l'impression de ne pas mériter la carrière que vous faites.

CYCLOMOTEUR: acceptez une petite aide qui vous permettra d'avancer plus vite.

CYCLONE: vous vous sentez emporté par une sensation neuve.

CYCLOPE: vous détestez les personnes fortes mais peu intelligentes.

CYGNE: élégance et paix intérieure.
– *entendre des cygnes chanter:* amour partagé.

CYLINDRE: *chapeau haut de forme:* vous aurez du succès dans les affaires.
– *figure géométrique:* attention à ne pas tomber dans des pièges idiots.

CYPRES: regret et nostalgie.
– *voir un cyprès:* deuil en famille.
– *voir beaucoup de cyprès:* vous vivez un moment très sombre.

D

DACTYLOGRAPHE: constance dans les affaires.
– *qui écrit:* un long travail pour arriver au but.
– *être dactylographe:* vous vous donnerez du mal avant d'atteindre une bonne position.

DAHLIA: vous ne réussirez pas à éviter les racontars.
– *en fleur:* nombreux sont ceux qui médisent de vous.

DAIM: votre rapidité de réflexes vous donnera le dessus sur vos adversaires.
– *caresser un daim:* timidité.
– *voir un daim courir:* soyez prêt au pire.

DALTONIEN: *être daltonien:* vous avez une vision pessimiste de l'existence.

DAMAS: *toile:* quelqu'un en famille confond les choses.

DAME: *jouer aux dames:* quelqu'un cherche à vous tromper.
– *voir quelqu'un qui joue aux dames:* vous acceptez sans discuter ce que les autres ont décidé pour vous.
– *femme:* une rencontre très agréable.

DAME-JEANNE: *de vin:* moment de maturité psychologique.
– *vide:* vous avez dissipé vos richesses intérieures.
– *boire à une dame-jeanne:* vous croyez trop en vous.
– *renverser une dame-jeanne:* vous avez ruiné un long travail par une manœuvre erronée.

DAMNE: *êtré damné:* vous vous sentez très coupable à cause de vos actions passées.

DAMOISELLE: nostalgie, romantisme.
– *à un mariage:* vous avez peur que quelqu'un oublie une promesse.

DANGER: vous vous sentez en difficulté.
– *être en danger:* vous n'êtes pas sûr de vos possibilités.
– *courir un danger:* avec un peu plus d'esprit de décision, vous résoudrez tous les problèmes.
– *chercher des dangers:* vous manquez de courage.

DANSE: un travail fatigant vous donnera des satisfactions.

– *exotique:* vous ne réussissez pas à comprendre les émotions de celui (ou celle) qui est près de vous.
– *classique:* harmonie, équilibre intérieur.
– *moderne:* vous voulez démontrer quelque chose.
– *du ventre:* une situation peu claire.

DANSER: vous êtes expansif. Vous ne réussissez pas à exprimer vos émotions.
– *voir danser:* vous n'intervenez pas et avez une attitude passive.
– *seul:* vous êtes seul et attendez de trouver un(e) compagnon (compagne).
– *dans la maison:* chance, grande joie.
– *avec un inconnu:* ne vous sous-estimez pas, apprenez à attendre.
– *à un mariage:* satisfactions affectives.
– *nu:* échec, faillite.

DARD: une initiative erronée au départ.
– *de guêpe:* vos ennemis auront le dessus.
– *d'abeille:* ne contrariez pas vos relations qui sont influentes.
– *d'un insecte:* attention aux petites vengeances.

DATTES: *voir des dattes:* un amour doux.
– *manger des dattes:* beaucoup de moments de joie.
– *voir un dattier:* un voyage avec la personne aimée.

DAUPHIN: joie, bonne humeur.
– *qui joue dans l'eau:* vous avez envie de jouer avec vos amis.
– *hors de l'eau:* symbole défavorable.
– *donner à manger à un dauphin:* vous donnez une juste importance aux moments de détente.

DE A COUDRE: une petite protection.
– *mettre un dé à coudre:* vous craignez les petites choses.
– *en or:* une aide précieuse.

DEBANDER (une armée): vous voulez vous assurer de la réussite de vos tentatives.

DEBANDER (ôter des bandes): guérison.

DEBARQUER: *d'un navire:* ne vous fiez pas à ce que vous entendez.
– *une personne:* sacrifices aux dépens d'autrui.
– *dans un lieu inconnu:* une nouvelle période commence.

DEBARRAS: petits secrets.
– *y placer des objets:* une période oubliée.
– *y dormir:* anxiété et préoccupations.
– *sans lumière:* secrets qui vous tracassent.

DEBARRASSER (SE): *de quelque chose:* vous ne supportez pas ce qui vous paraît inutile.
– *d'une personne:* des liens qui limitent votre liberté.

DEBAT: *assister à un débat:* l'atmosphère familiale est quelquefois un peu tendue.
– *participer à un débat:* vous avez confiance dans vos possibilités.

DEBATTRE (SE): vous devez faire un choix qui vous laisse indécis.

DEBAUCHE: vous avez travaillé de façon trop intense.

DEBITEUR: *être débiteur:* grave inquiétude.
– *voir un débiteur:* une personne a confiance en vous.

DEBORDER: un sentiment que vous ne pouvez contenir.
– *du vin qui déborde:* ardeur et gaieté incontrôlables.
– *de l'eau qui déborde:* vous raterez des occasions.

DEBOUTONNER: vous parlez à cœur ouvert.
– *ses vêtements:* vous révélerez vos secrets.
– *les vêtements d'un autre:* vous obligez cette personne à vous confier ses secrets.

DEBRIS: une personne ruinée.
– *marcher parmi des débris:* manque de confiance en autrui.
– *les recueillir:* succès bâti sur le malheur des autres.

DEBUSQUER: une affaire que vous analysez attentivement.
– *des ennemis:* courage et témérité.
– *des animaux:* vous savez très bien ce que vous voulez.
– *des rats:* querelles en famille.

DEBUTANT: vous ne vous sentez pas prêt à affronter une situation un peu difficile.

DEBUTER: vos premiers succès.
– *voir quelqu'un débuter:* vous enviez le succès des autres.
– *voir un fils débuter:* vous avez obtenu de votre famille ce que vous désiriez.

DECALCOMANIE: une sensation éphémère.

DECALQUER: *un dessin:* peu d'imagination.

DECANTER: *l'habilité de quelqu'un:* au fond vous êtes faux et sournois.

DECAPEUSE: prise de position.
– *la voir:* quelqu'un peut, par un simple geste, vous enlever tout ce que vous possédez.
– *la faire marcher:* vous avez beaucoup de pouvoir et une forte volonté de destruction.
– *la voir en mouvement:* vous connaîtrez des chagrins et des peines de tout genre.

DECAPITER: *quelqu'un:* vous briserez une relation qui durait depuis longtemps.
– *quelqu'un de la famille:* vous ne voulez pas reconnaître cette autorité.
– *un animal:* votre faiblesse vous pousse à des actions qui n'ont pas de sens.
– *être décapité:* quelqu'un éloignera de vous la personne aimée.

DECEDE: voir **DEFUNT.**

DECEPTION: tourment intérieur.

– *amoureuse:* manque de sécurité, frustration.
– *dans le travail:* vous craignez que vos adversaires ne vous empêchent d'arriver.
– *en famille:* vous avez l'impression d'avoir de moins en moins d'autorité en famille.

DECES: *constater un décès:* un espoir définitivement mort.
– *de la personne aimée:* l'amour est fini.

DECHARGE: vous vous débarrassez d'un problème.
– *arme déchargée:* moments difficiles.

DECHARGER: *se décharger d'une faute sur quelqu'un:* vous êtes conscient de tout le poids de vos responsabilités.
– *se décharger d'un poids:* après une période de tension, vous connaîtrez des moments tranquilles.
– *décharger des objets:* un appui qui vous coûtera cher.
– *voir décharger:* votre position vous permet de ne pas vous occuper de travaux pénibles.

DECHIFFRER: *une calligraphie:* vous ne réussissez pas à comprendre qui doit vous parler.
– *une lettre:* un message important mais obscur.
– *un document:* vous craignez d'être dupé.

DECHIQUETER: réactions excessives pour les torts que vous avez subis.
– *être déchiqueté:* vous vous sentirez exténué après une lutte très dure.
– *un morceau de viande:* agressivité, frustration.

DECHIRER: une rupture douloureuse.
– *des vêtements:* vous voulez montrer votre véritable identité.

DECIDER: *quelque chose:* en réalité vous n'êtes pas sûr de vous.

DECIMATION: *voir une décimation:* vous perdrez de nombreux amis.
– *faire une décimation:* vous avez décidé de ne fréquenter que les personnes en qui vous croyez vraiment.

DECISION: vous aimeriez avoir plus de pouvoir.

DECLAMER: vous défendez vos idées à tout prix.
– *à très haute voix:* vous êtes intolérant et vaniteux.

DECLARATION: *d'amour:* vous aimez que l'on vous flatte.
– *de guerre:* une haine mal réprimée.

DECLINER: *les généralités:* ennuis avec la justice.

DECLOUER: vous revenez sur une décision que vous croyez définitive.

DECOCTION: *boire une décoction:* déception à cause d'une contrainte.
– *préparer une décoction:* cherchez à remédier à vos erreurs.
– *voir une décoction:* quelqu'un veut vous aider.

DECOIFFER (SE): désordre apparent.
– *être décoiffé:* vous ne vous sentez pas à votre aise.

DECOLLER: *voir un avion décoller:* quelqu'un vous abandonne.

— *dans un avion:* vous mûrissez spirituellement.
— *ne pas réussir à décoller:* vous n'êtes pas prêt pour de nouvelles expériences.

DECOLORER: vous avez l'impression de perdre du temps.
— *des vêtements:* vous voudriez que le temps passe plus rapidement.

DECOMPOSER (SE): *voir son propre corps se décomposer:* vous êtes angoissé à l'idée du futur.

DECONGELER: vous êtes prêt à affronter une question que vous aviez négligée.
— *des aliments:* occasions favorables.

DECONSEILLER: quelqu'un se mêle de vos affaires d'une manière insupportable.
— *son père:* vous voulez vous occuper de questions économiques.
— *sa mère:* période malheureuse dans les affaires.
— *ses enfants:* vos responsabilités vous paraissent bien lourdes.
— *son mari (ou sa femme):* problèmes économiques.

DECORATEUR: quelqu'un vous fera découvrir le beau côté de chaque chose.
— *être décorateur:* votre joie améliore l'atmosphère de la maison.

DECORATION: reconnaissance de peu de valeur.
— *la recevoir:* déceptions.
— *la fixer sur un vêtement:* vanité inutile.
— *se décorer d'une médaille:* personne ne reconnaît vos mérites.

DECORER: *quelque chose:* si vous êtes scrupuleux dans votre travail, vous obtiendrez des satisfactions.
— *des verres:* votre humeur s'améliorera.
— *des objets antiques:* utilisez votre originalité.

DECOUDRE: méchanceté, vous n'avez pas de scrupules.
— *un vêtement:* vous faites du mal inutilement.

DECOUPER: vous consacrez peu de temps à vos problèmes.
— *du papier:* vous ne tenez compte que de ce qui est strictement nécessaire.

DECOURAGER: vous avez une influence négative sur les autres.
— *se décourager:* défaite certaine.

DECOUVRIR: *quelque chose:* potentialité cachée.
— *un secret:* voir **SECRET**.

DECRETER: *une condamnation:* vous prenez des décisions qui ne vous regardent pas.
— *quelque chose:* vous êtes trop sûr de vous-même, vos amis ne vous apprécient pas pour cela.

DEDICACE: *écrire une dédicace:* vous désirez conquérir l'amitié de quelqu'un.
— *lire une dédicace:* vous vous sentez flatté.
— *demander une dédicace:* vous êtes fasciné par la générosité d'un ami.

DEDICACER: *un livre à quelqu'un:* une affection sincère.
– *une chanson à quelqu'un:* un amour passager.

DEDIRE: *un engagement pris:* vous voulez exprimer clairement vos idées.

DEDOUBLER (SE): double personnalité.
– *voir une personne en double:* vous découvrirez un caractère qui est exactement le contraire de celui que vous connaissiez.

DEESSE: *voir une déesse:* vous donnez une grande importance à la figure maternelle.
– *être une déesse:* vous avez besoin de mûrir pour vous considérer de façon plus réaliste.

DEFAIRE: *quelque chose:* vous n'êtes pas satisfait des résultats obtenus.
– *un paquet:* vous vous faites beaucoup d'illusions.
– *un nœud:* voir **NOEUD**.

DEFAITE: fin d'une amitié.
– *subir une défaite:* tristesse et rancune.
– *infliger une défaite:* vous voulez punir quelqu'un.

DEFAUT: *avoir un défaut:* complexe d'infériorité.
– *physique:* indécision, incohérence.
– *voir un défaut chez les autres:* vous voulez discréditer quelqu'un par jalousie.
– *avoir beaucoup de défauts:* vous avez beaucoup de complexes qui vous font souffrir.

DEFECTUEUX: *voir un objet défectueux:* vous êtes incapable d'agir de façon correcte.
– *acheter un objet défectueux:* le défaut est en vous.

DEFENDRE: vous n'acceptez pas de compromis.
– *une idée:* vous changez souvent d'opinion.
– *une personne:* vous avez des ennuis par votre faute.
– *un enfant:* vous prenez le parti d'un innocent.
– *se défendre:* vous devez répondre à des accusations précises.
– *se défendre contre quelqu'un:* vous reconnaissez vos limites.

DEFEQUER: gains inattendus.
– *en plein air:* gains provenant d'un travail qui n'est pas le vôtre.
– *à la maison:* vous changez de maison.
– *dans une église:* on se souvient de vous avec mépris.
– *au lit:* vous cherchez un prétexte pour quitter votre partenaire.
– *en public:* vous allez provoquer un grand scandale.

DEFI: haine, rancune, combativité.
– *l'accepter:* vous êtes trop sûr de vous.
– *le gagner:* complexe de supériorité.
– *le perdre:* vous avez peu confiance en vous.
– voir aussi **PARI**.

DEFICIT: *être en déficit:* contrôlez ceux qui s'occupent de la comptabilité.

DEFIGURER: vous avez de gros problèmes d'identité.
– *être défiguré:* un événement vous a marqué.
– *un paysage:* manque de sensibilité.
– *un visage:* jalousie, et vengeance.

DEFILER: vous voulez vous faire remarquer.
– *voir un défilé:* des personnes qui veulent se faire remarquer.

DEFLECTEUR: attention aux surprises.

DEFLORER: agressivité, désir de possession.
– *être déflorée:* vous connaîtrez bientôt une grande nouveauté.

DEFONCER: violence et agressivité.
– *une porte:* voir **PORTE.**
– *une fenêtre:* impulsivité dangereuse.

DEFORMER: *un objet:* vous mentez.
– *un objet de métal:* vous avez décidé de modifier quelque chose.

DEFUNT: *voir un défunt:* écoutez des conseils précieux.
– *un parent:* sentiment de culpabilité envers lui.
– *voir le défunt avec un regard triste:* vous pensiez qu'une impolitesse avait été oubliée.
– *un ami:* frustration, manque de sécurité.
– *défunt qui parle:* votre conscience vous donne de bons conseils.
– *qui pleure:* graves dérangements d'ordre émotif.

DEGAGER (SE): vous surmonterez un obstacle.

DEGAINER: voir **SABRE.**

DEGEL: *voir le dégel:* réconciliation.

DEGLUTIR: vous devez faire un effort pour ne pas protester.

DEGONFLER: vous voyez finalement les choses à leurs justes mesures.
– *se dégonfler:* tâchez d'avoir moins de prétentions, et vous serez plus heureux.

DEGOUT: *éprouver du dégoût:* une situation est devenue insoutenable.
– *provoquer du dégoût:* vous vous sentez coupable et méprisé des autres.

DEGOUTER (SE): *de quelqu'un:* une déception énorme.

DEGRE: *de température:* mesurez la chaleur ou la froideur de votre caractère.
– *de latitude:* cela représente votre position dans le monde.

DEGUENILLE: *voir une personne déguenillée:* un ami vous demande de l'aide.
– *l'être:* vous serez bientôt réduit à la misère.

DEGUISER (SE): manque de franchise.
– *avec les vêtements d'une autre personne:* vous n'êtes plus vous-même, vous voulez copier une personne que vous admirez.
– *voir une personne déguisée:* vous découvrirez les stratagèmes d'un ami.

DEJEUNER: bons rapports sociaux.
– *seul:* isolement inattendu.
– *en compagnie:* désirs exaucés.

DEJEUNER (repas): satisfactions quotidiennes.
– *de luxe:* désir de nouveautés.
– *petit déjeuner:* vivez cette nouvelle journée avec optimisme.
– *prendre le petit déjeuner:* vous avez besoin d'énergie dans votre travail.

DELACER: un moment de liberté.
– *ses chaussures:* vous voulez vous sentir à votre aise.

DELEGUER: *quelqu'un:* vous avez confiance dans vos amis.
– *être délégué:* vous vous rendez compte que les autres déchargent sur vous les responsabilités.

DELINQUANT: angoisse, peur, moment difficile.
– *voir un délinquant:* les situations imprévues vous effraient.
– *être un délinquant:* vous ne réussissez pas à réprimer vos pires instincts.
– *affronter un délinquant:* ce n'est qu'en affrontant les problèmes que vous les résoudrez.

DELIRER: vous vous exprimez librement.
– *entendre quelqu'un délirer:* vous découvrirez la vérité.

DELIT: ne réagissez pas de façon hasardeuse.
– *assister à un délit:* une pensée vous obsède.
– *commettre un délit:* en réalité vous ne vous vengez pas des torts subis.
– *participer à un délit:* vous vous êtes laissé impliquer dans une vilaine situation.
– *être victime d'un délit:* quelqu'un cherche à vous faire du mal.

DELUGE: vous êtes victime d'une calomnie mais vous êtes dans une période favorable.
– *être au milieu d'un déluge:* vous éprouvez un sentiment de culpabilité.
– *universel:* vous perdrez tous vos biens.
– *mourir dans un déluge:* vous voulez vous punir pour des fautes que vous n'avez jamais commises.

DEMAILLOTER: *un nouveau-né:* fin de vos soucis.

DEMANDE: les besoins que vous ressentez doivent être satisfaits.
– *d'argent:* vous savez que vous pouvez compter sur vos amis.
– *d'aide:* problèmes que vous ne pouvez résoudre seul.
– *d'informations:* vous avez besoin de confirmations urgentes.

DEMANDER: vous avez besoin d'aide.
– *de l'aide:* vous êtes très affligé et très seul.
– *pardon:* vous voulez être consolé.
– *un conseil:* vous ne savez pas prendre de décisions tout seul.

DEMARREUR: vous avez besoin que l'on vous pousse à agir.

DEMASQUER: *quelqu'un:* intuitions favorables.

DEMENAGER: ennuis et tracas.

– *une maison:* une nouvelle période commence.
– *une pièce:* amélioration dans le caractère.
– *le grenier:* vous vous débarrassez de ce qui est inutile.

DEMENTIR: *quelqu'un:* vous êtes très sûr de vous.
– *être démenti:* vous savez que vous ne dites pas la vérité.

DEMOLIR: *une maison:* le rapport amoureux qui durait depuis des années s'est désagrégé.
– *un pont:* vous avez décidé de couper les ponts avec le passé.

DEMOLITION: moment de crise, les contacts avec le passé se désagrègent.

DEMON: voir **DIABLE.**

DEMONTER: vous voulez voir clair dans une affaire.
– *une machine:* vous découvrirez et réussirez à analyser ce qui vous tracasse.

DEMONTRER: *de la bonne volonté:* vous voulez gagner la confiance de quelqu'un.

DENIGRER: vous ne voulez pas l'admettre mais une personne vous tient beaucoup à cœur.

DENIVELLATION: *voir une dénivellation:* vous avez peur de ne pas être à la hauteur de la situation.

DENONCER: *quelqu'un:* vous voulez vous montrer plus sûr que vous ne l'êtes.
– *publiquement:* appelez les autres à témoigner de votre honnêteté.
– *à un magistrat:* vous avez peur d'être incriminé pour quelque chose.

DENTELLES: extraversion et superficialité.
– *les faire:* vous essayez de distraire quelqu'un.
– *s'en habiller:* vous voulez vous montrer meilleur que vous ne l'êtes en réalité.

DENTIER: vous faites tout pour défendre votre image.

DENTIFRICE: *voir du dentifrice:* vous avez tout ce qui peut vous être utile à votre disposition.
– *utiliser du dentifrice:* vous êtes prêt à défendre vos positions.

DENTISTE: *voir un dentiste:* vous avez peur de quelqu'un qui cherche à vous créer des obstacles.
– *être dentiste:* en réalité vous aimeriez dominer votre peur.

DENTS: symbole de force et de puissance sexuelle.
– *perdre ses dents:* pour un homme perte de sa virilité.
– *pour une femme:* changement dans la vie sexuelle.
– *perdre ses incisives:* difficultés d'approche.
– *perdre ses canines:* difficultés à faire progresser votre rapport amoureux.
– *avoir des dents cariées:* des problèmes vous assaillent et vous troublent.
– *avoir des dents en or:* succès.
– *voir ses dents pousser:* moment positif de croissance intérieure.

– *se laver les dents:* vous voulez affronter la situation de façon claire et bien définie.
– *avoir de fausses dents:* votre force est seulement apparente.

DEODORANT: vous avez quelque chose à cacher.

DEPAQUETER: nouveautés.

DEPART: vous affronterez de nouvelles expériences.
– *votre propre départ:* vous désirez vous éloigner de votre famille.
– *de votre partenaire:* vous craignez d'être trompé et trahi.
– *d'un ami:* vous craignez d'être laissé seul.
– *d'un ennemi:* vous désirez sa disparition.

DEPASSER: *quelqu'un en courant:* vous vous fiez à votre force.
– *en voiture:* vous vous sentez fort grâce à des appuis extérieurs.
– *d'une manière dangereuse:* vous visez le succès, sans penser aux conséquences.
– *être dépassé:* quelqu'un a été plus fort que vous et a pris votre place.

DEPECER: vous voulez examiner à fond une affaire mais n'en faites pas trop.
– *un animal:* votre impulsivité ne connaît pas de bornes.
– *être dépecé:* quelqu'un causera votre ruine.

DEPENDRE: *de quelqu'un économiquement:* désir d'indépendance.

DEPENSER: période difficile.
– *peu:* sentiments de culpabilité pour des frais injustifiés.

DEPERIR: vous n'avez pas beaucoup de chance dans les affaires mais la situation n'est pas dramatique.
– *voir un ami dépérir:* vous avez eu une grande déception et c'est votre faute.

DEPIT: vous êtes trop calme et docile.
– *le manifester:* vous ne voulez plus que l'on vous impose quoi que ce soit.

DEPLACER: *quelqu'un:* votre charme agira profondément.

DEPORTE: *être un déporté:* un film ou un livre vous a beaucoup impressionné.

DEPOSER: cherchez à ne pas exagérer une situation.
– *de l'argent:* vous surmonterez une période d'angoisse et de peur.
– *des bagages:* un voyage a été interrompu.

DEPOT: certaines interruptions dangereuses.
– *d'automobiles:* vous vous rendez compte que vous perdez votre temps.
– *d'argent:* vous espérez une solution impossible.

DEPOUILLE (mortelle): voir **DEFUNT.**

DEPOUILLER: vous voulez découvrir quelque chose.

DEPRAVE: votre esprit est agité.
– *voir un dépravé:* une grande déception vous a causé de graves problèmes d'identité.

DEPRESSION: *avoir une dépression:* votre projet a échoué et vous n'avez plus de but.

DEPRIMER: *quelqu'un:* vous avez peur d'être ennuyeux et mélancolique.

DEPURATEUR: *voir un dépurateur:* vous avez un grand sens critique.

DEPURER: *de l'eau:* vous faites très attention à ne pas vous laisser influencer négativement.

DEPUTE: *voir un député:* humeur incertaine, période de dépression.
– *être député:* vous avez besoin d'aide mais vous serez obligé de vous en passer.
– *ami député:* vous espérez l'aide d'un ami haut placé.
– *voir de nombreux députés:* duperies, insécurité.

DERAILLEMENT: vous quittez le chemin que quelqu'un avait tracé pour vous.
– *déraillement et grave accident:* votre anticonformisme vous place dans une situation critique.
– *faire dérailler un train:* vous avez détruit les projets d'un ami.

DERANGEMENT: *intestinal:* maladie peu importante.

DERANGER: *quelqu'un:* vous avez peur de déranger.
– *quelqu'un qui dort:* taquinerie involontaire.

DERAPER: vous êtes désorienté.
– *en voiture:* vous n'avez pas de points de repère.

DERIVE: *aller à la dérive:* vous ne vous sentez en rien lié au monde qui vous entoure.

DERNIER: *l'être:* frustrations.

DEROUTE: *être en déroute:* vous voudriez être plus déterminé.

DES: de nombreux imprévus vous attendent.
– *jouer aux dés:* ne risquez pas plus que vous n'avez.
– *perdre aux dés:* c'est votre jour de chance.
– *gagner aux dés:* si vous jouez vous perdrez tout.

DESALTERER: *quelqu'un:* vous rendrez un grand service à cette personne.
– *être désaltéré:* une grande satisfaction.

DESAMORCER: *une bombe:* grâce à votre intervention un couple se réconciliera.

DESARÇONNE: *être désarçonné:* vous tombez de haut.

DESARME: *être désarmé:* impuissance.
– *en guerre:* vous vous sentez indécis et exclu.
– *face à un danger:* vous ne savez pas trouver les mots pour répondre.

DESARMER: *quelqu'un:* grâce à votre facilité d'expression vous aurez le dessus sur les accusations de celui qui vous hait.
– *un voleur:* vous êtes prompt et vous avez le sens de la propriété.

DESARROI: incertitude, doutes.

DESASTRE: *faire un désastre:* vous avez toujours peur de vous tromper.

DESCENDRE: condescendance.
– *de cheval:* détérioration de la situation économique.
– *d'une voiture:* vous reportez un voyage important.
– *un escalier:* voir **ECHELLE/ESCALIER.**

DESCENTE: moment favorable.
– *courir en descente:* vous serez énormément aidé.
– *freiner en descente:* vous ne voulez pas prendre de risques et perdez de bonnes possibilités.
– *sur des lieux:* une situation qui vous laisse songeur.
– *dans un lieu inconnu:* il s'est produit un événement que vous ne comprenez pas.

DESERT: période très triste.
– *voir un désert:* vous êtes très pessimiste pour l'avenir.
– *marcher dans le désert:* vous ne croyez plus à rien, vous vous sentez privé d'énergie.
– *se perdre dans le désert:* la solitude vous crée des moments d'hallucinations.
– *chercher de l'eau dans le désert:* vous avez perdu tout contact avec le monde qui vous entoure.
– *voir des animaux dans le désert:* crise, peur, désespoir.

DESERTEUR: vous refusez d'obéir aux ordres.
– *être déserteur:* plutôt que de céder, vous préférez changer de travail.

DESESPERER (SE): en réalité vous êtes insensible.

DESHABILLER (SE): vous révélerez quelque chose de caché.
– *et en avoir honte:* profonde insécurité.

DESHERITER: *quelqu'un:* une grave dispute en famille.
– *ses enfants:* vous vous tourmentez parce que vos enfants n'ont pas suivi la même direction que vous.
– *être déshérité:* vous avez déçu quelqu'un.

DESHONNEUR: grave erreur d'évaluation.

DESHONORER: c'est un reproche tacite.
– *être déshonoré:* vous avez peur de ne pas mériter ce que vous avez.

DESINFECTANT: *utiliser un désinfectant:* vous avez peur des maladies.

DESINTERESSEMENT: *montrer du désintéressement pour quelque chose:* complexe de supériorité.
– *pour quelqu'un:* vous savez très bien ce que vous cherchez.

DESIR: en général les désirs sont exaucés dans les rêves.
– *pour un homme (une femme):* dans la vie vous êtes timide et peu décidé.

DESIRER: *quelque chose:* insatisfaction permanente.
– *une personne:* vous avez l'intention de ne renoncer à rien.

DESOBEIR: personnalité très forte.
– *à un supérieur:* vous êtes irréductible.
– *aux parents:* vous aimeriez le faire mais vous n'en avez pas le courage.

DESOLATION: graves problèmes intérieurs.

DESORDRE: attitude de compensation.
– *faire du désordre:* vous refusez une situation qui vous a été imposée.
– *se trouver au milieu du désordre:* quelqu'un cherche à vous embrouiller les idées.
– *à la maison:* confusion mentale.

DESORIENTER: *quelqu'un:* vous utilisez votre habileté contre les autres.
– *être désorienté:* vous avez peur de perdre vos certitudes.

DESPOTE: *être un despote:* faiblesse de caractère.
– *voir un despote:* on envie votre force.

DESPOTISME: vous voulez à tout prix avoir le dessus.
– *l'exercer:* vous n'êtes pas en mesure de le faire.
– *le subir:* vous êtes convaincu d'être injustement traité.

DESSINER: vous voulez montrer vos projets aux autres.
– *recevoir un dessin:* quelqu'un veut vous informer de ses projets.

DESTIN: *rêver à son propre destin:* curiosité pour son propre futur.
– *rêver de lire son destin:* votre curiosité ne vous aidera en aucune façon.
– *rêver d'écrire son propre destin:* vous aimeriez tenir en mains les rênes de votre vie.

DESTRUCTION: incertitude, vous n'avez plus confiance en rien.

DETACHEMENT: *de soldats:* des amis fidèles vous donneront une aide précieuse dans un moment dangereux.

DETACHER: vous interrompez une relation, en accord avec votre partenaire.
– *un animal:* vous pourrez vous exprimer librement.
– *une personne:* vous vous accordez toute liberté d'action.
– *se détacher:* volonté d'agir d'une façon indépendante.

DETAIL: *le voir:* vous êtes prêt, et un peu soupçonneux.
– *l'observer:* il vous manque une vision complète des choses.

DETECTIVE: *embaucher un détective:* vous n'avez pas confiance dans les gens.
– *être un détective:* votre devoir est de découvrir la vérité.

DETEINDRE: une situation épuisante.
– *vêtement qui déteint:* insistances nuisibles.

DETENTE: *voir une détente (pièce de fusil):* vous avez la possibilité d'atteindre quelqu'un.
– *appuyer sur la détente:* vous avez décidé.

DETENU: *voir un détenu:* vous aimeriez contraindre quelqu'un à une situation que beaucoup considère comme désagréable.
– *être détenu:* vous vous sentez lié à un travail qui ne vous plaît pas.

DETERGER: nettoyage doux et superficiel.

DETERSIF: attention aux fautes impardonnables.
– *utiliser un produit détersif:* vous cherchez à oublier une faute que vous avez commise.

DETESTER: vous êtes trop rigoureux dans vos jugements.
– *être déesté:* forte incompréhension.

DETONATION: *entendre une détonation:* il s'est passé quelque chose de grave près de vous.

DETOURNER: *un avion:* pour vous faire remarquer vous agissez de manière excessive.
– *un bateau:* vous n'obtiendrez rien avec la force.

DETRITUS: souvenirs désagréables du passé.
– *être recouvert de détritus:* les mauvais souvenirs vous conditionnent encore.
– *entasser des détritus:* vous prenez en considération votre passé.
– *jeter des détritus:* vous voulez oublier le passé.

DETRUIRE: *quelque chose:* impuissance, faiblesse.
– *avec rage:* disputes probables avec votre partenaire.
– *la maison:* vous aimeriez partir mais vous n'en avez pas le courage.

DETTE: *faire des dettes:* quelqu'un se souvient des torts qu'il a subis.
– *avoir des dettes:* votre instabilité ne vous effraie pas.
– *payer ses dettes:* vous arriverez à un accord après une dispute.

DEUIL: quelque chose s'épuise à l'intérieur de vous.
– *vêtement de deuil:* un moment triste, vous vous repentez de quelque chose.
– *familial:* un membre de la famille s'éloignera définitivement de la maison.
– *national:* vous manquez de confiance envers l'état dans lequel vous vivez.
– *veuvage:* l'amour que vous portiez à votre mari s'est éteint.

DEVALUATION: voir **INFLATION.**

DEVASTER: votre caractère impulsif vous éloigne de vos amis.

DEVIATION: un imprévu vous empêchera de suivre les plans qui avaient été projetés.
– *en voiture:* votre confiance en vous a connu un moment de crise.

DEVIN: vous n'avez confiance qu'en vous-même.
– *être devin:* vous êtes perspicace et ferez du chemin.
– *interroger un devin:* ne vous laissez pas influencer.

DEVINER: *quelque chose:* période de chance.
– *la pensée de quelqu'un:* c'est votre désir.
– *le nom de quelqu'un:* vous avez besoin d'y voir plus clair.

DEVINETTE: une question que vous vous posez depuis longtemps.
– *la poser:* vous mettrez quelqu'un dans l'embarras.

– *y répondre:* vous êtes sûr de vous et agissez avec promptitude.
– *ne pas réussir à y répondre:* insécurité, manque de confiance en soi.

DEVIS: *le faire:* vous vous tracassez pour l'avenir.
– *erroné:* perte économique.

DEVITALISER: *une dent:* une douleur s'endormira avec le temps.

DEVOIR: *faire son devoir:* équilibre, maturité.
– *ne pas faire son devoir:* sentiment de faute, mais pas nécessairement de faute professionnelle.
– *de classe:* réfléchissez un peu plus.
– *en classe:* votre avenir dépendra d'une épreuve particulièrement dure.

DEVORER: *quelque chose:* désir irrésistible.
– *quelqu'un:* une passion violente.

DEVOTION: *envers des personnes:* vous êtes très reconnaissant.
– *envers des amis:* n'exagérez pas vos remerciements.
– *envers des saints:* vous avez besoin d'aide.

DIABETE: votre santé est bonne mais vous êtes trop gourmand.

DIABLE: désir de nouveauté, changement radical sans une vie monotone.
– *parler au diable:* vos amis vous trahiront.
– *noir:* problèmes financiers.
– *qui vous attrape:* graves malheurs.
– *rouge:* cauchemars et désespoir amoureux.
– *combattre avec le diable:* vous surmonterez un danger obscur.
– *gagner le combat contre le diable:* chance, grande force intérieure.

DIACRE: une petite aide utile.

DIADEME: importance.
– *posséder un diadème:* vous aimez vous faire remarquer.
– *porter un diadème:* vous êtes très vaniteux.

DIAGNOSTIC: *faire un diagnostic:* quelqu'un attend un de vos conseils.
– *écouter un diagnostic:* vous vous êtes complètement confié au jugement de quelqu'un d'autre.

DIAGRAMME: *voir un diagramme:* vous avez une mémoire exceptionnelle.

DIALECTE: vous êtes sincère et spontané.
– *parler un dialecte:* vous vous sentez à votre aise.
– *parler un dialecte que l'on ne connaît pas:* votre personnalité est en train de changer.
– *entendre un dialecte inconnu:* même en famille vous vous sentez étranger.
– *ne pas comprendre son propre dialecte:* quelqu'un cherche à vous exclure.

DIALOGUER: bonnes amitiés.
– *avec soi-même:* solitude, moment de crise.

DIAMANT: illusions.
– *trouver un diamant:* vous connaîtrez bientôt joie et pouvoir.
– *acheter un diamant:* désir de protection.
– *offrir un diamant:* un sentiment qui durera dans le temps.
– *perdre un diamant:* période de pauvreté.
– *faux diamant:* ne vous fiez pas des apparences.
– *collectionner les diamants:* un projet long et difficile à réaliser.

DIAPHRAGME: vous connaîtrez bientôt une séparation.
– *voir un diaphragme:* vous ne réussissez pas à comprendre ce qui vous sépare de la personne aimée.
– *contraceptif:* peur de la maternité.

DIAPOSITIVE: vous vous faites l'illusion de pouvoir recréer le passé.
– *voir une diapositive:* nostalgie de quelque chose ou de quelqu'un.

DIARRHEE: moment très peu chanceux.
– *à l'improviste:* vos idées changeront complètement.
– *avoir la diarrhée en public:* vous vous sentez mal à l'aise à cause de vos idées.
– *être alité avec la diarrhée:* maladie probable.

DICTATEUR: des conflits intérieurs ont besoin d'une solution définitive.
– *qui commande:* instinct de survie.
– *pour une femme:* cela peut représenter la figure autoritaire du père.
– *être un dictateur:* vengeance sur une personnalité faible.

DICTER: vous voulez influencer le jugement d'une autre personne.
– *une lettre:* autoritarisme.
– *un ordre:* vous ne permettez aucun type de dialogue.
– *un testament:* vous voulez décider pour le moment où vous n'aurez plus la parole.

DICTIONNAIRE: vous trouverez des solutions si vous agissez avec organisation.
– *consulter un dictionnaire:* vous avez des doutes, ils s'éclairciront.

DIETE: *alimentaire:* vous avez l'impression que quelque chose vous fait mal.
– *être à la diète:* moment de sacrifice.
– *congrès:* vous voulez arriver à une solution pacifique.

DIEU: bienveillance, sagesse, autorité.
– *adorer Dieu:* vous respectez complètement l'autorité.
– *voir Dieu:* vous avez confiance dans l'autorité et vous serez récompensé.
– *prier Dieu:* vous ne réussirez pas à éviter une juste punition.
– *devenir un Dieu:* le pouvoir de juger vous rend injuste et vaniteux.

DIFFEREND: susceptibilité et sens critique.
– *avec un ami:* parfois, vous êtes désobligeant et voulez avoir raison à tout prix.
– *avec vos parents:* vous acquerrez indépendance et assurance.
– *avec votre époux (se):* les disputes dans votre ménage vous font perdre du temps dans votre travail.

– *avec vos enfants:* vous manquez de volonté et fermeté.

DIGERER: vous analysez certains conseils.
– *ne pas réussir à digérer:* vous n'acceptez aucune contrainte.

DIGESTION: elle se réfère à l'élaboration psychique de certaines idées.

DIGUE: vous défendez vos idées à tout prix.
– *qui se rompt:* petits fléchissements et admissions.
– *travailler pour construire une digue:* vous voulez avoir des certitudes.

DILAPIDER: *des richesses:* avarice.

DILUER: *quelque chose:* vous vous repentissez de certaines actions trop violentes.

DINDON: vous vous sentez menacé par une personne agressive.
– *le manger:* un événement dans la famille.

DINER: vous rencontrerez de vieux amis.
– *avec ses parents:* bons rapports familiaux.
– *avec des amis:* vous allez partir pour un long voyage.
– *seul:* vous vous sentez seul et abandonné.

DINOSAURE: force et immobilisme.

DIPLOMATES: des amis haut placés résoudront votre situation qui est complexe en ce moment.

DIPLOME: vous avez besoin de la confirmation de vos capacités.
– *recevoir un diplôme:* sécurité intérieure.
– *remettre un diplôme:* vous admettez la valeur de quelqu'un.
– *déchirer un diplôme:* vous êtes indifférent à l'avis des autres.

DIRECTEUR: grande autorité.
– *être le directeur:* grosse responsabilité.
– *voir un directeur:* nouveautés dans le travail.
– *être devant le directeur:* vous avez de grands mérites ou vous avez fait de grandes fautes pour être là.
– *devenir directeur:* trop d'ambition peut seulement vous nuire.
– *écrire au directeur:* observations intéressantes.

DIRECTION: *d'une route:* période de succès faciles.
– *être sur la ligne droite d'arrivée:* vous avez réalisé ou vous réaliserez votre rêve.

DIRIGEABLE: *voir un dirigeable:* sensation de liberté qui ne durera pas.
– *voyager avec un dirigeable:* courage et désir d'aventure.
– *voir un dirigeable sur une photo:* nostalgie du passé.

DIRIGER: *la circulation:* vous avez un pouvoir de décision peu important.
– *une société:* vos objectifs ne sont pas impossibles à atteindre.

DISCIPLINE: *avoir une discipline:* vous aimeriez être plus décidé.
– *ordonner une discipline:* vous ne réussissez pas à contrôler une situation.

DISCORDE: désir de paix.

– *en famille:* la famille vous opprime.
– *avec la personne aimée:* votre lien affectif est solide.
– *avec les amis:* rivalité, jalousie.

DISCOTHEQUE: *voir une discothèque:* vous enviez vos amis.
– *aller en discothèque:* vous voulez oublier quelque chose.

DISCOURIR: voir **PARLER**.

DISCOURS: *faire un discours:* des éclaircissements sont nécessaires.
– *politique:* vous avez besoin de l'appui de nombreuses personnes.

DISCREDITER: *quelqu'un:* vous ferez du mal inutilement.
– *être discrédité:* vous avez un grand complexe d'infériorité.

DISCULPER (SE): vous craignez les conséquences de vos gestes.

DISCUTER: période d'inactivité.
– *de façon animée:* tout le monde est contre vous.

DISGRACE: *voir une disgrâce:* le péril est conjuré.

DISPARAITRE: vous voudriez vous libérer de toutes vos responsabilités.
– *faire disparaître des objets:* vous voulez faire trop de choses à la fois et vous êtes toujours mécontent de vous.

DISPARITION: *d'un objet:* vous perdrez cet objet.
– *d'une personne:* cette personne vous quittera.

DISPENSAIRE: *aller se faire soigner au dispensaire:* âme triste.

DISPENSE: vous pouvez rester impartial.

DISPUTE: une situation qui vous préoccupe.
– *avec votre partenaire:* l'amour qui vous unit est très fort.
– *avec des amis:* de petits accrochages ne détruiront pas une vieille amitié.
– *avec un inconnu:* vous avez besoin d'un moment de calme.
– *en famille:* des tensions latentes vont bientôt se manifester.

DISPUTER (SE): vous n'avez pas vous-même les idées claires.
– *violemment:* vous ne pouvez éprouver continuellement de la rancune.

DISQUE: *doré:* caractère solaire.
– *forme circulaire:* symbole de la perfection.
– *de musique:* moments sereins.
– *composer un disque:* l'atmosphère familiale s'améliorera.

DISSIDENT: *être un dissident:* vous êtes fier de vos idées originales.

DISSIPER: voir **DILAPIDER.**

DISSOLU: *l'être:* anticonformisme, provocations.
– *voir quelqu'un de dissolu:* vous admirez en secret ceux qui prennent de mauvais plis.

DISTILLER: *des alcools:* fourberie, habilité.

DISTINCTION: *voir une distinction:* vous jugez une personne d'après son aspect.
– *porter une distinction:* vous voulez vous distinguer.

DISTINGUER (SE): *des autres personnes:* vous voulez vous faire remarquer.

DISTRACTION: vous faites semblant de ne pas voir quelque chose.

DISTRIBUER: générosité.
– *de la nourriture:* richesse.
– *des vêtements:* vous êtes solidaire avec votre prochain.
– *des richesses:* en réalité vous êtes très avare.

DISTRIBUTEUR: *automatique:* vous êtes dans le besoin.

DISTRICT: *militaire:* vous avez des préoccupations pour un engagement que vous avez pris.
– *aller dans un district:* une liaison temporaire.

DIURNE: *hôtel diurne:* moments de solitude.

DIVAN: un moment de relaxation. Un séjour chez des amis.

DIVISER: *quelque chose avec quelqu'un:* bons rapports sociaux.
– *la nourriture:* des restrictions que vous surmonterez de façon positive.
– *le lit:* un amour imprévu.
– *deux personnes qui se disputent:* vous ne voulez pas prendre position.

DIVORCER: indique toutes les sortes de séparation: avec la famille, avec la personne aimée, ou vous quittez votre travail.
– *demander le divorce:* vous avez trop de problèmes et trop d'insatisfactions.

DIVULGUER: *une nouvelle:* vous aimez vous montrer informé.
– *une information secrète:* vous trahirez un ami.

DIX: solitude.

DOCTEUR: vous vous préoccupez trop de votre santé.
– *voir un docteur qui visite des malades:* vous craignez pour la santé de l'un de vos proches.
– *voir un médecin qui vous visite:* présage négatif, maladie.
– voir également **MEDECIN.**

DOCTRINE: *enseigner une doctrine:* quelqu'un est contre vos idées.
– *apprendre une doctrine:* vous découvrirez de nouvelles choses.

DOCUMENT: vous avez besoin de sécurité.
– *préparer des documents:* les autres n'ont pas confiance en vous.
– *documents d'identité:* incertitude, manque de maturité.

DOCUMENTER (SE): *sur quelque chose:* vous êtes à la recherche de certitudes.

DODELINER: l'indécision nuit à vos affaires.

DOIGT: *voir des doigts sains:* votre habileté manuelle vous fera faire fortune.
– *perdre un doigt:* vous allez perdre votre emploi.
– *avoir trop de doigts:* vous êtes trop sûr de vous.

– *malade:* maladie.
– *doigts de pieds (orteils):* petits ennuis.

DOLLAR: abondance, richesse, pouvoir.
– *dépenser des dollars:* vous aurez des possibilités économiques et un certain bien-être.

DOMAINE: tranquillité familiale.
– *l'acheter:* affaires constructives.
– *le vendre:* vous vous préoccupez de l'avenir.

DOME: voir **CATHEDRALE.**

DOMESTIQUE (femme ou homme): attention aux ennemis dans la maison.
– *l'appeler:* vous faites valoir votre supériorité.
– *l'être:* obligations pénibles.

DOMINATION: vous avez peur de perdre votre pouvoir.

DOMPTER: arrogance et sentiment de supériorité.
– *des animaux:* avec la force vous combattez les instincts.
– *des animaux féroces:* réprimez vos pires instincts.

DOMPTEUR: *voir un dompteur:* situation dangereuse et imprévisible.
– *être un dompteur:* vous aimeriez affronter les imprévus avec courage.

DONNER: joie intérieure.
– *des objets précieux:* vous désirez conquérir l'amitié de quelqu'un.
– *du sang:* voir **SANG.**
– *quelque chose:* vous êtes bien disposé envers votre prochain.
– *la main:* vous signerez un contrat.
– *à manger:* quelqu'un dépend de vous.
– *à boire:* réunion entre amis.
– *un cadeau:* voir **OFFRIR**.
– *un pourboire:* vous êtes sûr de vous-même.
– *une corde:* confiance.

DONNEUR: *lorsque l'on joue aux cartes:* vous aimez décider et avoir la situation en main.

DONS: *faire des dons:* voir **DONNER**.
– *recevoir des dons:* la gratitude d'un ami sera le début de votre fortune.

DORER: *un objet:* vous donnez beaucoup d'importance à l'aspect extérieur.

DORMEUR: calme apparent.

DORMIR: vous avez perdu le contact avec la réalité.
– *se voir dormir:* vous craignez votre paresse.
– *voir un ennemi dormir:* vous vous sentez tranquille.
– *voir un enfant dormir:* vous enviez sa tranquillité.
– *voir un inconnu dormir dans votre lit:* crise d'identité.
– *dans une église:* vous n'avez pas une bonne santé.
– *dans un cercueil:* moments de désespoir.

– *par terre:* misère ou peur de la misère.
– *debout:* grande fatigue.
– *tout habillé:* vous appréhendez toujours quelque chose.

DORTOIR: *voir un dortoir:* vous êtes très fatigué.
– *dormir dans un dortoir:* vous vous éloignerez de votre famille.

DOS: *de la main:* vous exprimerez un avis contraire.
– *d'un animal:* vous subirez tout passivement.
– *sain:* vous n'avez pas de problèmes de santé.
– *qui vous fait mal:* vous avez peur de perdre votre résistance physique.
– *plier le dos:* vous devez accepter un travail très dur.
– *avoir le dos brisé:* un travail qui vous a épuisé.
– *tourner le dos:* vous avez opté pour un changement.
– *monter sur le dos de quelqu'un:* vous laissez les autres prendre des décisions à votre place.

DOSSIER (d'un lit): *le voir:* nouvelles de peu d'importance, commérages.
– *s'y appuyer:* vous vous sentez protégé chez vous.

DOT: *voir une dot:* vous désirez vous marier.
– *recevoir une dot:* mariage assuré.
– *préparer une dot:* quelqu'un de la famille se mariera.

DOUANE: *voir une douane:* des questions embarrassantes.
– *payer à la douane:* mauvais présage.
– *rester bloqué à la douane:* vous n'êtes pas prêt à affronter un voyage.

DOUANIER: *voir un douanier:* des ennuis en vue.
– *être douanier:* soucis d'argent.

DOUBLER: *prêter sa voix:* vous avez peur qu'un autre ne parle à votre place.
– *rejoindre et doubler:* vous vous croyez imbattable.
– *être rejoint et doublé:* vous serez humilié lors d'une course entre amis.

DOUBLURE: tentative d'isolation.

DOUCHE: vous avez envie de vous transformer.
– *douche chaude:* moment de relaxation.
– *douche froide:* une mauvaise nouvelle.

DOULEUR: *physique:* maladie en perspective.
– *sentir une douleur très forte:* elle peut aussi être provoquée par l'angoisse.
– *psychologique:* un moment triste.
– *aux dents:* perte d'énergie.

DOULEURS: *de l'enfantement:* douleurs causées par les enfants.
– *sentir les douleurs de l'enfantement:* un de vos enfants vous fait beaucoup souffrir.
– *pour un homme:* douleur en famille.

DOUTE: vous êtes trop sûr de vous dans la vie.
– *manifester un doute:* vous êtes courageux et avez le courage de contredire les autres.

– *en avoir beaucoup:* pessimisme.

DOUTER: vous ne voyez pas clairement les choses.
– *si on doute de vous:* quelqu'un s'apercevra de vos tromperies.
– *de quelque chose:* vous avez peur d'être trompé.
– *de quelqu'un:* les amis qui vous entourent sont sincères.

DOUX: *être doux:* vous ne savez pas vous imposer.

DOUZAINE: vous vous trouverez entre amis.

DRAGON: vous admirez tout ce qui est fantastique et merveilleux.
– *tuer un dragon:* bon présage.
– *être poursuivi par un dragon:* ce n'est que dans la fantaisie que vous trouverez ce que vous cherchez.
– *voir un dragon qui dévore quelqu'un:* cela représente vos instincts sans freins.

DRAGUER: vous étudiez à fond le caractère d'une personne.
– *la mer:* vous essayez de mieux vous comprendre.

DRAME: représente les difficultés de la vie.
– *voir un drame:* les problèmes qui vous affligent vous sembleront plus clairs.
– *réciter un drame:* vous vous plaignez d'une situation de malchance.

DRAP: *s'habiller d'un drap:* vous voulez affronter un défi.
– *rouge:* vous êtes aveuglé par la haine.
– *noir:* vos actions peuvent avoir de graves conséquences.

DRESSER: quelque chose vous échappe en famille, faites attention.

DROGUE: vous détestez la réalité qui vous entoure.
– *voir quelqu'un qui se drogue:* tristesse, sentiment d'impuissance.
– *se droguer:* caractère faible, désir de nouvelles expériences.
– *droguer quelqu'un:* vous mûrissez de mauvais desseins.

DROITE: conscience, intellect.
– *aller à droite:* vos actions sont précises et rationnelles.
– *pour un jeune:* maturité.
– *en géométrie:* bon présage, vous voulez aller droit au but.

DROITS: *faire valoir ses droits:* vous n'admettez pas d'avoir tort.
– *écouter ceux qui font valoir les leurs:* complaisance.

DROMADAIRE: une aide précieuse pour la solution de vos problèmes.

DUC: *voir un duc:* prestige, importance.
– *être duc:* arrogance.

DUCATS: *pièces de monnaie:* vous aimez vous replonger dans le passé en imaginant des choses irréelles.

DUCHESSE: fascination, autorité.
– *être une duchesse:* vous aspirez à une amélioration de votre niveau social.

DUEL: dispute avec une personne.

– *participer à un duel:* incompréhension et conflits avec votre partenaire.
– *gagner un duel:* vous êtes certain d'avoir raison.
– *perdre un duel:* vous êtes pessimiste, certain de ne pas réussir à faire changer d'idée à votre partenaire.
– *être blessé dans un duel:* vous avez résolu une question qui entraîne cependant des conséquences désagréables.

DUNE: un obstacle apparent.
– *monter sur une dune:* fatigues inutiles.

DUO: vous vivez en parfaite harmonie avec la personne aimée.
– *composer un duo:* vous étudiez la façon d'être en accord avec votre partenaire.
– *écouter un duo:* vous admirez le parfait équilibre d'un couple d'amis.

DUPLICATA: *faire un duplicata de quelque chose:* personnalité double.
– *faire le duplicata d'une clé:* un ami s'installera en famille.

DURETE: incompréhension, cynisme.
– *d'un objet:* vous êtes très obstiné.

DUVET: une situation provisoire.

DYNAMITE: force, menace.
– *qui explose:* vous démontrez votre force une fois pour toutes.
– *qui n'explose pas:* vos menaces n'ont servi à rien.

DYNAMO: vous vous sentez très puissant sexuellement.

DYNASTIE: vous rêvez d'appartenir à une ancienne dynastie, vous avez honte de vos origines humbles.
– *rêver de créer une dynastie:* la richesse vous exalte et vous fait divaguer.

DYSENTERIE: voir **DIARRHEE.**

E

EAU: *du robinet:* quelque chose vous tourmente.
– *de source:* ingénuité, joie.
– *renversée:* les autres vous observent.
– *qui bout:* possibilités de grands achats.
– *bénite:* tout est calme.
– *boire de l'eau bénite:* un baptême en famille.
– *chaude:* vous serez bientôt malade.
– *en bouteille:* vous désirez des changements et vivre des émotions intenses.
– *de marécage:* les affaires ne vont pas en s'améliorant.
– *de mer:* grands voyages à l'horizon.
– *trouble:* dommages incalculables.
– *nager dans l'eau:* changement, régénération.
– *tomber à l'eau:* vous connaîtrez une grande passion.
– *tomber dans l'eau bouillante:* la chance vous abandonne.
– *de pluie:* un prix agréable vous attend.
– *de Cologne:* votre objectif est le succès.
– *distillée:* pureté.

EAU-DE-VIE: *boire de l'eau-de-vie:* vous voulez oublier vos ennuis.
– *goûter à de l'eau-de-vie:* vous aimez les plaisirs de l'existence.
– *fabriquer de l'eau-de-vie:* vous êtes incompréhensible et personne ne comprend ce que vous désirez.

EBENE: présage obscur.

EBENISTE: caractère méticuleux.

EBONITE: rien ne vous touche et rien ne vous blesse.

EBOUEUR: une situation inquiétante.
– *le voir:* une personne qui veut mettre au clair la situation.
– *l'être:* vous dissiperez les malentendus.

ECARQUILLER: *les yeux:* vous faites très attention à tout ce qui vous entoure.

ECARTER: *mettre de côté:* vous avez des principes très stricts.
– *être écarté:* vous n'avez pas grande confiance en vous.
– *les jambes:* désir de stabilité.

ECHAFAUD: punitions, souffrances.
– *y monter:* vous avez reçu de graves menaces.
– *s'y voir:* vous aurez à subir une vengeance.
– *y voir quelqu'un d'autre:* vous voulez vous venger de cette personne.

ECHAFAUDAGE: *être sur un échafaudage:* situation précaire.
– *construire un échafaudage:* vous travaillerez pour obtenir une situation qui se révélera précaire.

ECHANGE: un lien basé sur la confiance.

ECHANTILLON: *d'un objet:* attention à ne pas vous faire avoir.

ECHANTILLONNAGE: *de tissus:* vous avez une grande variété de choix possibles.

ECHAPPATOIRE: *la trouver:* vous ne vous laissez pas décourager.

ECHAPPER: *à un danger:* les difficultés que vous rencontrerez ne vous décourageront pas.

ECHARDE: *en bois:* petits chagrins.
– *qui vous blesse:* vous avez été puni par erreur.

ECHARPE: sécurité personnelle qui devient parfois de l'insensibilité.
– *au cou:* vous dites toujours ce que vous pensez, vous êtes souvent égoïste.

ECHASSES: vous examinez superficiellement une situation compliquée.
– *s'en servir:* vous surmonterez vos problèmes sans les résoudre.

ECHECS: un match d'habileté.
– *jouer aux échecs:* vous mettez votre intelligence à l'épreuve.
– *voir jouer:* vous craignez les coups de vos adversaires.
– *gagner:* vous prouvez votre habileté.
– *échec et mat:* vous avez perdu définitivement.
– *subir l'échec et mat:* perte certaine.

ECHELLE/ESCALIER: symbole de votre carrière.
– *en pierre:* progrès durables.
– *en bois:* améliorations dues à votre volonté.
– *monter sur une échelle:* succès déterminés par la persévérance.
– *avec des marches élevées:* vous peinerez pour arriver.
– *s'il manque une marche:* interruptions et difficultés que vous pourrez surmonter.
– *descendre d'un escalier:* présage de pertes financières.
– *descendre rapidement:* vous renoncez dès les premières difficultés.
– *escalier en colimaçon:* le succès ne sera pas immédiat.
– *échelle à barreaux:* objectifs précis et visibles.
– *si elle n'est pas assez longue:* événements imprévus qui pourraient interrompre votre carrière.

ECHIQUIER: un terrain de confrontation.

ECHO: nostalgie, souvenirs.

– *entendre l'écho:* une personne dont vous n'avez pas de nouvelles depuis longtemps refera surface.
– *produire un écho:* on n'oubliera pas vos paroles de sitôt.

ECHOUER (S'): *avec un bateau:* ne soyez pas trop optimiste, de gros problèmes vous attendent.

ECLABOUSSURES: *de boue:* vous serez impliqué dans une affaire qui ne vous regarde pas.
– *d'eau:* sensations agréables de brève durée.

ECLAIRCIR: *voir le brouillard qui s'éclaircit:* moment positif pour prendre des décisions.

ECLIPSE: moment de malchance, vous perdrez des amis.
– *solaire:* vous allez perdre votre partenaire.
– *lunaire:* un ami sincère vous abandonnera à l'improviste.

ECLORE: *voir des œufs éclorent:* après un long travail vous obtiendrez les résultats désirés.

ECOLE: souvenirs d'enfance.
– *aller à l'école:* vous ne vous sentez pas à la hauteur de la situation.
– *y être:* expériences utiles.
– *accompagner les enfants à l'école:* sens des responsabilités.

ECOLIER: vous devez surmonter des épreuves difficiles; régression à l'époque de l'enfance.

ECOLOGISTE: *voir un écologiste:* le contact avec la nature vous manque.
– *être écologiste:* vous aimez la nature sous toutes ses formes.

ECONOME: *être économe:* la situation financière vous préoccupe.

ECORCHER: *des animaux:* revanche sur vos adversaires.
– *des hommes:* vous aimez faire souffrir ceux que vous avez battus.

ECOUTER: *sans intervenir:* vous n'êtes pas vaniteux mais manquez d'initiatives.
– *de la musique:* de nombreuses personnes vous désirent.
– *aux portes:* vous avez peur d'être trompé.

ECRASER: vous avez un caractère tenace.
– *quelque chose:* vous êtes peu sensible aux dommages que vous provoquez.
– *quelqu'un:* une personne souffre à cause de votre caractère.
– *s'écraser un doigt:* incidents douloureux.

ECREVISSE: *après une dispute en famille:* entente.
– *manger une écrevisse:* vous savez que vous pouvez surmonter les difficultés.

ECRIN: un secret dont vous avez honte.
– *le voir:* vous savez que votre secret est bien gardé.
– *le trouver:* un moment heureux.
– *l'ouvrir:* des secrets utiles.

ECRIRE: volonté de communiquer.
– *une lettre:* voir **LETTRE.**
– *bien:* vous savez vous exprimer.
– *avec des erreurs:* vos propos seront interprétés d'une façon erronée.
– *de droite à gauche:* une décision que vous reportez depuis longtemps.
– *voir quelqu'un écrire:* vous craignez les complots contre vous.
– *à la machine:* communications rapides.

ECRIT: un ordre précis.
– *le lire:* vous devez bien savoir ce qu'il faut faire.
– *comme examen:* vous prouverez vos véritables capacités.

ECRITURE: expression de votre caractère.
– *vilaine écriture:* troubles intérieurs.
– *belle écriture:* période positive.
– *lire l'écriture d'un inconnu:* vous ne réussissez pas à comprendre les autres.
– *interpréter l'écriture:* vous vous efforcez de connaître le caractère de ceux qui vous sont proches.

ECRIVAIN: quelqu'un interprétera vos problèmes.
– *l'être:* vous vous sentez porteur d'expériences communes.

ECROULEMENT: présage de malheur.
– *de la maison:* dispersion de la famille.
– *d'un arbre:* accidents imprévisibles.
– *physique:* grave maladie.
– *psychologique:* troubles psychiques.
– *économique:* les problèmes vous submergeront.

ECTOPLASME: vous aimeriez être immortel.

ECU: bonnes défenses.
– *le perdre:* vous vous sentez sans protection.

ECUEIL: sécurité trompeuse.
– *le voir au loin:* vous savez que vous pouvez compter sur quelqu'un.
– *se heurter contre un écueil:* vous aurez une dispute avec une personne au caratère plus dur que le vôtre.
– *qui affleure:* dangers causés par des personnes perfides.

ECUME: volubilité.
– *la voir:* vous avez de fréquentes sautes d'humeur.
– *de la mer:* une situation un peu compliquée.

ECUREUIL: une personne imprévisible.
– *le voir:* une surprise agréable.
– *le prendre:* vous acceptez des tâches impossibles.
– *s'il vous mord:* petites déceptions en famille.

ECURIE: symbole des instincts.
– *la voir brûler:* vous n'arrivez plus à vous contrôler.
– *la voir brûler avec les animaux:* très mauvais présage.

ECUSSON: *avoir un écusson:* identité claire.

– *perdre un écusson:* vous êtes désorienté, vous ne vous sentez pas en sécurité.

ECZEMA: peur des imperfections physiques.
– *avoir de l'eczéma:* quelque chose dans votre aspect physique vous fait souffrir.
– *voir quelqu'un qui souffre d'eczéma:* vous jugez quelqu'un sur son aspect physique.

EDELWEISS: vous êtes solitaire et réservé, vous n'aimez pas la vie en groupe.

EDENTE: *l'être:* mauvais présage.

EDIFICE: *voir un édifice:* sentiment de solidarité.
– *écroulé:* écroulement de toutes les certitudes.

EDIFIER: voir **CONSTRUIRE.**

EDITEUR: *voir un éditeur:* vous enviez quelqu'un qui semble avoir des réponses précises à vous donner.
– *être éditeur:* vous aimeriez avoir plus d'expérience et de culture pour pouvoir résoudre une situation qui vous semble très obscure.

EDITION (extraordinaire): *lire une édition extraordinaire:* vous raconterez bientôt une nouvelle sensationnelle.

EDREDON: sécurité et protection.
– *s'en couvrir:* vous ne craignez rien.

EDUQUER: besoin de conseil et de guide.
– *ses enfants:* vous avez des principes clairs.
– *d'autres personnes:* vous êtes très rigide et intervenez dans des questions qui ne vous regardent pas.
– *des animaux domestiques:* l'obéissance vous donne de grandes satisfactions.

EFFACER: vous voulez oublier une vilaine expérience.

EFFEMINE: *voir quelqu'un d'efféminé:* vous êtes orgueilleux de votre virilité.
– *être efféminé:* vous ne devez pas avoir honte des aspects doux de votre caractère.

EFFIGIE: vous faites un mythe d'une personne.

EFFLEURER: sentiments délicats.
– *quelqu'un:* plaisirs fugitifs.
– *quelque chose:* illusions passagères.

EFFORT: un engagement qui vous coûte cher.
– *physique:* la santé n'est pas excellente.

EFFRAIE: mauvais présage.
– *morte:* espoir pour l'avenir.

EFFRAYE: *l'être:* un événement imprévu.

EFFRAYER: les menaces se retourneront contre vous.
– *effrayer (s'):* vous n'avez pas confiance dans une promesse.
– *effrayer quelqu'un:* vous voudriez annoncer des événements exceptionnels.

EGLISE: *être dans une église:* moment de paix.
– *aller à l'église:* vous avez l'impression qu'il vous manque quelque chose.
– *vide:* vous vous sentez seul en famille.
– *sans ornements:* vous vous sentez pauvre et abandonné par tous.
– *entendre chanter dans une église:* situation consolante.
– *fuir d'une église:* vous vous sentez trompé.
– *voir une église qui brûle:* grande tristesse intérieure.
– *consacrée:* mariage heureux.
– *désaffectée:* vous n'avez plus aucune certitude.
– *être chassé d'une église:* vos points de vue sont incompréhensibles pour les autres.

EGOISTE: *être égoïste:* vous vous efforcez de ne pas l'être.
– *voir quelqu'un qui se comporte égoïstement:* vous êtes généreux et vous détestez l'égoïsme.

EGORGER: vous craignez de faire des choses terribles.
– *un animal:* vous êtes très impressionnable.

EGOUTTER: conséquences d'une grosse difficulté.
– *du linge:* fin d'une période désagréable.

EGRATIGNURE: petit inconvénient.
– *avoir beaucoup d'égratignures:* vous subirez de petits préjudices.
– *qui saigne:* le préjudice n'est pas important mais vous fait souffrir.
– *due à une épine:* un petit avertissement.

EGYPTE: vous aimeriez vivre une expérience originale.

ELAGUER: vous ne pensez qu'aux choses qui vous servent.
– *un arbre:* objectifs précis.
– *des haies:* vous cherchez à rendre une situation confuse.
– *des vignes:* chance et amélioration.

ELAN: initiatives survenant à l'improviste.
– *le prendre:* vous surmontez une période de pessimisme et d'indécision.

ELASTIQUE: vous savez vous adapter facilement à tout.

ELECTEUR: *être un électeur:* vous avez le sens de vos responsabilités.

ELECTIONS: *politiques:* vous désirez intervenir et décider.
– *administratives:* vous aimeriez faire changer les choses rapidement.

ELECTRICIEN: vous affrontez tranquillement une situation complexe.

ELECTRIQUE: *secousse:* une nouvelle imprévue et douloureuse.
– *lumière électrique:* vous comprendrez clairement les choses.
– *centrale électrique:* vous sentez en vous beaucoup d'énergie positive.
– *chaise électrique:* moments d'angoisse.

ELECTROCUTER (S'): une terrible nouvelle.

ELECTROMENAGERS: *appareils:* vous sentez moins le poids des travaux ménagers.

ELECTRONIQUE: *cerveau électronique:* vous avez peur de l'intelligence des machines.

ELEGANT: *être élégant:* vous vous sentez à votre aise parmi les autres.
– *être élégant parmi des gens mal habillés:* vous avez tendance à vous faire remarquer.
– *être mal habillé parmi des gens élégants:* complexe d'infériorité.
– *voir une femme élégante (pour un homme):* admiration, goût pour l'aspect extérieur.

ELEMENTAIRE (école): *rêver d'aller au cours élémentaire:* vous aimeriez retourner dans l'enfance.

ELEPHANT: vous avez raison et votre énergie vous fera gagner des batailles.
– *devant chez vous:* chance et succès.
– *qui entre chez vous:* vous devez être plus décidé.
– *dompté:* vous avez besoin d'un peu d'énergie et d'agressivité.
– *chevaucher un éléphant:* vous obtiendrez un certain pouvoir.
– *être menacé par un éléphant:* danger, la justice peut vous frapper.
– *voir un éléphant mort:* vous avez épuisé vos forces, la chance s'éloigne.

ELEVE: *être un élève:* un devoir difficile vous effraie.

ELEVER: *des enfants:* vous désirez être sûr de l'affection que l'on vous porte.
– *des animaux:* vous aimez toujours avoir la situation en main.

ELIRE: *un représentant politique:* vous sentez que vous participez à une décision importante.

ELOGE: vous donnez votre appui.
– *de quelqu'un d'autre:* vous voulez éviter des conflits.
– *funèbre:* la personne que vous craignez ne peut plus vous nuire.
– *envers vous:* vous aimez entendre des louanges.

ELOIGNER (S'): *de la maison:* vous vous sentez menacé par quelque chose.
– *du monde:* vous avez la possibilité de commencer une nouvelle vie.
– *de ses parents:* vous avez peur de ne pas vous suffire à vous-même.
– *de son mari ou de sa femme:* la monotonie vous ennuie.
– *de son travail:* vous croyez pouvoir trouver ailleurs la liberté qui vous manque.
– *de son amant:* les problèmes qui vous assaillent se résoudront.
– *de ses amis:* vous avez l'esprit serein.

EMAIL: *objets en émail:* vous tenez aux apparences.

EMANCIPER (S'): *pour un homme:* maturité, indépendance.
– *pour une femme:* conscience de son rôle.

EMBALLER: affaires intéressantes.
– *des meubles:* désir de grands changements, de déménagement.

EMBALLER (S'): *voir un cheval s'emballer:* vous assisterez à une violente dispute.
– *chevaucher un cheval emballé:* les personnes de votre entourage risquent de se révolter contre vous.

EMBARQUER: *des marchandises:* trop de commérages inutiles.
– *des animaux:* chance, bien-être économique.
– *de l'eau:* présage de petits accidents.

EMBARQUER (S'): nouveauté, joie, chance.
– *être triste de s'embarquer:* la mélancolie et la nostalgie vous feront bientôt revenir chez vous.
– *pour un long voyage:* vous commencerez une nouvelle vie.
– *pour une promenade:* petits changements en famille.

EMBARRAS: personnalité faible.
– *mettre dans l'embarras:* vous savez que vous pouvez faire du mal à quelqu'un.

EMBAUCHER: *une employée de maison:* pas de soucis économiques, vous voulez vous reposer.
– *un chauffeur personnel:* votre paresse ne connaît pas de bornes.
– *être embauché:* vous changerez bientôt de travail.

EMBAUMER: vous prendrez une décision définitive.
– *un animal:* vous avez détourné un danger possible.
– *être embaumé:* vous vous sentez prisonnier de quelque chose.

EMBELLIR: *voir quelqu'un embellir:* vous appréciez maintenant ce que vous ne remarquiez pas auparavant.
– *se voir embellir:* amélioration du caractère, vous mûrissez.
– *la maison:* vous mûrissez rapidement.
– *une pièce:* la chance est proche.
– *s'embellir:* vous croyez en vos possibilités cachées.

EMBOLIE: *avoir une embolie:* un petit dérangement qui vous angoisse.

EMBOUCHURE: un moment important.

EMBOUTEILLAGE: des personnes que vous pensiez amies vous feront obstacle.
– *se trouver au milieu d'un embouteillage:* vous savez maîtriser une situation confuse.

EMBRASSER: désir d'affection et de compréhension.
– *deux femmes qui s'embrassent:* trahison.
– *deux hommes qui s'embrassent:* l'un des deux commettra une grave erreur.
– *une personne du sexe opposé:* peur d'un refus.
– *un vieil ami:* besoin d'amitié.
– *ses enfants:* problèmes d'incompréhension.
– *un animal:* ingénuité.

EMBROCHER: *quelque chose:* vous êtes maître de la situation.
– *quelqu'un:* vous avez découvert une trahison.

EMBROUILLER: *un écheveau:* votre chance augmentera.
– *un fil:* vous essayez d'embrouiller l'esprit des autres.

EMBUCHE: personnalité tourmentée.
– *tomber dans une embûche:* tourments intérieurs.
– *dresser des embûches:* petites vengeances.
– *à quelqu'un:* vous n'acceptez pas l'idée de ne pas être apprécié.
– *à son partenaire:* rapports peu clairs.

EMBUER: *les vitres de la voiture:* manque de sûreté, de self-control.
– *les vitres d'une fenêtre:* vous aimez imaginer que les choses sont meilleures qu'elles ne le sont.

EMBUSCADE: *tendre une embuscade:* quelqu'un tombera dans le piège que vous lui avez tendu.
– *être victime d'une embuscade:* quelqu'un s'est vengé de vous.

EMERAUDE: grands espoirs qui peuvent se réaliser.
– *la recevoir comme cadeau:* changement de vie, surtout sur le plan économique.
– *l'acheter:* vous n'avez vraiment aucun souci.
– *la porter:* vous atteindrez vos objectifs.

EMERGER: *de l'eau:* vous retrouvez la paix après un moment très difficile.

EMIGRANT: *être un émigrant:* vous êtes obligé de partir pour un voyage que vous redoutez.
– *voir un émigrant:* vous craignez de devoir faire des choix définitifs.

EMIGRER: de grands changements dans votre vie surtout sur le plan du travail.

EMMAGASINER: *des richesses:* période de malchance.
– *des denrées alimentaires:* vous craignez la misère.

EMMITOUFLER (S'): trop de gens vous protègent et ne vous laissent pas agir.

EMOUSSER: *les angles:* vous aimeriez être moins rigoureux.

EMOUVOIR (S'): timidité, manque de self-control.

EMPAILLER: *des animaux :* tristesse, mélancolie.
– *des chaises:* vous résoudrez une situation difficile.

EMPECHEMENT: votre manque de sérénité entrave vos actions.

EMPEREUR: *voir un empereur:* respect pour l'autorité.
– *parler à un empereur:* promotion dans le travail.
– *être empereur:* désir de puissance.

EMPIFFRER (S'): *pour un pauvre:* bon signe.
– *pour un riche:* vous ne savez pas vous contrôler.

EMPLOYE: *de banque:* vous enviez ceux qui n'ont pas de problèmes économiques.

EMPOIGNER: *une arme:* vous avez décidé de réagir à une offense.
– *un testament:* affaires familiales peu claires.

EMPOISONNER: *soi-même:* fatigue, dépression.
– *les autres:* les disputes vous font perdre le sens des proportions.
– *être empoisonné:* vous souffrez à cause de fausses accusations que l'on a portées contre vous.

EMPORTER (S'): agressivité incontrôlable.
– *voir quelqu'un s'emporter:* vous provoquerez une dispute.

EMPREINTE: *la voir:* vous découvrirez les secrets d'une personne.
– *la laisser:* vous craignez les conséquences de vos actions.
– *l'effacer:* vous voudriez que les autres oublient vos actions peu correctes.

EMPRISONNER: *quelqu'un:* vous empêcherez un adversaire d'agir.

EMPRUNT: *le demander:* difficultés de longue durée.
– *l'accorder:* vous aurez des ennuis et des tracas.

ENCADRER: vous avez à l'esprit un fait ou une personne.
– *une photographie:* vous ne voulez pas perdre une amitié.
– *un cadre:* attention à vos biens.
– *sa propre photographie:* égocentrisme.

ENCAISSER: *de l'argent:* illusions.
– *des crédits:* espoirs déçus, petites rentrées d'argent.

ENCASTRER: *quelque chose:* vous signerez un contrat solide.
– *être encastré:* une promesse difficile à maintenir.

ENCEINTE: *femme enceinte:* bon présage, possibilité pour le futur.
– *être enceinte:* vous avez surmonté une difficulté, maintenant s'ouvre une période positive.
– voir également **GROSSESSE.**

ENCENS: satisfactions.
– *brûler de l'encens:* vous exprimerez vos idées.
– *à l'église:* moments d'auto-analyse.

ENCENSOIR: harmonie familiale.

ENCHAINER: *quelqu'un:* une cible facile; vous empêcherez quelqu'un de parler.
– *s'enchaîner:* vous conclurez un accord de mauvais gré.
– *être enchaîné:* un lien durable, pour certains le mariage.

ENCHANTEMENT: *produire un enchantement:* vous aimeriez avoir plus de pouvoir.
– *subir un enchantement:* vous manquéz de self-control et êtes facilement influençable.

ENCHANTER: *des amis:* vous êtes un peu faux.

– *des serpents:* grande capacité de persuasion.
– *la personne aimée:* moments agréables en bonne compagnie; une aide précieuse.

ENCHANTEUR: vous êtes très crédible, attention à ne pas l'être moins.

ENCLUME: un travail manuel.
– *battre l'enclume:* vous insistez sur un fait dépassé.

ENCOURAGER: *quelqu'un:* vous aimez avoir l'amitié de personnes qui sont plus faibles que vous.
– *être encouragé:* vous vous persuadez qu'une affaire n'est pas risquée.

ENCRE: *voir de l'encre:* quelqu'un écrira des méchancetés à votre sujet.
– *acheter de l'encre:* vous avez décidé de divulguer certains secrets.
– *boire de l'encre:* vous cherchez par tous les moyens à éviter le scandale.
– *noire:* un ordre précis.
– *bleue:* un discours romantique.
– *rouge:* une grande passion.

ENCRIER: cherchez à emmagasiner de l'énergie en prévision des jours difficiles.
– *tremper la plume dans l'encrier:* une petite aide de l'extérieur a suffi pour vous permettre d'aller de l'avant.
– *qui se renverse:* accident grave.

ENCYCLOPEDIE: *voir une encyclopédie:* vous avez confiance dans votre culture générale.
– *consulter une encyclopédie:* demandez conseil à des personnes très cultivées.
– *écrire une encyclopédie:* vous organisez vos connaissances de façon utile.

ENDOMMAGER: *quelque chose:* vous êtes souvent inopportun.
– *quelqu'un:* la jalousie vous aveugle.

ENDORMIR (S'): *par terre:* vous aimeriez passer votre vie dans l'oisiveté.
– *seul:* vous changerez de milieu.
– *en compagnie:* mariage en vue.
– *dans la rue:* manque d'affection.

ENDUIRE: *quelqu'un:* vous êtes en train de convaincre une personne par des tromperies et des subterfuges.
– *s'enduire:* prudence et précaution.
– *avec une pommade:* voir **POMMADE**.

ENFANCE: vous avez besoin de vous sentir protégé.
– *heureuse:* nostalgie du passé.

ENFANT (trouvé): *le voir:* une personne que vous protégez tendrement.
– *l'être:* vous n'avez aucun respect pour vous-même.

ENFARINER: adulation.
– *quelque chose:* vous n'êtes pas sincère.

– *être enfariné:* vous vous montrez sous un aspect qui n'est pas le vôtre.
– *s'enfariner:* vous tentez de cacher vos défauts.

ENFER: litiges, conflits.
– *être en enfer:* vous êtes influencé par de tristes événements.
– *être sur le seuil de l'enfer:* une décision difficile à prendre.
– *sortir de l'enfer:* période de sérénité après une période difficile.
– *envoyer en enfer:* une haine mal réprimée.

ENFERMER: *quelqu'un:* un adversaire qui ne peut plus vous nuire.
– *chez soi:* vous êtes incapable de conserver vos amis.
– *être enfermé:* vous vous trouvez face à de nombreuses difficultés.
– *dans un institut:* on est en train de vous priver de votre liberté.

ENFILER: une affaire réussie.
– *un anneau:* vous vous liez sentimentalement.
– *des perles:* tristesse fugitive.
– *un fil dans le chas d'une aiguille:* vous centrerez avec précision vos objectifs.

ENFLAMMER (S'): passion, excitation.

ENFONCER (S'): vous vous sentirez perdu.
– *dans le sable:* voir **SABLE**.
– *dans la boue:* accusations déshonorantes.

ENGAGEMENTS: *avoir trop d'engagements:* vous avez besoin d'un moment de pause.
– *prendre des engagements:* moment positif.
– *ne pas respecter ses engagements:* vous manquez d'autodiscipline.

ENGAGER: *quelque chose:* des liens qui dans l'avenir vous ennuieront.

ENGAGER (S'): vous n'éprouvez pas l'envie de vous lier à quelqu'un.
– *dans l'armée:* vous avez besoin de repos, vous êtes fatigué de devoir lutter au travail.
– *par une promesse:* vous vous repentez de l'avoir faite.

ENGELURE: moments désagréables.

ENGIN: situation préoccupante.

ENGRAIS: une aide pour mûrir.
– *voir beaucoup d'engrais:* bonnes affaires.

ENGRAISSER: manque d'affection.
– *des animaux:* prévoyance et sens des affaires.

ENGRENAGE: un mécanisme qui ne dépend pas de vous.
– *huiler un engrenage:* vous avez l'impression d'avoir un certain pouvoir de décision.
– *être pris dans un engrenage:* une fois que vous avez accepté un engagement vous ne pouvez pas revenir en arrière.
– *être haché par un engrenage:* perte d'autonomie et de liberté.

ENIGME: une question qui vous tourmente.

– *résoudre une énigme:* vous découvrirez la vérité sur une question complexe.

ENIVRER (S'): vous êtes trop déterminé et impulsif; dommages économiques.
– voir aussi **IVRE**.

ENJAMBER: détermination devant les difficultés.
– *un mur:* aucune difficulté ne vous arrête.

ENLAIDIR: moment négatif.
– *se voir enlaidi:* vous faites une erreur et vous vous méprisez.
– *voir quelqu'un enlaidir:* vous avez découvert dans cette personne de nombreux défauts.

ENLEVEMENT: *d'une personne:* vous désirez à tout prix une personne.
– *pour de l'argent:* ce ne sont que des pensées que vous refusez.
– *par amour:* difficultés à trouver une entente avec votre partenaire.
– *être enlevé:* vous intéressez quelqu'un.

ENLEVER: *son chapeau:* voir **CHAPEAU**.
– *ses chaussures:* voir **CHAUSSURES.**
– *ses chaussettes:* moment de tranquillité.
– *ses vêtements:* libération, changements.
– *une bague:* une relation interrompue.

ENNEMI: *craindre un ennemi:* vous manquez de tranquillité intérieure.
– *qui vous menace:* vous exagérez les dangers.
– *combattre un ennemi:* votre décision est une demi-victoire.
– *vaincre un ennemi:* en souffrant vous surmonterez des obstacles.
– *mort:* vous avez résolu vos problèmes.
– *embrasser un ennemi:* vos angoisses se sont envolées.
– *être embrassé par un ennemi:* pièges, trahisons.
– *avoir beaucoup d'ennemis:* vous faites un complexe de persécution.
– *donner raison à un ennemi:* par crainte vous renoncerez à vos idées.

ENNUI: insatisfaction.
– *mourir d'ennui:* grande crise, rien ne vous intéresse.
– *éprouver de l'ennui:* petits complexes que vous surmontez facilement.

ENNUYER (S') vous n'avez pas la force de réagir mais vous devrez bientôt avoir une conversation désagréable.

ENQUETER: vous voulez vous éclaircir les idées.

ENRAYER (S'): *pour un pistolet:* vous n'êtes plus sûr de vouloir vous venger.

ENREGISTREUR: *le voir:* une personne qui se souvient de tout.
– *l'acheter:* vous avez peur d'oublier des événements importants.
– *l'écouter:* vous vous souviendrez de discussions passées.

ENRICHIR (S'): *par héritage:* faites plus attention aux affaires de la famille.
– *en faisant des affaires:* vos peurs ne sont pas fondées.
– *en volant:* faites preuve d'un peu de diplomatie.

ENROUEMENT: difficulté de s'exprimer.

ENSEIGNANT: vous aimez que l'on vous écoute.

ENSEIGNER: vous savez vous faire écouter.

ENSEVELIR: vous voulez oublier une chose désagréable.
– *quelqu'un de vivant:* vous voulez ignorer une situation désagréable toujours d'actualité.
– *un trésor:* fortune, gains.
– *être enseveli:* bon présage.
– *s'ensevelir:* période de grave dépression.
– *dans un lieu public:* vous cherchez la renommée et la gloire.
– *quelqu'un:* une personne que vous respectez et que vous craignez.

ENTENDRE: *un bruit:* voir **BRUIT.**
– *des pas:* voir **PAS.**
– *une explosion:* voir **EXPLOSION.**

ENTERRER: voir **ENSEVELIR.**

ENTONNOIR: vous saurez bientôt quelle est la décision à prendre.
– *briser un entonnoir:* contrairement à votre habitude vous n'avez pas résolu rapidement certains problèmes; vous êtes maintenant dans une situation confuse.

ENTORSE: *avoir une entorse:* vous êtes tombé dans un piège.

ENTRAINEMENT: *en gymnase:* vous aimeriez revenir vers le passé.
– *à l'air libre:* vous êtes fatigué de la vie en ville.

ENTRAINER: manque de satisfaction et fatigue.
– *quelqu'un:* une personne qui vous gêne par son insistance.

ENTREE: *libre:* vous n'aurez aucun mal.
– *étroite:* vous aurez beaucoup de mal à vous faire admettre dans un nouveau milieu.
– *large:* vous vous insérerez facilement.
– *principale:* vous n'acceptez pas de compromis; votre importance vous ouvre toutes les portes.
– *ouverte:* situation favorable.
– *fermée:* période négative.
– *franchir une entrée:* vous aurez du succès.
– *interdite:* vous vous sentez exclu.

ENTREPRENEUR: *l'être:* une grande détermination dans le travail.

ENTRER: vous devez accepter les règles que l'on vous imposera.
– *dans un édifice:* méditez attentivement avant de vous laisser entraîner.

ENTRETENIR: *plusieurs personnes:* vous vous vantez de savoir bien parler.

ENTROUVRIR: on n'est jamais assez prudent.
– *la porte:* vous êtes jaloux de vos affaires personnelles.
– *la fenêtre:* vous êtes réservé, mais aussi très craintif.

ENVAHIR: trop de choses vous troublent, soyez impartial.

ENVAHISSANT: *être envahissant:* amitiés forcées.
– *avoir affaire à une personne envahissante:* vous êtes très solitaire.

ENVELOPPE: *pour une lettre:* ne faites pas confiance aux intermédiaires.
– *à en-tête:* une personne importante s'intéressera à vous.
– *déchirée:* quelqu'un a eu connaissance de vos secrets.
– *parfumée:* la personne que vous aimez n'apprécie pas votre caractère romantique.

ENVELOPPER: désir de protéger ou de cacher.

ENVELOPPER (S'): *dans un manteau de fourrure:* vous voulez vous montrer différent de ce que vous êtes en réalité.

ENVERS: une période négative.
– *mettre des vêtements à l'envers:* vous voulez absolument transformer votre situation.

ENVIE: luttes entre collègues de travail, insatisfaction.

ENVIE: *être envié:* vous êtes très vaniteux.

ENVIEUX: période de malchance.
– *être envieux:* vous savez que vous allez au-devant d'une période difficile.

ENVOYE: *spécial:* des occasions qui ne se répéteront pas.

EPANCHER (S'): dites ce que vous n'avez pas le courage de dire.
– *auprès d'un ami:* vous avez besoin d'un confident.

EPANOUIR (S'): naissance dans la famille.
– *se sentir épanoui:* nouvelles énergies.
– *une fleur qui s'épanouit:* joies fugitives.

EPARPILLER: *quelques objets:* indécision et confusion mentale.

EPAULES: *les voir:* considérations sur le caractère d'une personne.
– *larges:* assurance qui vous mènera au succès.
– *étroites:* vous vous sentez faible; maladie.
– *endolories:* vous êtes conscient de l'importance de vos responsabilités.

EPAULETTE: *militaire:* vous espérez un avancement.
– *ne pas l'avoir:* vos mérites ne seront pas reconnus.
– *déchirée d'une robe:* sensation de gêne en public.

EPAVE: *la voir:* ce qu'il reste d'une période agréable.
– *de navire:* des changements souhaités qui ne pourront pas se réaliser.
– *qui coule:* vous devez oublier le passé.
– *être sur une épave:* vous serez mêlé à une entreprise malheureuse.
– *récupérer une épave:* vous vivez de souvenirs.

EPEE: détermination, caractère incisif.
– *l'avoir en main:* vous savez que vous pourrez obtenir ce que vous désirez.
– *s'en servir:* vous obtiendrez ce que vous voulez.

– *la dégainer:* une situation dans laquelle vous devez faire preuve de détermination.
– *menacer avec une épée:* vous voulez que les autres soient convaincus de votre force.
– *la briser:* vous avez trop risqué.
– *la perdre:* perte de décision, mauvaises affaires.
– *être frappé par une épée:* faiblesses et maladie.
– *se blesser avec sa propre épée:* votre impulsivité vous causera de gros problèmes.
– *l'affûter:* vous vous préparez à agir.

EPERONNER: vous communiquez votre courage aux autres.
– *être éperonné:* vous subirez l'influence d'une personne entreprenante.

EPERONS: arrogance et cruauté.
– *les avoir:* succès obtenu à l'aide de moyens peu avouables.
– *les perdre:* vous n'avez plus la possibilité de dominer une personne.

EPERVIER: une personne sans scrupule.
– *le voir voler:* vous vous sentez menacé.

EPHELIDES: *voir des éphélides:* les petits secrets vous attirent.

EPI (S): symbole de fortune.
– *de blé:* de l'argent qui arrive.
– *le voir pousser:* vous évaluez vos profits.
– *cueillir des épis:* satisfactions dans le travail.
– *les écraser:* vous méprisez votre travail.
– *les arracher:* vous êtes en train de vous faire du mal.
– *voir des épis malades:* un travail qui ne vous sera jamais payé.

EPICERIE: *être dans une épicerie:* sensation d'abondance.
– *avoir une épicerie:* vous avez peur de souffrir de la faim.

EPIDEMIE: évitez tout contact avec les autres.
– *apprendre qu'il y a une épidémie:* vous découvrirez des secrets désagréables.

EPIER: *quelqu'un:* indiscrétions dangereuses.
– *être épié:* vous vous sentez conditionné par quelqu'un.

EPIGRAPHE: *lire une épigraphe:* vous tenez à ce que l'on se souvienne de vous de façon positive.
– *écrire une épigraphe:* vous voulez laisser un signe de votre passage.

EPILEPSIE: vous craignez de ne pas savoir vous contrôler.

EPILER (S'): voir **POILS**.

EPILOGUE: *écrire un épilogue:* votre carrière est terminée.
– *lire un épilogue:* un moment agréable se termine.

EPINARDS: bonne santé et énergie.

EPINE: vous vous sentez triste et laissé de côté.
– *se blesser avec une épine:* moments de tristesse en amour.

– *la voir:* vous savez que la personne que vous aimez peut vous faire souffrir.

EPINGLE: *l'avoir:* une grande joie qui ne va pas durer.
– *de nourrice:* vous êtes très renfermé et peureux.

EPIPHANIE: attente heureuse.

EPITAPHE: *voir sa propre épitaphe:* désir de gloire.

EPITRE: voir **LETTRE.**

EPLUCHER: une situation délicate.
– *des pommes de terre:* vous découvrirez des secrets.
– *des pommes de terre bouillantes:* situation explosive.

EPONGE: votre comportement négatif vous rend antipathique.
– *s'en servir:* vous exploitez une situation sans aucun effort.

EPOUILLER: voir **POUX.**

EPOUSE: *belle:* harmonie familiale.
– *vilaine:* préoccupations et crise.
– *jalouse:* perte d'argent.
– *malade:* vous traversez un moment difficile.
– *prendre épouse:* discussions familiales sur le mariage.
– *prendre épouse* (pour un célibataire): argent, chance.
– *prendre l'épouse d'un autre:* trahisons.
– *qui se marie avec un autre homme:* vous n'êtes pas sûr de vous-même.
– *morte:* malheur, beaucoup de malchance.

EPOUSSETER: mauvais présage.
– *les meubles:* quelque chose vous éloignera de chez vous.

EPOUVANTER (S'): vous traversez une période difficile, tout vous semble hostile.
– voir aussi **PEUR.**

EPRENDRE (S'): vous avez envie de vivre une histoire d'amour.
– *d'un vieil ami:* besoin de sécurité.
– *de son partenaire:* une relation qui durera longtemps.
– *d'un inconnu:* désir de nouveauté.
– *de quelque chose:* vous êtes très impulsif.

EPUCER: voir **PUCES.**

EPUISE: *être épuisé:* tourments et difficultés dérangent votre sommeil.

EQUATEUR: *voir l'équateur:* fantaisies, rêver les yeux ouverts.
– *être à l'équateur:* un voyage aventureux vous conduira loin.

EQUATION: *résoudre une équation:* un problème complexe sera résolu en peu de temps.
– *ne pas réussir à résoudre une équation:* un petit problème qui bloque votre travail vous décourage.

EQUILIBRE: *tenir en équilibre:* une situation instable.
– *perdre l'équilibre:* vous serez contraint à faire un choix définitif.

EQUILIBRISTE: *indécision:* courage et habileté ne vous suffisent pas pour faire un choix définitif.

EQUIPAGE: *faire partie d'un équipage:* de bonnes nouvelles.
– *d'un navire:* vous faites partie d'un groupe homogène.

EQUIPE: vous aimez les activités de groupe.
– *de football, la voir:* disputes et commérages en famille.
– *de football, en faire partie:* c'est la solidarité avec vos camarades qui vous permet d'avoir du succès.

ERABLE: désir de paternité.

ERMITE: *voir un ermite:* moment de confusion mentale, idées dangereuses.
– *être ermite:* vie tranquille, amour de la solitude.

ERRANT: *chien:* solitude et manque de stabilité.

ERRER: *sans but:* vous manquez d'objectifs.

ERREUR: *faire une erreur:* sentiment de faute.
– *corriger une erreur:* vous avez la sensation d'être supérieur.
– *erreur d'imprimerie:* vous faites toujours attention à ne pas vous laisser duper.

ERUPTION: *cutanée:* une tension cachée explosera dans toute sa violence.
– *avoir une éruption de boutons:* maladie.
– *volcanique:* vous démontrerez aux autres que vous avez des ressources d'énergie.
– *rester enseveli sous une éruption volcanique:* vous avez provoqué quelqu'un de plus fort que vous.

ESCABEAU: un appui de faible importance.
– *cassé:* la seule personne sur laquelle vous pouviez compter ne s'est pas révélée à la hauteur.

ESCALADER: volonté d'arriver au succès.
– *une montagne:* voir **MONTAGNE**.

ESCALADEUR: une personne qui ne déclare jamais forfait.
– *l'être:* vous êtes arriviste et avez trop de confiance en vous.

ESCARPEMENT: attention aux dangers.
– *tomber d'un escarpement:* période de crise.

ESCLAVE: votre indépendance n'est pas respectée.
– *l'être:* vous voulez vous libérer d'obligations pénibles.
– *le voir:* une personne qui travaille sans être rémunérée.
– *l'acheter:* vous êtes possessif et autoritaire.

ESCOMPTE: aides, facilités.
– *le demander:* vous ne bougez pas si vous n'êtes pas aidé.
– *le faire:* vous devez accepter les compromis.

ESCORTE: *la voir:* vous craignez les dangers.
– *l'avoir:* vous vous sentez bien protégé.
– *la perdre:* vous avez perdu vos appuis.

ESCRIME: contradictions psychologiques.
– *voir une partie d'escrime:* vous assisterez à un défi.

ESCROQUERIE: *la découvrir:* une fête joyeuse en famille.
– *la subir:* un ami qui vous trompera.
– *escroquer quelqu'un:* sentiments de culpabilité.

ESPACE: *le voir:* sensation de liberté.
– *ne pas en avoir pour bouger:* vous vous sentez opprimé et surveillé.

ESPALIER: *de gymnastique:* vous voulez vous mettre à l'essai.

ESPERER: une personne que vous n'avez pas oubliée.
– *quelque chose d'agréable:* vous avez un bon caractère, vous êtes optimiste.
– *une chose impossible:* à la longue vous serez déçu.

ESPION: vous vous sentez persécuté.

ESPRIT: *avoir de l'esprit:* vous faites semblant d'être joyeux mais vous souffrez profondément.
– voir aussi **FANTOME.**

ESSAIM: solidarité, instinct social.
– *d'abeilles:* bon présage.
– *être piqué par un essaim d'abeilles:* plusieurs personnes se coaliseront contre vous.
– *être piqué par un essaim du guêpes:* vous êtes entouré de personnes qui vous veulent du mal.

ESSAYER: *un vêtement:* vous ne savez pas comment apparaître en public.
– *un médicament:* vous subirez les conséquences d'expériences hasardeuses.

ESSENCE: vous vous laissez séduire par les aspects les plus superficiels des choses.

ESSOUFFLE: *l'être:* une situation qui vous angoisse et vous inquiète.

ESSOUFLER (S'): vous voulez voir clairement ce que vous faites.

ESSUYER: *ses larmes:* un moment de bonheur vous consolera des moments de tristesse passés.
– *sa transpiration:* vous devriez vous donner plus à fond dans votre travail.

ESTAFETTE: *la voir:* vous savez que la force de vos concurrents réside dans leur solidarité.
– *l'être:* le sort de vos amis dépend de votre comportement.

ESTHETICIENNE: *aller chez une esthéticienne:* vous désirez modifier votre image.
– *être esthéticienne:* volonté apparente d'améliorer les autres.

ESTHETIQUE: *avoir le sens de l'esthétique:* vous aimeriez l'avoir mais ce n'est pas le cas.

ESTOMAC: capacité de réagir rapidement aux événements.
— *douloureux:* vous n'arrivez pas à supporter certaines choses.

ESTRADE: une position importante.
— *y être:* ascension sociale.
— *en descendre:* aggravation des conditions et du niveau de travail.

ESTROPIE: manque d'équilibre.

ESTUAIRE: *d'un fleuve:* vous ne rencontrerez pas d'obstacles sur votre route.
— *naviguer jusqu'à un estuaire:* vous conduirez à bonne fin une entreprise.

ETABLE (écurie): *la voir:* un travail qui portera prochainement ses fruits.
— *vide:* présage négatif.
— *avec des animaux de tout genre:* le succès ne sera pas immédiat, mais il surviendra certainement si vous savez être patient.
— *avec des vaches:* vous ne traitez que des affaires sérieuses.
— *avec des chevaux:* vous devrez tenir tête à quelques adversaires très impétueux.
— *garçon d'écurie:* un subordonné qui vous est d'une grande aide.

ETABLISSEMENT: voir **FABRIQUE.**

ETAGE: *monter à l'étage:* ascension sociale.
— *descendre un étage:* grosses déceptions.
— *rez-de-chaussée:* votre situation est sécurisante.

ETAGERE: un point d'appui.
— *qui tombe:* vous devez vous débrouiller sans cet appui.
— *fixer une étagère au mur:* vous vous assurez d'une aide sérieuse.
— *d'un meuble:* ordre et organisation.

ETAIN: une période négative, un gros scandale.

ETALAGE: *du marché:* soyez attentif et scrupuleux lorsque vous prenez des décisions.

ETALER: *des drapeaux:* vous voulez attirer l'attention.

ETALON: force, ardeur, sexualité violente.
— *pour une femme, le voir galoper:* un homme passionné et vif.
— *pour un homme:* des adversaires imprévisibles qui sont toujours présents.

ETANG: indécision et immobilisme.
— *être assis au bord d'un étang:* vous faites des projets de vacances reposantes.
— *avec des cygnes:* fortune, mariage probable.

ETAPES: *d'un voyage:* interruptions utiles.
— *en faire beaucoup:* manque de sécurité et hésitation.

ETAU: vous n'avez aucun choix possible.
— *être pris dans un étau:* graves empêchements.

ETE: *être en été:* bonne situation économique et affective.

– *chaud:* abondance, vous recueillerez les fruits de votre travail.
– *lourd:* avoir trop de richesses vous ennuie.
– *froid:* une situation imprévue renversera vos conditions économiques.
– *porter un vêtement d'été:* désir de liberté.

ETEINDRE: un moment négatif.
– *un feu:* voir **FEU**.
– *une lumière:* voir **LUMIERE**.
– *une lampe:* voir **LAMPE.**

ETENDRE: *du linge:* voir **LINGE**.

ETERNEL: *rêver d'être éternel:* un grand amour pour la vie.

ETERNUER: vous vous débarrassez de ce que vous ne pouviez supporter.

ETHER: sensations hilarantes.

ETHIQUE: *professionnelle:* ne vous laissez pas corrompre.

ETINCELLE: une joie qui ne durera qu'un instant.
– *faire une étincelle:* idées géniales qui vous porteront bonheur.

ETIQUETTE: *marque:* vous vous laissez influencer par les opinions des autres.
– *comportement:* vous êtes très formel.

ETOFFE: *la voir:* projets qui auront du succès.
– *la couper:* décisions dangereuses.
– *la teindre:* votre esprit créatif vous apportera le succès.

ETOILE (S): équilibre et harmonie.
– *voir des étoiles scintiller dans le ciel:* bon signe, réussite dans les affaires.
– *en voir briller une seule:* une personne qui sera près de vous toute la vie.
– *en voir une qui tremble:* un amour destiné a ne pas durer.
– *qui bouge:* signaux, avertissements.
– *en toucher une:* un rêve que vous aviez cru impossible se réalisera.
– *de mer:* une personne très difficile à atteindre.

ETONNER (S'): une nouveauté violente.
– *étonner quelqu'un:* vous révélerez des qualités potentielles inconnues jusque-là.

ETOUFFER: peu de liberté et beaucoup d'engagements.

ETOURDI: *l'être:* trop de nouveautés vous embrouillent les idées.
– *étourdir quelqu'un:* vous voulez lui embrouiller les idées.

ETOURNEAU: vous êtes seul mais vous ne devez pas désespérer.

ETRANGER: *aller à l'étranger:* voir **S'EXPATRIER**.
– *être étranger:* vous vous sentez refusé par vos amis.
– *se sentir étranger en famille:* des incompréhensions.

— *avoir chez soi des étrangers:* si vous n'êtes pas méfiant vous ferez des rencontres intéressantes.

ETRANGLER: vous êtes en train de neutraliser un adversaire.
— *être étranglé:* quelqu'un vous enlève peu à peu la possibilité d'agir.

ETRIERS: self-control.
— *les avoir aux pieds:* vous savez vous contrôler à la perfection.
— *les perdre:* un moment de désarroi et d'impulsivité.

ETRILLER: vous donnerez une leçon à quelqu'un pour son bien.
— *être étrillé:* vous serez réprimandé brutalement.

ETUDE: *aller en étude:* souvenirs d'enfance peu agréables.

ETUDIANT: vous avez un esprit critique pour les choses que vous voyez.
— *l'être:* liberté d'action, temps libre.

ETUI: désir sexuel.
— *plein:* souvenez-vous de garder toujours bien les secrets.
— *vide:* vous sentez le vide autour de vous, vos amis ne sont pas sincères.

EUCALYPTUS: un voyage agréable.
— *planter un eucalyptus:* guérison immédiate.

EUNUQUE: mauvais présage, attention aux dangers.
— *être eunuque:* frustrations.

EVADE: *voir un évadé:* sensation de danger.
— *être un évadé:* vous vous êtes libéré d'un poids.

EVALUER: *un objet:* vous êtes très méfiant.
— *une personne:* cynisme.

EVANGILE: vous avez besoin de bons conseils.
— *le lire:* quelqu'un vous donnera de bons conseils.

EVANOUIR (S'): voir **DISPARAITRE**.

EVASION: vous réussirez à sortir d'une impasse.
— *divertissement:* épuisement physique.

EVE: tentations, besoin d'un alibi.

EVENTAIL: questions de peu d'importance.
— *cassé:* déception d'amour.
— *donné:* une déclaration d'amour.
— *le perdre:* vous oublierez des moments agréables.

EVEQUE: une personne que vous admirez et que vous respectez.
— *le voir:* vous rencontrerez une personne importante.
— *lui parler:* vous recevrez d'excellents conseils.
— *l'être:* ambition.

EVINCER: *quelqu'un:* vous voulez retirer à quelqu'un son pouvoir.
— *être évincé:* peurs, manque de sûreté, craintes pour sa propre virilité.

EVITER: prudence dans vos agissements.
— *un danger:* vous pressentez les situations dangereuses.

– *un obstacle:* vous ne voulez pas affronter la situation.

EXALTER (S'): un projet fascinant vous a monté la tête.

EXAMEN: il se réfère à une difficulté du moment.
– *assister à un examen:* votre ami est en difficulté mais vous ne pouvez pas l'aider.
– *passer un examen:* vous passez un moment difficile.
– *ne pas savoir répondre à un examen:* l'épreuve que vous devez passer est au-dessus de vos possibilités.
– *être reçu à un examen:* vous réussirez à résoudre les problèmes qui vous angoissent.
– *être collé à un examen:* frustrations, insuccès.
– *être reçu au baccalauréat:* vous êtes sûr de vous.
– *être collé au baccalauréat:* vous considérez vous-même que vous n'êtes pas mûr.
– *du sang:* problèmes de santé.

EXAMINATEUR: *voir un examinateur:* vous avez peur de ne pas être à la hauteur de la situation.
– *être un examinateur:* vous vous considérez capable de juger les autres.

EXAUCER: *un désir:* vous êtes serein et disponible envers votre prochain.

EXCENTRIQUE: *voir quelqu'un d'excentrique:* vous détestez les exhibitionnistes.
– *être excentrique:* vous voulez attirer à tout prix l'attention des autres, vous vous sentez sans doute très seul.

EXCEPTION: *faire une exception pour quelqu'un:* vous souhaitez qu'un ami vous soit reconnaissant.
– *faire une exception pour soi-même:* égocentrisme.

EXCESSIF: *être excessif:* en réalité vous êtes faible avec vous-même.
– *avoir affaire à des personnes excessives:* vous avez peur d'être volé.

EXCITATION: *en général:* une situation agréable et imprévue.
– *sexuelle:* votre vie sentimentale n'est pas chanceuse.

EXCITER: *quelqu'un:* désir sexuel.

EXCLAMATION: stupeur, surprise.

EXCLU: *être exclu de quelque chose:* quelqu'un cherche à vous mettre de côté.

EXCOMMUNICATION: présage positif, fortune.

EXCORIATION: petits ennuis.

EXCREMENTS: chance à l'improviste.
– *être sali par des excréments:* vous avez peur que certains secrets ne soient découverts.
– *se salir avec des excréments:* infantilisme.
– *de bœuf:* bon présage.

– *de cheval:* préoccupations gênantes.
– *humains:* gains en vue.

EXCROISSANCE: *avoir une excroissance:* vous attirerez l'attention: situation désagréable.

EXCURSION: *participer à une excursion:* émotion pour une aventure particulière.
– *assister à une excursion:* présage de malchance.

EXCUSES: *faire des excuses:* vous êtes craintif et condescendant.
– *chercher une excuse:* vous n'admettez pas vos erreurs.
– *recevoir des excuses:* c'est ce que vous désirez.

EXECUTER: *un ordre:* vous n'osez pas contredire celui qui représente l'autorité.

EXECUTION: *d'une sentence:* vous devez payer pour les erreurs commises envers la personne aimée.
– *assister à une exécution capitale:* vous avez peur d'être sévèrement puni.
– voir également **CONDAMNATION**.

EXEMPLE: *donner l'exemple:* vous vous considérez comme infaillible.

EXEMPTER: *quelqu'un du service militaire:* vous avez beaucoup de pouvoir mais vous ne vous en rendez pas compte.

EXHIBER (S'): *dans un spectacle:* vous êtes convaincu d'avoir quelque chose à exprimer.

EXHIBITIONNISTE: vous vous sentez sous-estimé.
– *sexuel:* en réalité vous êtes très timide et peu sûr de vous.

EXHUMER: vous voulez nettoyer quelque chose.
– *un trésor:* grande chance.
– *un mort:* vous allez renouer des amitiés brisées depuis longtemps.

EXIGER: *quelque chose:* caractère autoritaire.
– *exiger l'obéissance:* votre autorité en famille diminue.

EXIL: vous vous sentez refusé par la famille.
– *aller en exil:* vous voulez oublier un passé peu satisfaisant.
– *être en exil:* rupture d'une amitié précieuse.
– *revenir de l'exil:* vos rapports avec les amis s'améliorent.
– *envoyer quelqu'un en exil:* vous détestez une personne que vous aimeriez envoyer très loin.

EXODE: *voir un exode:* tristesse pour le départ de certaines personnes chères.
– *participer à un exode:* vous serez obligé de partir.

EXORCISME: *faire un exorcisme:* une haine impossible à contenir.

EXORCISTE: *voir un exorciste:* vous devez résoudre tout seul vos problèmes.

– *être un exorciste:* vous vous sentez faible, peu sûr de vous; ne dites pas que vous pouvez tout résoudre.

EXPATRIER (S'): un voyage important.

EXPEDIER: *une lettre:* voir **LETTRE.**
– *un paquet:* quelqu'un découvrira vos secrets.
– *un cadeau:* une dispute qui finira bien.

EXPEDITION: *y participer:* moments d'évasion dans des lieux inconnus.
– *l'organiser:* beaucoup de personnes dépendent de vous.

EXPERIENCE: *rêver de faire beaucoup d'expériences:* vous avez envie de mûrir rapidement.
– *rêver de ne pas en avoir:* nostalgie de la jeunesse.

EXPIER: *une faute:* vous vous sentez coupable.
– *une peine:* voir **PEINE.**
– *ses péchés:* vous vivez une période difficile, mais vous savez que vous la méritez.

EXPIRER: voir **MOURIR.**

EXPLIQUER: *quelque chose:* une situation embarrassante.
– *se faire expliquer quelque chose:* une situation qui n'est pas très claire.

EXPLOIT: *le réaliser:* vous enviez ceux qui savent se faire remarquer.
– *le voir accomplir:* vous comprendrez les raisons du succès.

EXPLOITER: sentiments de culpabilité.
– *quelqu'un:* vous craignez d'être trompé.
– *être exploité:* vous avez l'impression de travailler inutilement.

EXPLORER: désir d'évasions et d'aventures.
– *en compagnie d'un guide:* ce dernier représente votre conscience.
– *un territoire vierge:* un moment important de croissance et de maturité.

EXPLOSER: une situation insoutenable.

EXPLOSIF: *voir un explosif:* danger imminent.
– *trouver un explosif:* un danger que vous avez cru passé.

EXPLOSION: *entendre une explosion:* un scandale qui fera beaucoup parler.
– *provoquer une explosion:* vous découvrirez des secrets scandaleux.
– *la voir:* une nouveauté intéressante.
– *près de vous:* vous vous laissez entraîner facilement par les événements.
– *être au centre d'une explosion:* vous aurez des ennuis.

EXPORTER: *des objets:* vous voulez que les autres approuvent vos idées.
– *des armes:* vous partagerez vos projets dangereux avec d'autres.

EXPOSITION: désir de se faire remarquer.
– *de tableaux:* vous voulez illustrer vos projets.
– *au soleil:* besoin de clarté.
– *être invité à une exposition:* possibilité de suivre le temps.
– *ne pas aller à une exposition:* vous vous sentez étranger à la société.

EXPRES: *lettre:* vous sentez le besoin de parler immédiatement.

EXPRESS: *café:* vous avez besoin d'un stimulant.
– *offrir un café express:* offrir des stimulations.

EXPROPRIER: *des objets:* égoïsme.
– *des meubles:* vous voulez enlever à un ami quelque chose qui ne vous appartient pas.
– *la maison:* vous voulez vous créer une bonne situation aux dépens des autres.

EXPULSION (d'un immeuble): *la signifier:* quelqu'un vous défie.
– *recevoir un ordre d'expulsion:* manque de sécurité pour l'avenir.

EXTASE: *éprouver une extase:* un amour vous remplit de joie.

EXTASIER (S'): *devant quelque chose:* vous êtes très sensible au charme de l'imprévu.

EXTERIEUR: *voir l'extérieur d'un objet:* vous devez approfondir votre analyse.
– *voir l'extérieur d'une maison:* votre aspect extérieur vous préoccupe.

EXTIRPER: vous voulez à tout prix éliminer quelque chose.
– *des dents:* voir **DENTS**.

EXTORQUER: vous voulez démontrer votre puissance.
– *une promesse:* vous aurez bientôt de grandes déceptions.
– *de l'argent:* vous n'avez pas de scrupules, vous avez de nombreux ennemis.

EXTRACTION: un gain imprévu.

EXTRA-TERRESTRE: *voir un extra-terrestre:* quelqu'un vous semble impossible à rejoindre.
– *parler avec un extra-terrestre:* une personne que vous croyez inaccessible est devenue votre amie.
– *être un extra-terrestre:* vous vous sentez isolé et complètement différent des autres.

EXTRAVAGANCE: rupture apparente des schémas conventionnels.
– *voir une personne extravagante:* vous êtes attiré par ceux qui savent se distinguer des autres.
– *être extravagant:* vous vous croyez différent, mais vous n'offrez rien de nouveau.

EXUBERANT: *être exubérant:* joie, insouciance.
– *voir quelqu'un d'exubérant:* vous enviez sa gaieté.

EXULTER: une joie irrésistible.
– *pour une victoire:* un travail vous donnera de nombreuses satisfactions.

EX-VOTO: vous serez contraint de demander une grosse faveur.

F

FABRICANT: vous êtes très actif, faites attention cependant à ne pas trop en faire.

FABRIQUE: *voir une fabrique:* le travail vous donnera de nombreuses satisfactions.
- *voir une fabrique énorme alors qu'elle est petite:* ne surévaluez pas vos possibilités.
- *voir la fabrique où vous travaillez:* le travail est difficile et vous préoccupe.
- *être dans une fabrique:* vous ne vous sentez pas à l'aise dans votre milieu de travail.
- *posséder une fabrique:* certains projets sont réalisables au prix de gros efforts.

FAÇADE: *d'une maison:* elle représente l'importance que vous donnez à l'aspect extérieur des choses.
- *voir une très belle façade:* la considération que les autres ont pour vous vous importe beaucoup.
- *voir une vieille façade en ruine:* telle est l'image que les autres ont de vous et de votre famille, du moins vous le croyez.
- *voir une façade et rien derrière:* vous simulez un niveau de vie qui n'est pas le vôtre.

FACE: *faire face:* vous êtes sur le qui-vive et prêt à faire valoir vos idées.

FACHER (SE): vous savez que vous ne réussissez pas à vous contrôler dans certaines situations.
- *par jalousie:* vous êtes instable: votre vie sentimentale n'est pas sécurisante.
- *en affaires:* vous craignez de perdre tout ce que vous avez.
- *avec ses parents:* vous essayez encore de conquérir votre indépendance.

FACTEUR: attention à ceux qui travaille avec vous, ils ne facilitent pas vos intérêts.
- *l'être:* vous apporterez bientôt une bonne nouvelle à un ami qui l'attend.

FAIBLESSE: *sentir une faiblesse:* vous n'avez pas agi de façon juste.

FAIENCE: une personne fragile et précieuse.

FAILLITE: en réalité vous traversez une période de chance, les affaires vont bien.
– *voir une personne en faillite:* vous avez peur de la pauvreté.
– *être en faillite:* c'est ainsi que les autres vous voient, mais vous savez que vous avez de nombreuses cartes à jouer.

FAIM: désir de maturité, envie d'expériences.
– *avoir très faim:* vous n'êtes pas assez mûr et votre vie est pauvre.
– *ne pas avoir faim:* vous avez atteint la maturité.
– *refuser de manger:* un aspect de la vie vous dégoûte.
– *rassasier sa faim:* vous avez atteint la maturité en peu de temps; présage positif; croissance intérieure.

FAINEANT: *voir un fainéant:* vous êtes fatigué ou envieux.
– *être fainéant:* vous craignez le jugement des autres; vous êtes paresseux.

FAINEANTER: voir **PARESSER.**

FAIRE MATCH NUL: cessez de bouder après les disputes.

FAIRE-PART: *de mariage, le recevoir:* vous serez bientôt informé d'un mariage.
– *l'envoyer:* vous désirez ardemment vous marier.

FAISAN: *voir un faisan:* vanité.
– *manger du faisan:* des dangers imminents.

FAISCEAU: *de fleurs:* une surprise sympathique.
– *de licteurs:* nostalgies déplacées.

FAKIR: pour ne pas provoquer de déceptions il vous faudra user de toute votre habileté.

FALSIFIER: situation économique difficile.
– *des documents:* vous êtes en danger.
– *des billets de banque:* malchance, période de misère.

FAMILLE: *voir sa propre famille:* vous êtes une personne heureuse.
– *voir sa famille parler:* un petit conflit n'endommagera pas la sérénité de la famille.
– *ne pas avoir de famille:* solitude, désespoir.
– *élever une famille:* bon présage, mariage imminent.
– *abandonner la famille:* de graves disputes auront des conséquences terribles.

FAMINE: une période de crise s'annonce.
– *devoir surmonter la famine:* les épreuves vous durcissent le caractère.

FANATIQUE: *voir un fanatique:* quelqu'un vous semble un peu excessif.
– *être fanatique:* vous avez eu une attitude trop intransigeante.

FANER (SE): fin d'une période favorable.

FANFARE: quelqu'un divulguera prochainement des informations désagréables sur votre compte.

FANFRELUCHES: quelqu'un cherche à vous distraire.

FANTASSIN: vous vous sentez peu important.
– *être fantassin:* vous avez des engagements trop difficiles à tenir, vous avez besoin d'évasion.

FANTOME: vous êtes peureux et impressionnable.
– *blanc:* richesse, présage positif.
– *noir:* misère, pauvreté.
– *qui parle:* écoutez les conseils des personnes sages.
– *combattre un fantôme:* vous surmonterez avec succès les difficultés de l'existence.
– *d'un défunt:* vie longue.
– *qui vous appelle:* vous vous sentez coupable.

FARD: votre amant vous attend.

FARDEAU: *voir un fardeau:* vous avez pris un engagement.
– *voir de nombreux fardeaux:* vous avez peur de ne pas faire face à vos engagements.
– *se charger d'un fardeau:* des responsabilités vous pèsent.

FARDER: *quelqu'un:* vous aimeiez modifier certains aspects de votre caractère.
– *voir quelqu'un de fardé:* ne tombez pas dans les petits pièges que l'on vous tend.
– *se farder:* en réalité vous ne prenez pas grand soin de votre personne.

FARINE: abondance, tranquillité économique.
– *pétrir de la farine:* vous construisez votre avenir économiquement.
– *tamiser de la farine:* attention, ne vous laissez pas surprendre par les imprévus.

FASCINATION: *être fascinant:* c'est votre désir.
– *subir la fascination de quelqu'un:* vous êtes très sensible et vous vous laissez influencer par les apparences.

FASCINER: *quelqu'un:* vous êtes superficiel.
– *être fasciné:* vous perdez de vue votre objectif principal.

FASTE: envie mal réprimée.
– *voir celui d'un autre:* vous avez d'autres objectifs à atteindre.

FATIGUER (SE): vous êtes paresseux.

FATRAS: moments de confusion, fantaisie sans limites.

FAUBOURG: vous n'avez pu obtenir ce que vous vouliez.

FAUCHER: votre fortune dépend de votre activité.

FAUCON: la personne aimée n'est pas sincère.
– *voir voler un faucon:* une fois la tromperie découverte, vous vous éloignerez de la personne aimée.
– *pour la chasse:* cynisme, grande volonté d'atteindre les objectifs fixés.

FAUFILER: une mesure provisoire.
– *un ourlet:* ne donnez pas de définitions superficielles aux choses.

FAUFILER (SE): *dans une maison:* situation peu claire.

FAUNE: une rencontre étrange.
– *voir un faune dans un bois:* les conseils que vous avez reçus ne sont pas de bons conseils.
– *être un faune:* vous avez beaucoup de fantaisie, essayez de dominer vos instincts.

FAUSSAIRE: *être un faussaire:* vous vous rendez compte que vous n'êtes pas sincère avec les autres.
– *voir un faussaire:* une personne au comportement peu clair.

FAUSSET: *chanter avec une voix de fausset:* vous désirez raconter la vérité, mais vous n'êtes pas vraiment sincère.

FAUTE: *commettre une faute:* vous avez agi sans scrupule.
– *voir quelqu'un commettre une faute:* vous avez peur que les autres ne respectent pas les règles du jeu.
– *d'orthographe:* marque de sécurité, peur de ne pas être à la hauteur.

FAUTEUIL: une situation favorable.
– *confortable:* une femme accommodante.
– *inconfortable:* disputes avec votre partenaire.
– *fragile:* la situation que vous croyez la meilleure possible ne durera pas.
– *y être assis:* vous êtes peu actif; préoccupations pour la santé.
– *y dormir:* un hôte inattendu.
– *s'y balancer:* situation précaire.
– *en acheter un nouveau:* votre vie sera plus tranquille et plus sereine.
– *d'enfant:* retour à l'enfance.
– *y être assis:* vous craignez bien des choses, vous manquez totalement de maturité.

FAUVETTE: moments heureux et moments tristes s'alterneront.

FAUX: *voir une faux:* malchance, préoccupations.
– *utiliser une faux:* si vous travaillez beaucoup, vous réussirez à surmonter des moments difficiles.

FECONDE: *se sentir féconde:* attente de la maternité.
– *voir une terre féconde:* vous désirez profondément une maternité.

FEE: une femme vous séduira.
– *être une fée:* désir de puissance et de liberté d'action.

FEINDRE: il vous serait utile de mentir mais vous ne vous en sentez pas le courage.
– *d'être malade:* désir de compagnie.

FELICITATIONS: *féliciter quelqu'un:* une bonne nouvelle.
– *recevoir des félicitations:* satisfaction familiale.

FEMINISTE: *pour une femme: être féministe:* vous aimeriez avoir un plus grand pouvoir de décision.

– *pour un homme: voir une féministe:* vous craignez de perdre votre pouvoir.

FEMINITE: *pour une femme:* moment de croissance intérieure.
– *rêver d'avoir beaucoup de féminité:* manque de sûreté en soi, doutes, peur de ne pas être assez féminine.
– *pour un homme:* traumatismes et angoisses, vous avez des doutes sur votre virilité.

FEMME: symbole de douceur, de maternité.
– *pour une femme:* représente la féminité inconsciente.
– *pour un homme:* représente les aspects les plus doux de son caractère.
– *qui ressemble à sa mère:* liens familiaux très forts.
– *au visage menaçant:* discussions avec votre partenaire.
– *malade:* tristesse à cause de certaines incompréhensions.
– *belle femme:* représente la femme que l'on aimerait être (pour une femme) ou celle que l'on aimerait avoir (pour un homme).
– *laide:* peur des rapports avec le sexe opposé.
– *inconnue:* désir d'aventure.
– *voir beaucoup de femmes:* tristesse pour un homme, jalousie pour une femme.

FEMUR: *sain:* vos activités ont le vent en poupe, bonne santé.
– *cassé:* votre faiblesse conditionnera vos affaires.

FENETRE: désir de changement et d'évasion.
– *fermée:* vous avez échappé à un danger.
– *avec une grille de fer:* vous êtes trop soupçonneux.
– *ouverte:* possibilité de rencontres importantes pour votre travail.
– *avec les vitres brisées:* attention aux accidents.
– *se jeter par la fenêtre:* grandes nouveautés, faites attention à ne pas trop vous exposer.
– *entrer par la fenêtre:* une dispute inévitable.
– *fleurie:* joie et sérénité.

FENOUIL: vous gagnerez beaucoup d'argent.
– *manger du fenouil:* vous vous préparez à la fortune.

FER: *se blesser avec un morceau de fer rouillé:* une amitié vous conduira sur le mauvais chemin.
– *voir un morceau de fer rouillé:* la situation a empiré avec le temps.
– *voir du fer en fusion:* des liens solides sont en train de s'user.
– *battre un fer rougeoyant:* si vous insistez dans vos idées vous aurez beaucoup d'ennuis.
– *trouver un fer à cheval:* vous pouvez partir tranquille.
– *fil de fer:* lien tenace et certain.
– *à repasser:* bonne structure psychologique.
– *voyager en chemin de fer:* bonnes affaires.
– *voir le chemin de fer:* vous aimeriez partir mais vous ne pouvez pas le faire.

FERME: vous travaillerez beaucoup mais vous serez indépendant.

FERMENTATION: euphorie, agitation.
– *du vin:* joie irrésistible, quelquefois maturité.

FERMER: fin d'une relation sentimentale.
– *une porte:* vous êtes très jaloux de vos affaires personnelles.
– *un œil:* vous faites semblant de ne rien voir.

FERTILISER: *un champ:* votre travail est bien organisé, vous en retirerez des bénéfices.

FESSER: *des enfants:* des engagements qui vous rendent nerveux.
– *recevoir une fessée:* reddition, soumission.

FETE: désir de gaieté.
– *avec bal:* possibilité de rencontres agréables.
– *danser à une fête:* vous avez vaincu votre timidité.
– *organiser une fête:* désir de vous réunir avec des amis.

FETE (foraine): gaieté et insouciance.
– *voir celle d'un village:* vous admirez ceux qui savent s'amuser avec peu de chose.
– *y participer:* moments de joie.

FETER: vous vous laissez prendre par la joie de tous.

FETICHE: ne plaisantez pas avec les choses sérieuses.

FEU: personnalité active, âme forte, possibilité de dangers.
– *allumer un petit feu:* de petites nouveautés.
– *allumer un grand feu:* dangers, des personnes veulent vous nuire.
– *être brûlé par le feu:* vous vous sentez coupable et vous voudriez expirer vos fautes.
– *se brûler:* ennuis, santé précaire.
– *éteindre un feu:* crise économique et crise sentimentale.
– *avec beaucoup de fumée:* disputes, incompréhensions.
– *s'arrêter pour regarder un feu:* amour, grand intérêt pour une personne.
– *alimenter un feu:* une grande passion que vous ne voulez pas oublier.
– *allumer un feu* (en général): présage positif, créativité dans tous les domaines.
– *voir un feu dans le ciel:* vous vous sentez menacé par une personne haut placée.
– *voir un feu éteint depuis longtemps:* vous êtes désormais insensible et méfiant.
– voir également **INCENDIE**.

FEUILLE: *de papier blanche:* vous êtes encore libre d'agir.
– *de couleur:* votre fantaisie n'a pas de limites.
– *de papier noire:* vous avez du mal à centrer les problèmes.
– *de papier écrite:* les décisions importantes ont déjà été prises.

FEUILLES: *vertes:* une vie sereine sans préoccupations.
– *sèches:* nombreuses déceptions et regrets.
– *qui tombent:* maladie imminente.

– *jaunes:* vous ne méritez pas la chance que vous avez.
– *entasser des feuilles:* vous cherchez à oublier le passé.
– *brûler des feuilles:* vous avez coupé les ponts avec le passé.

FEUILLETER: *un livre:* vos recherches sont superficielles.
– *une liste:* curiosité satisfaite.

FEUTRE: attention à ne pas trop faire parler de vous.

FEUX: *de position de la voiture:* vous avez besoin de sincérité et de clarté.
– *de nuit:* peur, indécision, vous vous sentez perdu.
– *de jour:* vous êtes trop peureux et démontrez une prudence excessive.

FEVES: *fraîches:* de nouveaux désirs.
– *sèches:* on dira de vieux racontars sur votre compte.
– *manger des fèves:* si vous savez vous contenter de votre situation, vous serez heureux.

FIANCE (E): *voir des fiancés:* désir de vous marier bientôt.
– *voir mourir un fiancé:* long mariage et longue vie.
– *danser avec son fiancé:* présage de bonheur.

FIANCER (SE): *pour ceux qui sont déjà mariés:* risque de devenir veuf (ve).
– *pour un homme:* un engagement important.
– *pour une femme:* moments de joie.

FIASCO: métaphore indiquant une déception, un manque de succès.

FIASQUE: *de vin:* attention à ne pas trop parler.
– *boire une fiasque de vin:* exagération dans tous les sens.

FICELLE: vous avez peur de rester englué dans une situation désagréable.
– *s'en servir:* attachements provisoires.
– *la casser:* fin d'une relation qui ne vous a pas donné satisfaction.

FICHE: sens de l'ordre.
– *en voir beaucoup:* vous avez peur d'être contrôlé.
– *établir des fiches:* vous jugez d'une manière décidée et n'oubliez rien.
– *électrique:* dangers dont vous ne voulez pas tenir compte.

FICTION: vous voulez vous montrer différent de ce que vous êtes.

FIDELITE: ne trahissez pas les engagements pris.
– *à son mari (à sa femme):* vous avez besoin de sécurité.
– *à vos principes:* vous vous vantez de votre cohérence.

FIEF: vous n'êtes pas ouvert aux nouveautés.
– *posséder un fief:* vous avez une mentalité intransigeante et dépassée pour votre époque.

FIEL: présage de douleur.
– *boire du fiel:* une expérience très triste.
– *donner du fiel à boire:* votre comportement causera de la tristesse.

FIEVRE: conflits intérieurs.
– *élevée:* les conflits vous angoissent.
– *prendre la température:* vous voulez découvrir les causes de votre angoisse.

FIFRE: une personne qui parle beaucoup mais n'agit pas.

FIFRE (instrument): discours futiles.
– *en jouer:* vous parlez dans le vide.
– *l'entendre jouer:* ne vous laissez pas tromper par des discours superficiels.
– *magique:* vous avez la capacité de vous faire écouter de tous.

FIGUE: *manger beaucoup de figues:* bonheur, grandes joies.
– *sèche:* quelqu'un vous accusera injustement.
– *cueillir des figues:* malchance en affaires.
– *voir un figuier:* énormes déceptions.
– *feuille de figuier:* manque de sécurité, honte.

FIGURE: elle représente votre personnalité.
– *voir sa propre figure:* vous êtes en train d'étudier votre personnalité.
– *belle figure:* période positive, du succès.
– *vilaine figure:* vous êtes pessimiste, vous ne prenez pas d'engagements; malchance.
– *blessure à la figure:* vous avez peur des dangers; maladies.

FIL: moment compliqué.
– *embrouillé:* une situation complexe semble impossible à résoudre.
– *cassé:* une liaison sentimentale vient de se briser.
– *couper un fil:* vous avez mis fin volontairement à une liaison qui vous pesait.
– *enrouler un fil:* avec calme vous réussirez à contrôler la situation.
– *défaire les nœuds d'un fil:* vous trouverez les réponses à vos problèmes.

FILER: patience, esprit tranquille, bonne volonté.

FILET: *le voir:* une situation à laquelle vous ne pouvez vous soustraire.
– *être pris dans ses mailles:* vous vous trouverez soudainement dans une situation sans issue.
– *s'y débattre:* vous voulez réagir à une situation que vous détestez.
– *le déchirer:* vous vous libérerez de ce qui vous ennuie.
– *le fabriquer:* vous préparez un piège.
– *le jeter à la mer:* objectif précis à atteindre.
– *le retirer:* conclusions d'affaires louches.
– *le voir vide:* vos stratagèmes n'ont pas fonctionné.
– *le voir plein:* vous avez trompé plusieurs personnes.

FILIGRANE: *d'un papier:* vous savez apprécier la valeur d'une chose sans vous arrêter aux apparences.
– *observer le filigrane d'un billet de banque:* vous êtes très méfiant.

FILLEUL (E): vos parents vous donneront des satisfactions.

FILM: il contient des similitudes avec votre situation actuelle.
– *comédie:* vie riche d'imprévus, mais agréable dans l'ensemble.
– *d'aventures:* des imprévus bloqueront votre travail.
– *tragique:* un fait très triste bouleversera votre vie.

FILS/FILLE: *voir ses fils:* préoccupations d'ordre économique.
– *voir les fils de quelqu'un d'autre:* signe positif, aucune préoccupation économique.
– *rêver d'avoir des enfants:* disputes familiales.

FILTRER: *de l'eau:* vous êtes méfiant.

FIN: désir de changement.
– *du monde:* très graves problèmes intérieurs.
– *d'un match:* vous êtes très fatigué, vous avez besoin de repos.

FIOLE: *voir une fiole:* vous avez peur des maladies.
– *ouvrir une fiole:* remèdes inutiles.

FISC: problèmes économiques.

FISSURE: *voir une fissure dans le mur:* vous avez peur que l'on vous épie.
– *ouvrir une fissure dans le mur:* vous êtes poussé par la curiosité.
– *voir une fissure sur le sol:* échec en affaires.

FLAGELLER: vous voulez vous venger d'un tort que l'on vous a fait; vous êtes très cruel.
– *être flagellé:* sentiment de faute, vous voudriez être puni.

FLAGRANT: *délit:* être pris en flagrant délit: vous avez peur d'être découvert; honte; humiliation.

FLAIRER: *un aliment:* attitude enfantine.
– *un animal:* vous avez confiance dans votre instinct.
– *des fleurs:* vous appréciez les différences de caractère.

FLAMANT: *voir un flamant:* vous vous maintenez au-dessus des difficultés.

FLAMBEAU: *voir un flambeau:* situation désagréable qui changera en s'améliorant.
– *tenir un flambeau en main:* espoir d'être aimé.
– *éteindre un flambeau:* espoir déçu.
– *voir une retraite aux flambeaux:* une fête, une occasion importante.

FLAMME: une passion violente.
– voir également **FEU**.

FLAN: *préparer un flan:* vous donnez le meilleur de vous-même à ceux que vous aimez.
– *manger du flan:* vous êtes malléable, influençable et très doux.

FLAQUE: chagrins passagers.
– *y tomber:* vous ne respectez pas un engagement.
– *la sauter:* ne vous laissez pas induire en tentation.
– *la voir de loin:* petites tentations.

FLATTER: *quelqu'un:* vous n'êtes pas très diplomate.

FLATTERIE: *attirer quelqu'un avec des flatteries:* vous n'avez pas d'arguments convaincants.
– *être attiré par des flatteries:* votre vanité vous joue de vilains tours.

FLECHE: une nouvelle qui vous arrive indirectement.
– *être frappé par une flèche:* vous serez frappé par une nouvelle qui vous arrivera à l'improviste.
– *au cœur:* un amour imprévu.
– *lancer une flèche:* vous répondez tout de suite aux "coups" que l'on vous lance.

FLEURETTE: *conter fleurette:* une discussion polie mais dangereuse.

FLEURIR: *voir fleurir une fleur:* un désir se réalisera.

FLEURISTE: trop de racontars provoqueront un scandale.
– *être fleuriste:* vous alimenterez vous-même le scandale par vos intrigues.

FLEURS: elles représentent votre vie et les différents aspects de votre caractère.
– *voir beaucoup de fleurs:* vie sereine et tranquille sur le plan financier.
– *planter des fleurs:* vous vous préparez à atteindre honneurs et richesses.
– *cueillir des fleurs:* vous avez obtenu ce que vous vouliez: la richesse.
– *voir des fleurs se faner:* vous n'avez pas fait attention et vos richesses se sont envolées.
– *offrir des fleurs:* affection.
– *cultiver des fleurs:* vous pouvez cultiver la richesse ou un sentiment d'amour.
– *recevoir des fleurs:* une invitation de la part d'une personne qui vous aime.
– *pour chaque type de fleur:* voir **MUGUET, ROSE, VIOLETTE...**

FLEUVE: *voir un fleuve:* certaines complications peuvent se présenter.
– *traverser un fleuve en bateau:* grâce à une aide opportune vous surmonterez les obstacles.
– *traverser un fleuve à la nage:* ce n'est que grâce à votre force que vous atteindrez vos objectifs.
– *se trouver dans un fleuve:* vous avez la sensation d'être plongé dans des difficultés insurmontables.
– *dont l'eau est claire:* entreprenez le voyage prévu sans craintes.
– *aux eaux tumultueuses:* il vaut mieux remettre le départ.
– *naviguer sur un fleuve:* de bonnes chances en affaire.
– *se baigner dans un fleuve:* présage positif si l'on ne rencontre pas de difficultés.
– *voir un fleuve en crue:* présage positif.
– *se noyer dans un fleuve:* les difficultés seront nombreuses.
– *jeter des cailloux dans un fleuve:* manque de sécurité, prenez votre temps avant de vous jeter dans une entreprise.

FLEXIONS: *rêver de faire des flexions:* vous serez contraint de faire un gros effort physique.

FLOTTE: elle représente les personnes de votre famille.
– *combattre contre une flotte:* disputes entre parents.

FLOTTER: vous saurez résister devant les difficultés.
– *en hauter mer:* votre courage vous sera utile dans les moments difficiles.

FLUTE: *entendre une flûte:* vous aimez les personnes libertines.
– *jouer de la flûte:* vous êtes libertin.

FLUX: *menstruel:* vous attendez vos règles.

FŒTUS: *voir un fœtus:* pensées tristes.
– *humain:* présage néfaste.

FOIE: *d'animal:* un héritage en vue.
– *avoir mal au foie:* déplaisirs.
– *voir son propre foie très gros:* vous êtes fier de votre courage.

FOIN: richesse, abondance.
– *faire les foins:* les affaires seront excellentes.
– *s'allonger sur du foin:* bien-être dans l'existence.
– *voir brûler du foin:* votre richesse s'envolera en fumée.
– *brûler du foin:* vous provoquerez vous-même une situation de misère.

FOIRE: *vendre à la foire:* des affaires en compagnie d'amis.
– *acheter à la foire:* ne faites pas d'achats inutiles.
– *visiter une foire:* curiosité, rencontres intéressantes.

FOLIE: courage récompensé.
– *faire une folie:* votre détermination vous fera faire fortune.

FONCTION: *religieuse:* vous vous sentez en difficulté et vous cherchez de l'aide.

FONCTIONNAIRE: *de l'Etat:* un travail de répétitions.

FONDATIONS: *faire les fondations d'un édifice:* début d'une entreprise importante.
– *découvrir que les fondations sont endommagées:* vous devez tout recommencer depuis le départ.

FONDRE: désir de changer quelque chose.
– *des métaux:* un changement possible.
– *des cailloux:* vous tentez une entreprise impossible.
– *une bague:* vous voulez délier une promesse.
– *du beurre:* une opération très simple.

FONDS (marins): *voir des fonds marins:* vous découvrirez les raisons de votre comportement.
– *voir des fonds marins à travers une eau limpide:* c'est le meilleur moment pour une analyse intérieure.
– *à travers une eau trouble:* l'analyse sera difficile.

FONTAINE: *d'où l'eau jaillit abondamment:* abondance et richesse.
– *d'eau claire:* vie tranquille et sans problèmes d'ordre économique.
– *d'eau sale:* de nombreuses déceptions.

– *à sec:* pauvreté et misère.
– *voir jaillir de l'eau d'une fontaine à sec:* bon augure, grandes forces intérieures.
– *à architecture recherchée, illuminée:* votre intelligence et votre fantaisie vous permettront de vous enrichir.

FORÇAT: vous vous sentez suffoqué par les engagements que vous avez pris.
– *voir un forçat:* vous ne voulez pas participer au rude effort que font les autres.
– *être condamné aux travaux forcés:* vous ne croyez pas que le travail puisse vous donner de bonnes satisfactions.

FORCE: *avoir beaucoup de force:* vous avez envie d'être actif, vous traversez une période positive.
– *ne pas avoir de force:* fatigue, découragement.

FORET: elle représente l'inconscience.
– *entrer dans une forêt:* vous affronterez une période difficile.
– *se perdre dans une forêt:* angoisse existentielle.
– *rencontrer des dangers dans la forêt:* attention aux surprises.
– *rencontrer des ennemis dans la forêt:* votre équilibre psychique est faible.
– *trouver la sortie d'une forêt:* maturité intellectuelle.

FORGE: un travail difficile qui demande beaucoup d'efforts.
– *une forge et un feu allumé:* vous aurez plus de travail et plus de satisfactions.

FORGERON: de durs conflits changeront votre personnalité.
– *qui travaille:* des changements intérieurs auxquels vous êtes contraint.

FORME: *voir une forme inconnue:* les imprévus vous effraient.

FORMULAIRE: *remplir un formulaire:* un problème difficile à exprimer.

FORTERESSE: position de défense, méfiance.
– *voir une forteresse:* peur.
– *habiter dans une forteresse:* une vie renfermée; méfiance.
– *entrer dans une forteresse:* vous connaîtrez une personne dont le caractère sera très difficile.
– *voir une forteresse détruite:* vous perdez votre confiance en vous.
– *l'assiéger:* vous faites des efforts pour vaincre une forte personnalité.
– *s'en emparer:* vous avez trouvé le point faible d'une personne.
– *la détruire:* vous êtes trop impulsif, vos idées ne sont pas bonnes.
– *se lancer du haut d'une forteresse:* votre impulsivité peut vous nuire.

FOSSE: *creuser une fosse:* vous méditez une vengeance.
– *creuser une fosse pour un mort:* vous vous êtes vengé.
– *recouvrir une fosse de terre:* vous avez oublié votre problème.
– *à fumier:* vous vous trouverez dans une position défavorable.

FOSSE: un obstacle sur votre route.
– *sauter un fossé:* vous surmonterez brillamment une difficulté.
– *voir un fossé:* vous vous rendez compte des difficultés.

– *fossé plein d'eau:* un petit obstacle risque de vous arrêter.
– *tomber dans un fossé:* vous êtes tombé dans un piège.

FOSSETTE: *sur le visage:* un amour capricieux.

FOSSOYEUR: on vous soulagera de travaux désagréables.
– *avec un cercueil:* il vous faudra aussi accepter les travaux qui ne sont pas de votre ressort.

FOU: une personne déconcertante.
– *rendre fou quelqu'un:* vous êtes très provocateur.
– *devenir fou:* votre travail vous absorbe totalement.
– *parler à un fou:* de nouvelles idées.
– *être traité de fou:* graves incompréhensions.
– *voir un fou:* une personne qui ne tient pas compte du jugement des autres.
– *écouter un fou:* vous découvrirez la vérité.
– *être fou:* vous affronterez des risques inutilement.

FOUACE: *cuire une fouace:* vous êtes en train d'organiser une affaire importante.
– *couper une fouace:* vous divisez les responsabilités.
– *manger une fouace:* vous profitez des fruits de votre travail.

FOUDRE: une situation nouvelle et imprévue.
– *durant un orage:* signe défavorable, perte de richesses.
– *être frappé par la foudre:* vous tomberez amoureux à l'improviste.
– *par ciel serein:* un danger imprévisible.
– *être foudroyé:* douleurs, maladies.

FOUDROYER: *du regard:* vous avez le pouvoir d'apeurer.

FOUET: vous êtes arrogant et utilisez votre pouvoir de façon injuste.
– *tenir un fouet en main:* volonté de dominer.

FOUETTER: caractère despotique.
– *un ami:* celui-ci est soumis à vos changements d'humeur.
– *sa mère:* votre comportement la fait beaucoup souffrir.
– *votre partenaire:* l'insatisfaction vous conduit à de très vilaines actions.
– *être fouetté:* vous avez la sensation d'être puni injustement.

FOUETTER (mixer): agitation, confusion mentale.
– *crème fouettée:* l'agitation multipliera vos problèmes.

FOUGERE: quelqu'un vous déclarera sa passion.

FOUILLER: une question non résolue vous angoisse.
– *dans ses affaires:* vous cherchez une preuve de ce qui vous tourmente.
– *dans les affaires des autres:* vous êtes avide et manquez de respect.
– *chez les autres:* votre manque de scrupule peut vous procurer de sérieux ennuis.

FOUINE: pièges dangereux, préparés probablement par une femme.

FOULE: moment de panique.
– *menaçante:* une dispute violente.

– *qui vous ignore:* vous souffrez beaucoup de solitude.
– *qui vous renverse:* vous n'êtes pas sûr de vous et changez souvent d'idée.
– *qui se moque de vous:* frustrations, graves complexes.

FOULER: *le raisin:* une tâche lourde, mais qui vous donnera des satisfactions.

FOUR: *voir un four:* une sensation rassurante.
– *allumer un four:* amour pour une femme.
– *cuire des aliments au four:* amour pour la famille.
– *éteindre le four (pour un homme):* la femme que vous avez aimée vous laisse aujourd'hui indifférent.
– *éteindre le four (pour une femme):* vous ne vous occupez pas assez de votre famille.

FOURCHE: *de paysan:* une personne instinctive et dangereuse.
– *utiliser une fourche pour blesser:* vous avez été offensé, mais n'exagérez pas dans votre réponse.

FOURCHETTE: mots méchants.
– *faire tomber sa fourchette:* oublier les petites offenses.
– *ramasser sa fourchette:* vous voulez une revanche.

FOURMI: soyez prévoyant, attention à votre santé.
– *voir beaucoup de fourmis travailler:* vous avez besoin de repos.
– *écraser des fourmis:* vous méprisez le travail des autres.

FOURMILLEMENT: *entendre un fourmillement:* situation gênante.
– *de serpents:* un groupe de personnes est en train de tramer quelque chose contre vous.
– *d'insectes:* de nombreux petits problèmes sont à l'origine de votre mauvaise humeur.

FOURRAGE: voir du fourrage: possibilité d'accroître vos richesses.
– *manger du fourrage:* misère.

FOURREAU: *d'une arme:* une façon d'éviter des réactions impulsives.

FOURREUR: aide importante.
– *l'être:* vous êtes très puissant et bien protégé.

FOURRURE: vous cherchez à atteindre le bonheur.
– *la voir:* litiges et obstacles vous rendent insatisfait.
– *l'acheter:* grand moment de satisfaction.
– *la porter:* prestige et vanité.

FOYER: il représente la famille.
– *au feu allumé:* vous vous sentez aimé.
– *au feu éteint:* l'affection de vos proches vous manque.

FRAC: *voir un frac:* une situation presque comique.
– *porter un frac:* vous prétendez être sérieux.

FRACAS: vous soulèverez un problème.
– *entendre du fracas:* les récriminations vous ennuient.

FRACTURER (SE): *quelque chose:* un moment dangereux.
– *une jambe:* après une douloureuse rupture sentimentale vous deviendrez apathique.
– *un bras:* incapacité et impossibilité d'agir.
– *la tête:* vous n'aimez pas avoir de soucis.

FRAICHEUR: *la sentir:* fin d'une tension.

FRAISE: votre amour n'est pas mûr.
– *manger une fraise:* vous êtes enfantin et vous le montrez.
– *cueillir une fraise:* une aventure sentimentale.

FRAMBOISE: *voir des framboises:* moments de joie.
– *manger des framboises:* joie de courte durée.

FRANC: *chercher un franc dans sa poche sans le trouver:* situation économique très mauvaise.

FRANGE: *d'un vêtement:* vous êtes distrait par des choses inutiles.
– *de cheveux:* vous voulez cacher vos pensées.

FRAPPER: *un ami:* actions dont vous aurez à vous repentir.
– *un inconnu:* vous aimez vous montrer fort et déterminé.
– *sa femme:* vous commettrez une grosse erreur.
– *son mari:* vous voulez vous venger.
– *un parent:* affaires familiales qui se compliquent.
– *des animaux:* quelqu'un a deviné vos secrets.
– *seul:* vous avez un grand pouvoir de concentration, vous vous sentez très fort.
– *en groupe:* vous n'avez pas toujours le courage d'agir auprès des autres.
– *être frappé:* vous voulez recevoir une punition, ensuite, vous serez satisfait.
– *être frappé jusqu'au sang:* profond sentiment de culpabilité; vous craignez l'avenir.
– *se frapper:* vous vous sentez coupable et vous souffrez beaucoup.
– *à la porte:* indiscrétion.
– *à la fenêtre:* grandes nouvelles.
– *entendre frapper:* nouvelles en perspectives.
– *à une porte ouverte:* vous êtes très formaliste.
– *de la monnaie:* vous avez une excellente mémoire.

FRATRICIDE: *être un fratricide:* vous aurez beaucoup d'argent à votre disposition.

FREIN: *ne pas trouver le frein:* un moment de panique devant des dangers.
– *casser le frein:* il est impossible de limiter les exagérations qui naissent de votre impulsivité.
– *à main:* vous ne voulez pas prendre de risques et vous renoncez à aller de l'avant.

FREINER: tentative de diminuer les risques.
– *en montée:* vous n'êtes pas assez sûr de vous et vous êtes effrayé.
– *en descente:* une décision imprévue peut être dangereuse.

– *devant un obstacle:* vous devrez être moins impulsif.
– *involontairement:* quelqu'un vous arrête et vous empêche d'agir.

FREQUENTER: *l'école:* vous regrettez les années de votre enfance.

FRERE: il représente souvent un aspect de nous-mêmes.
– *voir son frère:* certains problèmes intérieurs vous sembleront plus clairs.
– *parler avec son frère:* vous tentez de chercher un compromis en famille.
– *se disputer avec son frère:* une dispute familiale.
– *voir son frère mort:* il vivra longtemps; en réalité vous avez peur pour vous-même.

FRESQUE: des dons peu communs vous feront connaître.

FRIANDISE: vous vivez de petites satisfactions.

FRICTION: un petit conflit.

FRIGIDE: *être frigide:* vous avez peur de briser un rapport affectif.
– *connaître une femme frigide:* vous voulez justifier votre manque de succès.

FRIRE: vous êtes en train de ruiner une amitié.
– *des aliments:* vous punissez injustement une personne qui ne le mérite pas.
– *avec de l'huile:* vous êtes conscient de votre erreur.
– *avec du beurre:* vous ne vous rendez pas compte de votre erreur.

FRISSON: *avoir un frisson:* vous avez besoin d'expériences pleines d'émotions.
– *d'horreur:* une expérience passée vous a profondément troublé.

FRISSONNER: un moment de crainte.
– *de froid:* vous exprimez votre solitude.
– *de peur:* ne cachez pas vos préoccupations.

FROID: solitude, besoin d'affection.
– *avoir froid:* vous souffrez de l'éloignement d'une personne.

FROISSER: *du papier:* trop de générosité peut vous ruiner.

FROMAGE: vos mérites seront reconnus.
– *manger du fromage:* profitez tout de suite des avantages que vous avez obtenus.
– *vendre du fromage:* vous donnez aux autres tous vos mérites.
– *refuser de manger du fromage:* vous refusez de reconnaître vos mérites.

FROMENT: présage de richesse.
– *voir beaucoup de froment:* la générosité peut vous aider à avoir du succès.

FRONDE: attention aux coups imprévus.
– *utiliser une fronde:* une petite vengeance sans but.

FRONT: *accident au front:* une grosse dispute aura de graves conséquences.
– *partie du corps:* un moment de méditation.

– *haut:* vous vous considérez comme très intelligent.
– *bas:* vous sous-estimez vos possibilités.
– *blessé:* quelqu'un vous empêche d'exprimer votre intelligence.
– *avoir quelque chose d'écrit sur le front:* vous ne savez rien cacher.
– *dans le sens militaire:* vous avez pris une position définitive.
– *être au front:* vous êtes exposé aux dangers.

FRONTIERE: un obstacle sérieux.
– *passer la frontière:* courage et énergie.
– *voir une frontière:* vous savez que vous ne pouvez pas exagérer.
– *marquer une frontière:* vous avez les idées plus claires.
– *passer la frontière:* vous vous occupez d'affaires qui ne vous regardent pas.

FROTTER (SE): *les mains:* vous méditez une action incorrecte.

FRUIT: désirs érotiques ou de richesse.
– *voir des fruits hors-saison:* malheurs.
– *sur un arbre:* richesse incertaine, difficile à atteindre.
– *recueillir des fruits:* sensations agréables.
– *manger des fruits:* plaisir physique.
– *piétiner des fruits:* disputes avec la personne aimée.
– *jeter des fruits:* colère, graves désaccords.
– *acheter des fruits:* vous aimeriez obtenir des avantages d'ordre économique.
– *manger des fruits verts:* une passion qui deviendra bientôt une liaison agréable.
– voir également **POIRE, POMME...**

FRUSTRER: *les espoirs de quelqu'un:* vous causerez une grande déception.
– *être frustré:* grandes insatisfactions et déceptions personnelles.

FUGITIF: *l'être:* crainte de vengeance.
– *le voir:* vous reconnaissez qu'une personne n'occupe pas la position qu'elle mérite.
– *l'héberger:* trop de confiance en autrui peut vous nuire.

FUIR: la fuite peut aussi signifier la libération.
– *quelqu'un:* vous voulez rompre une liaison qui est devenue une obsession.
– *un animal:* vous recherchez de nouvelles expériences.
– *de chez soi:* une vie plus tranquille et plus libre va commencer.
– *avec une sensation d'angoisse:* une menace vous tourmente.
– *un danger:* de nouvelles amitiés vous feront retrouver la sérénité.

FUITE: angoisse, frustrations.
– *de gaz:* âme tourmentée.

FUME-CIGARETTE: vérifier attentivement l'exactitude des nouvelles que l'on vous apprend avant d'y croire.

FUMEE: activité simulée.
– *voir de la fumée:* joies éphémères.

– *noire:* mauvais présage.
– *blanche:* vous avez pris un accord.
– *souffler de la fumée vers le visage de quelqu'un:* vous cherchez à lui embrouiller les idées.
– *voir de la fumée sortir d'une cheminée:* tranquillité familiale.
– *avoir de la fumée dans les yeux:* quelqu'un vous trompe.
– *"vendre" de la fumée:* vous savez que vous n'avez aucune possibilité.

FUMER: moments d'évasion.
– *de nombreuses cigarettes l'une après l'autre:* instabilité, manque de confiance en vous.
– *un cigare:* des moments agréables et une période tranquille sur le plan économique.
– *la pipe:* voir **PIPE**.
– *quand c'est interdit:* des ennuis.

FUNAMBULE: faites attention et soyez circonspect.
– *être un funambule:* vous avez choisi un chemin difficile.

FUNERAILLES: *assister à des funérailles:* danger, situation défavorable.
– *du mari (de l'épouse):* malheur, vous désirez parfois enterrer le passé.
– *assister à ses propres funérailles:* rêve de bon augure, succès dans les affaires.
– *faire partie du cortège funèbre:* signe positif, possibilité de richesses.

FUNICULAIRE: vous surmonterez un problème sans vous en rendre compte.

FURET: stratagèmes enfantins.

FUREUR: sentiment d'impuissance.
– *fuir une personne furieuse:* il vous faudra trouver des raisons valables pour justifier vos erreurs.

FUSAIN: *dessiner au fusain:* détermination, clarté dans les idées.

FUSEAU: des problèmes dans le travail quotidien.
– *se piquer avec un fuseau:* un accident peu important.

FUSEE: orgueil, imprévisibilité, force.
– *pyrotechnique:* manifestations de force non dangereuses.
– *de signalation:* sécurité trompeuse, besoin d'aide.
– *interplanétaire:* ne soyez pas trop impulsif.
– *y monter:* possibilité de gros dégâts.

FUSIL: pouvoir, caractère possessif.
– *avoir un fusil en main:* vous vous sentez en sécurité et en position de commandement.
– *pointer un fusil:* vous menacez pour obtenir une confession.
– *avoir un fusil pointé contre soi:* vous vous sentirez menacé par de sérieux dangers.

FUSILLADE: un conflit entre des personnes agressives.
– *y participer:* vous courez des risques inutiles.

– *la voir:* vous craignez les conséquences d'un conflit qui ne vous concerne pas.

FUSILLER: quelqu'un vous tourmente et vous aimeriez qu'on vous laisse en paix.

– *être fusillé:* vous serez isolé et expulsé d'un groupe.
– *voir fusiller quelqu'un:* vous ne pouvez pas intervenir dans une question qui vous attriste mais qui ne vous regarde pas.
– *voir fusiller des prisonniers:* vous ne supportez pas les injustices.
– *voir fusiller un traître:* vous avez des réactions impulsives puis vous vous repentez de vos gestes.

FUTUR: *rêver du futur:* espoir et ambitions.

– *voir clairement le futur:* avec beaucoup de volonté vous réaliserez vos projets.

G

GAFFE: *faire une gaffe:* une équivoque désagréable vous tourmente.

GAGE: *le recevoir:* une liaison durable.
– *le donner:* manifestation d'un grand amour.
– voir aussi **MONT-DE-PIETE.**

GAGNER: *du terrain:* succès; amélioration de votre situation.
– *du temps:* vous vous sentez bousculé et vous êtes angoissé.
– *de l'argent:* vous êtes persuadé que vous allez recevoir de l'argent.
– *de quoi vivre:* vous avez le sens de l'indépendance.

GAIETE: *sensation de gaieté dans le sommeil:* vous allez devoir tenir les engagements que vous avez pris un peu à la légère.

GAIN: *incertain:* vous avez de nombreux doutes et ressentez un peu de méfiance.
– *certain:* votre optimisme vous fera agir correctement.
– *non mérité:* vous vous sentez coupable d'une petite escroquerie.
– *mérité:* vous avez fait de nombreux efforts, et ce que vous avez est seulement le fruit de votre travail.

GALANT: *voir un homme galant:* vous vous laissez influencer par l'aspect extérieur des gens.
– *être galant:* votre courtoisie n'est pas appréciée.

GALE: vous êtes inquiet pour votre santé.
– *en souffrir:* insatisfactions de tout genre.
– *la voir:* prévoyez de sérieux ennuis.
– *l'avoir:* une situation très désagréable.

GALERIE (tunnel): des moments difficiles à traverser.
– *pour le train:* loin de chez vous, vous connaîtrez des moments de découragement.
– *d'une mine:* vous allez creuser au fond de votre âme; le travail sera difficile mais vous donnera des satisfactions sur le plan économique.
– *voir une galerie:* vous ne vous sentez pas du tout mûr.
– *rester bloqué dans une galerie:* vous mûrissez mais quelque chose vous freine.
– *sortir d'une galerie:* renaissance, vous êtes enfin mûr.
– *étroite:* de nombreux obstacles sur votre chemin.

GALETTE: période de sacrifices.
– *manger une galette:* si vous savez vous y adapter, la situation difficile que vous connaissez ne durera pas longtemps.

GALOPER: période d'insuccès au travail.

GANGRENE: une tension intérieure brûle peu à peu votre énergie.

GANTS: un plaisir qui ne durera pas longtemps.
– *porter toujours des gants:* vous voulez cacher certains défauts.
– *d'hommes:* vous voulez cacher certains secrets.
– *de soie:* l'élégance ne cache pas certains complexes.
– *enfiler des gants:* moments agréables.
– *sales:* secrets et sentiments de culpabilité.
– *en caoutchouc:* peur d'une intervention chirurgicale.

GARAGE: la période de tranquillité que vous connaissez ne durera pas longtemps.

GARÇON: vous devez obéir; ne prétendez pas à une position de commandement.
– *être un garçon de café:* vous détestez être subordonné à quelqu'un.
– *avoir un garçon à son service:* vous aimez commander.

GARDE: vous ne vous sentez pas libre.
– *du corps:* peur et désir de protection.
– *appeler les gardes:* grand sens de la justice.
– *être suivi par un garde:* sentiment de culpabilité.
– *être arrêté par un garde:* vous vous repentez de certaines malhonnêtetés commises dans le passé.
– *monter la garde:* vous êtes très soupçonneux.
– *être un garde:* vous êtes très rigide dans vos jugements.

GARDE-CHASSE: ne vous mêlez pas des problèmes qui ne vous regardent pas.
– *être garde-chasse:* vous avez des intérêts à considérer avec attention.

GARDE-FORESTIER: une personne qui vous aidera dans les moments difficiles.
– *être garde-forestier:* vous êtes en confiance avec la nature.

GARDE-MANGER: vous désirez une personne.

GARDENIA: un amour que vous ne pouvez pas fuir.

GARDER: *quelque chose:* vous êtes très possessif.
– *un secret:* jalousie mal réprimée.

GARDE-ROBE: personnes de votre famille ou événements familiaux.
– *vide:* votre famille ne vous donne pas de satisfactions.
– *bien remplie:* vie riche d'expériences et peut-être même de secrets.
– *regarder dans la garde-robe de quelqu'un:* vous épiez quelqu'un.
– *voler quelque chose dans la garde-robe de quelqu'un:* vous enviez la condition de cette personne.

GARDIEN: vous avez une grosse responsabilité.

– *être un gardien:* vous vous sentez impliqué dans une situation dangereuse.
– *voir un gardien:* vos biens sont en sécurité.
– *de la maison:* vous avez peur et vous manquez de confiance en vous face à votre famille.
– *craindre un gardien:* très fort sentiment de culpabilité.

GARDIEN (de la paix): vous avez peur de transgresser certaines règles.
– *l'être:* rien n'échappe à vos jugements.

GARE: votre manque de détermination vous causera de sérieux ennuis.
– *s'y trouver:* un moment important et confus.
– *si vous partez:* bon présage, vous trouverez un travail intéressant.
– *si vous arrivez:* sacrifices et déceptions, vous reprendrez vos anciennes habitudes.
– *accompagner quelqu'un qui part:* vous connaîtrez une personne intéressante.
– *y être accompagné:* une séparation qui vous fera souffrir.

GARGOTTE: projets avec des amis.
– *boire dans une gargotte:* vous ne savez pas vous contrôler.

GARNISON: *de soldats:* vous avez de nombreux ennemis.
– *se faire protéger par une garnison:* vous avez peur et vous êtes pessimiste.

GARNITURE: *d'un gâteau:* vous vous perdez dans les détails.
– *d'un chapeau:* vous vous êtes trop identifié à votre rôle.
– *d'un vêtement:* vous avez le goût des belles choses et êtes vaniteux.
– *de soie:* vous vous laissez séduire par des détails peu importants.
– *d'or:* vous vous vantez de vos richesses.
– *d'argent:* élégance faite de détails.

GASPILLAGE: quelqu'un vous a habitué à faire des dépenses auxquelles vous ne pouvez faire face.

GASPILLER: vous êtes convaincu que vous avez fait des dépenses inutiles.

GATEAU: moments privilégiés.
– *le préparer:* vous vous préparez à une fête.
– *le couper en tranches:* vous reconnaissez à leur juste mesure les mérites des autres.
– *en manger une petite tranche:* vous pensez que vous méritez davantage.
– *en faire cadeau:* tendresses non partagées.
– *manger différents gâteaux:* désirs romantiques.
– *manger beaucoup de gâteaux:* vous allez peut-être subir des pertes imprévues.
– *manger des gâteaux en cachette:* besoin d'affection.
– *voler des gâteaux:* vous avez un grand besoin d'être aimé.

GAUCHE: un choix instinctif.
– *main gauche:* voir **MAIN.**
– *se sentir gauche:* vous ne vous sentez pas à votre aise avec les autres.

GAUFRETTE: une surprise agréable.

GAVER (SE): *de nourriture:* manque d'équilibre.

GAZ: une sensation de malaise.
– *sentir l'odeur du gaz:* un petit malaise.
– *se sentir asphyxié par le gaz:* maladie de l'appareil respiratoire.

GAZELLE: élégance et timidité.

GAZOUILLER: façon très romantique de s'exprimer.
– *gazouillis d'oiseaux:* sensibilité, bonté d'âme.
– *entendre des gazouillis:* les commérages vous attirent.
– *s'entendre gazouiller:* depuis quelque temps vous faites des discours sans intérêt.

GEANT: *voir un géant:* une personne importante vous menace.
– *être un géant:* vos richesses et votre pouvoir grandiront rapidement.
– *voir un géant dans la maison:* bon présage.
– *être menacé par un géant:* sentiment de culpabilité.

GEL: grande tristesse.
– *en hiver:* vous êtes habitué aux défaites.
– *en été:* grandes déceptions.

GELATINE: projets pour le futur.

GELEE: une affaire aura une issue négative.

GELER: peur de la solitude.
– *sentir que votre sang se gèle:* quelque chose vous terrorise.

GEMEAUX: double personnalité.

GEMIR: peur, désirs.

GEMME: *pierre précieuse:* une liaison sentimentale vous donne une certaine sécurité.
– *offrir une gemme:* vous désirez l'amour d'une personne.
– *recevoir une gemme:* quelqu'un vous déclarera son amour.
– *gemme de plante* (bourgeon): une situation nouvelle et agréable est en train de naître.

GENCIVES: *qui font mal:* vous craignez un revers de fortune.
– *qui saignent:* perte d'argent certaine.
– *dépourvues de dents:* personne ne vous aidera dans les moments difficiles.

GENDARME: voir **GARDE**.

GENDRE: une nouvelle relation amicale.

GENER: *être gêné:* un problème de santé.
– *gêner quelqu'un:* désir de pouvoir et de liberté d'action.

GENERAL: courage et énergie.
– *voir un général:* timidité, manque de confiance en soi.
– *être général:* vous avez la possibilité de démontrer vos capacités.

GENET: difficultés imprévues.

GENEVRIER: une petite manie.
– *baies de genévrier:* vous avez le sens des affaires, essayez de réaliser quelque chose de plus important.
– *utiliser des baies de genévrier en cuisine:* vous soignez les détails.
– *se trouver au milieu de genévriers:* une situation compliquée.

GENOU: médiations réussies.
– *fracture du genou:* rupture de liens.
– *blessé:* pertes d'ordre économique.
– *se mettre à genoux:* humiliations.
– *malade:* vous serez condamné à rester longtemps immobile.

GENS: symbole du milieu qui vous entoure.
– *inconnus:* vous vous sentez étranger même dans votre milieu.
– *menaçants:* vos amis méditent quelque chose contre vous.
– *beaucoup de gens:* voir **FOULE**.

GENTIANE: attention, ne soyez pas trop ingénu, quelqu'un profite de votre naïveté.

GENTILHOMME: vous êtes trop ambitieux et vous vous surestimez.

GENUFLEXION: vous avez besoin d'aide et vous la demandez à quelqu'un de puissant.
– *à l'église:* moment de recueillement.
– *rapide:* votre respect de l'autorité est seulement formel.

GEOGRAPHIE: *apprendre la géographie:* vous avez des difficultés à changer de milieu, vous êtes en train de faire des tentatives pour ne pas avoir peur.

GEOLIER: confiance en soi.
– *le voir:* vous n'aurez aucun souci.
– *l'être:* ne vous fiez à personne.

GEOMETRE: vous voulez un travail clair et gratifiant.

GERANIUM: caractère changeant, instabilité.

GERBE: *voir une gerbe:* période de chance.
– *voir beaucoup de gerbes:* de grandes richesses qui arrivent.
– *voir des gerbes détruites:* quelqu'un a endommagé vos biens.

GERME: les contacts avec les personnes et les choses que vous ne connaissez pas vous effraient.

GESTICULER: vous tentez inutilement de vous faire comprendre.
– *voir quelqu'un qui gesticule:* vous faites semblant de ne pas comprendre une situation évidente.

GHETTO: vous vous sentez mis de côté.
– *vivre dans un ghetto:* vous avez peu d'amis et vous vous sentez peu sûr de vous, cela vous conduit à avoir la manie de la persécution.

– *se réfugier dans un ghetto:* vous ne vous sentez à votre aise que parmi les gens ayant la même extraction sociale que vous.

GIBIER: aventures sentimentales.
– *le chasser:* vous êtes à la recherche d'un partenaire.
– *en prendre beaucoup:* succès en amour.

GIFLE: une décision impulsive.
– *la donner:* vous déchargez vos tensions sur les autres.
– *la recevoir:* quelque chose vous étonnera et vous blessera.
– *donner des gifles:* vous offenserez quelqu'un à plusieurs reprises.

GILET: vous vous vantez de vos succès.
– *le porter:* vous attirez l'envie de beaucoup de personnes.
– *troué:* vanité injustifiée.

GIMBLETTE: *manger une gimblette:* satisfactions.
– *préparer une gimblette:* tout ira comme vous le voulez.
– *gimblette sans trou:* désillusions, quelque chose ira de travers.

GINGEMBRE: une personne provocante.

GIRAFE: attention, n'insistez pas trop pour connaître un secret.
– *voir courir une girafe:* la grandeur vous crée quelques complexes.

GIRON: *maternel:* désir de protection.

GISEMENT: richesse imprévue.
– *de pétrole:* vous ne méritez pas la chance que vous avez.
– *de charbon:* vous devrez conquérir votre fortune au prix de grandes fatigues.

GIVRE: *voir du givre sur les prés:* votre cœur est glacé.

GLACE (verglas): votre âme est froide car vous êtes seul.
– *glisser sur la glace:* moment de malchance, un imprévu gâchera votre carrière.
– *courir sur la glace:* vous marchez sur un terrain dangereux, une erreur peut vous ruiner.
– *briser la glace:* vous avez pris une décision que vous méditiez depuis longtemps.
– *rompre la glace et s'enfoncer dans l'eau:* vous prenez trop de risques, un incident est inévitable.
– *cubes de glace:* moments agréables en société.
– *piste de glace:* les dangers ont été créés artificiellement.

GLACE (dessert): moments favorables seulement en apparence.
– *faire de la glace:* vous attendez le moment opportun pour agir.
– *manger une glace:* vous vous fatiguerez bientôt d'être seul.
– *voir de la glace fondre:* dans votre cas il est inutile d'être patient.

GLACIER: *voir un glacier:* vous traverserez une période de solitude complète.
– *escalader un glacier:* vous luttez pour obtenir la paix et la tranquillité.

– *descendre d'un glacier:* il est temps de réintégrer la société, vous ne pouvez pas vivre toujours tout seul.

GLAÇON: vous attendez l'été.
– *manger un glaçon:* petits plaisirs.

GLADIATEUR: *conflit avec un adversaire:* lutte sans merci.

GLAISE: *voir de la glaise:* vous avez la possibilité de changer bien des choses.
– *manipuler de la glaise:* vous vous améliorez.

GLAND: période difficile.
– *manger un gland:* vous serez obligé de vous adapter à une situation désagréable.

GLAPIR: protestations et lamentations.

GLISSER: manque d'attention, danger.
– *se voir glisser:* vous vous trouverez dans une situation embarrassante.
– *voir quelqu'un glisser:* vous avez fait tout votre possible pour présenter cette personne sous un mauvais jour.
– *glisser sur la glace:* voir **GLACE.**

GLOBE: voir **MAPPEMONDE**.

GLOIRE: grands succès.
– *atteindre la gloire:* qui n'est pas compris aujourd'hui vous apportera le succès un jour ou l'autre.

GLOUTON: une personne qui sait profiter de la vie.

GLYCINE: un voyage vous sera très utile.
– *cueillir des glycines:* une amitié sincère.

GNOME: amour inconstant.

GOINFRE: *être un goinfre:* vous craignez la misère.
– *voir un goinfre manger:* l'éducation est très importante pour vous.

GOITRE: misère, pauvreté.
– *avoir un goître:* vous serez toujours mis de côté.

GOMME: *à effacer:* rendez-vous compte que certains torts ne seront jamais oubliés.

GONDOLE: âme romantique.
– *aller en gondole:* grands rêves d'amour.

GONFLER: vous exagérez, vous pourriez provoquer un grand dommage.
– *un ballon:* vous exaspérez quelqu'un.
– *se gonfler:* présage de maladie physique.

GORGE: *partie du corps:* gorge enflammée: impossibilité de vous exprimer clairement.
– *blessée:* quelqu'un parle mal de vous.
– *prendre à la gorge:* graves menaces verbales.

– *dans le sens de vallée:* gorge étroite: difficulté à accepter la croissance intérieure.
– *précipiter dans une gorge:* après une longue fatigue vous reviendrez au point de départ.
– *rester bloqué dans une gorge:* tant que vous n'accepterez pas certains petits compromis, vous ne réussirez pas à résoudre vos problèmes.

GORILLE: méfiance, mépris pour un homme rustre.

GOSIER: violentes disputes.

GOUDRON: il représente les aspects sombres de votre caractère.
– *piétiner du goudron:* quelque chose vous empêchera d'agir.

GOUFFRE: sensation d'étouffement.
– *s'enfoncer dans un gouffre:* moment de panique durant lequel vous perdez le contrôle de la situation.
– *se précipiter dans un gouffre:* vous vous sentez abandonné.
– *un gouffre très obscur:* vous avez l'impression que votre solitude ne prendra jamais fin.

GOURMAND: voir **GLOUTON**.

GOURMET: *être un gourmet:* en réalité vous manquez de sens critique.

GOUSSE: petites dépenses, un peu d'avarice.
– *d'ail:* commérages sur votre compte.

GOUTER: un agréable moment de repos.
– *manger son goûter:* souvenirs d'enfance.
– *préparer le goûter pour ses enfants:* préoccupations pour leur santé.
– *des aliments:* une situation joyeuse.
– *des boissons:* vous vous sentez heureux et confiant.

GOUTTE: égoïsme, insensibilité.
– *avoir la goutte:* vous êtes puni de votre égoïsme.

GOUTTES: de nombreux petits ennuis.
– *de sueur:* travail dur, souvent non récompensé.

GOUTTIERE: rassemblez vos forces.
– *cassée:* vous dispersez votre énergie.
– *réparer une gouttière:* une décision d'amélioration utile.

GOUVERNANTE: autorité et sagesse.
– *être soigné par une gouvernante:* vous désirez un guide sûr.
– *être une gouvernante:* altruisme, sécurité personnelle.

GOUVERNER: désir de puissance.
– *des animaux:* vous faites valoir votre autorité sur les plus faibles.
– *une ville:* vous désirez de grands changements sociaux et recherchez la gloire pour vous-même.
– *un état:* vous avez des ambitions trop grandes, vous connaîtrez de grosses déceptions.

GRABAT: vous sentez un besoin soudain de repos.
– *construire un grabat de fortune:* brusque interruption de travail.

GRACE: vous avez besoin de beaucoup d'aide.
– *demander une grâce:* vous avez confiance dans la bonté d'une personne.
– *obtenir une grâce:* on vous pardonnera une erreur.
– *concéder une grâce:* vous n'avez pas de sentiments de vengeance.

GRAIN: un détail insignifiant.
– *de riz:* joie.
– *de blé:* abondance.

GRAINS (de beauté): attirance sexuelle.
– *avoir des grains de beauté:* de petits défauts qui vous rendent attirant.
– *voir des grains de beauté sur quelqu'un:* attirance immédiate.

GRAISSER: *un moteur:* vous êtes en train de réunir toutes les conditions favorables à la réalisation de votre projet.

GRAMMAIRE: désir d'apprendre.
– *étudier la grammaire:* perfectionnisme.

GRAND-MERE: écoutez les conseils des personnes sages.
– *parler à sa grand-mère:* de bons conseils vous aideront à traverser vos difficultés actuelles.
– *vivante:* n'oubliez pas les personnes seules de la famille.
– *morte:* présage de longue vie.

GRAND-PERE: sagesse.
– *vivant:* vous faites des expériences utiles.
– *mort:* longue vie.

GRANIT: dureté, caractère inflexible.
– *table en granit:* décisions irrévocables.
– *personne en granit:* solidité, caractère cohérent.

GRAPPE: *de raisin:* des aventures amoureuses.
– *couper une grappe de raisin:* décision d'en finir avec les petites aventures.
– *manger une grappe de raisin:* de nombreuses aventures peu importantes.

GRAS: *manger du gras:* maladie.
– *se voir plus gras:* période d'apathie.
– *voir une personne très grasse:* avertissement pour ne pas céder au luxe.

GRATIS: *avoir quelque chose gratis:* vous désirez vous enrichir sans faire d'effort.
– *concéder quelque chose gratis:* attention aux mauvaises affaires.

GRATTE-CIEL: grandes ambitions.
– *monter sur un gratte-ciel:* ascension sociale.
– *habiter dans un gratte-ciel:* vous avez perdu le contact avec la réalité.

GRATTER (SE): quelque chose vous est insupportable.
– *la tête:* moment d'incertitude.
– *les pieds:* immobilité forcée.

– *les jambes:* brève maladie.
– *le visage:* vous avez fait piètre figure.

GRAVIER: petits inconvénients assez désagréables.
– *étendre du gravier:* vous voulez compliquer les choses.
– *tomber sur du gravier:* dégâts imprévisibles, attention aux tromperies.

GRAVURE: *ancienne:* vous vous intéressez beaucoup à la culture.

GRELE: quelques difficultés imprévisibles.
– *voir tomber de la grêle:* peur de l'avenir.
– *voir de la grêle entrer dans une maison:* tristesse.

GRENADE (bombe): *lancer une grenade:* une nouvelle explosive.
– *recevoir une grenade:* vous serez impliqué dans un gros scandale.

GRENADE (fruit): sensations pleines de contrastes.
– *en manger:* vous êtes confus et peu objectif.

GRENADIER: désir d'être fort et grand.
– *voir un grenadier:* un rival qui vous fait peur.
– *armé:* vous serez agressé et vous perdrez.

GRENIER: pauvreté.
– *plein:* vous êtes fier de vos succès.
– *vide:* attention à ne pas faire de mauvaises affaires.
– *plein de souris:* des personnes sournoises vous feront du tort.
– *détruit:* un malheur imprévu ruinera vos affaires.

GRENOUILLE: *la voir:* une personne qui parle trop.
– *en voir beaucoup:* vous êtes entouré de personnes qui vous flattent, mais qui ne sont pas sincères.
– *l'entendre:* vous trouvez fastidieux les bavardages inutiles de vos amis.
– *la tuer:* chance et succès.
– *la manger:* une vie sans préoccupations.

GREVE: manque de satisfactions.
– *y participer:* sentiments de révolte.
– *ne pas y participer:* vous êtes très individualiste.
– *être bloqué par une grève:* vous craignez les imprévus.
– *de la faim:* vous voulez attirer l'attention sur vos sacrifices.

GRIBOUILLER: idées exprimées d'une manière confuse.
– *pour taquiner quelqu'un:* infantilisme, manque de maturité.

GRIFFE: *d'aigle:* les changements d'humeur de vos supérieurs vous causeront des ennuis.
– *de chat:* dispuste entre amants.
– *d'animal féroce:* vous vous sentez injustement blâmé par une personne puissante.

GRIFFER: on vous provoquera.
– *être griffé:* vous voulez ressentir les impressions des autres.

GRIL: souffrance interminable.
– *utiliser un gril:* soyez très prudent.

GRILLE: obstacle ennuyeux.
– *de prison:* vous quitterez vos amis.
– *voir une grille:* un obstacle difficile à surmonter.
– *escalader une grille:* un pas important mais risqué.
– *construire une grille:* clôture vers l'extérieur.

GRILLER: *du pain:* vous vous inquiétez pour des choses inutiles.

GRILLON: vous connaîtrez des petites déceptions de courte durée.
– *entendre un grillon:* de nombreux conseils utiles.
– *tuer un grillon:* vous voulez agir à votre guise.

GRIMACES: *les voir:* un moment de chance.
– *les faire:* vous vous comportez d'une manière étrange.

GRIMPER: vous vous efforcez d'améliorer votre position sociale.
– *sur un arbre:* vous aurez bientôt une position importante.
– *voir des gens grimper:* attention à ne pas vous faire dépasser.
– *sur un rocher ou sur un mur:* vous trouverez sur votre chemin des obstacles ou des gens mal intentionnés.

GRINCER: *entendre la porte grincer:* vous ne vous sentez pas en sécurité en famille.
– *entendre la fenêtre grincer:* quelqu'un vous épie.
– *des dents:* vous essayez de vous défendre mais vous vous y prenez mal.

GRIOTTE: *manger des griottes:* vous avez un caractère très doux.

GRIPPE: *avoir la grippe:* présage de maladie.

GRIS: période de tristesse.

GRIVE: *la voir:* contretemps qui auraient pu être évités.

GROGNER: très mauvais caractère.
– *entendre grogner quelqu'un:* cette personne ne veut pas vous donner d'explications.

GRONDER: *quelqu'un:* perte de temps.
– *être grondé:* remords inutiles.

GROSEILLES: vous vous souviendrez d'une personne que vous aimiez.
– *les cueillir:* vous aurez du mal à reconquérir une personne.
– *les manger:* aventures sentimentales.
– *les offrir:* vous êtes disponible pour une aventure.

GROSSESSE: chance, moment positif.
– *voir une femme enceinte:* envie pour une femme mariée.
– *difficile:* vous craignez de ne pas être à la hauteur du rôle de mère.

GROSSISTE: vous augmenterez votre activité.

GROTTE: besoin de compréhension.
– *entrer dans une grotte:* vous fuyez les difficultés.
– *vivre dans une grotte:* vous revivez une situation simple et tranquille.

– *se réfugier dans une grotte:* vous fuyez les complications de l'existence.
– *étroite:* période de tranquillité mais également problèmes d'ordre économique.
– *marine:* une décision soudaine.

GROUPE: *de personnes inconnues:* vous avez peur que les autres prennent une décision à votre place.
– *de collègues:* vous vous sentez mis à l'écart.
– *d'amis:* vous n'êtes pas sûr qu'on vous apprécie.
– *être en groupe:* facilités d'adaptation sociale.

GRUE: *oiseau:* vous fuyez les problèmes sans les résoudre.
– *pour constructions:* une aide fondamentale vous permettra d'améliorer votre situation.
– *actionner une grue:* vous possédez les moyens pour réussir.

GRUMEAU: quelque chose n'a pas parfaitement réussi.
– *de sang:* vous vous souvenez du tort que l'on vous a fait.

GUE: moment de transition, de passage.
– *facile:* votre maturité vous aide à résoudre des problèmes.
– *difficile:* vous êtes encore bloqué et apeuré.

GUEPE: méchanceté.
– *la voir:* vous craignez une personne qui aime faire du mal.
– *la chasser:* vous éloignerez une personne mauvaise.
– *l'écraser:* vous vous vengerez d'une méchanceté, mais vous souffrirez quand même.
– *être piqué par une guêpe:* chagrins et douleurs.

GUEPIER: *le voir:* une situation compliquée et dangereuse.
– *le déranger:* vous cherchez des ennuis.

GUERILLA: un conflit sournois et peu clair.

GUERIR: vous surévaluez vos capacités.

GUERISON: période de bonheur après de gros efforts.
– *souhaiter une guérison:* conseillez une période de repos à un ami.
– *pour un malade:* ne prenez pas trop de risques.

GUERITE: vous craignez d'être épié.
– *être de garde dans une guérite:* vous contrôlez quelqu'un.

GUERRE: contrariétés d'ordre psychologique.
– *être en guerre:* problèmes intérieurs, angoisses, peurs, rapports difficiles avec les autres.
– *voir la guerre de l'extérieur:* vous ne voulez pas admettre un conflit qui vous fait souffrir.
– *de tranchée:* des tensions latentes vous usent.
– *provoquer la guerre:* vous sentez que vous avez de grosses responsabilités dans la naissance d'un conflit.

GUERRIER: *voir un guerrier:* vous avez le sens du devoir.

– *voir de nombreux guerriers:* vous êtes trop individualiste, apprenez à agir en groupe.

GUET-APENS: *tendre un guet-apens:* angoisse et manque de sécurité.
– *être victime d'un guet-apens:* vous faites un complexe de persécution.

GUETRES: une façon simple de se défendre et de se distinguer.
– *porter des guêtres:* une personnalité peu claire.

GUEULE: *voir la gueule d'un animal:* grave danger.
– *être dans la gueule d'un animal:* mauvais présage, vous êtes aux mains d'une personne malfaisante.

GUI: mariage.

GUIDE: *personne:* vous avez confiance en ceux qui ont plus d'expérience que vous.
– *de montagne:* un problème difficile que vous ne pourrez pas résoudre seul.
– *pour touriste:* vous avez peu d'esprit d'observation.

GUIDON: équilibre, sens de l'orientation.

GUILLOTINE: désir de vengeance.
– *voir une guillotine:* votre sens de la justice est exagéré.
– *voir une guillotine en action:* vous mettez en application votre désir de vengeance.
– *être guillotiné:* punition pour avoir perdu la tête pour quelqu'un.

GUIRLANDE: *de fleurs:* nouvelles agréables.
– voir également **COURONNE.**

GUITARE: attention à ne pas faire naître des illusions chez quelqu'un.
– *fabriquer une guitare:* vous cherchez à vous exprimer de manière correcte.
– *jouer de la guitare:* vous manifesterez vos sentiments à quelqu'un.
– *mal jouer de la guitare:* moments de folie.

GYMNASE: une activité intéressante.
– *fréquenter un gymnase:* satisfactions pour l'avenir.
– *le voir:* vous êtes préoccupé pour votre santé.

GYMNASTIQUE: force et équilibre.
– *en gymnase:* vous agissez seul dans votre domaine.
– *en plein air:* initiatives nouvelles et intéressantes.
– *en faire:* vous devrez prendre plus soin de vous.

H

HABILE: *dans le travail:* vous êtes trop sûr de vous-même.

HABILETE: vous avez une âme simple; quelquefois vous faites preuve de trop de naïveté.

HABILLE: *mal habillé:* complexe d'infériorité.
– *voir quelqu'un de mal habillé:* vous vous attachez trop aux apparences.

HABILLER (S'): vous vous préparez à accomplir un geste important.
– *s'habiller avec beaucoup de soin:* vous vous laissez aller et vous vous sous-estimez.

HABIT: protection et défense contre les dangers.
– *adapté à la saison:* vous êtes équilibré et obtiendrez des succès.
– *blanc:* bonheur en perspective.
– *inadapté à la saison:* vous avez de gros problèmes, il faut les résoudre sans attendre.
– *de mariée:* vous refusez le mariage et les traditions familiales.
– *neuf:* vous trouverez un nouveau travail.
– *sombre ou noir:* peur de malheurs imprévus.
– *vieux:* désir de changement.
– *d'enfant:* vous renoncez volontiers aux responsabilités.
– *de luxe:* vous avez peur de ne pas plaire aux autres.
– *très bariolé:* vous obtenez plus grâce à la fourberie plutôt que grâce à votre mérite.
– *sale et déchiré:* vous craignez vos ennemis.
– *à la mode:* vous êtes terriblement envieux.

HABITANT: *de la ville:* vous êtes calculateur et froid.
– *de la campagne:* vous désirez un amour romantique.

HACHE: mauvais présage.
– *la tenir dans la main:* agressivité.
– *s'en servir:* le travail vous apportera de grandes satisfactions.
– *la voir entre les mains de quelqu'un:* une personne équivoque qui peut être dangereuse.

HACHER: mauvais présage.
– *de la viande:* maladie.

HACHOIR: travaux dangereux.

HAIE: obstacles qui vous gênent.
– *la voir sur son chemin:* chemin incertain.
– *sauter par-dessus:* vous obtiendrez ce que vous voulez avec courage et détermination.

HAIR: vous vous sentez impuissant face aux torts qu'on vous a fait.
– *être haï:* complexe de persécution.
– *haïr tout le monde:* vous vous rendez compte que vous avez mauvais caractère.

HALTE: *entendre l'ordre "halte":* votre sécurité est seulement apparente.
– *voir cet ordre écrit quelque part:* ne sous-estimez pas l'avis d'un supérieur.

HAMEÇON: désillusions, pièges.

HAMSTER: travail lent et patient.

HANDICAPE: *être un handicapé physique:* vous devez vous accepter comme vous êtes, avec vos défauts.
– *mental:* vous aurez la possibilité de prouver vos capacités.

HANNETON: *voir un hanneton:* parasitisme inutile.
– *qui vole:* personnes superficielles sans autonomie.

HARENG: vos désirs et vos appétits ne sont pas encore assouvis.
– *manger des harengs:* vous désirez éprouver de nouveau certaines émotions sexuelles.

HARICOTS: *blancs:* un malentendu inutile.
– *rouges:* vous montrerez votre détermination.
– *cueillir des haricots:* la situation est difficile mais votre caractère vous aidera à la résoudre.
– *cuire des haricots:* amélioration des conditions économiques.
– *voir pousser des haricots:* grand optimisme, la chance arrive.
– *manger des haricots:* quelques moments difficiles.

HARMONIE: *sensation d'harmonie:* vous cherchez toujours la perfection, peut-être l'avez-vous trouvée maintenant.

HARPE: l'amour qui vous lie à votre compagnon est parfait.

HARPON: *l'utiliser:* vous vous préparez à affronter une période difficile.

HASARD: *jeu de hasard:* chance et malchance dépendent seulement de vous.

HASTE: arrogance et agressivité.
– *la planter:* vous faites valoir vos idées en les imposant.

HAUTBOIS: déclaration d'une personne très sérieuse.

HAUTEUR: *d'une montagne:* évaluez bien vos possibilités.
– *d'un immeuble:* vous rencontrerez de grandes difficultés.
– *d'un homme:* période de malchance en amour.

HAUT-LE-CŒUR: vous faites des efforts pour vous libérer d'un poids qui vous pèse.

HAUT-PARLEUR: vous ne vous sentez pas en sécurité et vous ne savez pas vous faire écouter.

HEAUME: vous êtes prêt au combat.
– *enlever son heaume:* le danger est conjuré.
– *voir des soldats qui portent un heaume:* un combat est inévitable.

HECATOMBE: *voir une hécatombe:* troubles psychiques.
– *faire une hécatombe:* vous causez volontairement du mal à certains de vos amis.

HEGEMONIE: *conquérir l'hégémonie:* en réalité vous perdez votre pouvoir.
– *perdre l'hégémonie:* conflits avec vos collègues de travail.

HELICE: une situation difficile à appréhender.

HELICOPTERE: vous vous sentez capable d'agir à votre guise.
– *conduire un hélicoptère:* aucun obstacle ne vous effraie.

HEMORRAGIE: *pour un homme:* vos affaires sont continuellement en déficit.
– *pour une femme:* vous craignez une grossesse non désirée.

HEPATITE: *avoir une hépatite:* peur de contacts désagréables.

HERBE: *voir de l'herbe:* douceur.
– *brin d'herbe:* un souvenir nostalgique.
– *couper de l'herbe:* vous faites tout ce qui peut freiner votre spontanéité.
– *être allongé sur l'herbe:* période de calme au contact de la nature.
– *sèche:* mauvais présage, vos forces diminuent.
– *mauvaises herbes:* des obstacles désagréables.
– *arracher des mauvaises herbes:* vous éliminez les obstacles.

HERBORISTE: confiance dans les remèdes naturels.
– *être herboriste:* vous êtes en train de convaincre les autres de l'utilité des remèdes de la nature.

HERESIE: *dire une hérésie:* vous avez marqué quelqu'un par vos idées.
– *écouter une hérésie:* intolérance.

HERISSON: méfiance et contrariété.
– *le voir:* une personne difficile à approcher.
– *le toucher:* expériences désagréables avec une personne méfiante.
– *lui donner la chasse:* c'est un mauvais système pour connaître une personne très timide.

HERITAGE: *laisser un héritage:* un ami vous trahit.

HERITER: *d'un parent:* pauvreté, misère.
– *d'un ami:* vous croyez que tout vous est dû.

HERITIER: confiance dans l'avenir.
– *illégitime:* vous ne voulez pas reconnaître vos responsabilités.

HERMAPHRODITE: *être hermaphrodite:* fausseté, caractère double.
– *voir un hermaphrodite:* vous avez peur de tout ce qui n'est pas clair.

HERMETIQUE: *pour un homme:* vous n'avez confiance en personne.
– *pour une femme:* vous gardez jalousement vos secrets.

HERMINE: on admire votre ingéniosité.
– *fourrure d'hermine:* vanité, volonté de faire un choix social.

HERNIE: *avoir une hernie:* une douleur insupportable vous a contraint à l'immobilité.

HERON: des nouvelles arriveront de très loin.
– *qui vole:* il est probable que l'on vous trompe.

HEROS: *être un héros:* folie des grandeurs.
– *voir un héros:* vous enviez les activités d'un ami.

HERSE: période fatigante.

HESITANT: *l'être:* vous êtes généralement très impulsif, mais vous avez compris qu'il faut réfléchir avant d'agir.

HESITER: *devant un choix:* il n'est pas possible de remettre une décision importante.

HEURE: *demander l'heure:* questions peu importantes.
– *regarder l'heure:* vous êtes anxieux et vous craignez quelque chose.
– *arriver à l'heure:* équilibre et sécurité.
– *ne pas arriver à l'heure:* angoisse.
– *quart d'heure:* empressement et impatience.

HEUREUX: *être heureux:* équilibre intérieur, moment favorable pour les décisions importantes.
– *voir une personne heureuse:* vous enviez sa confiance.

HEURTER: *se heurter contre quelque chose:* vous êtes trop déterminé et rigoureux.
– *quelqu'un:* querelles et discussions.
– *être heurté:* vous subirez un préjudice, et vous aurez un gros chagrin.

HIBOU: problèmes de santé.
– *entendre un hibou:* mauvaises nouvelles.
– *voir un hibou:* de nombreuses préoccupations.

HIEROGLYPHE: *lire des hiéroglyphes:* vous ne comprenez rien à ce qui vous entoure.
– *écrire des hiéroglyphes:* vous ne voulez absolument pas vous faire comprendre.

HILARITE: vous perdez momentanément votre sang-froid.
– *avoir un moment d'hilarité:* attention à ne pas faire scandale.

HIPPODROME: un grand doute.
– *aller dans un hippodrome:* journées incertaines.

HIPPOPOTAME: réflexes lents.

HIRONDELLE: retour d'une personne que vous aimez.
– *la voir voler:* possibilité d'un voyage que vous souhaitez depuis longtemps.

– *l'entendre:* bonnes nouvelles.
– *dans son nid:* joie en famille.
– *la tuer:* une personne qui ne reviendra plus.

HISTOIRE: *la raconter:* vous voulez attirer l'attention des autres.
– *écouter une histoire drôle:* vous aimez les petites farces sans méchanceté.

HISTOIRE DROLE: *raconter une histoire drôle:* vous voulez paraître plus insouciant que vous ne l'êtes.
– *écouter une histoire drôle:* vous aimez les petites farces sans méchanceté.
– *oublier une histoire drôle:* vous ne faites pas la distinction entre réalité et apparences.

HIVER: période fatigante.
– *hors saison:* profonde solitude.

HOLD-UP: vous avez agi impulsivement, vous pouvez encore remédier.
– *à main armée:* vous avez été trop loin; vous devez maintenant, en payer les conséquences.
– *dans une banque:* les problèmes économiques vous hantent.
– *le subir:* quelqu'un a profité de votre confiance.

HOMICIDE: voir **ASSASSIN.**

HOMME: *bon, le voir:* vous ne devez vous faire aucun souci.
– *méchant:* vous êtes méfiant par principe.
– *affectueux:* vous avez besoin d'aide et de protection.
– *inconnu, pour une femme:* aventures.

HOMONYME: *connaître son homonyme:* vous craignez que l'on ne vous remplace.

HOMOSEXUEL: *voir un homosexuel:* vous jugez avant de connaître.
– *être homosexuel:* vous vous sentez réprimé.

HONNEURS: *recevoir des honneurs:* vous vous sentez peu apprécié.
– *honneurs militaires:* succès obtenu sans scrupule.
– *faire les honneurs de quelque chose à quelqu'un:* vous agissez par intérêt.

HONORAIRES: vous n'êtes pas honnête.
– *demander des honoraires:* caractère sournois.
– *encaisser des honoraires:* vous pensez seulement à l'argent.
– *payer des honoraires:* vous reconnaissez le travail des autres.

HONTE: remords, sentiments de culpabilité.
– *avoir honte de quelque chose:* les autres ont mauvaise opinion de vous.
– *on vous fait honte:* personnalité faible.
– *faire honte:* tentative pour se faire remarquer.

HONTEUX: *actes:* la raison vous aide à chasser vos mauvaises pensées.
– *les commettre:* votre inconscient vous montre vos plus mauvais instincts.

HOPITAL: inquiétudes au sujet de votre santé.
– *visiter un hôpital:* vous craignez pour la santé de vos proches.
– *se trouver dans un hôpital:* peurs irraisonnées.
– *se trouver seul dans un hôpital:* vous craignez que l'on vous abandonne à cause de vos défauts.

– *avec d'autres malades:* santé en grave danger.
– *voir un ami à l'hôpital:* en réalité vous vous faites du souci pour vous-même.
– *vivre dans un hôpital:* longue maladie.

HOQUET: contrariétés.
– *l'avoir:* incommodités de brève durée.

HORAIRE: des engagements importants.
– *consulter un horaire:* vous attendez quelque chose d'important.

HORLOGE: vous aurez bientôt des problèmes d'ordre financier.
– *qui marche:* vous avez la possibilité de vous améliorer.
– *arrêtée:* crise qui dure.
– *acheter une horloge:* angoisse à propos d'une affaire importante.
– *qui se casse:* souffrances passagères.
– *regarder une horloge:* vous êtes rationnel et organisé.
– *perdre une horloge:* confusion, vous perdrez de bonnes occasions.

HORLOGER: vous regrettez le temps que vous avez perdu.
– *voir un horloger:* vous vous souvenez des occasions perdues.
– *être horloger:* perfection et précision.
– *aller chez l'horloger:* quelqu'un vous aidera avec délicatesse.

HOROSCOPE: chance.

HORREUR: *l'éprouver:* douleurs que vous oublierez difficilement.

HORS-D'ŒUVRE: *manger des hors-d'œuvre:* formalité, exactitude.

HORTENSIAS: projets irréalisables.
– *cueillir des hortensias:* vous reniez vos bonnes intentions.
– *offrir des hortensias:* fausses promesses.

HOSPICE: sentiment d'abandon.
– *aller à l'hospice:* perte d'une personne qui vous est proche.
– *le chercher:* avenir triste mais sûr.
– *s'y trouver:* vous avez besoin d'une période de repos.
– *le quitter:* vous vous sentez en mesure d'affronter vos problèmes.

HOSPITALISE: ralentissement.
– *l'être:* vous ne savez pas réagir face à la malchance.

HOSTIE: foi et espoir.
– *hostie consacrée:* chance, votre partenaire vous est fidèle.
– *manger une hostie:* voir **COMMUNION**.

HOTE: vous êtes sociable.
– *avoir des hôtes:* amitié sincère.
– *hôtes qui restent très longtemps chez vous:* votre indépendance est compromise.
– *chassez ses hôtes:* trahison de certains amis.
– *attendre des hôtes:* moments d'appréhension.
– *être hôte:* vous changerez vos habitudes.
– *être un hôte indésirable:* vous craignez que vos amis se détournent de vous.

HOTEL: *laid:* un petit accident vous effraiera.
– *confortable:* vous allez vers une période heureuse.
– *chercher un hôtel:* ce que vous cherchez ne correspond pas à votre personnalité.
– *aller à l'hôtel:* vous aurez bientôt une surprise.
– *dans un lieu inconnu:* votre vie connaîtra un tournant décisif.
– *nocturne:* votre enthousiasme sera refroidi.

HOTTE: un travail peu sérieux.
– *porter une hotte:* acceptez les responsabilités même si le travail n'est pas très bien payé.

HOUBLON: prospérité, richesse.

HUBLOT: peu de possibilités d'évaluer la situation.
– *ouvert:* vous ne pouvez juger personne.
– *brisé:* grave danger.
– *regarder hors du hublot:* jugements hâtifs.

HUILE: bonnes idées et projets intéressants.
– *d'olive:* projets réalisés avec facilité.
– *de différentes graines:* simplicité apparente.
– *de lin:* des hauts et des bas en affaires.
– *boire de l'huile:* maladie probable.
– *acheter de l'huile:* vous acquerrez des appuis sûrs.
– *renverser de l'huile:* mauvais présage.
– *voir de l'huile par terre:* crise dans les affaires.
– *recueillir l'huile:* tentative pour retrouver votre fortune.
– *sainte:* avenir sûr et longue vie.
– *pour moteurs:* vous surmonterez brillamment les difficultés qui apparaîtront au cours de vos voyages.

HUILER: *quelque chose:* votre travail va être facilité.
– *un engrenage:* tout fonctionnera mieux.
– *se huiler:* améliorez votre caractère.

HUISSIER: période difficile.

HUITRE: des gains importants.
– *pêcher une huître:* richesse inattendue.
– *manger une huître:* vous jouissez de vos richesses.

HULULER: vous ne savez pas vous contrôler dans les moments difficiles.
– *entendre hululer:* danger.

HUMEUR: *mauvaise humeur:* vous êtes pessimiste.

HUMIDITE: période malheureuse.

HUMILIATION: *la subir:* souvenirs d'affaires anciennes.
– *la faire subir:* vous savez que vous n'avez pas agi très correctement; insensibilité.

HURLER: vous vous trouvez dans un état de grande angoisse.
– *entendre hurler:* maladie, mais guérison rapide.

HYDRAVION: *monter dans un hydravion:* peu de chance.
– *piloter un hydravion:* peu de possibilités d'améliorer votre situation.
– *voir voler un hydravion:* gains faciles.

HYDROMEL: une sensation nouvelle et enivrante.
– *boire de l'hydromel:* vous perdez votre sens de la retenue.

HYDROPHOBIE: vous manquez de self-control.

HYENE: des gens profitent de vous.
– *qui rit:* quelqu'un vous a fait du mal et maintenant se moque de vous.
– *qui mange un cadavre:* quelqu'un s'enrichit grâce à vos mauvaises affaires.

HYMNE: *religieux:* vous n'êtes pas sincère.
– *national:* cherchez un peu de solidarité autour de vous.

HYPOCRITE: *être hypocrite:* vous manquez de confiance en vous.
– *rêver d'une personne hypocrite:* vous n'avez pas confiance dans vos amis.

HYPOTHEQUER: *des biens:* contrat peu avantageux.
– *sa maison:* tensions familiales.

I

IBIS: harmonie, préciosité.

ICONE: vous avez beaucoup d'imagination.

IDEAL: *partenaire idéal:* vous n'êtes pas satisfait de votre situation.
– *social:* vous avez des problèmes pour vous insérer dans la société.

IDEE: *avoir une idée:* vous êtes très créatif.
– *avoir une idée importante:* vous résoudrez certains problèmes.
– *ne pas avoir d'idée:* vous vous sentez peu original.

IDENTIFIER (S'): *s'identifier à quelqu'un:* la personne que vous voyez en rêve représente les différents aspects de votre caractère.

IDENTITE: *carte d'identité:* vous ne vous reconnaissez pas. vous avez beaucoup changé.
– *demander à quelqu'un sa carte d'identité:* manque de confiance.
– *perdre sa carte d'identité:* crise d'identité.
– *redemander une carte d'identité:* vous êtes à la recherche d'une certaine sécurité.

IDEOLOGIE: *avoir une idéologie:* vous manquez de souplesse.

IDIOT: vous sous-estimez quelqu'un.
– *se sentir idiot:* complexes d'infériorité.
– *jouer le rôle d'un idiot:* vous craignez le mépris des autres.

IDOLATRER: vous n'avez pas le sens de la mesure.
– *quelqu'un:* vous avez peu de personnalité.

IDOLE: vous êtes très timide et vous manquez de confiance en vous.
– *voir une idole monstrueuse:* manque de maturité.
– *en or:* présage de mésaventures.
– *en argent:* vous commencez à avoir un peu de sens critique.
– *en bois:* vous venez à bout des conflits.

IDYLLE: vous désirez une relation affective sans problèmes.

IGNOMINIE: quelque chose vous a profondément frappé.

IGNORANT: *être ignorant:* vous devez passer une épreuve difficile et vous ne vous sentez pas à la hauteur.
– *être considéré comme ignorant:* vous ne réussissez pas à oublier une offense grave.

– *considérer quelqu'un comme ignorant:* vous vous sentez très supérieur.

IGNORER: *quelque chose d'important:* quelqu'un vous tient éloigné de la vérité.

IGUANE: faites attention à ceux qui vous évitent.

ILE: *se trouver dans une île:* désir de solitude.
– *être abandonné sur une île:* vous souffrez de la solitude.
– *déserte:* insatisfaction, désespoir.
– *découvrir une île vierge:* vous conquerrez de nouveaux espaces.
– *voir une île au milieu de la mer:* une aide fondamentale.

ILLEGALITE: *vivre dans l'illégalité:* vous ne vous sentez pas accepté socialement.

ILLEGITIME: *action illégitime:* vous vous repentez d'une erreur commise.
– *fils illégitime:* repentir.
– *se sentir fils illégitime:* vous ne vous sentez pas accepté en famille.
– *pouvoir illégitime:* sentiment de culpabilité, vous pensez ne pas mériter la position que vous occupez.

ILLUMINATION: quelqu'un vous fera comprendre la situation dans laquelle vous vous trouvez.
– *imprévue:* chance, moment heureux.
– *petite illumination:* situation économique stable.
– *en panne:* période de tristesse.

ILLUMINER: tranquillisez une personne qui vous est chère.
– *une maison:* cherchez à mieux vous comprendre vous-même.
– *un bois:* vous résoudrez vos complexes.
– *une rue:* vous pouvez tranquillement aller de l'avant.
– *un bateau:* pour ne pas courir de risques, faites-vous remarquer par les gens importants.
– *la lune:* vous comprendrez mieux le caractère d'une femme.
– *le visage de quelqu'un:* vous voulez mieux comprendre le caractère de cette personne.

ILLUSTRATION: vous ne réussirez pas à expliquer une idee avec seulement des mots.
– *d'un livre:* difficulté pour comprendre les concepts.

ILLUSTRER: vous avez les idées très claires.

IMAGE: *d'une personne:* vous vous souvenez d'une situation du passé qui vous a fait souffrir.
– *religieuse:* présage favorable.
– *des parents:* vous vous sentez encore très dépendant de la famille.
– *du partenaire:* vous serez séparé pendant longtemps de l'être cher.

IMBATTABLE: *être imbattable:* vous avez une confiance apparente en vous-même, mais en réalité vous craignez vos adversaires.
– *considérer quelqu'un comme imbattable:* pessimisme, manque d'équilibre psychique.

IMBERBE: *être imberbe (pour un homme):* vous sentez que vous n'êtes pas du tout mûr.
– *être imberbe (pour un garçon):* désir de grandir et de se faire une place dans la société.

IMITATION: vous vous rendez compte que vous n'êtes pas original.

IMITER: vous êtes très sensible au charme des personnes importantes.
– *une expression:* vous avez peu de personnalité.
– *par jeu:* esprit d'observation, sens critique.

IMMERGER: *quelque chose:* vous voulez oublier quelque chose qui vous fait souffrir.
– *s'immerger:* vous avez très peur, vous vous cachez.

IMMERSION: *faire une immersion*: une période de grande concentration.

IMMEUBLE: *bien immeuble:* situation économique stable.
– *vendre un immeuble:* vous connaîtrez une situation difficile et peu sûre.
– *acheter un immeuble:* vous acquerrez une richesse durable.
– *luxueux:* vous aspirez au succès.
– *vieux et en ruines:* besoin de renouveau.
– *le construire:* vous êtes ambitieux et êtes en train de faire fortune, mais ne risquez pas trop.
– *détruit:* espoirs partis en fumée.
– *petit:* désir de se caser.

IMMIGRER: *dans son propre pays:* vous accepterez une situation qui auparavant vous semblait insupportable.
– *dans un autre pays:* grands changements en perspective.

IMMOBILE: *rester immobile:* vous êtes insensible, et ne prenez jamais de risques.

IMMOBILISER: *quelqu'un:* menaces dangereuses.
– *être immobilisé:* un contrat se révélera être un engagement grave.

IMMOLER: sacrifices inutiles.
– *s'immoler:* moments difficiles, choix grave.

IMMORTEL: *rêver d'être immortel:* peur de la mort.
– *rêver de voir un immortel:* vous avez une grande estime pour cette personne.

IMMUNISE: *être immunisé contre une contagion:* vous vous sentez en sécurité même dans une situation dangereuse.

IMPAIR: *nombre impair:* incertitude.

IMPASSE: vous n'avez aucune chance de réussir.

IMPERATRICE: représente l'autorité maternelle.
– *désobéir à l'impératrice:* vous vous rebellez contre les règles familiales.

IMPORTER: *de l'étranger:* vous êtes insatisfait de votre situation.

IMPORTUN: vos rapports avec vos amis ne sont plus très bons.
– *l'être:* vous demandez trop aux autres.

IMPORTUNER: *quelqu'un:* avec un peu de détermination vous ferez des connaissances intéressantes.
– *être importuné:* vous vous croyez supérieur aux autres.

IMPOTS: *taxes:* disputes, problèmes économiques.
– *payer les impôts:* les incompréhensions se résoudront.

IMPRESSION: *faire mauvaise impression:* vous êtes embarrassé dans vos rapports avec les autres.
– *faire bonne impression:* vous êtes trop sûr de vous.

IMPRESSIONNE: *être impressionné pour quelque chose:* vous découvrirez un détail très surprenant.

IMPRIMER: *des journaux:* vous savez utiliser les informations que vous recevez.
– *voir imprimer:* vous avez trop parlé et les autres en ont profité.

IMPRIMERIE: travail intense et ordonné.
– *caractères d'imprimerie:* vous avez besoin de vous mettre les idées au clair.

IMPRIMEUR: vous arriverez à conclure de bonnes affaires.
– *l'être:* vous vous préparez à une rencontre importante.

IMPROVISER: *une exhibition:* angoisse de ne pas mener à terme une entreprise.
– *avec succès:* vous avez confiance dans vos capacités.
– *avec des résultats désastreux:* n'essayez pas d'apprendre passivement, ayez plus confiance en vous-même.

IMPUDIQUE: trop de détermination peut nuire à votre relation sentimentale.

IMPUISSANT: *pour un homme:* perte d'autorité en famille.
– *pour une femme:* vous perdrez votre pouvoir de décision.

IMPULSION: *agir impulsivement:* en réalité vous êtes très calculateur.

INANITION: *mourir d'inanition:* période très négative, aucune stimulation pour aller de l'avant.
– *voir des gens mourir d'inanition:* vous vous apitoyez sur la situation de certains amis pauvres.

INAPPETENCE: maladie nerveuse.

INAUGURATION: *assister à une inauguration:* rencontres intéressantes.
– *inviter à une inauguration:* bons rapports sociaux.
– *être invité à une inauguration:* vous vous insérerez dans un milieu social intéressant.

INAUGURER: une initiative qui promet beaucoup.
– *une exposition:* vous aurez la possibilité de montrer vos qualités.
– *une route:* vous serez le premier à explorer un secteur très prometteur.

INCENDIE: de nombreux ennemis, une vie intense, des conflits.
– *dans la maison:* un danger proche, des conflits familiaux.

– *dans la chambre à coucher:* grande passion ou crise conjugale.
– *de forêt:* vous perdrez vos meilleurs amis.
– *sous les toits:* maladie mentale.

INCENDIER: danger, autodestruction.
– *la maison:* vous voulez détruire les liens familiaux.
– *un bois:* vous essayez d'oublier les conflits qui vous tourmentent.
– *du bois:* gaspillage d'énergie.
– *une automobile:* vous n'aurez pas de position sociale supérieure à celle que vous avez actuellement.
– *un champ cultivé:* ruine.

INCESTE: problèmes affectifs.
– *avec sa mère:* dépendance affective.
– *avec son père:* jalousie entre femmes.
– *avec son frère ou sa sœur:* vous vous sentez négligé et aimeriez compter plus pour les membres de votre famille.

INCISIVE: agressivité de brève durée.
– *perdre une incisive:* faiblesse, attitude passive.

INCLINER: *devant quelqu'un:* respect excessif.
– *devant son père:* vous êtes soumis à l'autorité paternelle.
– *devant sa mère:* dépendance affective.
– *devant un supérieur:* respect excessif.
– *devant son partenaire:* rôle passif dans la relation amoureuse.

INCONDUITE: *pour un homme:* vous perdrez votre bonne réputation.
– *pour une femme:* fortune qui ne durera pas longtemps.

INCONNU: *avec de bonnes intentions:* aides inattendues.
– *hostile:* aversions soudaines.

INCORRUPTIBLE: *être incorruptible:* vous aimeriez être plus intraitable dans vos décisions.
– *faire des affaires avec une personne incorruptible:* absence de dialogue.

INCREDULITE: ne prenez pas de risques si vous n'êtes pas parfaitement sûr de vous.

INCULPER: *quelqu'un:* vous n'êtes pas objectif.
– *s'inculper:* vous cherchez à protéger quelqu'un.
– voir également **ACCUSER**.

INCURSION: une aventure sentimentale.

INDEMNISER: *quelqu'un:* une dépense imprévue.
– *être indemnisé:* un gain imprévu.

INDEPENDANCE: vous n'osez pas vous éloigner de votre famille.

INDIEN: des personnes insaisissables.
– *être attaqué par les indiens:* vous êtes très sensible et vous dramatisez même les films.

INDIGENT: voir **PAUVRE**.

INDIGESTION: *faire une indigestion:* il y a trop de choses que vous ne réussissez pas à vous expliquer.

INDIGNATION: réaction feinte.
– *provoquer de l'indignation:* vous êtes trop sûr de vos idées.

INDIGNE: *être indigne:* vous vous jugez très durement.
– *être indigne d'épouser quelqu'un:* vous n'avez pas été sincère.
– *indigner (s'):* vous ne savez pas réagir aux offenses.

INDIGO (couleur): tranquillité momentanée.

INDIQUER: *quelque chose:* un ami vous demandera de l'aide.
– *se faire indiquer quelque chose:* manque de sécurité, indécision.

INDULGENT: *être indulgent:* vous ne savez pas vous imposer.

INEDIT: *publier un roman inédit:* une idée originale et chanceuse.

INERTIE: *avancer grâce à la force d'inertie:* vous manquez d'objectifs.

INFANTICIDE: *rêver de commettre un infanticide:* vous avez de graves problèmes avec l'éducation de vos enfants.

INFECTION: peurs inconscientes.
– *contagieuse:* vous vous méfiez des autres.
– *propager une infection:* vous craignez d'être un mauvais exemple.

INFIDELE: vous êtes peu cohérent.
– *être infidèle:* insatisfaction.
– *avoir un partenaire infidèle:* préoccupations inutiles.
– *dans le sens de "non-chrétien":* vous vous sentez exclu d'un groupe.

INFIDELITE: discussions avec votre partenaire.

INFIRME: *être infirme:* vous vous sentez bloqué par les circonstances.
– *voir un infirme:* vous craignez les malheurs.

INFIRMIERE: une personne vous aidera à résoudre vos problèmes.

INFIRMITE: vous vous sentez faible et vieux.

INFLATION: vous avez peur pour vos biens.

INFLUENCE: *subir l'influence d'un ami:* écoutez les conseils de ceux qui vous sont proches.
– *subir l'influence de ses parents:* vous désirez être indépendant.

INFORMATEUR: *être un informateur:* vous perdrez bientôt vos amis.
– *interroger un informateur:* attention aux fausses alarmes.

INFORMER (S'): vous ne vous sentez pas préparé.

INFRACTION: *commettre une infraction:* une attitude peu honnête.

INFUSION: un amour va naître.
– *faire une infusion:* vous voulez que quelqu'un tombe amoureux de vous.
– *boire une infusion:* bientôt une passion vous bouleversera.
– *renverser une infusion:* ne vous laissez pas influencer.

INGENIEUR: ordre, vie programmée.
– *voir un ingénieur:* acceptez les conseils, entreprenez une carrière dans les affaires.
– *être ingénieur:* vous êtes têtu mais quelquefois vous n'obtenez pas de succès.

INGRAT: *être ingrat:* vous vous efforcez d'entretenir de bons rapports avec les autres.

INGRATITUDE: *être accusé d'ingratitude:* vous avez oublié une grande faveur que l'on vous a faite.

INGREDIENTS: *pour un mets:* projets pour l'avenir.
– *aligner des ingrédients sur une table:* un plan d'action très ordonné.
– *oublier un ingrédient:* un événement imprévu peut vous nuire.
– *voir des ingrédients moisir:* vous avez trop attendu.
– *se tromper d'ingrédients:* vous avez agi de façon inconsidérée.

INITIALES: *voir les initiales de son propre nom:* très grand sens de la propriété.
– *voir ses initiales sur le mouchoir d'un autre:* nombreuses équivoques.

INITIATION: vous entrerez dans une nouvelle compagnie.

INJECTION: *faire une injection:* vous impliquerez un ami dans une affaire par la force.
– *se faire faire une injection:* vous subirez l'influence de quelqu'un.
– *avoir peur des injections:* vous dramatisez un léger malaise.

INJUSTICE: *commettre une injustice:* vengeance.
– *subir une injustice:* vous contestez l'autorité.
– *assister à une injustice:* une haine cachée.
– *accuser d'injustice:* vos désirs ne sont jamais exaucés.

INONDATION: problèmes et ennuis.
– *dans une ville:* vos ennemis font tout pour vous nuire.
– *à la campagne:* vos espoirs de succès amoureux s'évanouiront.
– *inonder la maison:* vous mûrissez et grandissez peu à peu.

INSCRIRE: *quelqu'un:* vous acceptez un nouvel ami dans votre groupe.
– *son fils à l'école:* le moment de la séparation vous pèse.
– *s'inscrire:* entrée dans un nouveau groupe.
– *s'inscrire à l'école:* nouvelles responsabilités.

INSECTES: embûches de l'existence.
– *qui piquent:* personnes désagréables.
– *tuer des insectes:* richesse.
– *voir des insectes sur soi:* vous aurez de nombreux ennuis.
– voir également **ABEILLE, FOURMI**.

INSENSE: voir **FOU**.

INSENSIBLE: *être insensible:* en réalité vous êtes hypersensible.
– *voir quelqu'un d'insensible:* vous vous sentez incompris.

INSINUER (S'): manœuvre sournoise.

INSIPIDE: *goûter un aliment insipide:* vous avez peu de sens critique.

INSOLENCE: quelqu'un se mêle de vos affaires.
– *à votre égard:* discussions en famille.

INSPECTEUR: vous avez confiance dans une personne autoritaire.
– *académique:* adressez-vous à celui qui peut vous conseiller de façon correcte.

INSPECTION: certains subterfuges seront bientôt découverts.
– *faire une inspection:* vous voulez tout dominer.
– *subir une inspection:* ne comptez pas maintenir secrètes certaines informations.

INSTITUT: vous avez besoin de sécurité.
– *voir s'écrouler un institut:* vos certitudes s'écroulent.
– *construire un institut:* assurances.

INSTITUTION: modèles stables.
– *ne pas respecter les institutions:* si vous n'obéissez pas aux règles vous vous trouverez en difficulté.
– *culturelle:* vous approfondissez votre culture.

INSTRUCTEUR: règles qui donnent de bons résultats.
– *en sport:* effort qui donnera de nombreuses satisfactions.

INSTRUCTION: *avoir de l'instruction:* vous vous sentez supérieur aux autres.
– *ne pas avoir d'instruction:* complexe d'infériorité.

INSTRUIRE: voir **ENSEIGNER**.

INSTRUMENT (de musique): entretiens avec la personne aimée.
– *l'entendre:* propos agréables.
– *instrument à percussion:* un travail qui se répète mais dont vous êtes satisfait.
– *instrument de travail:* voir **OUTILS**.

INSUBORDINATION: vous respectez trop les hiérarchies.
– *insubordination à votre égard:* vous êtes en train de perdre votre pouvoir.

INSUFFISANCE: *à l'école:* grand manque de confiance en soi et peurs.

INSULTE: vous provoquerez l'éloignement d'une personne.
– *recevoir une insulte:* quelque chose vous a profondément offensé.

INSULTER: fausse décision.

INTELLECTUEL: *être intellectuel:* désir d'être le premier.
– *voir un intellectuel:* vous craignez de ne pas être à la hauteur de la situation.

INTEMPERIES: vous renoncerez à vos projets à cause de problèmes extérieurs.

INTERCEDER: *pour quelqu'un:* vous avez l'impression de protéger quelqu'un.

INTERCEPTER: *une communication téléphonique:* vous découvrirez des secrets importants.
– *une lettre:* connaître certains secrets peut être dangereux.

INTERDICTION: *pancarte d'interdiction:* vous êtes fatigué, mais vous êtes obligé de continuer.
– *de passage:* des obstacles insurmontables.
– *de tourner:* vous ne pouvez pas changer d'idée.
– *de fumer:* vos habitudes dérangent les autres.
– *la recevoir:* vous n'avez pas le courage de vous imposer.
– *ne pas la respecter:* décision et courage vous seront utiles.

INTERDIRE: *quelque chose:* insatisfactions dans tous les domaines.
– *par principe:* vous avez de gros complexes à surmonter.
– *de partir:* extrême attachement à la famille.

INTERDIT (stupéfait): *être interdit:* vous vous sentez mis à l'écart dans votre famille.

INTERETS: *faire mûrir des intérêts:* un travail bien organisé.
– *toucher des intérêts:* peu de travail, vous êtes sûr de votre position.

INTERMEDIAIRE: *entre deux personnes:* vous acceptez les compromis.
– *entre deux groupes:* avoir trop de responsabilités vous pèse.

INTERPHONE: *l'entendre sonner:* une personne très proche vous demande de l'aide.

INTERPRETE: demandez aux autres de vous aider à vous comprendre.
– *être interprète:* vous servirez d'intermédiaire entre deux personnes.

INTERPRETER: vous cherchez une réponse à tout.

INTERROGATOIRE: questions provocatrices.
– *subir un interrogatoire:* vous avez besoin de confesser quelque chose.
– *faire un interrogatoire:* curiosité malsaine.

INTERROGER: vous vous sentez toujours contrôlé.
– *à l'école:* vous essayez de décrire quelqu'un sous un mauvais jour.
– *être interrogé:* quelqu'un cherche à vous mettre en difficulté.

INTERROMPRE: *un voyage:* vous êtes prêt à partir.
– *une communication:* moments de détresse.
– *une personne qui parle:* moments de tension.

INTERRUPTION: *d'une route:* difficultés imprévues.

INTERVENTION: *chirurgicale:* voir **OPERATION**.

INTERVIEW: vous désirez bien connaître une personne.
– *faire une interview à quelqu'un:* vous cultivez une relation amicale.
– *se faire interviewer:* confiance envers les autres, vous confierez certains secrets.

INTESTIN: *voir ses propres intestins:* vous aurez du mal à rembourser une dette.
– *voir ses intestins en bon état:* bonne santé.
– *voir ses intestins malades:* période de faiblesse.
– *manger ses intestins:* désirs instinctifs.

INTIMER: *l'ordre de se rendre:* moment de grande confusion.

INTITULER: *un livre:* vous avez de grands projets en tête.

INTRODUCTION: *d'un livre:* vous cherchez un avis autorisé.
– *écrire une introduction:* vous voulez donner votre opinion.
– *d'une personne:* voir **PRESENTER**.

INTRODUIRE: *quelque chose:* désir sexuel.

INTUITION: *avoir une intuition:* vous êtes trop rationnel.

INVALIDE: *voir un invalide:* préoccupations pour votre santé.
– *être invalide:* vous vous sentez inutile.
– *devenir invalide:* vous quitterez bientôt votre travail.

INVASION: *de personnes ennemies:* angoisses et peurs.
– *d'animaux:* instincts mal réprimés.
– *de sauterelles:* perte de richesses.

INVENTAIRE: moment d'analyse intérieure.
– *faire un inventaire:* étudiez la situation avant d'agir.

INVENTER: créativité.
– *une solution:* vous êtes en difficulté.
– *une histoire:* vous avez beaucoup de fantaisie.
– *un mensonge:* tentative de défense.
– *une excuse:* personnalité peu claire.

INVENTION: *breveter une invention:* on vous reconnaîtra certains mérites.

INVISIBLE: *être invisible:* grande sûreté dans vos agissements.
– *désir d'être invisible:* vous désirez fuir le jugement des autres.

INVITATION: *faire une invitation:* disponibilité envers le prochain.
– *recevoir une invitation:* c'est votre grand désir.
– *refuser une invitation:* vous vous sentez supérieur aux autres.
– *à déjeuner:* amitié.
– *à dîner:* rapports formels.

INVITE: vous êtes bien inséré socialement.
– *avoir un invité chez soi:* soirées mondaines.
– *être invité:* vous aimez beaucoup être apprécié en société.
– *être le seul invité:* vanité excessive.

INVOQUER: *l'aide de quelqu'un:* des moments très tristes.

INVULNERABLE: *être invulnérable:* les dures expériences de l'existence vous ont fait mûrir.
– *chercher à blesser une personne invulnérable:* ennemis trop forts pour vous.

IRONIE: *faire de l'ironie:* vous blessez une personne.
– *sur vous-même:* vous vous sentez offensé.

IRRIGUER: amélioration de la situation économique.
– *les terrains des autres:* vous favorisez un ami.

IRRITATION: insécurités personnelles.
– *l'éprouver:* une haine inutile.

IRRITER (S'): une situation incompréhensible.

ISOLANT: *ruban isolant:* vous êtes hyper-protecteur.

ISOLEMENT: profonde dépression.
– *cellule isolée:* vos amis vous ont puni en vous laissant seul.

ISOLER: vous obtenez ce que vous voulez par la force.
– *une personne:* vous n'avez pas confiance en vos possibilités.
– *être isolé:* quelqu'un s'occupe de vous en supprimant votre liberté.

ITINERAIRE: *suivre un itinéraire:* peur des imprévus.
– *touristique:* vous avez confiance dans l'avis des autres.

IVOIRE: vous avez un grand sens artistique.
– *un anneau en ivoire:* vous recevrez bientôt une lettre d'amour.

IVRE: vous craignez de ne pas savoir vous contrôler.
– *se voir ivre:* période malheureuse, la situation vous échappe.
– *de vin:* désorientation, sentiments de culpabilité.
– *de liqueurs:* actions que vous n'arrivez pas à contrôler.

J

JACASSER: paroles dépourvues de signification.

JACINTHE: attention, période de malchance au jeu.

JAGUAR: un adversaire à craindre.

JALOUSIE: la personne que vous aimez ne vous comprend pas.
– *très forte:* attention aux pièges, prudence aussi en affaires.
– *manifester de la jalousie:* vous manquez de sang-froid et de confiance en vous.
– *tuer par jalousie:* vous commettrez une grave erreur d'évaluation.

JAMBES: *avoir des jambes parfaites:* satisfactions dans tous les domaines.
– *ne pas réussir à remuer les jambes:* vous avez des problèmes pour vous faire remarquer dans votre travail.
– *se casser les jambes:* période d'insatisfaction et d'indécision.
– *blessées:* un adversaire vous empêche de continuer votre route.
– *artificielles:* grave angoisse et perte de confiance dans vos possibilités.
– *avoir une jambe de bois:* un défaut physique vous fait souffrir.
– *sentir une douleur à la jambe:* cela peut être une façon de justifier votre paresse et votre indécision.

JAMBIERE: pour améliorer votre situation vous avez besoin d'une protection.

JAMBON: période incertaine, vous voulez trop à la fois.
– *l'acheter:* vous vous accordez quelques satisfactions.
– *le manger:* vous n'êtes plus aussi actif que par le passé, perte économique.

JARDIN: *cultivé et fleuri:* existence calme, travail.
– *à l'abandon:* votre égoïsme finira à la longue par vous nuire.
– *entouré d'un mur:* cœur sec.
– *couvert de neige:* vous êtes trop pessimiste; vous allez en effet connaître un moment plus favorable.
– *se promener dans un jardin:* un amour qui ne sera jamais partagé.
– *cultivé en potager:* richesse, un héritage est possible.
– *zoologique:* les situations immuables vous angoissent.

JARDINIER: ordre, propreté, bon rapport avec la nature.
– *être jardinier:* vos qualités vous aideront à connaître le succès.

– *voir un jardinier qui travaille:* il est nécessaire de mettre vos idées au clair.

JARRE: une information secrète pourrait bientôt être divulguée.
– *briser une jarre:* on découvrira vos secrets.

JARRETIERE: *voir une jarretière:* un amour chanceux.
– *lacer une jarretière:* vous ne voulez pas trop vous engager.
– *délacer une jarretière:* passion, désir.

JASMIN (fleur): période agréable, petites surprises.

JASMIN (parfum): vous attendez une rencontre avec la personne aimée.

JAUNE: caractère généreux et grande sagesse.

JAVELOT: prudence dans l'activité que vous avez entreprise.
– *lancer le javelot:* une décision importante.

JESUITE: vous ne savez pas vous contrôler.
– *être jésuite:* une situation problématique.

JETER: *quelque chose par la fenêtre:* conformisme dangereux.
– *des dragées:* vous vous laissez entraîner par la joie des autres.
– *se jeter par la fenêtre:* vous vous punissez par un moralisme excessif.
– *se jeter d'un train:* le moindre changement vous est insupportable.
– *un objet:* impulsivité dangereuse.
– *se jeter contre quelqu'un:* vous vous repentirez de vos décisions hâtives.

JETEUR DE SORT: la superstition ne vous aidera pas à résoudre vos problèmes.

JEUNE: vous avez un grand potentiel.
– *voir des jeunes:* désir de réussite pour ses enfants.
– *redevenir jeune:* les responsabilités vous pèsent beaucoup.
– *jeune femme:* quelques imprévus.
– *jeune homme:* chance si vous agissez avec intelligence.

JEUNE FILLE: *la voir:* moments d'incertitude.
– *redevenir jeune fille:* vous ne supportez pas les responsabilités que vous avez.

JEUNE HOMME: vous jugez votre maturité.
– *pour un vieux, l'être:* mauvais présage.
– *pour un homme:* bon présage.

JEUNER: trop d'avidité vous oblige à renoncer maintenant à certaines choses.
– *être obligé de jeûner:* quelqu'un se venge de vous; vous avez trop demandé.
– *pour démontrer quelque chose:* vous voulez vous faire remarquer.

JOCKEY: ne vous fiez pas à vos amis.
– *être jockey:* mauvais conseils.

JOINDRE: *quelque chose:* l'objet en question doit être considéré attentivement; cherchez un compromis ou mieux faites la paix.

JONC: vous n'êtes pas rigoureux et vous vous adaptez facilement à toutes les situations.

JONGLEUR: vous vous sentez différent des autres.

JOUER (d'un instrument): *bien:* équilibre intérieur.
– *mal:* contradictions intérieures.
– *d'un instrument à vent:* signe de succès.
– *d'un instrument à corde:* moments d'incertitude et de trouble.

JOUES: *voir une joue:* une personne que vous aimez.
– *rondes:* bonne santé.
– *creuses:* maladie imminente.
– *fardées:* vous cherchez à plaire à quelqu'un.
– *caresser une joue:* désir d'embrasser.

JOURNAL: *de bord:* apprenez à vous organiser.

JUBILER: joie due à une petite vengeance.
– *voir quelqu'un jubiler:* cette personne a tramé quelque chose dans votre dos.

JUGE: c'est votre conscience qui parle.
– *voir un juge:* désir de se conformer aux règles.
– *être juge:* difficulté à résoudre un problème personnel.
– *juge souriant qui officie:* vous ne vous sentez pas coupable, vous avez l'âme sereine.
– *sévère:* sentiment de culpabilité.

JUGE DE PAIX: discussions en famille.
– *l'être:* vous prendrez d'importantes décisions.

JUGE DE TOUCHE: on vous a choisi pour juger une situation.
– *voir un juge de touche:* attention à ne pas faire d'erreurs d'évaluation.

JUGER: ne vous occupez pas de ce qui ne vous regarde pas.
– *être jugé:* manque de sûreté en vous.
– *mal juger quelqu'un:* vous savez que vos jugements sont inconsidérés.
– *sur les apparences:* vous êtes très superficiel.
– *un livre:* principes moraux très rigides.
– *un spectacle:* attention, n'abusez pas de votre sens critique.

JUMEAUX: confusions, doutes.
– *frères:* une situation peu claire.
– *avoir un jumeau:* rivalité en famille.

JUMELLES: vous ne vous contenterez pas des apparences.

JUMENT: caractère tranquille avec cependant des sautes d'humeur imprévisibles.
– *chevaucher une jument:* vous cherchez à contrôler votre caractère.

JUNGLE: *voir la jungle:* une situation complexe qui vous fait peur.
– *y marcher:* vous cherchez à résoudre un problème épineux.
– *s'y perdre:* vous avez complètement perdu le contrôle de la situation.

JUPE: symbole de féminité.
– *voir une jupe:* attraction physique pour une femme.
– *courte* (pour une femme): audace, anticonformisme.
– *longue* (pour une femme): timidité, manque de confiance en soi.
– *porter une jupe* (pour un homme): vous voulez comprendre le point de vue de votre compagne.
– *s'accrocher aux jupes de quelqu'un:* indécision; vous dépendez beaucoup de votre famille.

JURE: vous avez des doutes devant un choix à faire.

JURER: vous n'avez pas le courage de reconnaître vos actions.
– *jurer quelque chose de faux:* une situation dangereuse.
– *demander à quelqu'un de jurer:* vous avez souvent été trompé.

JURISTE: fiez-vous au conseil d'un expert.
– *être juriste:* vous vous considérez comme quelqu'un de très objectif.

JURY: *voir un jury:* vous craignez le jugement et les réprimandes de vos amis.
– *faire partie d'un jury:* vous vous orienterez vers une position précise.

JUS: *de fruits:* une occasion exploitée au maximum.
– *de citron:* petits chagrins.

JUSTE: *chanter juste:* harmonie avec les personnes que vous fréquentez.

JUSTICE: conflits moraux très forts.
– *palais de justice:* voir **TRIBUNAL**.

JUSTIFICATION: *donner une justification:* vous ne voulez pas reconnaître vos erreurs.
– *accepter une justification:* vous surmonterez un conflit qui rendait irrespirable l'atmosphère familiale.

K

KAKI (fruit): vous attirez les regards sur vous; en réalité vous êtes fuyant.

KALEIDOSCOPE: vous voyez les choses de différentes façons.

KANGOUROU: inconstance, vous n'êtes pas attentif.
– *qui saute:* vous préférez éviter les obstacles plutôt que de les surmonter.

KEROSENE: ne gaspillez pas de l'énergie pour rien.

KIMONO: vous êtes fasciné par les pays orientaux.
– *porter un kimono:* vous êtes original.

KIOSQUE: *à journaux:* un travail provisoire.

KLAXON: *entendre un klaxon:* vous êtes exaspéré.
– *appuyer sur le klaxon:* vous êtes inquiet, vous voulez tout tout de suite.

KYSTE: situation normale qui se révélera pourtant peu à peu dangereuse.

L

LABORATOIRE: période de recherche.
– *travailler dans un laboratoire:* vous travaillez intensément.
– *posséder un laboratoire:* de nombreuses personnes vous aident à résoudre vos problèmes.

LABOURER: exprimer sa propre énergie vitale.

LABYRINTHE: une situation très complexe.
– *se trouver dans un labyrinthe:* grande confusion mentale.
– *trouver la sortie d'un labyrinthe:* une analyse vous aidera à résoudre vos problèmes.
– *ne pas réussir à trouver la sortie:* vous ne réussissez pas à éclaircir vos idées.
– *voir quelqu'un dans un labyrinthe:* un ami traverse une période sombre.
– *emprisonner quelqu'un dans un labyrinthe:* vous êtes délibérément vague et confus.

LAC: symbole positif.
– *être sur la rive d'un lac:* période positive en amitié et dans le travail.
– *se baigner dans un lac:* la malchance vous guette.
– *naviguer sur un lac:* voyages tranquilles et peu importants.
– *vivre au bord d'un lac:* calme, manque de stimulation.

LACER: *ses chaussures:* votre situation est sans issue.
– *quelque chose:* vos rapports sentimentaux deviendront plus profonds.

LACERER: un éloignement douloureux.
– *du papier:* rupture de contrats.
– *des vêtements:* une situation imposée par la force.

LACET: un lien très important.
– *être lié:* impossibilité d'agir.
– *hémostatique:* une question vitale.
– *de chaussures:* un lien momentané.
– *de chaussures cassé:* de petits ennuis.

LACUNE: *avoir des lacunes:* vous ignorez certaines questions importantes.
– *combler une lacune:* situation rassurante.

LAGUNE: calme forcé.
– *voir une lagune:* malchance due au manque d'initiative.

LAID: *se sentir laid:* vous n'avez pas confiance en vous.
– *voir une personne laide:* peur, manque de confiance.

LAINE: une protection sûre.
– *filer de la laine:* voir **FILER**.
– *voir de la laine:* un travail très lent.
– *acheter de la laine:* vous avez de bons appuis, ne craignez pas d'entreprendre un travail nouveau.
– *vêtements en laine:* ils vous protègent tout en étant discrets.

LAIT: richesse et santé.
– *boire du lait:* vous connaîtrez bientôt une belle histoire d'amour.
– *renverser du lait:* période de difficultés.
– *acheter du lait:* possibilité de richesses.
– *tourné:* il convient d'attendre avant d'agir.

LAITAGES: énergie et santé.

LAITIERE: une personne qui réconforte et qui rassure.

LAITUE: *voir une laitue:* nouveautés et chance.
– *manger de la laitue:* un léger déplaisir.

LAMA (animal): trop de patience peut être nuisible.

LAME: *vêtement en lamé:* succès en société.

LAME: *d'un couteau:* agressivité.
– *tenir un couteau par la lame:* vous êtes dans une mauvaise position.
– *affûter un couteau:* vous voulez blesser quelqu'un psychologiquement.
– *émousser la lame d'un couteau:* vous avez mal agi, et vous n'avez pas obtenu le résultat attendu.
– *de rasoir:* quelque chose d'insignifiant peut devenir dangereux.

LAMENTATIONS: *entendre des lamentations:* quelqu'un vous demande de l'aide.

LAMENTER (SE): la situation est bonne, mais l'insatisfaction est trop profondément ancrée en vous.
– *se lamenter avec quelqu'un:* vous n'obtiendrez pas ce que vous désirez si vous n'agissez pas.
– *entendre quelqu'un se lamenter:* vous méprisez les personnes qui ne savent pas agir.

LAMPADAIRE: situation familiale claire.
– *éteint:* confusion en famille.
– *briser un lampadaire:* période d'incompréhensions.

LAMPE: besoin d'amitié et de compréhension.
– *allumer une lampe:* vous cherchez de l'affection.
– *éteindre une lampe:* vous renoncez à l'amitié.
– *porter une lampe:* vous cherchez la clarté.

LAMPION: un guide sûr.
– *voir beaucoup de lampions:* la route que vous avez choisie ne sera pas difficile.
– *lampions brisés ou cassés:* difficultés à atteindre les objectifs fixés.

LANCE: dangers sournois.
– *lancer une lance:* objectifs précis.

LANCE-FLAMMES: une personne très dangereuse.

LANCER: *quelque chose:* une décision impulsive.
– *des pierres:* protestations inutiles.
– *se lancer vers quelqu'un:* un accrochage très dur.
– *se lancer en parachute:* voir **PARACHUTE**.
– *un javelot:* voir **JAVELOT**.
– *le disque:* n'agissez pas instinctivement.
– *un navire sur l'eau:* bonnes nouveautés en vue.

LANDAU: âme maternelle.
– *pousser un landau:* grande satisfaction en famille.
– *plein:* chance, moments de grande joie.
– *vide:* problèmes de stérilité.

LANDE: solitude douloureuse.
– *se perdre dans une lande:* difficulté à trouver des amis.

LANGOUSTE: vous cherchez à paraître meilleur que vous ne l'êtes.

LANGUE: communication.
– *voir une langue:* commérages.
– *gonflée:* maladie en vue.
– *saine:* affaires malheureuses.
– *liée:* on vous empêche de parler.
– *longue:* vous ne savez pas garder des secrets.
– *poilue:* discrétion.
– *se mordre la langue:* repentir.
– *montrer sa langue à quelqu'un:* offenses peu importantes.
– *chargée:* affaires peu importantes.
– *entendre parler une langue étrangère:* vous êtes désorienté.
– *parler une langue étrangère:* souplesse, promptitude d'esprit.

LANGUEUR: *sentir une langueur:* carence affective.

LANTERNE: vous viendrez à bout des difficultés du moment.
– *à huile:* vous manquez de méthode.
– *chercher quelque chose sur la lanterne:* tentatives inutiles.
– *magique:* votre ingénuité vous fera souffrir.

LAPIDER: *quelqu'un:* vous êtes trop vindicatif.
– *être lapidé:* vous avez fait de profondes offenses.
– *assister à une lapidation:* vous cachez une trahison.

LAQUAIS: dépendance excessive.
– *être un laquais:* vous ne savez pas vous imposer.
– *avoir un laquais:* vous aimeriez être servi.

LAQUE: immobilisme.
– *mettre de la laque sur ses cheveux:* vous êtes décidé à ne pas changer.

LARD: *voir du lard:* bonnes affaires.
– *frais:* chance momentanée.

– *salé:* gestion intelligente de vos biens.
– *manger du lard:* satisfactions économiques.
– *faire fondre du lard:* esprit d'initiative.

LARME: vous désirez être consolé.
– *voir couler des larmes:* les moments de joie arriveront bientôt.
– *sur ses propres joues:* vous vous plaignez vous-même.
– *sur le visage de quelqu'un:* vous avez causé une grosse peine.

LARVE: *voir une larve:* situation complètement passive.

LATIN: vous ne comprenez pas une certaine façon de s'exprimer.
– *étudier le latin:* vous avez des difficultés à comprendre une personne.
– *parler en latin:* vous êtes délibérément incompréhensible.

LATRINES: problèmes psychologiques.

LAURIER: *feuille de laurier:* le bon sens vous aidera dans vos choix.
– *couronne de laurier:* succès proche.

LAURIER-ROSE: on vous fera des propositions inhabituelles.
– *en fleurs:* sympathie hypocrite.
– *voir les feuilles d'un laurier-rose:* attention aux pièges qui vous sont tendus.

LAVABO: *voir un lavabo:* vous cherchez à prolonger votre sommeil.

LAVANDE: petites satisfactions.
– *parfum de lavande:* les choses insignifiantes vous intéressent.

LAVE: une situation explosive.
– *qui s'écoule:* vous serez impliqué dans une situation difficile.
– *être renversé par la lave:* mauvais présage.
– *solidifiée:* une situation désormais stable et immuable.

LAVER (SE): amélioration de la situation économique.
– *les mains:* renonciations.
– *le visage:* clarté, honnêteté.
– *les pieds:* chance et esprit d'initiative.
– *la tête:* rencontres importantes.

LAVER: satisfactions familiales.
– *quelqu'un:* altruisme.
– *ses enfants:* le travail domestique vous hante.
– *dans de l'eau propre:* sérénité.
– *dans des eaux sales:* désillusions.
– *la vaisselle:* peu de satisfactions dans le travail.

LAVERIE: votre travail sera moins dur.

LAYETTE: *préparer de la layette:* vous désirez un enfant.
– *offrir de la layette:* vous avez renoncé à l'idée de la maternité.

LAZARET: vous craignez les périodes de mauvaise santé.
– *être dans un lazaret:* vous êtes en contact avec une personne malade.

LECHER: *quelque chose:* sensations agréables.
– *quelqu'un:* il ne sert à rien d'aduler ses ennemis.
– *une sucette:* nostalgie de l'enfance.
– *ses blessures:* essayez de vous consoler et de réagir.
– *être léché:* on essaye de vous corrompre.
– *se lécher les lèvres:* de grandes satisfactions vous attendent.

LEÇON: conseils dans l'air.
– *assister à une leçon:* quelqu'un se préoccupe de vous.
– *manquer une leçon:* vous avez raté une rencontre utile.
– *donner une leçon:* vous êtes en train d'aider certaines personnes.

LECTURE: *salle de lecture:* moments de concentration.

LEGENDE: *lire une légende:* quelque chose n'est pas clair dans votre esprit.
– *écrire une légende:* vous savez que vous ne savez pas bien vous expliquer.
– *écouter une légende:* vous êtes sensible aux traditions.
– *raconter une légende:* vous suivez les schémas du passé.

LEGERETE: *sensation de légèreté:* vous serez plus libre.
– *manque d'attention:* petits remords.

LEGS: vous demandez une aide économique.
– *laisser un legs:* bonne entente avec la famille.
– *recevoir un legs:* quelqu'un pense à vous.
– *refuser un legs:* vous tenez beaucoup à votre indépendance économique.

LEGUMES: période malchanceuse.
– *manger des légumes:* la situation économique va empirer.
– *les cultiver:* satisfactions en famille.
– *les manger crus:* soucis pour votre santé.
– *les faire cuire:* préoccupations ennuyeuses.

LENIFIANT: une aide vous fera oublier vos préoccupations.

LENTILLES: chance et argent.
– *manger des lentilles:* vous recevrez bientôt de l'argent que vous n'attendez pas.
– *cuire des lentilles:* situation d'attente.

LEOPARD: agressivité injuste.
– *tuer un léopard:* vous battrez une personne inique.

LEPRE: *avoir la lèpre:* vous ne comprenez pas pourquoi on vous tient toujours à l'écart.

LESBIENNE: *pour un homme:* peu de succès en amour.
– *pour une femme:* amitié sincère.

LESSIVE: *étendre la lessive:* vous voulez faire connaître à tout le monde vos affaires personnelles.
– *faire la lessive:* de temps en temps vous sentez le besoin de faire un examen de conscience.

LEST: vous êtes obligé de ne pas changer d'idée.
– *l'avoir:* équilibre forcé.
– *le lâcher:* vous serez libre de faire ce que vous voulez.

LETHARGIE: *tomber en léthargie:* période oisive.
– *voir un animal en léthargie:* vous enviez ceux qui n'ont rien à faire.

LETTRE: *recevoir une lettre:* bonnes nouvelles.
– *écrire une lettre:* nouvelles incertaines.
– *personnelle:* nouvelles de la personne aimée.
– *illisible:* une question complexe et difficile à résoudre.
– *écrire une lettre à la personne aimée:* il y a longtemps que vous ne donnez pas de vos nouvelles.
– *en langue étrangère:* des moments d'incompréhension dont vous viendrez à bout.
– *mettre une lettre à la boîte:* vous recevrez bientôt des nouvelles d'amis lointains.
– *anonyme:* ne vous laissez pas impressionner par de fausses menaces.

LEURRER: *quelqu'un:* fausseté que vous n'admettez pas.
– *se leurrer:* vous ne voulez pas affronter la situation.

LEVAIN: puissance.
– *acheter du levain:* vous êtes prêt à utiliser toute votre puissance.
– *mettre du levain dans un aliment:* satisfactions dans le travail.
– *pour les femmes:* désir de rester enceinte.

LEVER: *quelque chose:* sensation d'abandon.
– *les yeux:* celui qui vous a offensé vous fera des excuses.
– *la tête:* il est temps de prendre votre revanche.
– *les mains:* en réalité vous êtes faible et vous ne savez pas vous défendre.
– *l'ancre:* vous coupez les ponts avec le passé.
– *du soleil:* voir **SOLEIL**.

LEVER (SE): *de son lit calme et reposé:* la journée sera sereine.
– *d'un fauteuil fatigué:* maladie imminente.
– *d'une chaise:* visites inattendues.

LEVIER: *en fer:* vous allez transformer une situation défavorable à votre avantage.
– *en bois:* tentatives inutiles pour changer la situation.

LEVRES: *rouges:* sécurité affective.
– *pâles:* faiblesse.
– *bleues:* maladie.
– *coupées:* trahisons.
– *tendre les lèvres:* désir amoureux.
– *mordre les lèvres:* repentir.
– *sèches:* période de difficultés.

LEVRIER: intelligence prompte.

LEZARD: légèreté.
– *qui traverse la rue:* méfiez-vous des avertissements que l'on vous donne.
– *au soleil:* quelqu'un que vous croyez inoffensif vous prépare un piège.
– *sans queue:* vous causerez de graves blessures.

LIANE: une solution rapide mais peu probante.
– *rester pris dans des lianes:* ce qui vous semblait être une aide est devenu un obstacle.

LIBELLULE: incohérence et légèreté.

LIBERER: *quelqu'un:* vous accorderez un peu de liberté.
– *être libéré:* la liberté et la confiance vous seront accordées.
– *un animal:* des actions raisonnables.

LIBERTE: désir d'indépendance.
– *obtenir la liberté:* vous paierez cher votre autonomie.
– *accorder la liberté:* c'est ce que vous souhaiteriez.
– *demander la liberté:* vous obtiendrez confiance et soutien.

LIBERTIN: *être un libertin:* vous vous vantez de vos succès.

LIBRAIRE: une personne qui sait donner d'excellents conseils.
– *être libraire:* vous vous considérez comme une personne très sage.

LIBRAIRIE: elle représente vos connaissances.
– *en désordre:* des idées confuses.
– *en ordre:* caractère rationnel, équilibré.
– *pleine de livres:* vous élargirez votre culture.
– *vide:* pauvreté culturelle.

LICENCE: ambition et désirs.
– *être licencieux:* votre méthode n'est pas la bonne.
– *obtenir une licence:* succès en amour ou dans le travail.
– *diplôme:* vos difficultés actuelles vous rappellent les difficultés passées.

LICENCIEMENT: manque de sécurité.
– *demander un licenciement:* courage, désir de nouveauté.
– *se voir refuser une demande de licenciement:* vous avez trop d'estime pour vous-même.

LICENCIER: *être licencié:* manque de confiance en vous, qui empêche les actions et les initiatives.
– *licencier quelqu'un:* vous éloignerez définitivement une personne dont la présence vous pèse.

LICORNE: une situation nouvelle et inquiétante.

LIE: ne faites pas de discriminations.
– *recueillir la lie:* la situation s'améliorera.

LIEGE: vous êtes peu sérieux et résolu.
– *objets en liège:* questions que vous traitez légèrement.

LIEN: *rompre un lien:* graves changements dans votre vie.
– *serrer des liens:* une affection se transformera en amour.

LIER: *quelque chose:* vous êtes très jaloux et très possessif.
– *quelqu'un:* vous avez un très grand sens de la propriété.
– *être lié:* vous vivez avec des gens qui limitent votre liberté.

LIERRE: un amour obsessionnel.
– *recevoir un lierre en cadeau:* on vous aime profondément.
– *offrir un lierre:* amour solide avec beaucoup de jalousie.
– *planter du lierre:* vous posez les bases d'une forte amitié.
– *tenir en main une branche de lierre:* la relation que vous croyiez si solide s'est brisée.

LIEU: peut représenter votre milieu idéal.
– *habité:* les rapports forcés avec des étrangers vous dérangeront.
– *sombre:* vous vous sentez désorienté.
– *illuminé:* vous vous sentez prêt à prendre une décision.

LIEVRE: *voir un lièvre:* fuites.
– *suivre un lièvre:* efforts inutiles.
– *tirer sur un lièvre:* ne cherchez pas à conquérir quelqu'un par la force.
– *manger un lièvre:* vous vous vengerez durement.

LIGNE: *suivre une ligne:* cohérence.
– *droite:* caractère rigide.
– *brisée:* brusques changements d'humeur.
– *courbe:* indécision, caractère nonchalant.
– *de départ:* une dure épreuve vous attend.
– *d'arrivée:* vous attendez une récompense pour vos mérites.
– *y arriver:* objectifs atteints.
– *la voir mais ne pas arriver à l'atteindre:* quand vous pensiez être à l'abri un contretemps dangereux est intervenu.

LIGNE (pour la pêche): pièges.
– *voir une ligne:* quelqu'un cherche à vous attirer dans un piège.
– *tenir une ligne en main:* vous tendez un piège.

LILAS: *fleur:* instants très sentimentaux.
– *parfum de lilas:* souvenir d'un amour lointain.
– *couleur:* romantisme.

LIMACE: possibilité de gains importants.
– *voir une limace avancer:* paresse et inconstance vous seront nuisibles.
– *manger des limaces:* possibilités de pertes d'argent.

LIME: un travail lent qui vous apporte peu de satisfactions.
– *pour des grosses barres:* difficultés pour obtenir les résultats désirés.
– *à ongles:* petites pertes de temps.

LIMIER: vous n'arrivez pas à vous débarrasser d'une personne.
– *qui vous suit:* vous vous sentez persécuté.

LIMITE: tentative de convaincre.
– *de vitesse: dépasser la limite de vitesse:* vous courez volontairement certains risques.
– *voir une limitation de vitesse:* un précieux avertissement.

LIMONADE: moments de soulagement.
– *boire de la limonade:* vous avez très soif sans doute à cause d'aliments très secs que vous avez absorbés.

LIN: *plante:* si vous avez soin de votre travail, vous en retirerez de grandes satisfactions.
– *tissu de lin:* pureté, honnêteté.

LINGE: secrets de famille.
– *étendu sur un fil:* ne mêlez pas les voisins à vos discussions.
– *acheter du linge:* vous vous préparez au mariage.
– *pour le lit:* grave maladie.
– *de table:* fête inattendue.
– *sale:* vous êtes un maniaque de la propreté.
– *repassé:* vous avez belle tournure.
– *le mettre à sécher:* vos voisins découvriront vos secrets.
– *le ramasser:* il est trop tard pour éviter les médisances.
– *le coudre:* remédiez aux erreurs commises.
– *le laver chez soi:* vous êtes jaloux des secrets de famille.
– *le laver au dehors:* médisances dans l'air.
– *porter celui d'un autre:* vous essayez de vous identifier à cette personne.

LION: équilibre et impulsivité.
– *voir un lion:* vous êtes fier d'avoir mûri.
– *qui avance:* vous avez peur d'être submergé par vos instincts.
– *en cage:* faire du tort à un ami ou à un parent.
– *tuer un lion:* la raison a vaincu les instincts.
– *être assailli par un lion:* dispute avec une personne très orgueilleuse.
– *vaincre un lion:* bon présage, vous sortirez vainqueur d'une dispute difficile.

LIONNE: sécurité, fierté.
– *lionne et ses petits:* vous défendez jusqu'au bout vos biens.

LIQUEUR: confusion mentale.
– *boire un petit verre de liqueur:* moments agréables, légère ébriété.
– *faite à la maison:* imbroglio familial.
– *très forte:* une énergie que vous dépenserez rapidement.
– *renverser une liqueur:* vous voulez rester lucide.
– *acheter une caisse de liqueurs:* période peu productive.

LIQUIDATION: *attendre une liquidation:* période d'ennui, vous manquez de moyens financiers.

LIRE: cherchez à vous informer.
– *des livres:* vous ne vous sentez pas préparé.
– *des lettres:* bonnes nouvelles.
– *des affiches:* nouvelles peu importantes.
– *mal:* vous avez peur de montrer votre manque de préparation.
– *à voix haute:* vous voulez impliquer les autres dans vos problèmes personnels.

LISTE: projets, programmes.
– *d'invités:* vous tester la sincérité de vos amis.
– *de commissions:* c'est le bon moment pour faire des achats, mais n'exagérez pas.
– *électorale:* scrupule, sens social.
– *d'attente:* votre heure arrivera bientôt.
– *noire:* vous avez éloigné de faux amis.

LIT: vie de couple.
– *faire un lit:* harmonie dans la vie sentimentale.
– *défaire un lit:* disputes et incompréhensions avec votre partenaire.
– *être allongé sur un lit:* risque de maladie.
– *être debout sur un lit:* hypertension.
– *voir un lit vide:* relation amoureuse interrompue.
– *très grand:* solitude.
– *petit lit:* étouffement.
– *être au lit le jour:* travail incertain.
– *pliant:* rapport instable.
– *de camp:* besoin de repos.
– *de camp militaire:* situation précaire.

LITHOGRAPHIE: le côté historique de chaque chose vous intéresse.
– *acheter une lithographie:* des investissements intelligents.

LITIERE: sensibilité et attention.

LITTERATURE: désir de connaissance.
– *lire un texte de littérature:* de précieux conseils.
– *étudier la littérature:* expériences culturelles.

LIVRE: *le lire:* voir **LIRE**.
– *acheter des livres:* de nouvelles connaissances.
– *ouvert:* acceptez les conseils.
– *fermé:* vous avez un esprit étroit.
– *perdre un livre:* graves oublis.
– *de cuisine:* invitations importantes.
– *ne pas trouver un livre en librairie:* vous avez un besoin urgent de connaître un certain événement.
– *écrire un livre:* voir **ECRIRE**.

LOBE: *de l'oreille:* une pensée tendre.

LOCK-OUT: *dans une usine:* imprévus que vous n'arrivez pas à contrôler.

LOCOMOTIVE: des voyages très utiles.
– *en marche:* la chance arrive.
– *arrêtée:* vos complexes vous bloquent et vous empêchent d'agir.
– *qui déraille:* beaucoup de malchance en prévision.

LOGE (de théâtre): position dominante.
– *y être:* succès et chance.
– *être dessous:* vous enviez ceux qui ont fait carrière.

LOGE (de concierge): position de prestige.

LOI: *respecter la loi:* peur et sens de la justice.
– *violer la loi:* vous aimeriez faire la loi.

LOIR: vous avez tendance à être un peu paresseux, mais vous êtes capable d'avoir une grande activité.
– *voir un loir qui dort:* une situation inévitable.

LOMBRIC: petits pièges que vous devez éviter.
– *élever des lombrics:* vous désirez faire fortune sans vous fatiguer.

LONGUE VUE: quelqu'un vous donnera la possibilité de connaître des informations importantes pour votre carrière.
– *regarder dans une longue vue:* finalement vous découvrirez la vérité sur bien des gens.

LORGNER: voir **EPIER**.

LOTERIE: combats inégaux.
– *jouer à la loterie:* vous avez confiance en vous.

LOTION: *acheter une lotion:* tentatives pour vous améliorer moralement.
– *utiliser une lotion:* vous changez rapidement.

LOTO: essais pour gagner.
– *jouer au loto:* perte assurée.
– *voir des nombres en rêve:* vous n'avez pas de possibilités de gagner.
– *écouter un défunt qui vous donne les nombres à jouer au loto:* la chance est de votre côté.

LOTO (jeu d'enfant): vous aimez le risque; tentez la fortune.

LOTUS: *voir une plante de lotus:* désir d'oublier.
– *manger du lotus:* vous oublierez vos angoisses.

LOUANGES: *entendre des louanges:* vous avez peur que quelqu'un dise du mal de vous.
– *à l'école:* vous avez besoin qu'on vous rassure.
– *sur votre travail:* vous n'avez pas confiance dans les flatteurs.

LOUCHE: *l'être:* une situation qui ne vous paraît pas très claire.

LOUER: vous désirez être loué.
– *se louer:* vous vous récompensez tout seul.

LOUER: *quelque chose:* une aide précieuse.
– *une voiture:* un voyage imprévu.
– *une bicyclette:* moments désagréables en société.

LOUP: possibilités de vengeance.
– *qui court:* petites vengeances.
– *être assailli par un loup:* souffrances, dommages que vous causent des personnes malveillantes.
– *éloigner un loup:* vous êtes psychologiquement plus fort que vos ennemis.
– *tuer un loup:* vous deviendrez sûr de vous.
– *loup-garou:* sentiments inutiles de culpabilité.
– *louveteau:* jeux dangereux.

LOUPE: vous comprendrez mieux la situation.
– *voir une loupe:* vous avez besoin de clarté.
– *acheter une loupe:* vous désirez avoir une meilleure vision des choses.
– *briser une loupe:* malchance.

LOUTRE: rencontres qui peuvent vous procurer des avantages économiques.
– *fourrure de loutre:* vanité inutile.

LOYAL: *être loyal:* vous êtes content de vous.
– *avoir un ami loyal:* grande sécurité.

LUBRIFIANT: vous avez besoin d'aide.

LUCARNE: vous cherchez un peu de clarté.

LUCIFER: voir **DIABLE**.

LUGUBRE: *quelque chose de lugubre:* vous traversez une période négative.
– *une personne lugubre:* sa tristesse vous influence profondément.

LUISANT: vous serez trompé par les apparences.

LUMIERE: vous avez les idées claires.
– *soudaine:* illusions momentanées.
– *éteindre la lumière:* volonté de garder un secret.
– *allumer la lumière:* quelques bonnes idées.
– voir également **LAMPE**.

LUNE: symbole féminin.
– *pleine lune:* bonheur et richesse.
– *croissante:* affaires positives.
– *décroissante:* problèmes.
– *claire:* moments tristes.
– *lune et nuages:* une passion vous fera souffrir.

LUNETTES: la situation vous apparaît confuse.
– *perdre ses lunettes:* vous vous sentez perdu.
– *casser ses lunettes:* soyez prudent.
– *porter des lunettes:* vous cherchez la vérité.

LUTHIER: *voir un luthier:* vous appréciez les gens qui créent des objets selon les traditions.
– *être luthier:* désir d'exercer une activité manuelle.

LUTIN: vous êtes crédule et fantaisiste.

LUTRIN: une petite aide pour agir de façon plus ordonnée.

LUTTE: *avec un ami:* vous ne voulez pas admettre certaines divergences de caractère.
– *avec un parent:* disputes en vue.
– *avec un inconnu:* vous avez besoin de libérer votre rage.
– *avec une personne décédée depuis longtemps:* vous ne lui avez jamais pardonné certaines erreurs.
– *avec un enfant:* mauvais présage, problèmes familiaux.

– *avec des animaux:* tensions et peurs, vous vous débattez entre deux choix possibles.
– *corps à corps:* il s'agit pour vous d'une question importante.
– *gagner une lutte:* vous venez à bout de vos problèmes.
– *perdre la lutte:* les rancœurs continueront à vous tourmenter.

LUTTEUR: *voir un lutteur:* vous vous confiez à quelqu'un de fort.
– *être un lutteur:* vous ne faites que provoquer des disputes.

LUXE: désirs irréalisables.
– *vivre dans le luxe:* vous manquez d'esprit pratique.

LUXURIEUX: *être luxurieux:* instincts incontrôlables.

LYCEE: *pour ceux qui ont passé le baccalauréat:* nostalgie de l'adolescence.
– *pour les autres:* désir d'approfondir sa culture.

LYNCHER: *quelqu'un:* vous éprouvez une haine incontrôlable.
– *être lynché:* faites attention à ne pas offenser des personnes très sensibles.

LYNX: hostilité, pièges.
– *voir un lynx:* naissance de tensions avec une personne ambiguë.
– *tuer un lynx:* vous éliminerez doutes et incertitudes.

LYRIQUE: *composer de la musique lyrique:* désir d'exprimer des sentiments romantiques.

LYS: spiritualité.
– *cueillir un lys:* vous désirez la pureté de la femme aimée.
– *emblème:* pureté, honnêteté.

M

MACHINATION: soupçons et trahisons.
– *la faire:* vous êtes hypocrite et faux.
– *la subir:* vous êtes en train de préparer une vengeance.

MACHOIRE: forte personnalité.
– *voir une mâchoire:* bonne santé.
– *proéminente:* vous vous imposez à tous.
– *claquer des dents:* grande peur.
– *avoir des mâchoires de verre:* vous n'êtes pas prêt pour accuser les coups les plus durs.
– *remuer les mâchoires:* nervosité.
– *brisée:* période d'extrême faiblesse.
– *fuyante:* incapacité d'affronter certaines situations.

MAÇON: travail mal récompensé.
– *être maçon:* un travail difficile et mal payé.

MAGASIN: *plein:* vous avez de nombreuses ressources.
– *vide:* vous avez épuisé vos ressources d'énergie.
– *plein de vieux objets:* il faut renouveler vos énergies.
– *grand magasin:* vous désirez avoir plusieurs possibilités de choix.
– *fonds de magasin:* on vous réservera les pires choses.

MAGAZINE: nouvelles idées, trouvailles.

MAGE: manque de sécurité et inquiétude.
– *voir un mage:* vous aimeriez être capable de faire de la magie.
– *parler à un mage:* ne vous laissez pas entraîner par une personne rusée.
– *être un mage:* vous croyez avoir beaucoup de pouvoir.

MAGICIENNE: une femme qui fait des promesses illusoires.
– *être une magicienne:* désir de résoudre facilement une situation.

MAGIE: *faire de la magie:* vous acquerrez un pouvoir inespéré.
– *voir de la magie:* vous êtes très sceptique sur les capacités d'une personne.

MAGISTRAT: vous craignez les problèmes avec la justice.
– *être magistrat:* vous vous considérez équilibré et impartial.

MAGNETISER: *quelque chose:* cet objet vous attire beaucoup.
– *magnétiser du regard:* vous vous considérez comme une personne irrésistible.

MAGOT: vous êtes superficiel et vaniteux.

MAI: période de repos.

MAIGRE: pauvreté, manque d'argent.
– *si l'on est gros:* cela peut simplement représenter le désir d'être maigre.
– *voir des amis maigres:* vous ne serez pas le seul à souffrir d'une situation de misère.
– *voir des animaux maigres:* très mauvaises affaires.
– *acheter des animaux maigres:* assurez-vous du sérieux des personnes avec lesquelles vous traitez.

MAIGRIR: appauvrissement physique et économique.
– *volontairement:* attention aux dépressions.
– *involontairement:* vous vous autopunissez.
– *voir quelqu'un qui maigrit:* quelqu'un perdra autorité et estime à vos yeux.

MAILLOT: *de bain:* vous partirez bientôt en vacances.
– *voir un maillot de corps:* vous aimez vous sentir libre.
– *se vêtir d'un maillot de corps:* vous souffrez lorsque vous n'êtes pas habillé correctement.

MAIN (S): elles représentent votre travail.
– *droite:* pouvoir équilibré.
– *gauche:* caractère irrationnel.
– *perdre une main:* crise dans le travail.
– *avoir les mains saines:* vous conduirez sans problème un travail à terme.
– *mains sales:* vous avez mauvaise conscience.
– *avoir les deux mains amputées:* grave problème financier.
– *avoir les mains sanglantes:* vous avez obtenu ce que vous vouliez sur le dos des autres.
– *avoir une main levée:* promesse solennelle.
– *avoir les deux mains levées:* symbole de reddition.
– *avoir les mains gonflées:* maladie.
– *avoir la main lourde:* vous avez l'âme d'un justicier.

MAIRE: *le voir:* vous avez besoin d'un appui important.
– *l'être:* vous cherchez le pouvoir sous toutes ses formes.

MAIRIE: vous devez prendre des décisions importantes.
– *aller à la mairie:* vous devez résoudre une question complexe.
– *travailler à la mairie:* vous voulez vous ranger du côté du pouvoir.
– *vivre à la mairie:* vous désirez avoir du pouvoir.

MAIS: succès en amour.
– *en manger:* moments tendres et doux.

MAISON: *votre maison:* la famille est pour vous le milieu idéal.
– *de quelqu'un d'autre:* vous vous sentez à l'aise en compagnie d'amis.

– *petite:* vous n'enviez pas ceux qui ont plus que vous.
– *grande:* c'est le moment de tenter votre chance.
– *construire une maison:* vous travaillez sur des bases sûres.
– *démolir une maison:* vous voulez rompre avec le passé.
– *incendiée:* quelqu'un veut ruiner vos rapports familiaux.
– *abandonnée:* vous vivrez bientôt seul.
– *de couture:* un lieu tranquille mais sensible aux changements.

MAITRE/MAITRESSE D'ECOLE: en suivant un bon guide vos projets aboutiront.
– *devenir maître d'école:* malchance.
– *maître d'école primaire:* vous savez que vous avez beaucoup de chemin à faire.
– *maître de danse:* une personne vous apprendra comment vous comporter dans votre milieu.
– *maître de musique:* satisfactions artistiques.
– *maître d'escrime:* vous affronterez une grave dispute.
– *maître de mathématique:* vous devez affronter les choses plus rationnellement.
– *être un maître-maçon:* vous construisez votre futur avec responsabilité.

MAJEUR: *l'être:* vous n'êtes pas aussi mûr que vous voudriez l'être.

MAJORDOME: *voir un majordome:* quelqu'un s'occupe de votre famille à votre place.
– *être un majordome:* formalisme, correction.

MAJORITE: *faire partie de la majorité:* l'avis des autres vous rassure.

MAJUSCULE: *écrire en lettres majuscules:* vous donnez trop d'importance à un problème précis.

MAL: *physique:* angoisse devant des efforts difficiles.
– *à la tête:* vous devez prendre des décisions importantes.
– *à l'estomac:* vous n'avez pas "digéré" une réprimande.
– *aux dents:* danger de maladie.
– *aux yeux:* une situation confuse.
– *moral:* grandes désillusions.
– *faire du mal:* revanches inutiles.
– *se faire mal:* désir d'autopunition.

MALADE: *être malade:* vous êtes en bonne santé physiquement mais vous avez des problèmes psychologiques.
– *qui pleure:* courage et force de caractère.
– *voir un enfant malade:* problèmes familiaux.
– *qui dort:* vous ne vous sentez pas aidé dans votre travail.
– *mourant:* vous avez peur des changements d'existence.
– *assister un malade:* vous voulez remédier à un tort que l'on vous a fait.
– *rendre visite à un malade:* vous craignez pour la santé d'un ami.
– *avoir le cœur malade:* une passion secrète vous fait souffrir.

MALADIE: tristesse, manque de sécurité.
– *être couché et malade:* vous êtes anxieux et avez probablement besoin de repos.

– *craindre la maladie:* vous ne vous sentez pas prêt à affronter une période difficile.
– *de vos parents:* vous n'y êtes pour rien et vous vous sentez coupable.
– *du partenaire:* vous avez fait une erreur et vous croyez avoir causé beaucoup de douleur.

MALAISE: *avoir soudainement un malaise:* appréhensions injustifiées.

MALARIA: *attraper la malaria:* les mauvaises fréquentations vous causeront du tort.
– *se vacciner contre la malaria:* vous acquerrez confiance en vous et sang-froid.

MALCHANCE: *l'avoir:* vous vous sentez persécuté, vous n'avez pas confiance dans l'avenir.

MALE: pouvoir masculin.
– *pour les femmes:* conflits et désirs.
– *pour les hommes:* oppositions.

MALEFICE: des freins qui compromettent la productivité.
– *être victime d'un maléfice:* vous êtes convaincu que l'on vous hait.

MALENTENDU: *en être victime:* une situation embarrassante.
– *créer un malentendu:* vous êtes délibérément en train d'embrouiller une situation.

MALFAITEUR: condamnation de groupe.
– *être un malfaiteur:* vous considérez que vos attitudes sont répréhensibles.

MALFORMATION: *avoir une malformation:* c'est en général l'exagération d'un défaut.

MALHEUR: des traumatismes qui remontent au passé.

MALHEUREUX: *être malheureux dans le rêve:* vous découvrez ce qui vous fait souffrir.
– *amour malheureux:* des disputes éclateront bientôt.

MALLE: vos secrets y sont cachés.
– *perdre ou se faire voler une malle:* grande incertitude.
– *transporter une malle:* vous ne pouvez pas vous empêcher de penser au passé.
– *vide:* votre vie vous semble plate et vide.
– *pleine de linge:* santé de fer.
– *pleine de pièces d'or:* excellente situation financière.

MALMENER: *quelqu'un:* vous avez répondu méchamment.
– *être malmené:* quelque chose qui vous a fait beaucoup souffrir.

MALOTRU: vous craignez de ne pas savoir vous comporter correctement.

MALTRAITER: *quelqu'un:* vous ne pouvez pas le faire.
– *être maltraité:* vos mérites ne sont pas reconnus.

MAMAN: voir **MERE**.

MAMELLES: symbole de maturité et de bien-être.
– *avec du lait:* bonne santé.

MAMELON: la figure maternelle est très importante pour vous.

MAMMOUTH: situation ancienne et stable.

MANCHE: vos capacités.
– *d'un couteau:* vous avez perdu de bonnes occasions.
– *à balai:* vous utilisez vos armes de façon inutile.
– *d'une casserole:* vous ferez la paix avec une femme.
– *brisé:* vous ne savez pas comment affronter une situation.

MANCHE (de vêtement): votre façon de juger.
– *manche large:* bonté; indulgence.
– *manche étroite:* vos méthodes sont trop dures.

MANCHETTE: perfection extérieure.
– *propre:* vous tenez aux apparences.
– *sale:* un détail vous trahira.
– *avec boutons de manchettes:* vous êtes un peu exhibitionniste.

MANCHON: vous avez un rôle de médiateur.

MANDARINE: petites fortunes.
– *manger une mandarine:* une période favorable vous attend.
– *arbre:* énergie et santé.
– *parfum de mandarine:* nouveautés sympathiques.

MANDAT: perte d'argent.
– *l'expédier:* un appui qui vous sera utile.
– *le recevoir:* illusions, douleurs.

MANDOLINE: romantisme.
– *jouer de la mandoline:* déclarez votre amour.
– *écouter de la mandoline:* vous êtes sensible aux louanges.

MANEGE: vous vous agiterez inutilement.
– *aller au manège:* possibilités de rencontres intéressantes.

MANGEOIRE: vous obtiendrez quelque chose sans fatigue.
– *mangeoire et animaux:* vous gérez seul votre patrimoine.

MANGER: besoin de nouvelles stimulations.
– *des aliments agréables:* vous êtes ouvert à de nouvelles expériences.
– *des aliments dégoûtants:* vous refusez toute ouverture.
– *de la viande:* sécurité, maturité.
– *des gâteaux:* besoin d'affection.
– *du poisson:* vous recevrez de bonnes nouvelles.
– *des légumes:* situation stable qui donne peu de satisfactions.
– *des aliments cuisinés seuls:* vous avez confiance en vos forces.
– *trop manger:* vous manquez de self-control.
– *des feuilles:* vous avez découvert que l'on vous dupait.
– *des cendres:* autopunition inutile.
– *des animaux vivants:* agressivité.

MANIAQUE: *être maniaque:* rendez-vous compte de certaines exagérations.
– *voir un maniaque:* peurs incontrôlables.

MANIE: *avoir une manie:* quelque chose vous obsède.

MANIVELLE: vous n'avez pas confiance dans vos forces.
– *tourner la manivelle:* vous avez lancé une affaire.

MANNE: *attendre la manne:* le fatalisme ne vous aidera pas.

MANNEQUIN: une personne dépourvue de personnalité.
– *voir un mannequin:* vous avez près de vous une personne faible.
– *cassé;* quelqu'un a montré ses faiblesses.
– *être mannequin:* vous vous croyez parfait.

MANOEUVRE: vous travaillez de façon peu claire.
– *en automobile:* vous changez souvent d'avis.
– *militaire:* vous êtes impliqué dans des actions peu claires.
– *avec un moyen de transport important:* vous avez des difficultés à changer d'avis.

MANOEUVRE (ouvrier): *être un manœuvre* (pour un intellectuel): faibles capacités manuelles.
– *embaucher un manœuvre:* vous refusez les travaux manuels.

MANOEUVRER: *une voiture:* vous êtes doué dans votre domaine.

MANSARDE: *la voir:* pauvreté.
– *y habiter:* bon présage.
– *encombrée de meubles:* confusion mentale.
– *propre:* vous êtes logique et rationnel.
– *aller dans une mansarde:* vous retrouverez des souvenirs et des sensations que vous croyiez oubliés.
– *acheter une mansarde:* vous changerez de mode de vie.

MANTE: agressivité cachée.

MANTEAU: soyez toujours prêt à vous cacher des autres.
– *déboutonné:* vous démontrez que vous mûrissez, mais vous êtes encore trop méfiant.
– *être serré dans un manteau:* vous ne voulez pas vous avancer.
– *voir quelqu'un avec un manteau:* vous êtes en contact avec une personne fuyante.
– *enlever son manteau:* vous devenez plus confiant.
– *acheter un manteau:* vous avez besoin de vous protéger et de vous cacher.
– *déchiré:* quelqu'un découvrira vos secrets.
– *perdre son manteau:* vous dévoilerez par hasard votre personnalité.
– *de fourrure:* grande peur.
– *de cheminée:* vous maintenez les contacts avec l'extérieur.

MANUEL: *consulter un manuel:* recherche de certitudes.

MANUSCRIT: nouvelles du temps passé.

– *lire un manuscrit:* curiosité pour le passé.
– *écrire un manuscrit:* peu de sens pratique.

MAPPEMONDE: *voir une mappemonde:* vous désirez faire un long voyage.
– *faire tourner une mappemonde:* vous n'avez pas d'objectifs précis.

MAQUEREAU: espoirs fuyants.
– *le manger:* période d'inactivité.

MAQUILLER (SE): commérages sur votre compte.

MAQUIS: *arbustes:* un moment de peur.
– *prendre le maquis:* peur de vengeance.

MARABOUT: élégance, raffinement.

MARATHON: *assister à un marathon:* les personnes qui vous entourent font un gros effort.
– *participer à un marathon:* une grande fatigue.
– *gagner un marathon:* après de durs efforts vous obtiendrez de bons résultats.
– *abandonner:* vous renoncerez à certaines choses.

MARATRE: jalousies en famille.

MARBRE: caractère fort.
– *voir du marbre:* vous vous rendez compte de l'insensibilité de quelqu'un.
– *toucher du marbre:* sensation de froid et de solitude.
– *sculpter du marbre:* voir **SCULPTER**.
– *statue en marbre:* voir **STATUE**.

MARC: énergie et chaleur.
– *boire du marc:* besoin de vous restaurer.

MARCHAND: peu de sérénité.
– *qui fait des affaires:* possible perte d'argent.
– *d'œuvres d'art:* les travaux créatifs vous attirent.

MARCHANDER: problèmes économiques.

MARCHANDISE: *voir de la marchandise:* préoccupations professionnelles.
– *invendue:* faibles gains.
– *échanger de la marchandise:* vous cherchez à récupérer le plus possible.

MARCHE: un travail lent et fatigant.
– *funèbre:* présage funeste.
– *militaire:* vous suivez les ordres que l'on vous donne à la lettre.
– *forcée:* vous devez terminer un travail dans un temps limité.
– *de compétition:* vous n'êtes pas le seul à travailler sur un même projet.

MARCHE: *voir un marché:* perte d'argent.
– *être seul au marché:* c'est le moment de procéder à de grands achats.
– *travailler au marché:* désir de faire des affaires.
– *aux bestiaux:* investissements intelligents.

– *de fruits et légumes:* dépenses peu importantes.
– *de poissons:* si vous ne concluez pas vos affaires immédiatement vous allez faire faillite.
– *noir:* affaires louches.

MARCHE: un petit obstacle.
– *monter une marche:* la route est difficile mais sûre.
– *trébucher sur une marche:* un obstacle vous arrêtera momentanément.
– *s'asseoir sur une marche:* observer attentivement la situation avant d'agir.

MARCHER: constance dans l'effort.

MARECAGE: souffrance et difficultés.
– *le voir de loin:* vous craignez un danger insidieux.
– *être dedans:* grand découragement et peurs irrationnelles.
– *s'y enfoncer:* moments dangereux, ne vous fiez pas à votre instinct.

MARECHAL: principes très rigides.

MAREE: *montante:* vous sentez le poids d'un engagement inéluctable.
– *descendante:* période tranquille.
– *raz-de-marée:* situation dramatique.

MARGARINE: vous cherchez des compromis.

MARGUERITE: innocence.
– *cueillir une marguerite:* vous vous attirerez l'amitié d'une personne ingénue.
– *effeuiller une marguerite:* on ne vous rend pas l'amour que vous éprouvez.
– *offrir un bouquet de marguerites:* simplicité.

MARI: *pour une femme:* désir d'avoir un guide.
– *pour un homme:* vous avez un adversaire en amour.
– *pour les hommes célibataires:* vous cherchez à être indépendant de votre famille.
– *pour les jeunes filles:* votre rêve est de vous marier.
– *pour une femme qui a un bon mari:* tranquillité familiale.
– *un mauvais mari:* vous ne réussissez pas à trouver un accord avec votre partenaire.
– *qui s'en va:* préoccupations familiales.

MARIAGE: *y assister (si l'on n'est pas marié):* joies de brève durée.
– *y assister (si l'on est marié):* nostalgies, souvenirs.
– *assister au mariage d'un ami:* envie.
– *voir son second mariage:* situation actuelle insatisfaisante.
– *voir son conjoint se marier:* votre mariage ne durera pas.
– *se marier avec une personne inconnue:* vous voulez à tout prix vous évader de votre milieu.
– *civil:* vous refusez les grandes cérémonies.
– *religieux:* traditionnalisme.
– *combiner un mariage:* vous craignez que ce n'ait été le cas pour le vôtre.

– *de convenance:* grandes préoccupations économiques, insensibilité.
– *d'amour:* rêves romantiques.

MARIER (SE): avenir assuré.
– *avec un inconnu:* vous vous repentirez de vos décisions hâtives.

MARIN: moments incertains mais pleins de nouveautés.
– *sur un bateau:* de bonnes nouvelles vont arriver.
– *être marin:* indépendance et caractère changeant.
– *officier de marine:* sécurité et reconnaissance.

MARIONNETTE: manque d'autonomie.
– *animer des marionnettes:* vous aimez diriger.
– *être une marionnette:* des humiliations.
– *jouer aux marionnettes:* vous aimeriez commander complètement un groupe de personnes.

MARIONNETTISTE: vous aimeriez avoir plus de pouvoir de décision.
– *voir un marionnettiste:* vous vous sentez exclu des milieux où se prennent les décisions.

MARJOLAINE: sentiments simples.

MARMITE: préoccupations familiales.

MARMOTTE: paresse.
– *chasser la marmotte:* vous cherchez les moments de paix.
– *tuer une marmotte:* vous avez quelque chose à cacher.
– *fourrure de marmotte:* désir de protection.

MAROCAIN: vous connaîtrez des gens très différents de vous.

MARQUER: rappeler un concept de propriété.

MARQUES: sens de la propriété.
– *sur un produit:* vous voulez rappeler vos mérites.
– *sur un animal:* vous êtes jaloux de ce que vous possédez.
– *sur une personne:* vous vous rangez à l'avis des autres pour juger méchamment une personne.
– *sur vous-même:* des fautes que personne n'oublie.

MARQUISE: une petite aide.

MARRAINE: un appui sûr.

MARRON: calme, naturel.
– *grillé:* une soirée avec des amis de toujours vous procurera beaucoup de joie.

MARS: sérénité, vous avez espoir dans l'avenir.
– *aller sur Mars:* vous êtes trop ambitieux.

MARSALA: vous avez eu la bonne idée au bon moment.

MARTE: promptitude, fourberie.
– *fourrure de marte:* vous cherchez à vous cacher.
– *blaireau en poil de marte:* problèmes quotidiens.

MARTEAU: *coup de marteau:* une nouvelle explosive.
– *donner un coup de marteau:* vous causerez un grand déplaisir.
– *recevoir un coup de marteau:* des nouvelles terribles vous attristeront.
– *voir un marteau:* de fortes pressions.
– *utiliser un marteau:* impulsions violentes.

MARTYR: *être un martyr:* vous vous sentez sacrifié.
– *voir un martyr:* une personne qui vous est proche est incomprise.

MARTYRISER: *quelqu'un:* votre insistance n'a pas de limites.

MASOCHISME: dérangements psychiques.

MASQUE: ruse.
– *mettre un masque:* vous cachez un secret.
– *enlever un masque:* vous avez décidé de vous confier à quelqu'un.
– *voir quelqu'un qui porte un masque:* trahisons.
– *jeter le masque:* désir de sincérité.
– *comique:* vous voulez paraître plus gai que vous ne l'êtes.
– *tragique:* vous dramatisez tout.
– *de beauté:* changement momentané.
– *de plongée sous-marine:* un nouveau milieu.
– *à gaz:* précautions exagérées.
– *de diable:* vous voulez paraître pire que vous ne l'êtes.
– *personnes masquées:* personnes peu sincères.

MASQUER (SE): vous semblez différent de ce que vous êtes en réalité.

MASSACRE: beaucoup de frayeurs cachées.
– *d'animaux:* vous ne supportez pas que l'on s'acharne contre quelqu'un qui ne peut pas se défendre.
– *d'êtres humains:* votre famille sera impliquée dans une grave crise.
– *faire un massacre:* la haine et la vengeance vous font perdre la raison.

MASSACRE: *l'être:* préoccupations douloureuses.

MASSACRER: *quelqu'un:* vous enjolivez de vieux souvenirs.
– *être massacré:* peurs irrationnelles.

MASSEPAIN: moments précieux.
– *manger du massepain:* douceur exaspérée.

MASSER: *quelqu'un:* votre diplomatie vous permettra d'arriver à une situation enviable.
– *être massé:* quelqu'un essaye de vous convaincre par de bonnes manières.
– *se masser:* vous n'avez pas encaissé un rude coup.
– *se masser les pieds:* vous vous préparez à agir.
– *se masser les mains:* considérations positives.

MASSUE: *voir une massue:* peur des punitions.
– *utiliser une massue:* vous utiliserez votre pouvoir contre quelqu'un.

MASTIC: forte collaboration.

– *sur les mains:* impossibilité d'agir.
– *entre deux objets:* un pacte inviolable.

MASTIQUER: doutes, hésitations.
– *du tabac:* attitudes masculines.
– *du chewing-gum:* attitudes infantiles.
– *quelque chose d'amer:* préoccupations.
– *du poison:* un grand déplaisir.
– *mal mastiquer:* vous ne réussissez pas à oublier une offense.

MASTURBER: *quelqu'un:* problèmes sexuels.
– *se masturber:* insatisfactions, solitude, période malheureuse.

MASURE: *voir une masure:* peur de la misère.
– *vivre dans une masure:* mépris pour les choses matérielles.

MATELAS: famille, mariage.
– *neuf:* une vie nouvelle commence.
– *vieux:* aucune nouveauté, le présent vous ennuie.
– *jeter un matelas:* vous vous éloignez de la famille.
– *acheter un matelas:* vous vous marierez bientôt.
– *être sans matelas:* misère, pauvreté.

MATHEMATIQUES: *étudier les mathématiques:* vous devez être plus précis et plus rationnel.

MATIN (chien): votre agressivité vous est utile.
– *être poursuivi par un mâtin:* vous redoutez l'agressivité d'une personne.
– *poursuivre avec un mâtin:* collaborateurs courageux, sur qui l'on peut compter.

MATIN: vitalité et énergie.
– *de très bonne heure:* journée pleine de chance.
– *avoir peur que ce ne soit le matin:* des épreuves difficiles vous attendent.
– *matin serein:* optimisme, bonne volonté.

MATRAQUE: vengeances injustifiées.
– *en être frappé:* vous aurez une grosse déception.
– *la voir:* quelqu'un vous tient en main.
– *s'en servir:* vous détestez la foule.

MATRAQUER: vous êtes susceptible et réagissez avec violence.

MATRICULE: vous vous sentez le dernier arrivé.
– *matricule universitaire:* nostalgies de jeunesse.

MATRONE: rêves de noblesse.

MAUDIRE: *quelqu'un:* vexations inutiles.
– *être maudit:* vous avez peur d'être influencé par la haine des autres.

MAUVE: *parfum:* une situation délicate.

MECANICIEN: chance et succès.
– *être mécanicien:* vous avez de bonnes possibilités de réussite.
– *voir un mécanicien:* vous enviez une personne qui connaît les mécanismes du succès.

– *de locomotive:* vous réussirez à avoir le dessus sur vos adversaires.

MECANISME: *voir un mécanisme:* quelque chose ne vous apparaît pas clairement.
– *démonter un mécanisme:* vous cherchez une explication à tout.
– *mécanisme démonté:* une aide complètement inutile.
– *voir fonctionner un mécanisme:* bon présage.
– *brisé:* difficultés dans tous les domaines.

MECENE: *être un mécène:* vous faites des dépenses inconsidérées.
– *voir un mécène:* vous cherchez des aides impossibles.

MECHE: *de cheveux:* vous aimez profondément une personne.
– *se faire donner une mèche de cheveux:* la personne que vous aimez partira pour un long voyage.

MECONTENTEMENT: *en famille:* vous savez que vous ne vous êtes pas comporté de façon correcte.
– *au bureau:* vous vous sentez mis en accusation.

MEDAILLE: appréciations, reconnaissance.
– *recevoir une médaille:* on ne reconnaît pas vos mérites.
– *donner une médaille:* récompense.
– *acheter une médaille:* vous vous gratifiez vous-même.
– *d'or:* vous avez une grande estime pour vous-même.
– *voir l'envers de la médaille:* vous faites des réflexions pertinentes sur un sujet.
– *être plein de médailles:* vaines gloires.

MEDAILLON: vous vous souvenez de quelqu'un.

MEDECIN: présage de maladie.
– *qui vous visite:* vous cherchez à attirer l'attention.
– *qui prescrit un médicament:* grands déplaisirs.
– *de famille:* une personne rassurante.
– *chirurgien:* voir **CHIRURGIEN**.
– *spécialiste:* vous donnez trop d'importance à de simples malaises.

MEDIATEUR: *être un médiateur:* vous vous considérez comme une personne très équilibrée.
– *voir un médiateur:* vous n'avez pas confiance en vous-même.
– *faire le médiateur:* vous êtes convaincu de devoir aider deux personnes.

MEDICAMENT: vous cherchez une solution à vos problèmes.
– *prescrire un médicament:* vous écoutez les conseils de vos proches.
– *acheter un médicament:* vous n'êtes pas convaincu de ce que vous faites.
– *prendre un médicament:* vous vous fiez aveuglément à tout ce qu'on vous dit.

MEDIRE: vous passez votre temps à faire des commérages inutiles.

MEDISANCES: *écouter des médisances:* vous manquez de sens critique.
– *dire des médisances:* vous couvez une haine secrète.

MEDITER: *sur quelque chose:* c'est un conseil pour ne pas agir de façon précipitée.

– *sur ses propres paroles:* vous avez parlé sans réfléchir.

MEDUSE: *voir une méduse:* vous craignez de gros ennuis.
– *être piqué par une méduse:* en restant proche d'une personne un peu fuyante, vous ne réussissez pas à éviter les ennuis.

MEETING: *assister à un meeting:* vous avez l'impression d'être trompé.
– *tenir un meeting:* vous aimez vous faire écouter.

MEGALOMANE: *être mégalomane:* vous vous vantez trop.
– *voir un mégalomane:* vous ne supportez pas ceux qui se vantent.

MEGAPHONE: *voir un mégaphone:* désir de se faire entendre.
– *utiliser un mégaphone:* vous ne vous empêcherez pas de parler.
– *voir utiliser un mégaphone:* quelqu'un cherche à tout prix à vous communiquer quelque chose que vous ne voulez pas entendre.

MEGERE: *voir une mégère:* désillusions avec les femmes.
– *être une mégère:* vous avez eu un comportement désagréable.

MELANCOLIE: *sensation:* insatisfaction, solitude que vous ne voulez pas admettre.

MELANGE: vous devez évaluer attentivement la situation.

MELANGER: *de l'eau et du vin:* rapports possibles entre deux personnes différentes.
– *l'eau et le feu:* deux caractères incompatibles.
– *les couleurs:* fantaisie et créativité.
– *des poisons:* vous tramez quelque chose de terrible.

MELASSE: une personne indiscrète.

MELEE: une situation difficile.
– *se jeter dans la mêlée:* vous vous sentez impliqué dans une affaire qui fait beaucoup parler.
– *féroce:* personne ne respectera les règles habituelles.

MELISSE: caractère doux.

MELODIE: *entendre une mélodie:* moment d'équilibre psychologique.
– *jouer une mélodie:* créativité.
– *composer une mélodie:* vous voulez exprimer de doux sentiments.

MELODRAME: *voir un mélodrame:* vous vous rendez compte qu'une personne est en train d'exagérer.
– *réciter un mélodrame:* vous exagérez en tout.

MELON: tromperies.
– *manger un melon:* vous vous laissez tromper par les apparences.
– *cueillir un melon:* une grande désillusion en perspective.

MEMBRE: *viril:* équilibre et force.
– *en érection:* désir.
– *coupé:* déplaisirs, pauvreté.
– *inerte:* incapacité de démontrer votre valeur.
– *très petit:* complexes d'infériorité inutiles.

– *en avoir plusieurs:* vous ne vous sentez pas normal sur le plan sexuel.
– *en avoir (pour une femme):* vous enviez le sexe masculin.

MEMOIRE: *apprendre par cœur:* il y a quelque chose que vous ne devez absolument pas oublier.
– *perdre la mémoire:* vous voulez oublier quelque chose.
– *ré-acquérir la mémoire:* vous avez résolu un dilemme.

MENACER: *quelqu'un:* vous vous trompez d'objectif.
– *être menacé:* vous avez peur de ne pas être libre d'agir.

MENAGERE: une femme rassurante.
– *être une ménagère:* amour de la famille.

MENAGERIE: obstacles et empêchements.

MENDIANT: échecs dans tous les domaines.
– *qui vous demande la charité:* tranquillité économique.
– *qui vous demande à manger:* vous partagez les problèmes de quelqu'un.
– *voir beaucoup de mendiants:* fortune, richesse.

MENESTREL: insouciance, moments agréables.
– *être un ménestrel:* vous êtes capable d'animer un groupe.
– *être payé pour faire le ménestrel:* vos amis ne vous méritent pas.

MENISQUE: *se briser le ménisque:* grave ennui.

MENOPAUSE: *pour une femme jeune:* peur de vieillir.

MENOTTES: aspirations bloquées.
– *avoir les menottes:* quelqu'un vous empêche d'agir.
– *mettre les menottes à quelqu'un:* vous réduirez à l'impuissance un ennemi.
– *voir les amis menottes aux mains:* vous vous sentez libre d'agir.

MENSONGE: *dire un mensonge:* vous ne vous défendez pas de la bonne façon.
– *écouter un mensonge:* vous vous croyez très fin.

MENSTRUATIONS: craintes d'une grossesse.
– *rêver que les menstruations n'arrivent pas:* désir de grossesse.

MENTHE: simplicité et fraîcheur.
– *sirop à la menthe:* plaisirs légitimes.

MENTIR: *volontairement:* vous vous défendez de façon erronée.
– *involontairement:* ne parlez pas de choses que vous ne connaissez pas.
– *à des étrangers:* vous craignez les conséquences d'un jugement inconsidéré.
– *à des personnes familières:* ce que vous cachez sera vite découvert.

MENTON: caractère.
– *sans barbe:* on ne vous prend pas au sérieux.
– *avec barbe:* vous êtes une personne respectée.
– *avec une longue barbe:* vous vous considérez comme quelqu'un de très sage.
– *proéminent:* caractère fort.

MENU: indécision sur des faits peu importants.

MENUISIER: le travail sera rentable et vous donnera des satisfactions.
– *être menuisier:* vous avez beaucoup de volonté et vous deviendrez une personne considérée.

MEPRISE: erreurs qui pourraient vous coûter cher.

MEPRISER: quelqu'un vous a déçu.
– *être méprisé:* vous n'avez pas été complètement compris.

MER: *calme:* tranquillité intérieure.
– *agitée:* vie mouvementée, défaites probables.
– *nager dans la mer:* retour à la période prénatale.
– *plonger dans la mer:* vous avez un besoin urgent de tranquillité.
– *marcher sans s'enfoncer dans la mer:* vous êtes très sûr de vous.
– *naviguer sur la mer:* grands changements.
– *noire:* votre équilibre est menacé.
– *jeter quelque chose à la mer:* un des aspects de votre caractère est superficiel.
– *être en haute mer:* vous êtes conscient d'être loin de la solution de certains problèmes.
– *mal de mer:* vous refusez par principe tout changement.

MERCENAIRE: une personne sans scrupule.
– *être un mercenaire:* vous ne ressentez pas ce que vous faites.

MERCIER: *voir un mercier:* petites dépenses.
– *être mercier:* travail ennuyeux.

MERCURE: une situation fuyante et incompréhensible.
– *renverser du mercure:* vous n'avez pas la possibilité de le récupérer.
– *dieu de la mythologie:* bonnes affaires.

MERE: symbole de dépendance.
– *voir sa mère:* vous vous sentez protégé, mais peu en sécurité en dehors de votre maison.
– *si c'est un rêve fréquent:* incapacité de se construire une vie propre.
– *voir sa mère loin de soi:* vous avez peur d'être abandonné par la famille.
– *souriante:* vous savez que vous pouvez compter sur une affection sincère.
– *en pleurs:* une période difficile vous attend, mauvaises nouvelles.
– *qui vous embrasse:* vous cherchez un encouragement pour vos projets.
– *qui allaite:* richesse et prospérité.
– *qui joue:* nostalgie de l'enfance.
– *avec de jeunes enfants:* les jalousies ressenties quand vous étiez enfant apparaissent à nouveau.
– *mourante:* présage de disgrâces.

MERIDIEN: grands projets pour un voyage.

MERINGUE: un problème grossi délibérément.
– *préparer une meringue:* vous voulez faire grande impression.
– *manger une meringue:* désillusions.

MERITE: *recevoir une reconnaissance pour des mérites:* vous avez un net complexe de supériorité.

MERLE: ne faites pas attention aux commérages.
– *qui chante:* nouvelles frivoles.
– *qui parle:* ne soyez pas trop ingénu.
– *enseigner à parler à un merle:* ne vous imposez pas de cette façon-là.
– *tuer un merle:* vous voulez faire taire une personne qui en sait trop.

MESAVENTURE: *avoir une mésaventure:* une pensée triste vous poursuit.

MESSAGE: conseils à suivre.
– *recevoir un message:* vous devez faire des innovations importantes.

MESSAGER: nouvelles qui arrivent de loin.
– *envoyer un messager:* préoccupations pour la personne qui vous tient à cœur.
– *être un messager:* vous êtes utile à de nombreuses personnes.

MESSE: tranquillité psychologique.
– *solennelle:* communications importantes.
– *aller à la messe:* désir d'amélioration.
– *noire:* tristes devoirs.
– *chanter à la messe:* vous participez à des réunions de groupes.

MESURE: considérations pertinentes.

MESURER: vous avez tendance à être méfiant.
– *des terrains:* une grande attention pour conclure une affaire.
– *des étoffes:* méfiance inutile lors de petits achats.
– *la rue:* vos engagements vous effraient.
– *les mots:* ce que vous dites peut être mal interprété.

METAMORPHOSE: désir de nouveauté.
– *vieillir:* vie très intense.
– *rajeunir:* nostalgie du passé.
– *devenir plus grand:* désir de puissance.
– *devenir plus petit:* désir de protection.
– *devenir un homme:* lourdes responsabilités.
– *devenir une femme:* moments de faiblesse.
– *devenir un animal:* vos instincts prennent le dessus sur votre raison.
– *devenir une autre personne:* vous enviez la situation de quelqu'un.

METEORITE: une personne fuyante.
– *qui tombe:* jugez attentivement quelque chose.

METIER: *faire son propre métier:* vous avez des plans bien précis.
– *inhabituel:* vous prenez beaucoup de risques.

METIER A TISSER: un travail compliqué.
– *y travailler:* l'activité que vous déployez vous aidera à trouver une bonne situation.

METROPOLE: impulsions diverses, confusion.
– *vivre dans une métropole:* désir de calme.

METROPOLITAIN: désirs inexprimés.
– *voir le métro:* vous aimeriez connaître certains secrets.
– *prendre le métro:* vous connaîtrez le secret d'une personne.

METS: *les manger:* tranquillité économique et morale.

METTEUR EN SCENE: direction et organisation.
– *le voir:* une personne équilibrée et pleine de fantaisie.
– *l'être:* prestige.

MEUBLER: vous cherchez à vous enrichir sur le plan culturel.

MEUBLES: *voir de vieux meubles:* vous ne savez pas vous transformer, vous êtes bloqué psychologiquement.
– *voir des meubles neufs:* caractère rationnel: vous avez les idées claires.
– *acheter des meubles:* une nouvelle vie commence pour vous.
– *vendre des meubles:* séparation.
– *voir quelqu'un qui emporte les meubles:* quelqu'un complote dans votre dos.

MEUGLER: vous attirez l'attention d'une façon erronée.

MEULE: possibilité de changer les choses.
– *utiliser une meule:* vous modifiez la situation à votre avantage.

MEUNIER: travail actif et productif.
– *être meunier:* vous vous sentez productif.

MEURTRIERE: vous avez peu d'espace pour agir.
– *tirer d'une meurtrière:* vous causerez du chagrin mais personne ne saura que vous en êtes le responsable.

MIAULEMENT: une personne vous désire.
– *entendre un miaulement insistant:* requêtes insistantes d'une personne qui se lamente.
– *ne pas voir le chat qui miaule:* vous ne comprenez pas qui vous appelle.

MICROBE: un problème invisible.
– *voir un microbe:* obsessions, hallucinations.

MICROPHONE: on vous écoutera bientôt avec attention.
– *parler dans un micro:* notoriété, succès.
– *brisé:* incapacité de se faire écouter.

MICROSCOPE: méticulosité.
– *utiliser un microscope:* vous êtes très méticuleux lorsqu'il s'agit de faire une recherche.

MIEL: bon présage.
– *voir du miel:* succès en affaires.
– *produire du miel:* une initiative intelligente.

MIETTE: la situation économique est difficile mais pas désespérée.
– *ramasser des miettes:* soyez modéré dans vos dépenses.

MIGRAINE: confusion mentale, difficulté à coordonner vos idées.

MIGRATION: *voir une migration:* de nombreuses personnes que vous connaissez s'éloigneront de vous.
– *d'oiseaux:* déplacements faciles et rapides.

MIL: *céréale:* préoccupations de peu d'importance.
– *manger du mil:* restrictions économiques.

MILITAIRE: vous vous laissez impressionner par les apparences.
– *zone militaire:* fortes interdictions.

MILLE: *mesure:* vous savez prévoir le futur.
– *mille (chiffre):* un engagement ou quelque chose de très contraignant.
– *billet de mille:* petits gains, petites dépenses.

MILLE-PATTES: *le voir:* une personne sournoise et méchante.

MILLIARD: *gagner des milliards:* ce ne sont malheureusement que des rêves.
– *perdre des milliards:* vous exagérez l'étendue de vos pertes.
– *gagner un milliard:* petit gain.

MILLIMETRE: déplacements insignifiants.
– *mesurer un millimètre:* méticulosité incroyable.

MILLIONS: *voir des millions:* vous craignez les vols et les tromperies.
– *perdre des millions:* affaires probablement assez mauvaises.

MIME: *voir un mime:* quelqu'un veut vous informer de quelque chose mais ne peut pas parler.
– *être un mime:* vous savez vous expliquer parfaitement quelle que soit la situation.
– *qui vous imite:* quelqu'un se moque de vous.

MIMOSA: petites douceurs.
– *offrir du mimosa:* compréhension, affection, estime.

MINCE: *se voir mince:* perte économique et maladie.

MINE: une menace cachée.
– *mettre une mine dans un terrain:* vous êtes très dangereux; vous voulez vous venger.
– *qui flotte:* une menace indéfinie.
– *faire exploser une mine:* graves dégâts dans tous les domaines.
– *neutraliser une mine:* vous avez évité un grave danger.
– *marcher sur un champ miné:* situation d'insécurité permanente, vous craignez la trahison de certains amis.

MINE: idées obscures.
– *se trouver dans une mine:* vous cherchez une solution à tous vos problèmes.
– *rester bloqué dans une mine:* pessimisme extrême, la situation vous semble insoluble.
– *d'or:* vous êtes convaincu d'être sur la bonne voie pour faire fortune.
– *découvrir une mine d'or:* méfiez-vous de gains trop faciles.

MINET: voir **CHAT.**

MINEUR: moments difficiles, vous ne voyez aucune issue possible.

MINIATURE: vous donnez peu d'importance à la réalité qui vous entoure.
– *faire une miniature:* vous minimisez chaque problème: dommages possibles.
– *acheter une miniature:* vous voulez contrôler une situation même si elle n'a pas beaucoup d'importance.

MINISTRE: vous vous ferez des illusions, mais seulement pour peu de temps.
– *être ministre:* votre ambition vous poussera à changer de travail.

MINORITE: *être en minorité:* vous ne vous sentez pas épaulé par vos amis.

MIRACLE: faites attention à un événement inhabituel.
– *voir un miracle:* vous vous méfiez de tout.
– *faire un miracle:* vous voulez démontrer que vous êtes une personne exceptionnelle.

MIRE: *prendre la mire:* vous avez un objectif précis.
– *mauvaise mire:* vous ne savez pas vous fixer un objectif.
– *infaillible:* vous avez confiance en vous-même, vous êtes déterminé.
– *prendre quelqu'un comme point de mire:* vous ne réussissez pas à oublier un ennemi.
– *être pris comme point de mire:* quelqu'un vous tourmente.

MIROIR:vanité d'amoureux.
– *se regarder dans un miroir:* flatteries et adulations qui vous porteront préjudice.
– *se voir différent de ce que l'on est:* problèmes de conscience.
– *y voir une autre personne:* vous n'êtes pas satisfait de vous-même.
– *déformant:* vous exagérez toutes vos peurs.
– *le briser:* malchance, déceptions dans tous les domaines.

MISE: vous vous attendez à quelques changements et êtes tendu.
– *déposer la mise d'un jeu:* vous acceptez de lutter pour quelque chose.
– *la doubler:* vous risquez trop pour obtenir ce que vous désirez.
– *très élevée:* vous vous exposez à de trop grands risques, attention aux conséquences.

MISERABLE: *voir un misérable:* vous avez très peu de considération pour cette personne.
– *être un misérable:* crainte de pertes financières.

MISSILE: confiance dans le progrès.
– *de guerre:* craintes d'un grand conflit.

MISSIONNAIRE: *voir un missionnaire:* vous ne pensez mériter aucune récompense.
– *être missionnaire:* vous avez de grands idéaux.

MISSIVE: voir **LETTRE**.

MITES: personnes déloyales qui vous exploitent.
– *voir des mites qui abîment des vêtements*: vous perdrez les choses auxquelles vous tenez.

MITRAILLETTE: *voir une mitraillette:* la situation est dangereuse pour diverses raisons.
– *tenir une mitraillette en main:* menaces convaincantes.
– *pointée sur vous:* grand danger.

MIXEUR: vous changez trop rapidement d'idées.
– *casser un mixeur:* la tension diminuera mais les problèmes resteront.
– *recevoir un mixeur:* quelqu'un veut vous confondre les idées.
– *offrir un mixeur:* vous espérez que quelqu'un oublie une vieille histoire.

MIXTURE: tentatives, essais.
– *préparer une mixture:* vous projetez en secret quelque chose.
– *boire une mixture:* vous avez une absolue confiance en quelqu'un.

MOBILE: *avoir un mobile:* rien ne vous intimide.
– *ne pas avoir de mobile:* vous êtes à l'origine de souffrances inutiles.

MODE: vous êtes influençable.
– *suivre la mode:* vous ne voulez pas vous faire remarquer.
– *ne pas être à la mode:* quelqu'un considère que vous êtes différent des autres.
– *voir un défilé de mode:* rencontres mondaines.
– *faire un défilé de mode:* vous voulez attirer sur vous l'attention.

MODELER: *quelque chose:* vous avez les idées très claires.
– *de la pâte:* vous vous procurez ce que vous voulez.

MOELLE: vitalité, sensibilité.
– *voir de la moelle:* situation dramatique.
– *manger de la moelle:* vous deviendrez fort et décidé.

MOEURS: *combattre les mauvaises mœurs:* vous avez des principes très rigides.

MOIGNON: occasions perdues.

MOINE: vie austère et objectif concret.
– *voir un moine:* vous enviez la sérénité de certaines personnes.
– *le devenir:* vous aspirez à une vie modeste mais sereine.
– *rencontrer un moine en marchant:* les bons conseils vous aideront à conquérir la fortune.

MOINEAU: vous rencontrerez quelqu'un qui vous aidera dans votre travail.
– *en voir beaucoup:* de nombreux amis sincères.
– *leur donner de la mie de pain:* générosité envers ceux qui vous ont aidé.

MOIS: *fin du mois:* projets d'achats.

MOISIR: *voir quelque chose moisir:* vous avez perdu de bonnes occasions.
– *se voir moisir:* vous perdez un temps précieux.
– *voir un aliment moisi:* vous avez la sensation de ne jamais arriver à temps.

MOISISSURES: *voir des moisissures:* les choses continuent à bouger, en bien ou en mal.

– *sur les objets:* vous avez la sensation que vous perdez votre temps.
– *dans la maison:* les aspects négatifs de votre vie n'ont pas changé.
– *sur les outils de travail:* période sans travail.
– *sur les vêtements:* vous vous sentez vieillir.
– *sur les aliments:* vous avez perdu de bonnes occasions.

MOISSONNER: période positive.
– *du blé:* vous obtiendrez une grosse somme d'argent.
– *à la bonne saison:* vos affaires prospéreront.
– *en dehors de la saison:* contretemps coûteux.

MOITIE: *de quelque chose:* vous ne savez pas conclure.
– *acheter à moitié prix:* illusions.
– *s'arrêter à mi-chemin:* moment de faiblesse.

MOLE: *voir un môle:* un départ ou une séparation définitive.
– *voir un môle de loin:* vous avez pris une décision définitive.

MOLLET: décision et indépendance.
– *l'avoir blessé:* vos projets seront contrecarrés.
– *y être mordu:* vous avez suscité l'envie de quelqu'un.

MOLLUSQUE: inconsistance, faiblesse.
– *manger un mollusque:* vous profitez des personnes faibles.

MOMIE: vous découvrirez des incompréhensions.
– *voir une momie:* violentes disputes.
– *parler à une momie:* tentatives inutiles de dialogue.
– *voir de nombreuses momies:* l'indifférence vous entoure.
– *être une momie:* incapacité d'agir.

MONARCHIE: une position de pouvoir.
– *héréditaire:* vous n'avez pas mérité votre situation.
– *absolue:* votre intolérance est complète.

MONARQUE: voir **ROI.**

MONASTERE: vie de groupe, entraide.
– *visiter un monastère:* vous voulez apprendre à vivre en communauté.
– *vivre dans un monastère:* sacrifices et satisfactions.

MONIALE: vie isolée.
– *devenir moniale:* vous renoncez aux choses agréables à cause d'un choix bien précis que vous avez fait.
– *cloîtrée:* isolement complet.

MONNAIE: possibilités.
– *dépenser de la monnaie:* de nombreuses préoccupations.
– *trouver des monnaies:* un petit gain.
– *fausse:* vous avez compris qu'on vous a trompé.
– *en or:* désirs irréalisables.
– *en argent:* tristesses et préoccupations.
– *en cuivre:* mélancolie.
– *antique:* projets qui sont tombés à l'eau.
– *trouver de la monnaie d'or:* une joie qui n'est que momentanée.
– *monnaie* (frappe de la monnaie): richesse constante sans efforts.

MONOCLE: *voir un monocle:* mauvaise vue.
– *porter un monocle:* vous jugez sans en avoir le droit.

MONOGRAMME: quelqu'un a laissé un signe.
– *votre monogramme:* vous reconnaissez vos erreurs.
– *monogramme du partenaire:* un souvenir nostalgique.

MONOPOLE: *avoir le monopole de quelque chose:* bonnes affaires, mais affaires risquées.
– *perdre un monopole:* interférences dans le travail.

MONSTRE: problèmes momentanés.
– *voir un monstre:* moment heureux.
– *qui vous attaque:* gros problèmes psychologiques.
– *marin:* un événement exceptionnel.
– *être un monstre:* réprobation morale.

MONTAGE: un travail constructif.
– *chaîne de montage:* travail répétitif.

MONTAGNARD: une personne habituée à affronter les difficultés.

MONTAGNE: obstacles devant le succès.
– *voir une montagne d'en bas:* tenez compte des difficultés que vous allez rencontrer.
– *monter sur une montagne:* vous avez décidé d'agir et ne devez pas perdre courage.
– *être au sommet d'une montagne:* pertes d'argent possibles.
– *très haute:* les difficultés vous semblent impossible à surmonter.
– *aller en vacances à la montagne:* période salutaire et tranquille.

MONT-DE-PIETE: situation ennuyeuse.
– *aller au mont-de-piété:* une aide que vous n'attendiez pas.
– *retirer quelque chose au mont-de-piété:* chance imprévue, héritage.

MONTEE: un succès difficile à obtenir.
– *très raide:* vous avez devant vous une période difficile, mais si vous la surmontez vous aurez de grandes satisfactions.

MONTER: améliorations dans tous les domaines.
– *des escaliers:* progrès lents mais efficaces.
– *sur une échelle:* vous avez des objectifs très valables que vous atteindrez facilement.
– *sur une montagne:* voir **MONTAGNE**.
– *sur un arbre:* vous trouvez en vous-même des joies et des satisfactions.

MONTER: *les œufs en neige:* exagérations.
– *à cheval:* voir **CHEVAUCHER**.
– *faire monter de la crème:* une situation agréable et satisfaisante.
– *en chaire:* vous êtes paternaliste et peu sociable.

MONTRER: *se montrer à la fenêtre:* votre joie durera peu.
– *à la porte:* vous désirez la visite d'un ami.
– *au bord d'un précipice:* un péril vous menace.

MONTRER: *la langue:* offenses enfantines.

MONTURE: *de lunettes:* accessoires fondamentaux.
– *sans verres:* une aide inutile.

MONUMENT: vaine gloire.
– *voir son propre monument:* exhibitionnisme.
– *ériger un monument pour un autre:* vous témoignez de votre gratitude.

MOQUERIE: moments d'embarras.

MORDRE: rage et insatisfaction.
– *quelqu'un:* vengeances.
– *être mordu:* un dommage imprévisible.
– *se mordre les lèvres:* moments d'hésitation.
– *se mordre les doigts:* vous pensez aux occasions perdues.
– *du pain:* bon rapport avec la nature.
– *des fruits:* gratifications sur le travail.
– *son amant:* passion effrénée.
– *de la viande:* succès sentimental.

MORGUE: une histoire désagréable.
– *aller à la morgue:* période de malheurs.
– *travailler à la morgue:* vous ne vous liez pas d'amitié avec vos collègues de travail.
– *se voir mort à la morgue:* indifférence devant le sort qui vous est réservé.

MORS: *serrer le mors d'un cheval:* vous cherchez à vous contrôler.
– *relâcher le mors:* moment de liberté.
– voir également **MORDRE**.

MORT: *rêver sa propre mort:* bon présage, mariage, bonne santé.
– *pour qui est marié:* vous quitterez votre famille.
– *pour qui a des enfants:* préoccupations pour la santé de vos enfants.
– *pour qui est malade:* guérison prompte.
– *pour les artistes:* succès et notoriété.
– *voir la mort:* grande chance.
– *parler à la mort:* vous avez vaincu vos angoisses.
– *chercher la mort:* grave crise intérieure.
– *être sauvé de la mort:* vous revivez une sensation de soulagement ressentie dans la journée.
– *veiller un mort:* sentiments de culpabilité inutiles.
– *voir beaucoup de morts:* chance.
– *hostile:* on a découvert votre double jeu.
– *qui marche:* une importante crise financière.
– *dans son cercueil:* fin d'un danger.
– *dans un lit:* vous n'êtes pas sûr de vous et êtes impressionnable.
– *qui parle:* écoutez ce qu'il vous dit.
– *durant une bataille:* vous appréciez les grands sacrifices.
– voir également **DEFUNT**.

MORTIER: décision, caractère résolu.

– *utiliser un mortier:* vous agissez en fonction de la décision que vous avez prise.
– *d'artillerie:* vous obéissez aux ordres de quelqu'un.

MORUE: une personne solitaire.
– *manger de la morue:* économies familiales.
– *acheter de la morue:* vous avez une âme noble.

MOSAIQUE: vous devez mener à terme une affaire complexe.
– *composer une mosaïque:* habileté, patience, succès.

MOSQUEE: vous êtes attiré par les choses que vous ne connaissez pas.
– *visiter une mosquée:* élargissez vos centres d'intérêt culturel.

MOT: *d'ordre:* bonnes connaissances, milieu favorable.
– *mots croisés:* voir **MOTS CROISES**.

MOTION: propositions.
– *présenter une motion:* vous avez des propositions à faire.
– *repoussée:* on ne vous écoute pas.

MOTOCYCLETTE: sensation de liberté, de mouvement.
– *voir une motocyclette:* assurances.
– *en marche:* facilités pour atteindre un objectif.
– *cassée:* déplacements difficiles.

MOTS CROISES: *voir des mots croisés:* situation compliquée.
– *résoudre des mots croisés:* vous agissez avec décision et correction.
– *ne pas réussir à résoudre des mots croisés:* vous avez l'esprit confus et ne trouvez pas d'issue possible.

MOUCHE: ennuis.
– *grosse mouche:* vous avez toujours plus d'ennuis.
– *qui bourdonne:* quelqu'un cherche à vous nuire en répandant des calomnies, sur votre compte.
– *posée quelque part:* vous traversez une période improductive.
– *capturer une mouche:* vous répondrez promptement aux accusations que l'on porte contre vous.
– *tuer une mouche:* vous éliminerez la cause de vos préoccupations.

MOUCHER (SE): vous voulez vous éclaircir les idées.

MOUCHERON: *voir un moucheron:* une idée peu importante.
– *écraser un moucheron:* vous oubliez cette idée.
– *dans l'œil:* des ennuis insupportables.

MOUCHOIR: période de tristesse.
– *perdre son mouchoir:* signe de chance.
– *utiliser un mouchoir alors que l'on pleure:* vous devez mieux vous contrôler.
– *de soie:* vous vous comporterez correctement même dans les moments tristes.
– *porter un mouchoir au cou:* vous n'avez pas peur d'exprimer vos idées.
– *prêter un mouchoir:* vous causerez un gros déplaisir à un ami.
– *offrir un mouchoir:* vous faites du chantage aux larmes.

MOUDRE: des idées pour utiliser quelque chose.
– *du blé:* vous ne savez pas vous contrôler dans vos dépenses.
– *du café:* précision dans les choix.
– *du poivre:* des occasions agréables.

MOUETTE: calme agréable.
– *voir voler une mouette:* liberté dans votre travail et dans votre relation sentimentale.

MOUILLAGE: un lien étroit avec une personne.
– *larguer un mouillage:* rupture définitive avec votre partenaire.

MOUILLER: *une embarcation:* une période calme et sans grand changement vous attend.

MOULES: plaisirs de la nature.

MOULIN: symbole de travail et de chance.
– *travailler au moulin:* vous servez de médiateur dans votre travail.
– *à vent:* un travail qui vous donne de grandes satisfactions.
– *à café, à poivre...:* quelqu'un travaille en cachette.
– *si le moulin ne tourne pas:* vous interromprez pendant un certain temps votre travail.

MOURIR: longue vie, bonne santé.

MOUSSE: améliorations inconsistantes.
– *pour le bain:* plaisirs auxquels vous ne savez renoncer.
– *pour se raser:* vous vous plaisez.

MOUSSE (matelot): vous vous sentez dans une position de subordination.
– *embaucher un mousse:* sens du commandement.

MOUSSEUX (vin): joie et succès.

MOUSTACHES: *masculines:* désir de beauté.
– *féminines:* sympathie.
– *longues et touffues:* la chance augmente.
– *coupées:* la chance pour celui qui les coupe.
– *noires:* une grande somme d'argent en vue.
– *blanches:* une nouvelle très choquante.

MOUSTIQUE: une personne gênante et ennuyeuse.
– *entendre des moustiques qui rôdent autour de vous:* des commérages sur votre compte.
– *être piqué par un moustique:* des offenses qui ont touché au but.
– *le tuer:* vous neutraliserez une personne insupportable.

MOUT: *voir du moût:* vous vous préparez à un moment agréable.
– *boire du moût:* vous gâchez les occasions qui se présentent à vous.

MOUTARDE: sensations contrastées.
– *goûter de la moutarde:* vous vous sentez un peu perdu.

MOUTON: tranquillité, résignation.
– *le posséder:* perte au jeu.
– *noir:* mauvais présage.

– *en manger:* graves problèmes familiaux.
– *le perdre:* un de vos enfants quittera la maison.
– *en voir beaucoup dans un pâturage:* sécurité et vie équilibrée.
– *voir avancer un mouton:* un ennemi fort et tenace.
– *dans un troupeau (pour un homme):* désir d'être admiré pour sa puissance.

MOUVEMENT: *mettre en mouvement quelque chose:* début d'une nouvelle activité.

MOYEN AGE: *vivre au Moyen Age:* vous sentez tout le poids d'une société fermée.

MUE: changement, régénération.
– *d'un animal:* possibilités d'améliorations.

MUET: *être muet:* vous ne savez pas vous mettre en valeur.
– *devenir muet:* vous craignez de ne pas avoir le courage de parler.
– *voir un muet:* une personne qui ne peut pas vous nuire.
– *rester muet:* vous savez garder un secret.
– *parler à un muet:* une personne qui ne peut pas vous donner de satisfactions.

MUGUET: réconciliation avec votre partenaire.
– *recevoir du muguet:* tentative pour faire la paix.
– *offrir du muguet:* vous voulez reconquérir une personne.

MULET: force et opiniâtreté.
– *tirer sur un mulet:* vous cherchez à convaincre une personne têtue.
– *charger un mulet:* vous déchargez vos responsabilités sur une personne plus sûre que vous.

MULTIPLIER: *quelque chose:* vous désirez accroître rapidement vos richesses.
– *les dépenses:* période critique.
– *ses gains:* rêves de succès.

MULTITUDE: vous ne pouvez pas décider seul.
– *faire partie de la multitude:* vous devez renoncer à vos objectifs personnels.
– *en mouvement:* on vous obligera à faire certains choix.

MUNITIONS: possibilités de succès.
– *avoir des munitions:* vous vous sentez prêt à tout.
– *faire provision de munitions:* vous vous préparez à traverser un moment difficile.
– *ne plus avoir de munitions:* sentiment d'impuissance.
– *acheter des munitions:* vous prévoyez des ennuis.
– *avoir des munitions inutilisables:* imprévus difficiles à surmonter.

MUR: un obstacle sur votre route.
– *voir un mur:* vous prenez conscience de certaines difficultés.
– *très haut:* sentiment d'impuissance devant des difficultés.
– *contourner un mur:* vous trouvez une solution simple à vos problèmes.

– *grimper sur un mur:* ce que vous pensiez impossible s'est réalisé.
– *abattre un mur:* votre détermination vous conduira au succès.
– *construire un mur:* vous vous créez des obstacles imaginaires.
– *en papier:* difficultés apparentes.
– *de la maison:* protection et tranquillité.
– *se trouver contre un mur:* vous êtes bloqué dans une situation difficile.
– *blanc:* sécurité.
– *noir:* oppression.

MURAILLE: *construire une muraille:* vous cherchez à vous protéger.
– *escalader une muraille:* vous viendrez à bout de grandes difficultés.
– *être encerclé par une muraille:* vous vous sentez en sécurité et protégé.

MURER: *quelque chose:* vous voulez oublier complètement quelque chose.
– *une personne:* cherchez à ne plus y penser.
– *une fenêtre:* un travail dur et mal payé.

MURES: plaisirs immédiats.
– *cueillir des mûres:* envie de plaisir.
– *manger des mûres:* coquetterie, moments agréables.

MURIER: énergie, force.

MURIR: c'est votre grand désir.
– *pour un jeune:* vous ne vous sentez pas mûr.
– *pour une personne âgée:* vous avez peur de vieillir.

MURMURE: *l'entendre:* vous écouterez des paroles fausses.

MURMURER: une pensée que vous ne voulez pas exprimer clairement.

MUSCLE: capacité d'agir.
– *endolori:* vous avez peu de possibilités.
– *tendre un muscle:* vous voulez vous rendre compte de vos possibilités.
– *ne pas avoir de muscles:* vous vous sentez complètement impuissant.

MUSEAU: *avoir le museau d'un animal:* vous n'êtes pas satisfait de votre apparence.
– *voir le museau d'un animal:* affection, compréhension.

MUSEE: situation sans changement mais intéressante.
– *visiter un musée:* informations intéressantes.
– *revoir un musée:* souvenirs du passé.

MUSELIERE: obstacles, empêchements.
– *mettre une muselière:* vous n'avez pas confiance en une certaine personne.
– *avoir une muselière:* les autres n'ont pas confiance en vous.

MUSETTE: *jouer de la musette:* moments agréables en famille.
– *entendre quelqu'un en jouer:* mauvais présage.

MUSICIEN: *voir un musicien:* admiration pour une personne réfléchie.
– *être musicien:* vous avez atteint votre équilibre intérieur.

MUSICIEN DE FANFARE: une personne sociable et joyeuse.
– *être un musicien de fanfare:* vous désirez une compagnie sympathique.

MUSIQUE: émotivité, sensibilité.
– *produire de la musique:* vous voulez attirer l'attention.
– *écouter de la musique:* satisfactions, bonheur.
– *entendre de la musique de loin:* bon présage.
– *mal jouer de la musique:* vous rencontrerez de nombreuses difficultés.
– *bien jouer de la musique:* équilibre et harmonie intérieurs.

MUTILATION: *mutiler quelqu'un:* vous ferez beaucoup de mal à une personne qui vous est chère.
– *subir une mutilation:* une maladie vous empêchera d'agir.

MUTILE: *voir un mutilé:* vous avez affaire à une personne faible.
– *être mutilé:* vous n'avez pas confiance en vous.

MUTINERIE: des amitiés peu recommandables vous conduiront sur le mauvais chemin.

MYOPE: *être myope:* vous devez regarder les choses avec plus de recul pour pouvoir les juger.

MYRTE: caractère tenace et résistant.
– *en fleur:* honnêteté et courage.

MYRTILLE: plaisirs inoubliables.

MYSTERE: situation inexplicable.
– *éclaircir un mystère:* après bien des fatigues vous arriverez à une conclusion juste.

MYTHE: vous êtes peu réaliste.

N

NABAB: vous rêvez de luxe et de richesse.

NAGEOIRE: bonnes opportunités.
– *voir celle d'un requin:* menaces explicites.

NAGER: vous agissez avec facilité.
– *dans une piscine:* sécurité dans les rapports sociaux.
– *dans des eaux agitées:* dangers menaçants.
– *dans des eaux calmes:* vous surmonterez facilement vos difficultés.
– *sous l'eau:* période difficile qui durera peu.
– *à contre-courant:* quelqu'un vous créera des difficultés.
– *dans l'or:* chance et richesses.
– *ne pas savoir nager:* incidents désagréables.
– *en haute mer:* vous êtes sûr de vous.
– *en eau peu profonde:* préoccupations inutiles.

NAIN: insatisfactions, vous n'avez pas l'impression de vous être réalisé.
– *voir un nain:* vous plaignez une personne faible.
– *être un nain:* vous vous sentez dans une position de désavantage.
– *devenir nain:* vos possibilités diminueront.
– *dans un cirque:* vos faiblesses amusent les autres.

NAITRE: chance, améliorations.
– *avec douleur:* vous surmonterez avec fatigue une crise.
– *de façon douce:* vous avez oublié toute préoccupation.
– *aveugle ou muet:* vous attribuez au destin votre malchance.
– *pauvre:* vous êtes pessimiste et pleurez sur vous-même.
– *riche:* vous voulez devenir riche.
– *prématurément:* vous ne vous sentez ni désiré ni accepté.
– *naître déjà adulte:* vous avez renié votre enfance.

NAPHTALINE: *voir de la naphtaline:* une situation qui dure depuis longtemps.
– *utiliser de la naphtaline:* vous conservez des choses inutiles.
– *sentir le parfum de la naphtaline:* vous perdez du temps pour une personne qui ne le mérite pas.
– *manger de la naphtaline:* vous vous faites du mal volontairement.

NAPPE: *propre:* bon présage: un amour sincère.

– *sale:* obstacles difficiles à surmonter.
– *tachée de vin:* bon signe, succès.

NARCISSE: vous êtes égoïste et vaniteux.
– *voir un narcisse:* une personne qui se plaît trop.
– *cueillir un narcisse:* vous acceptez l'amour d'un narcissique.
– *offrir un narcisse:* vous attendez des félicitations.

NARCOTIQUES: période d'inconscience.
– *avaler des narcotiques:* vous ne réussissez pas à oublier ce qui vous angoisse.
– *avaler beaucoup de narcotiques:* autodestruction.

NATIONALITE: *ne pas avoir de nationalité:* sentiment d'insécurité, vous ne vous sentez pas bien inséré dans votre milieu.
– *prendre une nationalité étrangère:* un grand changement dans votre vie.

NATTE: simplicité.
– *dormir sur une natte:* une installation provisoire.

NAUFRAGE: *voir un naufragé:* une personne capable de réagir devant le mauvais sort.
– *être un naufragé:* vous vous êtes sorti tout seul d'un mauvais pas.
– *voir un naufragé au milieu de la mer:* vous aiderez une personne en difficulté.

NAUSEE: insatisfaction.
– *avoir la nausée:* vous ne supportez pas une personne trop envahissante.
– *avoir la nausée en mangeant quelque chose:* répétition d'un fait devenu très fréquent.

NAVET: une personne grossière et insensible.
– *le cultiver:* vous vous entourez d'amis qui ne vous méritent pas.
– *en manger:* vous êtes résigné à supporter plusieurs idioties.

NAVETTE: *spatiale:* vous rêvez d'une entreprise extraordinaire.
– *être dans une navette spatiale:* vous êtes convaincu de faire quelque chose de complètement nouveau.

NAVIGUER: grande détermination dans le travail et dans la vie.
– *contre le vent:* les obstacles ne vous empêcheront pas de continuer.
– *avec le vent:* une aide inattendue.
– *dans des eaux sombres:* une situation difficile.
– *le long de la côte:* vous craignez de vous éloigner d'un milieu sécurisant.
– *en haute mer:* des expériences nouvelles comportent toujours certains risques.
– *à la voile:* d'un moment à l'autre les forces peuvent vous manquer.
– *à la rame:* un travail dur et difficile que vous affronterez seul.

NAVIRE: présage indiquant un long voyage.
– *à vapeur:* nostalgie d'un amour passé.
– *chargé:* occasions et richesses inattendues.
– *dans le port:* sérénité.

NECROLOGUE: mauvais présage.

NECROPOLE: vous vivez dans un milieu vide et triste.
– *visiter une nécropole:* le passé vous attire.

NEFLES: la personne aimée ne vous comprend pas.
– *manger des nèfles:* vous essayez de vous expliquer.

NEGLIGE: *l'être:* un mauvais moment pour les affaires.
– *voir une personne négligée:* vous jugez les personnes sans les connaître.

NEGLIGER: *ses enfants:* vous voudriez être libre de toute responsabilité.
– *son mari (ou sa femme):* vous cherchez des moments d'indépendance.
– *ses amis:* l'isolement ne vous aidera pas à faire carrière.
– *ses frères ou sœurs:* vous vous sentez sûr et pensez ne pas avoir besoin de l'aide des autres.
– *ses parents:* inquiétez-vous pour vos affaires.

NEGOCIANT: *voir un négociant:* vous vous méfiez de ceux qui veulent faire des affaires.
– *être un négociant:* désir de gains immédiats.

NEGOCIER: vous jouerez le rôle de médiateur.
– *sur un prix:* vous êtes avare de nature.

NEIGE: pureté, nouveauté.
– *voir de la neige:* une aventure sentimentale.
– *voir la neige tomber:* attendez le moment opportun pour agir.
– *marcher dans la neige:* ralentissement dans les affaires.
– *s'enfoncer dans la neige:* vous avez agi sans réfléchir.
– *être enseveli dans la neige:* difficultés dans tous les domaines.
– *si l'on réussit à s'en libérer:* cette mauvaise période sera de brève durée.
– *qui fond:* les moments favorables se rapprochent.
– *entasser la neige:* chance, gains.
– *jouer avec la neige:* vous savez neutraliser vos adversaires.
– *hors saison:* imprévus dangereux.
– *dégager de la neige à la pelle:* vous savez affronter les imprévus.
– *boule de neige:* voir **BOULE.**
– *bonhomme de neige:* voir **PANTIN**.

NENUPHAR: sentiments délicats.
– *cueillir un nénuphar:* vous tombez amoureux d'une femme.
– *offrir un nénuphar:* déclaration d'amour.

NERF: *voir un nerf:* appréhension.
– *avoir les nerfs à vif:* période d'extrême tension.

NETTOYER: vous essayez de cacher les conséquences d'une erreur.
– *des vêtements:* vous ne voulez pas être considéré comme coupable.
– *quelque chose:* vous voulez y voir plus clair.
– *la maison:* un moment positif.

NEUF (chiffre): autorité et sécurité.

NEUTRALISER: *quelqu'un:* vous avez confiance dans vos possibilités.
– *les effets d'une erreur:* bon présage, la situation s'améliorera.

NEUTRE: *être neutre:* prendre position peut vous coûter cher.

NEVEU: liens familiaux.
– *voir naître son neveu:* famille unie.
– *être le neveu:* vous aiderez une personne agée.

NICHE: protection contre les dangers.
– *voir une niche:* vous cherchez la sécurité.
– *se cacher dans une niche:* vous êtes profondément troublé.
– *de chien:* vous vous sentez maltraité.
– *dormir dans une niche:* vous serez bientôt chassé de la maison.

NICHEE: famille nombreuse.

NID: affections familiales.
– *vide:* la famille ne vous donne pas de satisfactions.
– *avec des oiseaux:* sérénité familiale.
– *avec des œufs:* moments de joie en prévision.
– *prendre un nid en main:* vous rendrez involontairement irrespirable l'atmosphère familiale.
– *de serpents:* préoccupations.
– *de guêpes:* vous aurez affaire à des gens dangereux.
– *construire un nid:* vous voulez créer une famille.
– *détruire un nid:* rupture définitive avec la famille.

NIER: *quelque chose:* position de défense difficile à maintenir.

NIVEAU: *contrôler le niveau de l'eau:* vous craignez l'eau.
– *passage à niveau:* arrêt temporaire de votre activité.
– *se sentir à un niveau supérieur:* vous reniez les amitiés du passé.
– *se sentir à un niveau inférieur:* vous vous sentez délaissé.

NIVELER: *quelque chose:* ordre et sens pratique.
– *un terrain:* une grande initiative qui peut vous rendre riche.

NOBLE: *être noble:* vous avez une grande considération pour votre personne.
– *devenir noble:* vous sentez que vous vous améliorez.
– *avoir affaire à un noble:* vous avez peur de ne pas être à la hauteur de quelqu'un.

NOCES: *secondes noces:* désillusions et réflexions.
– *d'argent:* mariage heureux.
– *d'or:* mariage heureux et longue vie.
– voir également **MARIAGE**.
– *faire la noce:* moments de relaxation.

NOEUD: engagements.
– *faire un nœud:* vous vous créez trop de problèmes.
– *le défaire:* vous viendrez brillamment à bout d'une situation complexe.
– *ne pas réussir à le défaire:* vous abandonnez devant les nombreuses difficultés que vous rencontrez.
– *inextricable:* un problème impossible à résoudre.
– *marin:* sécurité dans les difficultés.

– *coulant:* dangers imprévus.
– *avoir un nœud coulant autour du cou:* attention aux menaces.
– *porter un nœud dans les cheveux:* peu de spontanéité.

NOIR: période d'angoisse et d'inquiétude.
– *si vous voyez souvent du noir en rêve:* période de mélancolie.

NOIR (homme): une personne différente de vous.
– *voir un Noir:* vous êtes conscient de la différence existant entre vous et une autre personne.
– *l'être:* vous vous croyez différent mais vous vous trompez.
– *le devenir:* vous vous distinguez des autres.
– *voir un Blanc devenir Noir:* vous aurez une grande surprise.

NOISETIER: vous tomberez amoureux d'une personne plus jeune que vous.
– *planter un noisetier:* début d'une belle histoire d'amour.
– *voir un noisetier en fleur:* ne gâchez pas les moments les plus beaux.
– *abattre un noisetier:* vous reniez l'amour de quelqu'un.

NOISETTES: petits problèmes, amertumes.
– *voir beaucoup de noisettes:* de nombreux problèmes vous assaillent.
– *cueillir des noisettes:* ne gâchez pas les moments les plus beaux.
– *briser la coque d'une noisette:* vous prenez des responsabilités.
– *manger des noisettes:* vous savez souffrir sans vous plaindre.

NOIX: ambition.
– *casser des noix:* vous avez des difficultés pour réaliser vos projets.
– *voir beaucoup de noix:* richesses et désirs insatisfaits.
– *cueillir des noix:* vos désirs seront bientôt exaucés.
– *offrir des noix:* vous ferez le bonheur des personnes qui les reçoivent.
– *manger beaucoup de noix:* gains faciles.
– *manger peu de noix:* petites joies.

NOM: *perdre son nom:* vous craignez que vos enfants ne s'éloignent de vous.
– *ne pas se souvenir de son nom:* crise d'identité.
– *changer de nom:* décision définitive dans votre vie.
– *changer de nom (pour une femme):* désir de se marier.

NOMADE: *être nomade:* vous cherchez un point fixe.
– *devenir nomade:* profond manque de sécurité.
– *voir un nomade:* vous enviez une personne libre de ses mouvements.

NOMBRIL: origine de la vie.
– *sain:* des progrès importants.
– *malade:* problèmes et récriminations.

NOMBRES: chance.
– *écrire des nombres:* vous tentez la chance.
– *lire des nombres:* ce sont des nombres chanceux.
– *effacer des nombres:* vous n'avez pas confiance dans votre chance.

NOSTALGIE: vous vous repentissez des occasions perdues.

NOTAIRE: argent.
– *le voir:* préoccupations économiques.
– *lui parler:* vous résoudrez vos problèmes financiers.
– *le payer:* vous payerez cher certains conseils.
– *l'être:* sécurité dans les affaires.

NOTE: *de musique:* équilibre et harmonie.
– *en voir:* soyez plus équilibré.
– *l'écrire:* modération et sensibilité.
– *jouer de nombreuses notes:* déclaration d'amour.
– *avoir une note à l'école:* vous avez peur d'être puni.

NOTION: *perdre la notion du temps:* moments de grande confusion mentale.

NOUER: vous cherchez des contacts.
– *ses doigts:* un pacte entre amis.
– *ses cheveux:* moments sereins.
– *des cordes:* vous instaurerez des liens solides.
– *une cravate:* présage de gain au loto.

NOUGAT: une personne au caractère doux mais ferme.

NOUILLES: jalousie injustifiée.

NOURRICE: désir d'affection.
– *votre nourrice:* vous êtes reconnaissant de l'affection dont on vous entoure.
– *qui allaite:* vous cherchez à éloigner toutes les responsabilités.
– *qui se promène:* vous vous sentez inutile.
– *qui caresse:* vous avez l'impression d'avoir grandi trop vite.

NOURRIR: *à la petite cuillère quelqu'un:* vous aidez bien des gens, attention à ne pas exagérer.
– *un enfant:* quelques petits problèmes ne gâcheront pas une atmosphère sereine.

NOURRIR (SE): *de son propre corps:* après avoir surmonté de nombreux obstacles vous connaîtrez le succès.

NOURRISSON: *voir un nourrisson:* sens de protection.
– *l'être:* vous n'avez pas la possibilité de prendre des décisions, vous êtes à la merci des autres.
– *l'élever:* vos enfants vous ressembleront.

NOUVEAU-NE: une situation nouvelle.
– *en famille:* une période nouvelle commence.
– *enfant d'amis:* vous partagez des sentiments de joie.
– *pour une femme:* désir de maternité.
– *voir de nombreux nouveau-nés:* préoccupations économiques.
– *mort:* situation stable mais négative.

NOUVEAUTE: communications importantes.
– *lire des nouveautés:* désir d'être informé.

NOUVEL AN: espoirs pour l'avenir.

NOUVELLE: attente.
– *donner une nouvelle:* curiosité exagérée.
– *recevoir.une nouvelle:* quelqu'un dit du mal de vous.
– *lire une nouvelle:* quelque chose vous a effrayé.
– *écouter une nouvelle:* satisfactions éphémères.
– *écrire une nouvelle:* vous décidez de votre destin.

NOVICE: une période nouvelle.
– *être novice:* les désillusions vous ont poussé à chercher de nouvelle voies.

NOYAU: *voir un noyau:* vous découvrirez les aspects négatifs d'une personne.
– *avoir un noyau dans la bouche:* petites désillusions.
– *cracher un noyau:* vous refusez la véritable personnalité de la personne que vous aimez.
– *avaler un noyau:* vous acceptez sereinement les aspects positifs et les aspects négatifs de la personne que vous aimez.

NOYER: *se noyer dans la mer:* en changeant de travail vous allez au-devant de difficultés.
– *dans un fleuve:* des choses insignifiantes vous font perdre du temps.
– *noyer quelqu'un:* vous avez peur de ne pas être suffisamment aimé.

NOYER (arbre): *voir un noyer:* sécurité.
– *s'asseoir à l'ombre d'un noyer:* période tranquille et positive.
– *planter un noyer:* vous travaillerez pour la sécurité familiale.
– *bois:* rapports durables.

NU: pauvreté et manque de sécurité.
– *être nu:* une période difficile économiquement parlant vous attend.
– *voir des gens nus:* vous comprenez profondément certaines personnes.
– *marcher nu:* vous ne vous inquiétez pas en découvrant certains aspects de votre caractère.
– *être nu chez soi:* moments de liberté.

NUAGE DE POUSSIERE: *le voir:* quelqu'un essaye de vous troubler les idées.
– *le soulever:* vous voulez confondre quelqu'un.

NUIT: de vieilles peurs reviennent vous troubler.
– *claire:* vous surmonterez un moment d'angoisse.
– *obscure:* désespoir grandissant.
– *entendre des bruits dans la nuit:* peurs inconscientes.
– *avoir des visites de nuit:* vous vous sentez peu sûr de vous.
– *rencontrer des gens la nuit:* vous craignez la vengeance de quelqu'un.
– *pluvieuse:* souffrance.
– *à la place du jour:* changements qui vous désorientent.

NUMEROTER: *des objets:* précision en affaires.
– *des pages:* organisation intelligente du travail.

NUPTIAL: *marche nuptiale, cortège:* une fête très classique.
– *participer à une marche nuptiale:* mariage dans la famille.

NUQUE: vous vous souvenez d'une personne lointaine.
– *frapper la nuque:* une douleur qui laissera des traces.
– *blessée:* vous vous inquiétez de celui qui vous a quitté.

NURSE: tranquillité, petits conflits avec sa mère.

NYMPHE: vous êtes peu réaliste et cherchez des choses impossibles.
– *en fuite:* vous vous rendez compte que vous demandez trop.

O

OASIS: un moment agréable.
– *chercher une oasis:* vous êtes fatigué et avez perdu toute confiance.
– *voir une oasis:* tout ce que vous voyez vous semble mieux que ce que vous avez.
– *se trouver dans une oasis:* vous vivrez des moments heureux.
– *s'il s'agit d'un mirage:* ne vous faites pas d'illusion; votre vie ne changera pas.

OBEIR: *à quelqu'un:* les personnes autoritaires vous impressionnent.
– *à tout le monde:* vous n'avez pas de personnalité.
– *à un subalterne:* humiliations.
– *à un supérieur:* discipline et force de caractère.

OBELISQUE: affaires ambitieuses.
– *qui tombe:* vos projets sont partis en fumée.

OBESE: vous vous sentez lent dans vos décisions.
– *être obèse:* vous manquez de confiance en vous-même.
– *voir un obèse:* vous méprisez une personne un peu molle.

OBJECTIF: *avoir un objectif:* votre meilleure qualité réside dans la facilité avec laquelle vous prenez des décisions.
– *atteindre son objectif:* vous aurez bientôt de grandes satisfactions.
– *d'un appareil photographique:* fermeté et précision.

OBJET: *ne pas se souvenir de quoi il s'agit:* vous donnez peu d'importance à ce que vous possédez.
– *lourd:* moment de fatigue.
– *léger:* affaires inconsistantes.
– *jeter un objet:* vous n'êtes pas attentif en affaires.

OBLIGATION: *avoir une obligation:* vous ne vous sentez pas libre.
– *titre boursier:* investissements intéressants.

OBLIGER: *quelqu'un à faire quelque chose:* excès d'autoritarisme.
– *un adversaire:* vous prenez votre revanche.
– *pour les personnes faibles:* renforcement de la personnalité.

OBSCENITE: quelqu'un a été blessé par votre comportement.

– *faire des obscénités:* vous vous ferez des ennemis.
– *écouter des obscénités:* quelqu'un vous a déçu.
– *dire des obscénités:* complexes et problèmes d'ordre sexuel.

OBSCURCIR (S'): *pour le ciel:* préoccupations en vue.

OBSEQUES: voir **FUNERAILLES.**

OBSERVATOIRE: secrets à révéler.
– *voir de loin un observatoire:* quelqu'un vous épie.
– *être dans un observatoire:* vous découvrirez un secret qui vous intriguait depuis longtemps.

OBSESSION: *avoir une obsession:* mauvais souvenirs, peurs injustifiées.

OBSTACLE: *rencontrer un obstacle:* vous êtes craintif.
– *surmonter un obstacle:* période positive.
– *être bloqué par un obstacle:* période de malchance.

OBTENIR: *quelque chose:* vous aimeriez être plus déterminé.
– *ce que l'on désirait depuis longtemps:* vous pouvez y arriver grâce à votre volonté.

OCCASION: *saisir une occasion:* vous n'avez pas de regrets.
– *rater une occasion:* nostalgies et réprimandes.
– *profiter d'une occasion:* vous n'avez pas de scrupules mais vous aurez du succès.

OCCUPER: *sa propre place:* vous avez peur de la perdre.
– *la place d'un autre:* vous ferez carrière.

OCEAN: *voir un océan:* futur incertain.
– *traverser un océan:* après un long voyage, vous affronterez une vie nouvelle.
– *voir la photographie d'un océan:* vous avez très envie de voyager.

OCTROI: *payer l'octroi:* vos préoccupations finiront bientôt.
– *bureau de l'octroi:* surmonter un obstacle vous provoquera une certaine fatigue.

OCULISTE: quelques difficultés vous assaillent.
– *être oculiste:* des rancœurs que vous n'avez pas encore assoupies.
– *aller chez l'oculiste:* vous vous faites du souci car vous n'arrivez pas bien à comprendre une situation.

ODALISQUE: désirs irréalisables.

ODEUR: vous sentez une présence.
– *sentir sa propre odeur:* vous savez ce que vous faites.
– *douce:* présage de chance.
– *agréable:* vous avez des rapports sincères avec les autres.
– *désagréable:* vous ne cherchez la compagnie de personne.
– *ne sentir aucune odeur:* caractère insensible.

ŒIL/YEUX: conscience éveillée, moments de tension.
– *ne pas réussir à ouvrir les yeux:* vous ne voulez pas vous rendre compte de la réalité.

– *yeux fermés:* vous vous laissez entraîner par les événements.
– *ne pas réussir à fermer les yeux:* appréhensions constantes.
– *yeux malades:* désillusions en affaires.
– *beaux yeux:* bonheur et succès.
– *vilains yeux:* vous ferez de graves erreurs.
– *perdre la vue:* malheurs.
– *n'avoir qu'un œil:* vous jugez trop rapidement.
– *yeux qui pleurent:* ennuis futurs.
– *douleurs aux yeux:* une passion qui vous fait déraisonner.

ŒILLERES: étroitesse d'esprit.
– *les voir:* vous craignez que quelqu'un se serve de vous.
– *les avoir sur les yeux:* vous ne verrez que ce que les autres voudront bien vous montrer.

ŒILLET: un détail romantique vous fera tomber amoureux.

ŒUFS: symbole de la vie et de la perfection.
– *en voir beaucoup:* vous méritez la richesse que vous avez.
– *blancs:* fortune et bonheur.
– *frais:* bonnes nouvelles.
– *pourris:* déceptions et soucis.
– *cuits:* la fortune ne vous abandonnera pas.
– *durs:* satisfactions passagères.
– *cassés:* malheur et revers de fortune.
– *en manger:* vous profitez d'une situation favorable.

ŒUVRE: *de théâtre:* une situation peu claire.
– *acheter des billets pour une œuvre:* il vaut mieux être méfiant.
– *d'art:* amour de la créativité.
– *acheter une œuvre d'art:* affaires honnêtes.
– *vendre une œuvre d'art:* vous profitez d'une situation.
– *pieuse:* sensibilité.
– *main-d'œuvre:* vous cherchez de l'aide.

OFFENSE: vous cachez votre haine.
– voir aussi **OFFENSER**.

OFFENSER: vous n'avez pas le courage de protester.
– *être offensé:* des souvenirs désagréables vous tourmentent.

OFFERTOIRE: vous vous sentez indispensable aux autres.

OFFICIER: *l'être:* vous aspirez au succès.
– *le voir:* bonne fortune.
– *de marine:* occasions favorables.
– *ivre:* un scandale qui fera beaucoup de bruit.

OFFRE: générosité.
– *faire une offre:* on vous aidera.
– *recevoir une offre:* vous apporterez votre aide à quelqu'un.

OFFRIR: *quelque chose:* une manière pour se faire apprécier.

OGRE: menaces inexistantes.

– *voir un ogre:* vous mythifiez le pouvoir d'une personne.
– *être un ogre:* vous vous sentez omnipotent et méchant.

OIES: présage de chance.
– *voir une oie:* période favorable pour le travail.
– *voir beaucoup d'oies:* les personnes qui vous entourent sont superficielles.
– *qui jacassent:* commérages inutiles.
– *tuer une oie:* vous interromprez une amitié avec une personne stupide.
– *manger une oie:* vous profitez des personnes naïves.

OIGNON: pleurs et essoufflements.
– *manger de l'oignon:* vous surmonterez sans vous en rendre compte toutes les difficultés.
– *couper un oignon:* malchance, situation désagréable.

OISEAU: pensées et intentions négatives.
– *un oiseau qui chante:* bon signe, santé.
– *qui vole:* vous voudriez faire un long voyage.
– *qui sautille:* indécision qui cause des échecs.
– *dans une cage:* vous vous sentez opprimé et manquez de liberté.
– *qui s'enfuit:* vous retrouverez votre indépendance.
– *mort:* présage de maladie.
– *qui couve:* présage de mariage.
– *le capturer:* gains immédiats.
– *le tuer:* période fortunée.
– *en voir beaucoup ensemble:* propos sans queue ni tête.
– *les nourrir:* bons rapports avec vos amis.
– *rapace:* danger.
– *nocturne:* crise dans les affaires.

OISON: mots jetés au vent.

OLIVES: chance.
– *ramasser des olives:* période de dures fatigues.
– *voir des olives dans les oliviers:* vous attendez le bon moment.
– *manger des olives:* période heureuse, profitez-en.

OLIVIER: tranquillité et sécurité.
– *en fleur:* période de liberté.
– *avec des fruits amers:* votre heure arrivera.
– *avec des fruits mûrs:* bonne chance.

OMBRE: conséquences indirectes.
– *voir sa propre ombre:* vous êtes conscient.
– *voir une ombre:* crise et manque de sûreté en vous.
– *chercher l'ombre:* vous êtes fatigué d'être exposé aux dangers.
– *être toujours à l'ombre:* vous ne réussissez pas à vous faire remarquer.
– *être à l'ombre d'un arbre:* quelqu'un vous protégera.

OMELETTE: harmonie entre amis.
– *faire une omelette:* un amour passager et doux.
– *manger une omelette:* ne vous préoccupez pas de la stabilité de cet amour.

ONCLE: conseils donnés par des parents.

ONDES: moments dangereux.
– *ondes de haute fréquence:* vous êtes submergé par les difficultés.
– *basses ondes:* moments d'incertitudes que vous surmonterez rapidement.
– *nager dans les ondes:* les difficultés ne vous arrêtent pas.
– *être renversé par une onde:* vous passerez un moment terrible.

ONGLES: *beaux:* bonne santé.
– *laids:* quelqu'un vous déteste.
– *longs:* prévoyance.
– *les couper:* vous payerez une dette.
– *courts:* période de faiblesse.
– *les perdre:* querelles en famille.
– *incarnés:* souffrance et tristesse.

ONGUENT: paix et sérénité.
– *s'en servir:* vous vous occupez de vous.
– *le boire:* maladie qui vous guette.

ONYX: perte économique.
– *acheter un objet en onyx:* idéaux impossibles à atteindre.
– *briser un objet en onyx:* désillusions et repentir.

OPALE: sagesse et sensibilité.
– *acheter un objet en opale:* vous attirez une personne équilibrée et fantaisiste.
– *offrir un objet en opale:* nobles instincts.
– *vendre un objet en opale:* malhonnêteté et bassesse.

OPERATION: *chirurgicale:* moments délicats.
– *subir une opération chirurgicale:* vous voulez changer quelque chose en vous.
– *faire une opération chirurgicale:* vous cherchez à changer quelqu'un.

OPINION: *avoir une opinion:* sécurité.
– *changer d'opinion:* votre situation changera.
– *partager l'opinion de quelqu'un:* vous êtes très influençable.

OPIUM: vous êtes fataliste et peu décidé.
– *voir de l'opium:* vous aimeriez tout changer sans fatigue.
– *fumer de l'opium:* améliorations illusoires.

OPPOSER (S'): *à quelque chose:* vous êtes scrupuleux et courageux.
– *à quelqu'un:* vous êtes fondamentalement indécis.

OPPRESSION: vos plans sont contrariés.
– *physique:* vous avez peur de désobéir aux ordres.
– *psychologique:* crise intérieure; vous aimeriez fuir l'autorité.

OPPRIMER: *quelqu'un:* en réalité vous n'admettez pas de le faire.

OR: *tenir de l'or en main:* présage de pertes.
– *perdre de l'or:* mauvaises affaires.
– *trouver de l'or:* vous perdrez tout ce que vous avez.

– *acheter de l'or:* quelqu'un parle mal de vous.
– *fondre de l'or:* vous êtes décidé et savez ce que vous voulez.
– *montrer de l'or aux autres:* vous n'êtes pas sûr de vous.
– *offrir de l'or:* vous n'êtes pas très prudent en affaires.
– *recevoir de l'or en cadeau:* peu d'espoir de faire fortune tout seul.
– *pièces d'or:* voir **MONNAIE.**
– *en lingot:* richesse durable.

ORACLE: peur du futur.
– *consulter un oracle:* vous avez trop confiance dans les prédictions des autres.
– *qui prévoit des malheurs:* vous vous laissez intimider inutilement.
– *être un oracle:* vous vous croyez très sage et très prévoyant.

ORANGE: *fruit:* vous vous trouvez dans une situation agréable, mais quelque chose vous ennuie.
– *couleur:* chaleur, harmonie, équilibre.
– *cueillir des oranges:* votre caractère dominateur peut vous nuire.
– *acheter des oranges:* votre amour est partagé.
– *désirer des oranges:* vous êtes disposé à prendre des risques car vous voulez enrichir votre vie.
– *manger des oranges amères et vertes:* votre impatience vous procure des ennuis.
– *préparer un jus d'oranges et le boire:* vous voulez toujours avoir ce qu'il y a de mieux en faisant le moins d'efforts possibles.

ORANGER: prospérité et abondance.
– *oranger en fleur:* mariage imminent.

ORATEUR: *être un orateur:* vous aimeriez vous exprimer de façon convaincante.
– *écouter un orateur:* vous vous laissez tromper par des discours.

ORATION: vous cherchez les bonnes grâces de quelqu'un.
– *réciter une oration:* vous cherchez à éloigner vos craintes.
– *funèbre:* sentiment de faute.

ORCHESTRE: personnalité complexe et harmonieuse.
– *écouter un orchestre:* écoutez l'avis d'une personne sage et équilibrée.
– *diriger un orchestre:* de nombreuses personnes vous écoutent et vous suivent.

ORCHIDEE: vanité.
– *offrir une orchidée:* vous faites voir vos richesses.

ORDONNANCE: voir **PRESCRIRE**.

ORDRE: *donner un ordre:* vos amis vous détesteront sous peu.
– *recevoir un ordre:* vous ne savez pas vous opposer à vos supérieurs.
– *faire de l'ordre:* vous avez l'esprit clair et rationnel.
– *imposer l'ordre:* le manque de rationalité vous dérange.
– *monastique:* choix difficiles et irrévocables.
– *de chevalerie:* vous avez une haute opinion de vous-même.

OREILLE: sensibilité et contact avec les autres.
– *saine:* cohérence et respect.
– *malade:* vous êtes mal informé et donnez des jugements sans fondement.
– *blessée:* quelqu'un veut vous faire changer d'idées.
– *perdre ses oreilles:* vous ferez de mauvaises affaires.
– *coupée:* malheurs et malchance.
– *se nettoyer les oreilles:* vous cherchez à comprendre une situation.
– *se boucher les oreilles:* vous ne voulez pas accepter la réalité.
– *boucle d'oreille:* une façon d'exprimer votre personnalité.
– *porter des boucles d'oreille:* vous avez une forte personnalité.
– *porter beaucoup de boucles d'oreille:* vous voulez attirer l'attention.
– *perdre une boucle d'oreille:* vous transformez un aspect de votre caractère.
– *offrir des boucles d'oreille:* une attention envers une personne.

OREILLER: voir **COUSSIN**.

ORFEVRE: vos richesses vous attireront des ennuis.
– *aller chez un orfèvre:* grosses dépenses.
– *être orfèvre:* avec de la patience vous gagnerez beaucoup d'argent.

ORFEVRERIE: vous désirez ardemment quelque chose.
– *avoir une orfèvrerie:* vous satisferez vos désirs.

ORGASME: vous êtes insatisfait de votre vie sexuelle.
– *atteindre l'orgasme:* un moment de grande excitation.

ORGE: bonne santé.
– *moissonner de l'orge:* les malaises passeront rapidement.

ORGIE: problèmes sexuels.
– *assister à une orgie:* le sexe vous dégoûte.
– *participer à une orgie:* désirs insatisfaits.

ORGUE: *voir un orgue:* un moment heureux.
– *entendre jouer un orgue:* après une période triste vous vous sentirez beaucoup mieux.
– *jouer de l'orgue:* vous procurerez de la joie à vos amis et à des personnes qui vous sont proches.

ORGUE DE BARBARIE: peu de possibilités de réussite.
– *jouer de l'orgue de barbarie:* une façon désespérée d'attirer l'attention.
– *entendre un orgue de barbarie:* vous avez la nostalgie d'une personne.

ORIENTER (S'): *bien s'orienter:* sécurité intérieure.
– *mal s'orienter:* égarement et insécurité.

ORIGAN: petites satisfactions.

ORME: constance et grandeur d'âme.
– *abattre un orme:* vous blessez un ami fort et sincère.

ORNEMENT: vous êtes sensible aux apparences; vous êtes superficiel.

ORNER: *quelque chose:* vanité apparente.
– *s'orner:* vous voulez conquérir quelqu'un.

ORPHELIN: sentiment de solitude.
– *être orphelin:* vous vous plaignez et vous vous sentez abandonné.
– *voir un orphelin:* vous plaignez une personne seule.
– *prendre soin d'un orphelin:* vous aurez un nouvel ami.

ORTEIL: *gros orteil:* les petits détails vous tourmentent.

ORTIES: des souffrances et des déplaisirs.
– *voir beaucoup d'orties:* vous traverserez un moment difficile.
– *cueillir des orties:* malchance.
– *se piquer accidentellement avec des orties:* ennuis passagers.
– *faire une infusion d'orties:* les expériences négatives vous seront utiles.
– *manger des orties:* malheurs.

OS: *d'animal:* fin de l'abondance.
– *d'homme mort:* mauvais présage.
– *découvrir des os chez soi:* secrets de famille.
– voir également **SQUELETTE**.
– *trouver un os:* vous êtes en difficulté.
– *travailler l'os:* charges désagréables.
– *se casser un os:* un grand ami vous abandonnera.
– *ronger un os d'animal:* période de pauvreté.

OSIER: ennui, faible intérêt pour le travail.
– *tresser de l'osier:* questions compliquées.

OSSATURE: *voir sa propre ossature:* solidité et fermeté.
– *voir l'ossature d'un autre:* évaluez le pouvoir d'une personne.

OSSUAIRE: vous regrettez une personne lointaine.
– *visiter un ossuaire:* moments de tristesse.

OTITE: voir **OREILLE**.

OUATE: sécurité et protection.
– *voir beaucoup d'ouate:* vous vivez dans un milieu artificiellement calme.

OUBLIER: vous avez honte de vos pensées inconscientes.
– *un rêve:* vous vous sentez coupable.
– *une personne:* par votre faute une personne s'est éloignée de vous.
– *un objet:* cet objet vous rappelle quelque chose de désagréable.
– *un objet dans la maison:* vous essayez d'être autosuffisant.
– *une valise:* un voyage vous effraie.
– *involontairement:* en réalité vous vouliez oublier.
– *un rendez-vous:* vous craignez que l'on ne vous confie de trop lourdes responsabilités.
– *des enfants:* vous ne vous sentez pas à la hauteur de la situation.

OUIE: *bonne:* vous essayez de comprendre quelque chose.
– *mauvaise:* toute chose vous paraîtra incompréhensible.

OURAGAN: querelles en famille.
– *le voir:* crises et incompréhensions.
– *se trouver sous un ouragan:* perte financière.
– *se mettre à l'abri:* vous éviterez des dégâts et des difficultés.

OURS: ne vous fiez pas trop à vos amis.
– *être assailli par un ours:* vous vous sentez persécuté.
– *déranger un ours qui dort:* provocations dangereuses.
– *polaire:* un très long voyage.
– *voir un ours au zoo:* force réprimée.

OUTILS: *pour le travail:* vous vous appliquez beaucoup mais n'obtenez pas de grandes satisfactions.

OUTRAGE: période de tristesse.

OUTRAGER: vous êtes autoritaire et intolérant.
– *être outragé:* manque de sécurité personnelle.

OUTRE: *vide:* insatisfaction.
– *pleine:* beaucoup de satisfactions.

OUVRIER: activité et bonne volonté.
– *être ouvrier:* un bon moment pour le travail.
– *voir un ouvrier:* vous enviez les gens très actifs.
– *au travail:* moment propice pour les affaires.
– *au repos:* activités interrompues.
– *embaucher un ouvrier:* chance et succès.
– *en grève:* affaires en crise.

OUVRIR: *tout grand:* une décision courageuse.
– *la porte:* vous êtes prêt à accepter de nouvelles expériences.
– *les fenêtres:* nouveaux contacts agréables.
– *les yeux:* vous voyez comment se passent effectivement les choses.
– *une lettre:* vous connaissez un secret mais vous préféreriez ne pas le connaître.

OXYGENE: élément vital.
– *ne pas avoir d'oxygène:* vous manquez d'espace pour agir.
– *demander de l'oxygène:* vous recevrez des aides importantes.

P

PACHA: tranquillité et richesse.
– *l'être:* vous obtiendrez une situation tranquille sur le plan économique.

PACIFISTE: *l'être:* vous détestez tout genre de discussions.

PACOTILLE: *bijoux de pacotille:* vous êtes très actif, peut-être trop, faites attention à votre santé.

PACTE: réconciliation avec votre partenaire.
– *ne pas le respecter:* vous vous sentez coupable à cause d'une promesse non respectée.

PAGE: une personne serviable.
– *l'être:* caractère agréable et bien disposé.
– *l'avoir à son service:* vous n'êtes pas autonome.

PAGE (de livre): *la chercher:* vous avez oublié quelque chose d'important.
– *la tourner:* changements radicaux.

PAGODE: les longs voyages vous attirent.

PAILLE: *la voir:* profits médiocres.
– *la recueillir:* petite augmentation de vos richesses.
– *la donner à ses propres animaux:* soyez plus attentif et prenez mieux soin de vos biens.
– *en transporter:* occupations pénibles et peu intéressantes.
– *qui brûle:* malchance et misère.
– *dormir dessus:* misère, captivité.
– *pour boire:* vous voulez goûter la vie par petits bouts.

PAILLETTE: *sur les vêtements:* vous manquez de maturité.

PAIN: amélioration, maturité intérieure.
– *le manger:* bon présage.
– *blanc:* chance imminente.
– *noir:* chance pour les personnes pauvres.
– *sec:* dure période, préoccupations, ennuis.
– *chaud:* vous êtes impatient et votre santé est en danger.
– *le préparer:* caractère laborieux et bons sentiments.
– *le cuire:* vous aurez beaucoup de satisfactions.
– *le rompre:* vous informerez beaucoup de personnes de vos projets.
– *le jeter:* mauvais présage.

PAIR: présage de gain au loto.
- *jouer un nombre pair:* il vaut mieux ne pas prendre de risques, la chance n'est pas avec vous.
- *le perdre:* vous vous sentez en difficulté mais un effort de votre part peut avoir un résultat positif.
- *le gagner:* ce n'est pas votre jour.

PAITRE: *faire paître ses animaux:* augmentation de vos biens et de votre fortune.

PAIX: *la conclure:* désir de réconciliation.
- *la rompre:* vous aurez bientôt de nouvelles discussions.

PALADIN: défendez quelqu'un.
- *l'être:* vous vous sentez indispensable pour une personne.
- *le voir:* vous cherchez de la protection.

PALAIS: un milieu confortable et riche.
- *le voir:* envie d'une situation économique florissante.
- *y habiter:* vous êtes plus que satisfait de votre situation économique.

PALAIS (bouche): *sain:* vous êtes prudent et un peu soupçonneux.
- *enflammé:* choix irréfléchis.

PALE: *être pâle:* vous craignez une maladie.
- *le devenir subitement:* vous allez recevoir une triste nouvelle.

PALETTE: vous aurez beaucoup d'idées et de fantaisie.

PALIER: discussions avec les voisins.
- *vivre sur le palier:* litiges en famille.

PALIR: maladie, mauvaises nouvelles.
- *se voir pâlir:* un malheur imprévu.
- *voir quelqu'un pâlir:* ne soyez pas trop brutal pour communiquer une mauvaise nouvelle.

PALISSADE: besoin de protection.
- *se trouver en deçà:* vous êtes tranquille et ne craignez rien.
- *se trouver au-délà:* vous êtes en danger et n'avez aucune défense.
- *la construire:* vous cherchez un moyen pour vous protéger.
- *détruite:* tentative inutile pour se défendre.
- *la surmonter:* vous affrontez les dangers avec courage.

PALMES: vous avez de bonnes opportunités.
- *les chausser:* vous agirez avec facilité dans le domaine des affaires.

PALMIER: litiges et malchance.
- *le brûler:* chance et gaieté.
- *l'acheter:* pertes financières.
- *le recueillir:* disputes en famille.
- *en voir beaucoup, coupés:* bonne période pour les affaires.
- *en voir un à terre:* vous regrettez amèrement les occasions que vous avez perdues.

PALPER: *quelque chose:* vous êtes en train d'évaluer la situation.

PAMPRES: situation désavantageuse.

PANACHE: *le voir:* quelqu'un se vante trop.
– *le tenir en main:* vous voulez attirer l'attention.

PANADE: simplicité et traditionnalisme.
– *la manger:* famille sereine et en bonne santé.

PANCARTE: *routière:* attention aux avertissements.
– *chercher une pancarte sans la trouver:* vous dépendez des autres pour des décisions que vous devriez prendre seul.
– *incompréhensible:* vous vous sentez exclu, souvent vous ne réussissez pas à intervenir dans une discussion entre amis.

PANER: vous cherchez des remèdes à une situation désagréable.

PANIER: voir **CORBEILLE**.

PANNE: *avoir sa voiture en panne:* quelque chose que vous ne réussissez pas à identifier vous empêche d'agir.
– *trouver la cause d'une panne:* vous avez compris la cause de vos problèmes.
– *ne pas trouver la cause d'une panne:* vous ne savez pas analyser à fond.
– *avoir sa montre en panne:* vous n'avez pas le sens du temps, vous gâchez vos journées.
– *provoquer une panne:* vous voulez empêcher quelque chose mais vous ne savez pas comment le faire.

PANNEAU: *le voir:* une situation claire.
– *le fixer:* vous vous ferez bientôt remarquer.

PANORAMA: *le regarder:* observez la réalité qui vous entoure.

PANSER: *quelqu'un:* vous sentez que vous avez fait du mal à cette personne.
– *être pansé:* vous vous plaignez.

PANTALON: vous aimeriez avoir le pouvoir de décider.
– *court:* vous vous sentez sous-estimé à cause de votre jeune âge.
– *déboutonné:* votre exhibitionnisme est déplacé.
– *en laine:* protection contre les changements d'humeur imprévus de votre partenaire.
– *déchiré:* quelque chose affaiblira votre confiance en vous.
– *en coton:* optimisme.
– *pour une femme:* autonomie et décision.

PANTHERE: une personne fascinante.
– *la rencontrer:* charme dangereux.
– *en être attaqué:* une femme violente et passionnelle.
– *la tuer:* vous avez eu le dessus sur une personne violente et instinctive.

PANTIN: une personne peu décidée.
– *le tenir en main:* votre partenaire a une faible personnalité.

PANTOMIME: une situation publique.

– *la voir:* quelqu'un se plaindra en public.
– *la réciter:* vous donnerez une mauvaise impression de vous en public.

PANTOUFLES: paresse.
– *vieilles:* difficultés passagères.
– *nouvelles:* aucune nouveauté, vie paresseuse, avec le train-train habituel.
– *les perdre:* chance, améliorations et nouveautés.
– *les offrir:* vous voulez empêcher une personne d'agir.
– *les recevoir en cadeau:* présage de longue vie.
– *sortir en pantoufles:* peu de décision dans les affaires.
– *les acheter:* prévoyez une période d'inactivité.

PAON: orgueil.
– *le voir:* vous retirerez beaucoup de satisfaction de votre travail.
– *plume de paon:* vous vous attribuez des mérites que vous n'avez pas.
– *qui fait la roue:* une personne se vante de ses conquêtes.

PAPA: sensation de protection comme lorsque vous étiez enfant.
– voir **PERE**.

PAPE: autorité, bonté et équilibre.
– *le voir:* vous avez besoin de beaucoup d'aide.
– *l'entendre parler:* vous recevrez d'importants conseils.

PAPETERIE: petites dépenses.

PAPETIER: vous vous laissez démonter par ceux qui en savent plus que vous.

PAPIER: *voir du papier:* on vous demandera bientôt des certificats.
– *lire un papier:* une lettre longtemps attendue.
– *trouver un papier:* chance.
– *déchirer un papier:* vous êtes pour les solutions radicales.

PAPILLON: infidélité de la personne aimée.
– *être un papillon:* vous êtes inconstant et vous manquez de confiance en vous.
– *suivre un papillon:* vous poursuivrez un amour incertain et imprévisible.
– *capturer un papillon:* un amour qui durera très peu.
– *nœud papillon:* anticonformisme, petites vanités.

PAPILLOTE: vous ne voulez pas dévoiler vos pensées.

PAPRIKA: excitation, ardeur.

PAQUEBOT: bonne période pour les commerçants.
– *le voir de loin:* désir d'entreprendre quelques affaires.

PAQUES: renaissance intérieure.
– *fêter Pâques:* vous fêtez certains changements imminents.
– *ensoleillé:* améliorations faciles et agréables.
– *pluvieux:* améliorations pénibles.

PAQUET: petits secrets.

– *l'ouvrir:* secrets dévoilés.
– *de cigarettes:* faiblesses personnelles.

PARABOLE: exemples utiles.
– *la lire:* tirez profit de l'expérience des autres.
– *la raconter:* vous vous considérez comme sage, et vous êtes un peu paternaliste.
– *l'écouter:* quelqu'un doit vous communiquer quelque chose, mais ne peut vous parler ouvertement.

PARACHUTE: *le voir:* sécurité, même dans les moments dangereux.
– *le voir ouvert:* vous avez pleine confiance en vous-même.
– *fermé:* présage de malheur.
– *cassé:* des imprévus sont imminents, il vaut mieux être très prudent.

PARACHUTISTE: courage, témérité.
– *le voir:* vous admirez les personnes courageuses.
– *l'être:* vous courez des risques inutiles.

PARADE: grande exhibition.
– *la voir:* ne vous laissez pas impressionner par les exhibitionnismes.
– *y participer:* vous voulez faire de l'effet sur quelqu'un.
– *militaire:* manifestation d'agressivité.
– *vêtement de parade:* formalisme et double personnalité.

PARADIS: vie tranquille, et très agréable.
– *y aller:* vous pensez mériter joie et tranquillité.
– *y vivre:* plaisirs éphémères.
– *en être chassé:* sentiments de culpabilité très profonds.

PARAGRAPHE: vous vivez un moment important.
– *le lire:* un événement vous a beaucoup frappé.
– *s'en souvenir:* expériences utiles.

PARALYSIE: un moment dramatique.
– *en être frappé:* projets et affaires bloqués.
– *en guérir:* après une période de non-activité vous aurez du succès dans les affaires.
– *voir quelqu'un qui en est frappé:* vous profitez des difficultés d'un adversaire.

PARAPLUIE: vous avez besoin de quelqu'un qui vous défende.
– *ouvrir un parapluie:* période de difficultés.
– *fermer un parapluie:* calme et sécurité.
– *cassé:* vous serez seul dans les moments difficiles.

PARASOL: vous ne voulez pas vous faire remarquer.
– *à l'ombre:* vous êtes soupçonneux et craintif.
– voir aussi **PARAPLUIE**.

PARATONNERRE: une situation dangereuse.
– *le voir:* vous déchargez vos responsabilités sur quelqu'un d'autre.
– *le chercher:* vous cherchez quelqu'un qui se décharge de ses importantes responsabilités sur vous.

PARATRE: préjudices infondés.
– *le voir:* vous changerez vos opinions.
– *lui parler:* indiscrétion.

PARAVENT: une protection, un abri.
– *le voir:* vous voulez cacher des affaires de famille.

PARC: *le voir:* tranquillité et relaxation.
– *avec beaucoup de monde:* journées en société.
– *désert:* vous aimez rester seul.

PARCHEMIN: vous lirez un message important.
– *écrire sur du parchemin:* vous avez des choses importantes à communiquer.
– *trouver un parchemin:* un testament, une affaire importante.

PARCOURS: *le voir:* vous vous imaginez ce qui vous attend.
– *court:* succès faciles.
– *long:* vous aurez des difficultés à vous faire connaître.
– *accidenté:* vous prévoyez des obstacles et des difficultés.
– *d'une compétition:* vous aurez beaucoup de concurrents dangereux à battre.

PARDESSUS: défenses excessives.
– *le porter:* vous avez beaucoup d'angoisses.
– *le voir:* prudence et attention.
– *vieux:* vous n'êtes plus crédible.

PARDON: vous avez avoué vos fautes.

PARDONNER: *quelqu'un:* vous ne voulez pas avoir d'autres problèmes.
– *être pardonné:* la fin d'une dispute ne vous a pas satisfait.

PARE-BRISE: protection contre les dangers.
– *cassé:* vous perdrez votre assurance.

PARE-CHOCS: il amortit les coups du sort.
– *l'avoir:* vous êtes protégé par quelqu'un.
– *le perdre:* toutes les responsabilités retomberont sur vous.

PAREMENTS: un moyen pour se cacher.
– *d'autel:* quelqu'un se cache derrière de fausses apparences.
– *les porter:* vous êtes en train de tromper vos amis et les membres de votre famille.

PARENTS: *voir ses parents:* sens de l'autorité.
– *voir ses parents en colère:* vous vous sentez coupable et vous ne l'admettez pas consciemment.
– *parler avec ses parents:* vous avez absolument besoin de conseils.
– *voir ses parents malades:* vous vous sentez abandonné.
– *voir ses parents morts:* vous avez mûri, vos parents se portent très bien.

PARER: *un coup:* danger évité.

PARER (SE): *de bijoux:* votre vanité vous causera des ennuis.
– *de colliers:* vous voulez vous libérer de vos liens.

PARESSE: *forcée:* une brève maladie.
– *comme choix de vie:* les sentiments de culpabilité ne suffisent pas à vous faire réagir.

PARESSER: vous vous repentissez de votre inactivité.

PARESSEUX: *l'être:* vous voudriez l'être, vous travaillez trop.

PARFUM: vous vous concentrez sur vous-même.
– *le sentir:* vous serez attiré par de dangereuses tentations.

PARFUMER (SE): vous tromperez la personne que vous aimez.

PARKING: interruptions attendues.
– *se garer:* interruptions désagréables dans vos affaires.
– *se garer où cela n'est pas permis:* interruptions dangereuses.

PARI: vous devrez payer sous peu les frais d'un litige.
– *le faire:* un risque inutile.
– *le perdre:* vous savez qu'il ne fallait rien risquer.
– *le gagner:* vous attendez de l'argent.

PARLEMENT: opinions divergentes.
– *s'y trouver:* vous entendrez des avis très différents.
– *en faire partie:* luttez pour faire prévaloir vos idées.

PARLER: *en public:* vous voulez avoir du succès et vous faire remarquer.
– *avec un ami:* désagréables discussions.
– *avec une femme:* affaires assez bonnes.
– *avec un animal:* vous aurez du mal à vous faire comprendre.
– *d'affaires:* le travail vous harcèle.
– *à voix basse:* vous avez besoin de confier certains de vos secrets.
– *à voix haute:* vous vous sentez menacé par un danger.
– *entendre parler:* vous craignez que quelqu'un dise du mal de vous.

PARLOIR: *en prison:* vous avez du mal à vous exprimer.
– *être dans un parloir:* vous ne pouvez dire ce que vous pensez.
– *d'un couvent:* conversations confidentielles.

PAROIS: *de sa propre maison:* vous vous sentez opprimé et peu libre.
– *les construire:* vous cherchez protection et sécurité.
– *les abattre:* évasion, changements de vie.

PAROLE: promesse, engagement.
– *la donner:* quelqu'un a confiance en vous.
– *manquer à sa parole:* tromperies qui se répercutent sur vous.
– *d'honneur:* honnêteté et respect.
– *l'oublier:* vous êtes exclu d'un traitement de faveur.

PARRAINAGE: lourdes responsabilités.
– *parrainer un organisme public:* vous êtes un responsable.
– *gratuit:* difficultés passagères.

PARRICIDE: vous désirez une personne puissante.

PARTERRE: *y être:* votre opinion ne compte pas beaucoup.
– *le voir:* beaucoup vous jugent.

PARTIE: litige à armes égales.
– *de cartes:* ambitions.
– *gagnée:* ambitions réalisées.
– *perdue:* déceptions.

PARTIR: changements.
– *seul:* amélioration probable dans vos affaires.
– *avec des amis:* moments agréables, mais peu productifs.

PARTISAN: personne fortement influençable.
– *le voir:* vous vous étonnez de votre naïveté.
– *l'être:* convictions profondes.

PARTITION: un ordre précis.
– *la lire:* vous obéissez aux ordres.

PAS: une présence inconnue.
– *entendre les pas de quelqu'un:* persécutions imaginaires.
– *marquer le pas:* vous ferez remarquer votre présence.

PASSAGE: un moment de transition.
– *à niveau:* attente imprévue.
– *interdit:* quelqu'un dressera des obstacles sur votre chemin.
– *souterrain:* moment difficile auquel fera suite une période positive.
– *clouté:* vous pouvez compter sur des moments de tranquillité.

PASSAGE SOUTERRAIN: un moment négatif mais de brève durée.
– *s'y arrêter:* vous ne savez pas réagir face au malheur.
– *en sortir:* ce que vous aviez pris pour un obstacle s'est révélé un appui.
– *le voir:* vous avez encore une issue.

PASSEPORT: voyages.
– *le montrer:* période de malchance.
– *le demander:* période positive pour le travail.
– *le perdre:* pièges dangereux.
– *le trouver:* vous serez puni pour votre curiosité.
– *ne pas le rendre à son propriétaire:* vous serez mêlé à une sale affaire.

PASSER: vous surmonterez un obstacle.
– *des examens:* quelqu'un vous a mis à l'épreuve.
– *un fleuve:* voir **TRAVERSER**.
– *le seuil:* voir **SEUIL**.

PASSERELLE: les relations avec vos voisins vont empirer.

PASSE-TEMPS: activité réduite.
– *en trouver un nouveau:* oisiveté prolongée.
– *habituel:* vous parviendrez à trouver quelques moments libres.

PASSION: perte de votre sang-froid.
– *en être pris:* joies et souffrances.

PASSOIRE: acceptez seulement ce qui vous sert; vous devez faire des choix précis.

PASTEQUE: n'espérez pas que tout aille pour le mieux.

PASTEUR: *protestant:* autorité indiscutée.

PASTILLE: petits changements.
– *en manger beaucoup:* vous changerez de situation.

PATAUGER: vous n'avez pas les idées très claires.

PATE (S): *la pétrir:* vous connaissez parfaitement vos problèmes.
– *l'étaler:* résolvez cette situation.
– *sucrée:* désirs non satisfaits.
– *les manger:* vous êtes parvenu à résoudre certains petits problèmes.
– *les égoutter:* choisissez la situation qui vous est la plus favorable.

PATIENCE: attendez les bonnes occasions.
– *la perdre:* actes irréfléchis.
– *jeu de patience:* vous aurez du succès au moment opportun.

PATINAGE: occupations de peu d'importance.
– *artistique:* gaspillage de fantaisie.

PATINER: ne gaspillez pas votre temps.
– *voir quelqu'un qui patine:* une personne très superficielle.

PATINS: superficialité.

PATISSERIE: désirs voluptueux.
– *y entrer:* exaucez tous ses désirs.
– *acheter beaucoup de gâteaux:* pleine satisfaction.
– *l'avoir:* vous voudriez ne pas avoir de désirs.

PATISSIER: personne pleine de fantaisie et agréable.
– *l'être:* goût et sens de la mesure.

PATRIARCHE: famille traditionnelle.
– *le voir:* vous craignez l'autorité paternelle.
– *l'être:* vous vous sentez le centre de votre famille.

PATRIE: elle représente la famille.
– *l'aimer:* vous aimez votre famille.

PATRIMOINE: gains sans fatigue.
– *le perdre:* vous êtes un poids pour votre famille.
– *hérité:* espoirs inutiles.
– *le partager:* vous conclurez des affaires désavantageuses.

PATRON: domination, supériorité.
– *voir son propre patron:* tentatives d'insubordination.
– *discuter avec son propre patron:* vous n'avez pas le courage de le faire.
– *l'être:* vous aspirez à une position de pouvoir.

PATROUILLE: vous vous sentez persécuté.
– *qui vous poursuit:* vous êtes convaincu d'avoir beaucoup d'ennemis.
– *en faire partie:* vous n'avez pas d'objectifs précis.

PATTES: *être à quatre pattes:* vous avez toujours peur de vous faire remarquer.

PATURAGE: possibilité de bénéfice.

– *vert:* c'est votre moment de chance.
– *sec:* vous avez peu de possibilités de réussite.
– *avec peu d'animaux:* lente amélioration économique.
– *avec beaucoup d'animaux:* augmentation rapide des richesses.

PAUME: *de la main:* clarté et honnêteté.

PAUPIERE (S): *ouverte:* conscience et curiosité.
– *fermée:* dangereuse indifférence.
– *ne pas réussir à les baisser:* vous êtes tendu et préoccupé.

PAUVRE: douleur passagère.
– *l'être:* vous attendez de l'aide de la part de tous.
– *voir des pauvres:* vous avez peur de devenir comme eux.

PAVANER (SE): la vanité peut vous nuire.

PAVE: *de la rue:* vous êtes très matérialiste.
– *être sur le pavé:* perte de vos richesses.

PAVILLON: *le voir:* découvertes intéressantes.
– *le visiter:* amitiés influentes.

PAYE: récompenses.
– *la recevoir:* vous aurez bientôt une récompense pour vos mérites.
– *la donner:* reconnaissez les mérites d'une personne.
– *en recevoir plus que d'habitude:* vous pensez mériter plus que ce que vous avez.
– *en recevoir moins que d'habitude:* sentiment de culpabilité pour un travail que vous n'avez pas fait.

PAYER: dépenses imprévues.
– *à la place d'un autre:* toutes les fautes retomberont sur vous.
– *pour un plaisir:* attention à la déloyauté de ceux qui se disent être vos amis.
– *pour une faute:* c'est la seule manière pour éliminer vos remords.

PAYS: *voir quelqu'un de votre pays* (dans le sens de village): liez de nouveau des relations avec votre pays d'origine.
– *voir un pays mais ne pas se rappeler duquel il s'agit:* vous préférez couper complètement les ponts avec le passé.

PAYSAGE: souvenirs de situations passées.
– *connu:* nostalgie pour une époque passée.
– *inconnu:* désir de nouveauté.
– *peint:* âme sereine.

PAYSAN: désir de vivre proche de la nature.
– *être paysan:* vous avez besoin de changer un peu de milieu.
– *qui laboure:* bonnes perspectives de travail.
– *voir deux paysans:* les affaires vont mal.

PEAGE: vous êtes obligé de subir une situation désagréable.
– *le payer:* vous acceptez de tout subir passivement.
– *le demander:* vous vous vengez.

— *de l'autoroute:* vous prendrez bientôt des décisions importantes; attention aux imprévus.

PEAU: aspect extérieur.
— *fraîche:* vous aimez vous montrer jeune.
— *tombante:* crainte de vieillir.
— *malade:* vos problèmes se répercutent sur les autres.
— *claire:* vous vous sentez honnête et sincère.
— *bronzée:* trahisons et tromperies.
— *d'animal:* vous vous vengerez d'une personne mauvaise.
— *vêtement en peau:* vous vous sentez bien protégé.

PEAU-ROUGE: *le voir:* une personne mal insérée dans la société.
— *l'être:* vous vous sentez en marge de la société.

PECHE (fruit): vous êtes timide et discret, difficultés à communiquer avec votre partenaire.
— *la manger:* vous séduirez bientôt une personne très timide.

PECHER (arbre): période de repos.
— *fleuri:* vous vous reposez avant une période d'intense activité.

PÊCHER (action): vous séduirez une personne.
— *de gros poissons:* une conquête importante.
— *de petits poissons:* petites distractions amoureuses.
— *voir pêcher:* quelqu'un est en train de vous trahir.
— *à la ligne:* un piège caché.
— *au filet:* vous ne serez pas le seul à vous faire duper.

PECHER (mauvaise action): vous n'avez pas le courage de vos actions.

PECHEUR: une personne peu sincère.
— *l'être:* vous obtiendrez le succès grâce à vos supercheries.

PECTORAL: vous vous sentez en compétition avec quelqu'un.

PEDAGOGUE: attention, sensibilité.
— *l'être:* vous cherchez des conseils pour l'éducation de vos enfants.

PEDALE: *la voir:* une action à bien considérer avant de l'entreprendre.
— *de vélo:* tout dépend de votre force de caractère.
— *de l'accélérateur:* vous voulez améliorer rapidement votre situation.
— *du frein:* voir **FREIN**.

PEDALER: vous devez agir rapidement.
— *péniblement:* vous affronterez un gros effort.

PEDERASTE: *le voir:* vous ne comprenez pas ceux qui sont différents de vous.
— *l'être:* vous craignez de l'être.

PEDIATRE: amour pour les enfants.
— *le voir:* préoccupations pour la santé de vos enfants.
— *l'être:* vous ne vous sentez pas à la hauteur de votre rôle de parent.

PEDICURE: *l'être:* manie des détails.
— *aller chez le pédicure:* préoccupations excessives pour les apparences.

– *être pédicure:* vous croyez que quelques mots peuvent aider les autres.

PEIGNE: vous ne devez pas être impatient.
– *édenté:* vous faites des efforts inutiles pour changer.

PEIGNER: sens de l'ordre.
– *se peigner:* beaucoup de choses changeront.
– *se peigner la moustache:* vous voulez vous faire remarquer.
– *être peigné:* quelqu'un vous flatte.

PEIGNOIR DE BAIN: vous partirez bientôt en vacances.
– *mouillé:* vous ne vous sentez pas à votre aise.

PEINDRE: vous voulez cacher quelque chose.
– *la maison:* vous oublierez de vieux problèmes.

PEINE: un moment de crise.
– *être condamné à une peine:* intolérance et haine.
– *purger une peine:* une passion qui vous fait souffrir.
– *capitale:* voir **CONDAMNATION A MORT.**
– *remise de peine:* vous vous êtes libéré de vos remords.

PEINER: voir **SOUFFRIR**.

PEINTRE: vous avez beaucoup d'illusions.
– *le voir:* si vous persistez dans vos illusions, vous aurez de gros chagrins.
– *l'être:* on n'obtient pas tout avec de l'imagination.
– *être un peintre célèbre:* vous aurez bientôt à résoudre des problèmes économiques.
– *appeler un peintre en bâtiment:* vous voulez changer d'apparence.
– *être peintre en bâtiment:* vous avez la possibilité d'aider un ami.

PEINTURE: de nouvelles expériences culturelles.
– *cours de peinture:* vous apprendrez à exprimer vos sentiments.
– *noire:* vous cachez une faute.
– *blanche:* naïveté.
– *indélébile: s'être sali avec:* vous n'oubliez pas facilement les expériences négatives.

PELERIN: *l'être*: vous cherchez toujours aide et consolation.
– *le voir:* quelqu'un souhaite votre aide.

PELERINAGE: *le faire:* vous voulez vous attirer l'amitié de quelqu'un.
– *voir ceux qui le font:* vous refuser de demander des faveurs.

PELERINE: fausseté, tromperies.

PELLAGRE: *l'avoir:* vous craignez une période de pauvreté.

PELLE: application dans le travail.
– *la voir:* un travail fatigant vous attend.
– *l'utiliser:* vous surmonterez les problèmes avec énergie et courage.

PELLETER: voir **PELLE**.

PELOTE: sentiments doux.
– *embrouillée:* sentiments inexprimables.

– *de laine:* vous êtes tendre.
– *de corde:* les liens de toute sorte sont pour vous une obligation désagréable.

PELOTON: vous vous sentez menacé.
– *en faire partie:* vous punirez un ennemi.
– *d'exécution:* vous voulez expier une faute.

PELOTONNER (SE): vous prenez une position de défense.

PENCHER (SE): il vous faudra travailler durement.
– *voir quelqu'un qui se penche:* les autres travaillent pour vous.
– *devant quelqu'un:* vous êtes conscient de la supériorité de quelqu'un.
– *pour prendre quelque chose:* votre travail sera bien payé.

PENDILLER: une situation précaire.

PENDRE: indécision.
– *un vêtement:* maladie, attention aux rechutes.
– *une cage à oiseaux:* vous êtes inconstant.

PENDRE (SE): l'indécision vous oblige à éviter de prendre des décisions importantes.

PENETRER: *quelque part:* succès obtenus en courant beaucoup de risques.

PENINSULE: isolement presque total.
– *la visiter:* vous découvrirez une solution à tous vos problèmes.

PENITENCE: souffrance et renoncements.
– *la faire:* de dures épreuves vous attendent.
– *l'infliger:* dureté et irritation.
– *la faire par jeu:* petits chagrins.

PENITENCIER: voir **PRISON**.

PENOMBRE: une situation tranquille.
– *en sortir:* petit à petit, vous deviendrez célèbre.

PENSER: *à un projet:* quelque chose vous tracasse.

PENSION: *loger dans une pension:* vous abandonnerez provisoirement votre famille.
– *la payer:* quelque chose vous inquiète.

PENSIONNAIRE: une période d'inactivité.
– *dans un hospice:* vous vous sentez seul et dépendant de tous.

PENTE: *la voir:* période difficile pour les affaires.
– *la descendre:* facilités en tous genres.
– *la monter:* avec fatigue vous atteindrez une bonne situation.
– *la remonter:* difficultés de longue durée.
– *rocheuse:* bouleversements inattendus de la situation.
– *glisser sur une pente:* vous passerez un mauvais moment.

PENURIE: il vous manque quelque chose.

PERE: *le voir:* sensation de sécurité.
– *en train de mourir:* préoccupation et moments d'anxiété.
– *mort:* vous recevrez une aide inespérée.
– *lui parler:* conseils utiles pour faire fortune.
– *se disputer:* vous allez connaître une période de malchance.
– *très autoritaire:* vous vous sentez offensé et ne savez comment réagir.
– *qui vous bat:* punitions injustes infligées par des personnes importantes.
– *malade:* vous devez agir avec beaucoup de prudence, le moment n'est pas propice à l'action.
– *qui part:* chagrins et souffrances.
– *le voir plus grand qu'il ne l'est en réalité:* immaturité.
– *le voir plus petit qu'il ne l'est en réalité:* maturité intérieure.
– *le devenir:* vous avez une grande confiance dans le mariage.

PERFECTION: *l'atteindre:* vous avez des idéaux impossibles à atteindre.

PERFIDIE: *la vôtre:* vous voudriez être plus déterminé.
– *de quelqu'un d'autre:* vous craignez une personne qui est tout à fait inoffensive.

PERFORER: *quelque chose:* vous ne savez pas vous-même ce que vous cherchez.
– *un mur:* curiosité non satisfaite.

PERIMETRE: *le voir:* superficialité.
– *le mesurer:* vous n'êtes pas capable d'aller au fond du problème.

PERIPETIES: vous aimez la vie aventureuse.
– *les surmonter:* vous voudriez faire diverses expériences et être considéré comme courageux.

PERIPHERIE: vous êtes isolé, sans amis.
– *la visiter:* vous serez momentanément éloigné de vos relations.
– *y vivre:* vous vivez une situation de solitude et d'isolement.
– *d'une ville inconnue:* vous ne parvenez pas à approcher la personne que vous aimez.
– *quitter la périphérie:* vous reviendrez au sein de votre groupe d'amis.

PERIPLE: protections imprévues.

PERLES: *les voir:* déceptions et tristesse.
– *les vendre:* vous ferez de mauvaises affaires.
– *les acheter:* avenir incertain.
– *les perdre:* la situation s'améliorera rapidement.
– *les recevoir en cadeau:* vous aurez de gros chagrins.
– *les offrir:* vous causerez de la peine à quelqu'un.
– *les enfiler:* vous êtes très sûr de vous.
– *les pêcher:* succès en amour.

PERMIS DE CONDUIRE: autorisations à agir.
– *le passer:* vous obtiendrez autonomie et indépendance.
– *le perdre:* perte d'indépendance.

— *périmé:* dangereux contretemps.
— *ne pas l'avoir:* vous vous sentez dépendant de quelqu'un.

PERMISSION: vous avez le sentiment d'être un étranger chez vous.
— *demander la permission d'entrer:* timidité, faible confiance.
— *militaire:* vous ne vous sentez pas libre d'agir.

PERQUISITION: *la faire:* vous voudriez contrôler tout et tous.
— *la voir faire chez soi:* vous n'avez pas la moindre autonomie.

PERROQUET: une personne de peu de confiance.
— *le voir:* vous craignez des médisances sur votre compte.
— *l'entendre parler:* beaucoup de commérages dans votre dos.
— *lui apprendre à parler:* vous perdez votre temps avec une personne idiote.
— *lui donner à manger:* vous alimentez vous-même les médisances sur votre compte.

PERRUQUE: *la voir:* vous pensez tromper quelqu'un.
— *la porter:* vous vous montrez différent de ce que vous êtes en réalité.
— *pour un homme:* faiblesses.
— *découvrir que quelqu'un porte une perruque:* vous découvrirez la vraie identité de cette personne.

PERSECUTER: vous voulez faire du mal à une personne, mais vous n'avez aucune raison pour le faire.

PERSECUTION: vous croyez que les gens ne vous fréquentent que par intérêt.

PERSIENNES: votre façon de communiquer avec les autres.
— *les fermer:* vous vous isolez volontairement.
— *les ouvrir:* nouvelles expériences, nouvelles connaissances.
— *les bloquer:* longue période de solitude.

PERSIL: petites joies dans tous les domaines.
— *le semer:* incertitudes.
— *le cueillir:* vous trouverez une solution pour tout.

PERSONNALITE: *la changer:* vous renierez vos principes.
— *l'avoir très forte:* c'est votre désir.
— *l'avoir faible:* vous devez être moins autoritaire.

PERSONNE: *connue:* elle représente un aspect de votre caractère.
— *inconnue:* événements imprévus, nouvelles connaissances.
— *amie:* bon présage, tranquillité d'âme.
— *ennemie:* période difficile, vous vous sentez persécuté.

PERTURBATION: *atmosphérique:* une période difficile s'annonce.

PERVERS: *l'être:* vous ne comprenez pas certaines de vos attitudes contradictoires.
— *le voir:* une personne que vous craignez à cause de son imprévisibilité.

PESER: *quelque chose:* réfléchissez avant d'agir.
— *des marchandises:* affaires conduites avec grand soin.

PESTE: angoisse, peur d'être isolé, mis en marge.
– *avoir la peste:* mauvaise période pour les affaires et les relations.
– *guérir de la peste:* amélioration économique, vous retrouverez vos amis.

PETALE: un sentiment délicat.
– *qui tombe:* vous n'avez pas pris suffisamment soin d'une personne sensible.

PETARD: frayeurs soudaines, mais ce ne sont que des plaisanteries.
– *le faire éclater:* vous voulez impressionner quelqu'un.

PETILLANT: *vin pétillant:* excitation, joie.

PETIT FOUR: petites satisfactions.

PETREL: un long voyage en mer.

PETRIFIER (SE): vous ne semblez pas vouloir changer d'idée.

PETRIN: vous aimez vous occuper de votre maison.
– *ouvert:* famille équilibrée.
– *fermé:* échange de mots un peu durs.

PETRIR: vous vous faites de nouveaux amis.
– *du ciment:* amitiés durables.
– *de la farine:* voir **FARINE**.

PETROLE: *le voir:* richesse non utilisable.
– *le trouver:* chance inattendue.
– *le vendre:* vous réaliserez de bons bénéfices.

PETROLIER: *le voir:* chance et richesse.

PEUPLE: *en faire partie:* vous voulez vous distinguer des autres.
– *le voir de l'extérieur:* vous vous sentez supérieur à tous.

PEUPLIER: vous êtes très égoïste.
– *en voir beaucoup:* de nombreux ennemis placeront des embûches sur votre chemin.
– *être à l'ombre d'un peuplier:* votre carrière est finie.

PEUR: insécurité et tensions.
– *avoir peur:* manque d'équilibre psychique.

PHALANGE: *d'une main:* un petit ennui vous empêchera de travailler.
– *du pied:* période d'immobilité.

PHARE: *voir un phare allumé:* situation difficile qui sera bientôt résolue.
– *voir un phare de jour:* difficultés apparentes.
– *habiter dans un phare:* vous êtes d'un grand réconfort pour de nombreux amis.

PHARMACIE: un petit engagement ennuyeux.
– *acheter quelque chose à la pharmacie:* affrontez sans inquiétudes les imprévus.
– *posséder une pharmacie:* peur de la maladie.

PHARMACIEN: besoin d'aide.
– *être pharmacien:* vous voulez aider les autres.

PHENIX: *oiseau:* vous réaliserez vos désirs.
– *qui vole:* sentiments élevés.

PHLEBITE: *avoir une phlébite:* angoisse, dépression.

PHOBIE: *avoir une phobie:* elle reflète vos peurs diurnes.

PHOQUE: une situation embarrassante qui vous fuit.
– *être un phoque:* difficultés dans vos rapports avec les autres.

PHOSPHORE: *manger du phosphore:* vous avez besoin de beaucoup d'intelligence pour réussir.

PHOSPHORESCENT: *pour un objet:* quelque chose d'important que vous ignorez.

PHOTOGRAPHIE: un jugement définitif.
– *en noir et blanc:* une situation triste.
– *en couleurs:* souvenirs joyeux.
– *offrir une photographie:* volonté de ne pas changer pour la personne à qui on l'offre.
– *suspendre une photographie:* un point fixe dans la vie.

PHTISIE: guérison d'une maladie.

PHTISIQUE: une personne qui n'arrive pas à se mettre en valeur.
– *l'être:* vous vous sentez opprimé et incapable d'agir.

PHYSIQUE: *étudier la physique:* difficultés d'organisation.

PIANO: expression des sentiments.
– *en jouer bien:* améliorations dans tous les domaines.
– *en jouer mal:* votre santé empirera.
– *l'entendre jouer:* quelqu'un veut vous exprimer ses sentiments.

PIC (oiseau): une pensée obsédante.

PICKPOCKET: faites attention aux petits détails de l'existence.

PICORER: perte de temps.
– *dans la cour:* vous vous faites remarquer lorsque vous ne le devriez pas.
– *voir des poules qui picorent:* personnes qui perdent inutilement leur temps.

PIE: symbole négatif, attention aux vols.
– *qui vole:* tentatives inutiles pour éviter la malchance.

PIECE: *encombrée:* vous n'arrivez pas à raisonner de manière logique.
– *trouver une pièce vide:* vous commencerez à faire valoir des qualités que vous ignoriez.
– *passer d'une pièce à l'autre:* changements d'humeur.
– voir aussi **CHAMBRE**.

PIEDESTAL: une position favorable.
– *être sur un piédestal:* vous ne voulez affronter aucun risque.

PIEDS: activité et initiative.
— *en avoir un malade:* activité ralentie.
— *les avoir sains:* vous êtes prêt à affronter toute difficulté.
— *les avoir souffrants:* trop de détermination vous a conduit à courir de graves risques.
— *les avoir sales:* vous avez agi sans retenue, vous aurez des problèmes en famille.
— *les avoir nus:* vous serez plus libre d'agir, mais aussi plus exposé aux dangers.
— *se les gratter:* période d'inactivité.
— *les avoir liés:* quelqu'un vous obligera à renoncer à vos projets.
— *se mettre quelque chose sous les pieds:* vous humilierez vos ennemis.
— *avoir les pieds amputés:* vous serez exclu à jamais des affaires.
— *de laitue:* votre travail ne vaut pas grand-chose.

PIEGE: soyez prudent et prenez des précautions.
— *l'organiser:* vous profitez d'une personne qui a peu d'expérience.
— *tomber dans un piège:* trop d'optimisme risque de vous nuire.

PIERRE: insensibilité.
— *être de pierre:* rien ne vous émeut et vous vous en rendez compte.
— *la voir sur la route:* quelqu'un veut contrecarrer vos plans.
— *qui roule:* un danger imminent vous obligera à modifier vos projets.
— *la voir chez soi:* menaces dangereuses.
— *être frappé par une pierre:* une personne au caractère très dur.
— *mettre une pierre sur quelque chose:* vous voulez oublier le passé.
— *lancer une pierre:* vous frapperez violemment un adversaire.
— voir aussi **LAPIDER**.

PIERRE PRECIEUSE: bon auspice.
— *la voir:* ne vous fiez pas aux apparences.
— *la perdre:* vous vous sentez frustré.
— *la recevoir:* bénéfices inattendus.
— *les collectionner:* vous aimez être loué pour vos actions.

PIERRE TOMBALE: remords.
— *légère:* les sentiments d'affection se confondent aux sentiments de culpabilité.
— *lire sa propre pierre tombale:* vous avez peur que l'on vous oublie.
— *commémorative:* un personnage inoubliable.

PIETINEMENT: *l'entendre:* vous êtes persécuté par la peur.

PIETINER: *quelque chose:* vous êtes insensible.
— *quelqu'un:* vous n'avez aucun scrupules, les autres se comporteront bientôt de la même manière à votre égard.
— *être piétiné:* vous vous sentez incompris.

PIETON: *l'être:* impuissance, moments de faiblesse.
— *si l'on utilise toujours une voiture:* vous perdrez ceux qui vous aident.
— *le renverser:* graves sentiments de culpabilité pour une erreur commise.

PIEUVRE: une femme indiscrète.

– *être capturé par une pieuvre:* vous vous trouverez dans une situation difficile.

PIGEON (S): vie tranquille, mais sans grandes satisfactions.
– *en voir beaucoup:* des personnes peu intelligentes sont en train de médire de vous.
– *les voir dans un pigeonnier:* vous enviez le ménage de vos amis.
– *les entendre:* vous entendez les mots doux de deux amoureux.
– *les capturer:* vous obtiendrez le succès dans tous vos projets.
– *qui roucoule:* quelqu'un vous fait la cour.

PIGEONNIER: moments de joie entre mari et femme.

PILE: ressources secrètes.
– *l'acheter:* énergie à utiliser au bon moment.
– *changer les piles:* vous reprendrez votre activité beaucoup plus intensément.
– *déchargée:* les énergies vous manquent.
– *de bois:* vous êtes prévoyant et vous avez raison.
– *d'objets:* vous vous rendez compte de l'inutilité de certains achats.

PILIER: une certitude.
– *le voir:* vous voudriez avoir courage et sérénité.
– *s'y appuyer:* quelqu'un vous aidera à acquérir plus d'assurance.
– *l'abattre:* vous vaincrez une personne que vous jugiez invincible.

PILON: un travail long et répétitif.

PILORI: *voir le pilori:* vous craignez les jugements de votre conscience.
– *être mis au pilori:* c'est la conscience qui vous juge, peurs et humiliations.

PILOTE: autorité et pouvoir de décider.
– *l'être:* vous voudriez disposer de plus de pouvoir.
– *le voir:* vous admirez une personne décidée et indépendante.
– *d'un navire:* vous serez responsable de beaucoup de personnes.
– *d'un avion:* vous ne pouvez pas vous permettre de commettre la moindre erreur.

PILOTIS: une situation désagréable et dangereuse.
– *le construire:* ne soyez pas aussi impulsif en commençant une activité.
– *y vivre:* vie difficile et précaire.

PILULE: *la vendre:* vous cherchez un remède.
– *l'avaler:* vous commettez une erreur en cherchant de l'aide à l'extérieur, le seul remède est en vous.
– *la cracher:* vous vous méfiez des conseils des autres.
– *la donner à quelqu'un:* vous avez de mauvaises intentions.
– *en avaler beaucoup:* les mauvais conseils reçus vous ont mis en danger.

PINCE: décision définitive.
– *l'utiliser:* vous savez ce que vous voulez et vous l'obtiendrez.
– *à linge:* obligations quotidiennes.
– *pour les cheveux:* petits caprices.

PINCEAU: *de peintre:* ambitions et aspirations.
– *de peintre en bâtiment:* changements domestiques.

PINCER: provocation.
– *être pincé:* vous serez provoqué.
– *être pincé sur les mains:* vous réagirez avec violence.

PINEDE: *la voir:* vous serez protégé et serein.
– *s'y promener:* situation d'excellente tranquillité et relax.

PINSON: une personne loquace et sympathique.

PINTADE: *manger une pintade:* une invitation importante.

PIOCHE: une dure épreuve à surmonter.
– *l'utiliser:* vous êtes en train de fournir de gros efforts pour obtenir ce que vous voulez.

PIOLET: *le voir:* vous pouvez recevoir de l'aide.
– *l'utiliser:* vous trouverez seul les moyens pour réussir.
– *l'acheter:* vous avez confiance en vous et cherchez les meilleures conditions pour agir.

PION: petits pas.
– *les déplacer:* mouvements prudents.
– *du jeu de dames:* vous cherchez à coincer quelqu'un.
– *"manger" ceux des autres:* petites victoires qui vous conduiront au succès.

PIPE: plaisirs légitimes.
– *la fumer:* besoin de s'exprimer, timidité.
– *la casser:* vous aurez de gros chagrins.

PIQUER: *quelqu'un:* vous voulez obtenir des réponses.
– *être piqué:* vous êtes obligé de répondre.

PIQUET DE GREVE: *le voir:* vous ne pourrez pas agir librement.
– *le percer:* tensions qui aboutiront à un geste grossier.
– *en faire partie:* position de force, vous avez du mal à vous retenir.

PIQURE: voir **INJECTION**.
– *d'insecte:* petites vengeances réussies.

PIRATE: *le voir:* vous admirez une personne sans scrupule.
– *l'être:* vous êtes timide et introverti, méfiez-vous des amis.
– *être attaqué par des pirates:* mauvaise période pour les affaires.

PIROGUE: situation instable.
– *y naviguer:* n'importe quel obstacle peut devenir insurmontable.

PISCINE: période favorable.
– *y nager:* aucun imprévu.
– *sans eau:* embûches et trahisons.
– *y plonger:* vous n'êtes déterminé que dans les situations favorables.

PISTE: *la suivre:* vous avez des doutes sur quelqu'un.
– *la perdre:* vous avez perdu de bonnes occasions.

PISTER: *quelqu'un:* attraction cachée pour une personne.
– *votre partenaire:* vous êtes convaincu que votre amour n'est pas partagé.
– *être pisté:* complexe de persécution.

PISTOLET: agressivité.
– *le tenir en main:* vous allez prendre une décision irrévocable.
– *tirer un coup de pistolet:* votre décision vous procurera des succès, mais aussi des ennuis.
– *tirer un coup de pistolet sans le vouloir:* vous ne parvenez pas à contrôler tous vos instincts.
– *enrayé:* vous avez perdu le courage que vous aviez.
– *vide:* vous n'avez aucune possibilité d'obtenir ce que vous désirez.
– *jouet:* petites menaces pour plaisanter.

PISTON: réactions en chaîne.

PITIE: *l'éprouver:* vous vous repentez de quelque chose.
– *la susciter:* sentiments d'auto-compassion.

PIVOINE: quelqu'un tente de vous déclarer son amour.
– *la planter:* vous cultivez un grand amour.
– *l'offrir:* un déclaration parfaite.

PIVOT: une simple aide.
– *l'utiliser:* les choses vous seront rendues plus faciles.

PLACE: *la voir:* un moment en société.
– *déserte:* dans votre travail, vous avez besoin de collaborateurs; difficultés.
– *avec beaucoup de monde:* c'est le moment favorable pour agir, mais il vous faudra parvenir à écarter beaucoup d'adversaires.
– *d'un village:* connaissances intéressantes, vous trouverez un associé pour vos affaires.
– *d'une ville:* si vous ne respectez pas entièrement les règles, vous serez puni.
– *travailler sur une place:* il est impossible que vous parveniez à garder un secret.
– *occuper la place d'honneur à table:* vous vous sentez plus important que vous ne l'êtes en réalité.

PLAFOND: *le voir:* tensions, frayeurs incompréhensibles.
– *qui s'écroule:* un danger que vous ne pouvez prévoir.

PLAGE: *la voir:* vos désirs de repos seront réalisés.
– *en été:* une période de relaxation.
– *en hiver:* tristesse due à la solitude.
– *déserte:* vous trouverez la paix que vous cherchez.
– *pleine de monde:* l'idée de la foule vous obsède.

PLAGIER: manque d'autonomie.
– *être accusé de plagiat:* quelqu'un se rebelle contre vos mensonges.
– *être plagié:* quelqu'un menace votre autonomie.

PLAIDER: *une cause:* vous vous méfiez de quelqu'un qui vous tient à cœur.

PLAIE: mauvais souvenirs.
– *qui s'ouvre:* une vieille affaire vous fait de nouveau souffrir.
– *avoir beaucoup de plaies sur le corps:* période de grands chagrins.
– *y mettre le doigt:* vous êtes en train de souffrir et ne faites rien pour l'éviter.

PLAINDRE: *se plaindre:* voir **LAMENTER (SE)**.

PLAINE: période favorable.
– *la voir:* aucune difficulté en vue.
– *y habiter:* votre existence est tranquille et privée de préoccupations.

PLAINTE: une série d'offenses et de prises de bec.
– *être dénoncé:* litiges en dehors de la famille.
– *déposer plainte:* vous ne voulez pas oublier une petite offense.

PLAISANTERIE: *faire une plaisanterie:* vous vous sentez à votre aise dans votre milieu.
– *subir une plaisanterie:* vous vous sentez souvent déplacé.

PLAISIR: sentiments partagés.
– *en éprouver un grand:* vous avez l'illusion que tout est changé.

PLAN: *le faire:* vous méditez des actions malhonnêtes.

PLANCHER: situation réelle.
– *propre:* vie équilibrée.
– *sale:* difficultés quotidiennes.
– *être assis sur le plancher:* situation stable et sûre.
– *voir le plancher s'écrouler:* un grave traumatisme bouleversera votre vie.

PLANETE: espoir pour le futur.
– *la voir lumineuse:* la chance arrive.
– *en découvrir une inconnue:* vous êtes convaincu d'avoir fait une importante découverte.

PLANTE: sécurité et tranquillité.
– *être à l'ombre d'une plante:* vous ne devrez vous préoccuper de rien.
– voir aussi **ARBRE**.

PLANTER: quelque chose dans un terrain: vous cherchez des points fixes.
– *des arbres:* voir **ARBRE**.
– *des graines:* voir **SEMER**.

PLAQUE: *d'immatriculation:* signe de reconnaissance.
– *la perdre:* vous avez peur de perdre la capacité de reconnaître ce que vous possédez.

PLAT: *un bon petit plat:* des joies qui durent peu.
– *manger un bon petit plat:* vous vous consolez avec des biens matériels.
– *préparer de bons petits plats:* vous voulez conquérir une personne.

PLATANE: décision et chance.
– *en voir beaucoup:* c'est votre chance, n'hésitez pas.

PLATEAU: une occasion propice.
– *plein:* profitez de ce qui vous est offert.
– *vide:* vous aimez le confort mais vous ne pouvez pas l'avoir.
– *avec des gâteaux:* désirs amoureux.
– *avec des hors-d'œuvre:* vie aisée.
– *haut plateau:* vous aimeriez dominer les autres tranquillement.

PLEBE: vous vous sentez en position défavorable.
– *en faire partie:* vous revendiquez certains droits.
– *la voir en révolte:* beaucoup de personnes n'apprécient pas vos décisions.

PLEURER: vous êtes très sensible et vous recevrez de bonnes nouvelles.
– *pour la mort de quelqu'un:* vous traversez une période favorable.
– *pour rien:* vous serez triste et aurez des chagrins.
– *sur ses propres erreurs:* attitude passive et renoncement.
– *de joie:* une période très triste se termine.
– *voir quelqu'un pleurer:* vous vous sentez responsable de la tristesse d'une personne.

PLI: *cacheté:* une question brûlante.
– *l'ouvrir:* vous satisferez votre curiosité.

PLIER: *quelque chose:* vous êtes autoritaire et despotique.
– *les genoux:* fléchissements.
– *une barre en fer:* vous usez de tout votre pouvoir pour résoudre une situation difficile.

PLIS: complications.
– *en avoir sur ses vêtements:* tout n'ira pas comme vous l'aviez prévu.
– *les enlever:* vous aimez la perfection.

PLOMB: préoccupations et fatigue.
– *boule en plomb:* vous êtes un poids pour les autres.
– *dents en plomb:* vous vous ferez remarquer de manière négative.

PLOMBIER: *voir un plombier:* une aide pour les problèmes de tous les jours.
– *être plombier:* situations imprévues.

PLONGER: vous êtes sûr d'obtenir ce que vous voulez.
– *dans l'eau:* bonnes perspectives.
– *dans du vin:* joie, gaieté, enthousiasme.

PLUIE: abondance, richesse.
– *violente:* vous aurez des préoccupations de tous genres.
– *légère:* difficultés passagères, mélancolie.
– *la voir:* vous ne vous sentez pas concerné par les préoccupations des autres.
– *en être mouillé:* vous êtes la cible de tous les problèmes.
– *avec du soleil:* la situation est difficile, mais vous apercevez une issue.

PLUME: *pour écrire:* vous laisserez des traces de votre passage.

– *qui n'écrit pas:* vous ne parviendrez pas à communiquer une nouvelle importante.
– *d'oiseau:* vous recevrez bientôt de bonnes nouvelles.
– *de paon:* vous êtes fat et superficiel.
– *voir des plumes par terre:* vous découvrirez le point faible d'une femme.
– *les voir voler:* rêves irréalisables.
– *en être couvert:* vous trouverez l'affection et la protection que vous avez toujours cherchées.

PLUME DE STYLO: précision et finesse.
– *sans pointe:* vous perdrez des qualités.
– *en acheter beaucoup:* vous travaillerez avec attention et soin.

PLUMER: une situation avantageuse.
– *des oiseaux:* vous exploitez quelqu'un.

PNEU: une occasion pour voyager.
– *crevé:* un imprévu vous empêchera de partir.
– *avoir un pneu crevé:* votre activité va s'interrompre un moment, il vous faudra bien analyser la situation et y trouver un remède.
– *éclaté:* vous avez perdu une bonne occasion.

POCHE: *pleine:* bons bénéfices mais beaucoup de frais.
– *vide:* gros embarras économiques.
– *la vider:* vous voulez dépenser tout ce que vous avez.
– *trouée:* pertes économiques continuelles.

POELE (pour le chauffage): *le voir:* sens de la famille.
– *chaud:* la famille est unie, réussite dans le travail.
– *froid:* moments de découragement.
– *l'allumer:* vous tenez beaucoup à l'équilibre de la famille.
– *l'acheter:* vous pourrez résoudre quelques problèmes de famille.
– *s'y brûler:* vous avez trop compté sur l'affection de votre famille.

POELE (à cuire): aucune nouveauté.
– *sur le feu:* satisfactions domestiques, un peu d'ennui.

POELON: *pour cuisiner:* dissensions en famille.
– *l'utiliser pour cuire:* litiges avec votre partenaire.

POEME: *le lire:* vous avez peu de sens pratique et beaucoup de sensibilité.
– *l'écrire:* vous décrivez votre monde idéal.

POETE: vous vous sentez incompris.
– *le voir:* vous pensez être compris par cette personne.
– *l'être:* vous êtes trop égocentrique et ferez de mauvaises affaires.

POIDS: une tâche très lourde.
– *le soulever:* affrontez avec détermination vos devoirs.
– *ne pas parvenir à le soulever:* vous serez battu avant même d'avoir commencé à agir.

POIGNARD: agressivité mal dissimulée.
– *l'empoigner:* vous voulez à tout prix avoir le dessus.
– *l'utiliser:* avec la force, vous aurez le dessus.

– *en être blessé:* quelqu'un vous a causé beaucoup de tort.

POIGNEE: pouvoir de décision.
– *attraper une poignée:* vous allez prendre une décision.
– *abaisser une poignée:* vous avez décidé de tenter quelque chose.

POIGNET: caractère.
– *fort:* vous êtes décidé et courageux.
– *faible:* indécision et timidité.
– *blessé:* vous devrez lutter pour avoir le dessus.
– *le tâter:* vous vous préoccupez de votre santé.

POILS: aspect instinctif de chaque personne.
– *en avoir beaucoup:* vous êtes en train d'agir selon votre instinct et vous courez des dangers.
– *en avoir peu:* équilibre entre rationalité et instinct.
– *se dépiler:* vous voulez vous corriger et atténuer votre impulsivité.
– *sur le visage, pour un homme:* recherche de la virilité.
– *sur le visage, pour une femme:* modérez vos attitudes masculines.
– *en avoir sur l'estomac:* courage et décision.
– *en avoir sur la langue:* vous ne faites confiance à personne.
– *d'animaux:* incapacité de trouver un équilibre.
– *caresser à rebrousse-poil:* vous aimez embêter les autres.

POINÇON: *le voir:* vous vous défendrez mal.
– *l'utiliser:* vous vaincrez, mais seulement momentanément.

POING: vous lutterez pour vous faire connaître.
– *donner un coup de poing:* vous agissez avec instinct et n'aurez pas de succès.
– *recevoir un coup de poing:* vous subirez un mauvais coup.
– *montrer le poing:* vous voulez vous montrer fort et décidé.
– *coup de poing américain:* conflits déloyaux.

POINTE: *d'un objet:* dangers à éviter.

POIRE: bonne position économique.
– *l'éplucher:* vous préparez votre réussite avec beaucoup de soin.
– *la manger:* succès obtenu peu à peu.

POIREAU: complexes et rancœurs cachés.
– *l'acheter:* discussions en famille.
– *le manger:* quelqu'un veut vous faire du mal.

POIRIER: un amour compliqué.
– *chargé de fruits:* vous aurez des ennuis dans votre vie amoureuse.

POIS: discussions en famille.
– *verts:* mariage contrarié.
– *secs:* votre mariage est encore loin.
– *les planter:* vous ferez de très rapides progrès.
– *les cueillir:* vous aurez quelques contretemps, mais vous obtiendrez ce que vous voulez.

— *les écosser:* vous n'êtes pas encore prêt à quitter votre famille.
— *les manger:* vous aurez des discussions nombreuses et inutiles.

POIS CHICHE: abondance et simplicité.
— *les manger:* beaucoup d'argent en vue.

POISON: vous devez être très méfiant.
— *le prendre:* vous êtes trop naïf.
— *le donner:* méchancetés que vous devrez payer.
— *le prendre par erreur:* vous ne vous fiez pas à vous-même.

POISSON: *le voir:* une personne fuyante.
— *gros:* succès.
— *petit:* ennuis et embarras.
— *coloré:* contretemps agréables.
— *en voir beaucoup:* succès imminent.
— *les voir dans l'eau:* un amour heureux.
— *les voir hors de l'eau:* une situation difficile et dangereuse.
— *mort:* mauvais présage, maladie.
— *en tenir un en main:* probablement laisserez-vous échapper une bonne occasion.
— *rouge:* tranquillité, vous ne changerez pas vos habitudes.
— *en manger:* aventures de brève durée.
— *en manger beaucoup:* vie sentimentale intense.

POISSONNERIE: vous verrez plusieurs personnes poursuivies par la malchance.
— *la posséder:* affaires qui ne peuvent être prorogées.

POISSONNIER: une personne peu recommandable.
— *l'être:* vous profitez des pièges et des tromperies.

POITRINE: émotions, sentiments.
— *pour un homme, l'avoir belle:* succès avec les femmes.
— *malade:* période d'insatisfactions.
— *en mesurer la circonférence:* insécurités.
— *blessée:* une histoire d'amour vous fait souffrir.
— *féminine:* voir **SEIN**.

POIVRE: activité exagérée.
— *le mettre sur les aliments:* un travail fatigant et inutile.
— *en manger un grain:* un moment de crise dû au travail intense.

POIVRON: mauvais caractère.
— *le manger:* vous comprendrez le pourquoi d'un mauvais caractère.
— *le cuisiner:* vous apprécierez les aspects positifs d'une personne peu sociable.
— *farci:* quelqu'un vous surprendra par ses qualités cachées.

POIX: danger de se trouver mêlé à une mauvaise affaire.
— *bouillante:* une occasion à saisir au vol.
— *en être couvert:* graves dommages et humiliations.

POLE: un mirage impossible à atteindre.

– *y aller:* une entreprise incroyablement difficile.
– *y arriver:* vous vous laissez envoûter par des illusions faciles.
– *y vivre:* vie dure et pauvre en affection.

POLEMIQUER: désir d'exprimer sa propre insatisfaction.

POLICE: vous craignez la justice.
– *en faire partie:* vous voudriez avoir le pouvoir de punir quelqu'un.

POLICE D'ASSURANCE: *la faire:* vous craignez pour votre futur.
– *périmée:* vous craignez pour votre famille.
– *sur la vie:* vous vous sentez menacé par un grave danger.

POLICIER: une autorité indiscutable.
– *l'être:* vous êtes décidé et autoritaire.

POLITICIEN: *le voir:* quelqu'un vous charme avec ses paroles.
– *l'être:* vous voulez convaincre tout le monde que votre opinion est la bonne.

POLITIQUE: vous ne faites un effort qu'avec les mots.
– *parler de politique:* il y aura d'âpres discussions entre vous et vos amis.

POLYGAME: *l'être:* vous voulez être aimé de tous.
– *être accusé de polygamie:* vos stratagèmes seront découverts.

POLYGLOTTE: *l'être:* vous vous expliquez avec intelligence et précision.
– *le voir:* une personne qui se fait comprendre de tous.

POMMADE: vous espérez pouvoir résoudre la situation.
– *l'acheter:* vous songez sérieusement à prendre de nouvelles dispositions.
– *l'étaler:* remèdes efficaces.
– *s'en faire enduire:* une personne vous aidera beaucoup.
– *en enduire quelqu'un:* une personne vous sera reconnaissante.

POMME: vous aurez des désillusions amoureuses.
– *manger une pomme:* petites consolations.
– *manger une pomme acide:* déplaisirs.
– *cueillir une pomme:* profitez d'une situation.
– *voir des pommes sur un pommier:* vous vous trouvez devant un choix difficile.
– *pourrie:* une surprise désagréable.
– *en manger beaucoup:* bonne santé.
– *éplucher une pomme:* vous connaîtrez mieux une personne.
– *couper une pomme:* séparation inévitable.
– *cuite:* mauvaise santé.

POMME D'ADAM: *la voir:* un homme vous attire.
– *l'avoir (pour un homme):* vous voulez exprimer votre virilité.
– *l'avoir (pour une femme):* vous enviez les conditions de l'homme.

POMMES DE PIN: *les voir:* affaires durables.
– *les cueillir:* vous pensez au futur.

POMMES DE TERRE: période difficile.
– *les cultiver:* mauvais investissements.

– *en voir beaucoup:* des détails désagréables seront découverts.
– *les cuisiner:* maigres bénéfices.
– *les éplucher:* vous découvrirez la vérité sur le compte de certaines personnes.
– *en manger:* un moment difficile pour votre famille.

POMMIER: *voir un pommier:* un ami sincère.
– *en fleurs:* vos amis vous donnent des satisfactions.
– *chargé de fruits:* vous serez récompensé pour ce que vous faites.

POMPE: vous exploitez quelques possibilités.
– *la voir:* vous avez la possibilité de résoudre une situation.
– *l'utiliser:* vous êtes en train d'exploiter quelqu'un.
– *voir quelqu'un l'utiliser:* vous êtes exploité par quelqu'un.
– *à incendie:* vous tenterez de faire cesser une dispute.
– voir aussi **ARROSER**.

POMPIER: *le voir:* vous êtes généreux et altruiste.
– *l'être:* vous serez menacé par un grave danger à cause d'une autre personne.
– *qui éteint un incendie:* présage favorable.
– *qui se sauve:* confiance en autrui.

POMPONNER (SE): *les moustaches:* vous êtes très vaniteux.

PONCE: *pierre:* vous êtes disposé à céder sur quelques points.
– *l'utiliser:* vous ferez de rapides progrès.

PONT: *le voir:* vous êtes un optimiste et avez pleine confiance en vos moyens.
– *le traverser:* vous résoudrez tous vos problèmes.
– *le construire:* courage et initiative, vous ne vous rendez jamais.
– *en tomber:* ce que vous croyiez être une aide s'est révélé, au contraire, un danger.
– *passer dessous:* indécision, vous devrez tout recommencer depuis le début.
– *en voir un très long:* vous surmonterez de grosses difficultés.
– *petit pont:* de petits contretemps habilement résolus.

PONTIFIER: votre façon de parler vous rend détestable.

PORC: richesse et équilibre.
– *manger du porc:* période de prospérité.
– *voir beaucoup de porcs dans une porcherie:* vous êtes heureux de votre richesse.
– *nourrir un porc:* vous savez bien gérer vos affaires.
– *tuer un porc:* c'est un moment qui vous apportera des satisfactions.
– *sauvage:* richesse difficile à atteindre.
– *gardien de porcs:* humiliations.

PORCELAINE: fragilité raffinée.
– *la voir:* une situation délicate.
– *la tenir en main:* une femme à traiter avec mille précautions.

– *l'acheter:* vous prenez des engagements difficiles à respecter.
– *la casser:* vous êtes dominé par une grande insécurité.

PORC-EPIC: caractère introverti et difficile.
– *le voir:* vous devez être plus tendre envers vous-même.

PORCHERIE: *la voir:* vous admirez un autodidacte.

PORT: *le voir:* possibilité de repos.
– *y entrer:* bon présage.
– *en sortir:* vous courez des risques pour vos affaires.
– *y mouiller:* cessation d'activité.

PORTE: *ouverte:* succès et bonnes opportunités.
– *fermée:* vous aurez devant vous beaucoup d'obstacles à surmonter.
– *l'ouvrir:* décision qui portera ses fruits.
– *la fermer:* fermeture dangereuse, solitude.
– *être au-delà d'une porte:* vous vous sentez exclu et laissé de côté.
– *enfoncer une porte:* trop de détermination peut être dangereuse.
– *enfoncer une porte ouverte:* vous courez des risques inutiles.
– *sortir par la porte de service:* vous avez des secrets à cacher.
– *la claquer au nez de quelqu'un:* grave conflit, rupture d'une amitié.

PORTE: *être porté:* quelqu'un s'occupe de vous.
– *l'être dans les bras de quelqu'un:* vous devrez dépendre des autres.

PORTE-AVIONS: *le voir:* une situation nouvelle et stimulante.
– *le commander:* vous obtiendrez pouvoir et responsabilité.

PORTE COCHERE: une question fondamentale.
– *ouverte:* une initiative qui remportera du succès.
– *fermée:* seul, vous ne parviendrez pas à résoudre les problèmes qui vous affligent.

PORTE-DRAPEAU: vous avez des idéaux indestructibles.
– *l'être:* vous serez le seul à avoir de grosses déceptions.
– *le voir:* une personne peu réaliste.

PORTEE: *voir une portée:* désir de famille nombreuse.
– *de chiots:* vos enfants vous seront toujours proches.
– *de chatons:* vos enfants quitteront bientôt la maison.

PORTEFEUILLE: *plein:* vous êtes sûr de vous.
– *vide:* désirs insatisfaits.
– *le perdre:* vous perdrez de bonnes affaires.
– *l'oublier:* un héritage en vue.
– *le trouver:* richesse inattendue.
– *se le faire voler:* méfiance absolue.

PORTE-MONNAIE: *plein:* vous allez recevoir une grande fortune.
– *vide:* vous craignez que vos richesses ne s'épuisent rapidement.

PORTE-PAROLE: vous ne vous sentez pas responsable de ce que vous dites.
– *l'écouter:* discussions indirectes.

PORTER: vous êtes responsable de plusieurs personnes.
– *des objets:* vous avez pris vos responsabilités.
– *des objets très lourds:* période difficile, tout le monde compte sur vous.
– *un vêtement:* vous avez besoin de protection.
– *un vêtement noir:* tristesse, mélancolie.
– *un manteau:* moment dangereux.

PORTEUR: vous devrez prendre des engagements qui ne vous conviennent pas.
– *l'être:* quelqu'un décharge ses responsabilités sur vous.
– *l'appeler:* vous déchargez vos responsabilités sur d'autres personnes.
– *voir un porteur:* bonnes nouvelles.
– *voir un porteur transporter des bagages:* vous accepterez une bonne offre de travail.

PORTIER: subterfuges et médisances.
– *lui parler:* bientôt, vos affaires seront rendues publiques.

PORTIERE: *l'ouvrir:* vous hésitez sur quelques changements.
– *la fermer:* vous avez décidé de renoncer à un voyage.

PORTIONS: *les faire:* vous partagez vos mérites avec d'autres.
– *égales:* grand sens de la justice.
– *différentes entre elles:* préférences et recommandations.

PORTRAIT: une personne que vous avez envie de voir, avec laquelle vous avez envie de communiquer.
– *le voir au mur:* la personne qui y est représentée aura une longue vie et une bonne santé.
– *voir son propre portrait au mur:* vous vous faites souvent remarquer et êtes très ambitieux.
– *d'un ancêtre:* directives que vous feriez bien de suivre.
– *voir le portrait d'une personne que l'on aime:* vous avez besoin de communiquer, de revoir la personne que vous aimez.

POSE: *prendre la pose:* vous n'êtes pas sincère avec les autres.
– *changer de pose:* vous voulez vous montrer différent de ce que vous êtes habituellement.

POSITION: *bonne:* améliorations économiques.
– *inconfortable:* vous voulez changer beaucoup de choses.

POSSEDER: *des maisons:* solidité économique.
– *des terrains:* matérialisme.
– *des personnes:* pour vous, les sentiments ne comptent pas.
– *des objets divers:* vous avez soif de pouvoir.

POSTE: vous attendez quelques changements et êtes tendu.
– *y aller:* vous êtes impatient et ne savez pas attendre.

POSTERIEUR: *le voir:* chance.
– *voir son postérieur:* attention, ne laissez pas passer la chance.
– *découvert:* manque de sécurité.

POSTILLON: vous aurez la possibilité de connaître le premier quelques nouvelles.
– *l'être:* vous pouvez modifier la situation à votre avantage.

POT: *plein:* vous vous sentez mûr et responsable.
– *vide:* immaturité, impulsivité.
– *rouillé:* vous vous sentez vieillir peu à peu.
– *de chambre:* souvenirs d'enfance.

POTAGE: *manger du potage:* situation stable mais pas brillante.
– *mauvais potage:* ennuis familiaux.
– *salé:* petits accrochages verbaux.

POTEAU: certitude, point fixe.
– *télégraphique:* une certitude vous guide et vous rassure.
– *en voir toute une file:* vie organisée et sûre.
– *s'y appuyer:* une personne vous enseigne à être cohérent et sûr de vous.
– *tombé:* vous avez perdu une certitude.

POTENCE: bon augure.
– *être pendu à une potence:* honneurs et reconnaissance.
– *voir un ami pendu à une potence:* vous êtes heureux de ses succès.
– *voir un ennemi pendu à une potence:* vous enviez ses succès.

POUBELLE: inutilité.
– *la voir:* beaucoup de choses vous semblent inutiles.
– *y jeter des objets:* vous voulez vous libérer de souvenirs désagréables.

POUCE: une position importante.
– *coupé:* vous perdrez un excellent collaborateur.

POUDRE: vous prenez des décisions peu efficaces.

POUDRER: vous voulez montrer votre meilleur aspect.

POUDRER (SE): vous n'êtes pas satisfait de votre situation.

POUDRIERE: la situation peut devenir dangereuse.
– *y entrer:* vous cherchez des ennuis.
– *qui explose:* de gros litiges en vue.

POULAILLER: *le voir:* vie confuse, peu de satisfactions.
– *y entrer:* vous acceptez les commérages sur votre compte.
– *y dormir:* quelqu'un médira de vous.
– *avec des poulets excités:* discussions et prises de bec.

POULAIN: *le voir:* joie et énergie.
– *qui saute:* actions non immédiates.
– *jouer avec un poulain:* un homme jeune et pas encore mûr.

POULE: mauvaises pensées.
– *grasse:* richesse.
– *maigre:* période de misère.
– *manger une poule:* gains.
– *avec des poussins:* chance dans tous les domaines.

POULET: chance passagère.
— *le plumer:* vous vous vengerez des mauvaises langues.
— *le cuisiner:* satisfactions en famille.
— *le manger:* bonne situation économique.
— *en élever beaucoup:* vous prenez bien soin de vos affaires.

POULIE: fantaisie que vous utilisez à votre avantage.

POULPE: vous avez beaucoup de ressources.
— *le voir:* une personne qui a des entrées partout.
— *en être attaqué:* vous vous sentez attaqué de toutes parts.
— *en manger:* vous éliminerez un ennemi puissant.

POUMON: *sain:* vous vous sentez libre et indépendant.
— *malade:* les membres de votre famille vous étouffent.
— *le manger:* déceptions.
— *blessé:* quelqu'un veut vous éliminer.

POUPE: ne prenez aucune décision précipitée.
— *être en poupe:* vous vous sentez avantagé.

POUPEE: désir de maternité.
— *jouer à la poupée:* désir de rapports sexuels.
— *brisée:* perte de la virginité.

POURBOIRE: *donner un pourboire:* vous avez un dangereux complexe de supériorité.
— *recevoir un pourboire:* ne vous humiliez pas pour obtenir de petits gains.

POURCENTAGE: dépenses imprévues.
— *l'exiger:* vous faites tout par intérêt.
— *le payer:* quelqu'un vous fait du chantage.

POURPRE: vous obtiendrez le succès, mais serez isolé.
— *s'habiller de couleur pourpre:* aspiration au succès et à la richesse.

POURSUIVANT: *voir un poursuivant:* quelqu'un vous angoisse.
— *invisible:* des complexes de culpabilité.

POURSUIVRE: *quelqu'un:* vous avez laissé échapper une bonne occasion.
— *être poursuivi:* engagements imminents.
— *son chemin:* les difficultés ne vous arrêteront pas.

POUSSEE: *la donner:* violence et agressivité.
— *la recevoir:* petites injustices qui vous font souffrir.

POUSSER: quelque chose que vous voulez à tout prix.

POUSSIERE: confusion mentale.
— *chez soi:* moments de grande incompréhension.
— *sur ses vêtements:* situation statique et triste.
— *en être recouvert:* sentiment de culpabilité causé par l'inactivité.
— *de munition:* une situation dangereuse.
— *la tenir en main:* vous vous rendez compte du danger imminent.

POUSSIN: une personne ingénue.
— *avec sa mère:* instinct de protection.

POUSSOIR: *l'enfoncer:* un choix avec des conséquences bien précises.

POUTRE: sécurité.
– *la voir:* une personne à laquelle vous vous fiez aveuglément.
– *qui s'écroule:* vous perdrez la confiance qui vous soutenait moralement.

POUVOIR: *le conquérir:* votre détermination vous fera faire fortune.
– *le perdre:* vous ne vous sentez plus indispensable comme autrefois.

POUX: *les voir:* vous vous rendez compte d'une situation qui peut vous nuire.
– *les avoir sur soi:* une situation imprévue au cours de laquelle vous serez attaqué de toutes parts.
– *les tuer:* vous vous libérerez de personnes méchantes et étouffantes.
– *les ôter un par un:* vous êtes trop complaisant avec ceux qui vous veulent du mal.

PRE: *vert:* profits peu importants.
– *fleuri:* vous guérirez d'une mauvaise maladie.
– *y être couché:* vous n'avez aucune préoccupation.
– *y marcher:* vous avez de bonnes possibilités de réussite.
– *y courir:* faillite dans les affaires.

PRECEDER: *quelqu'un:* vous voulez faire mieux que lui.
– *être précédé:* déceptions sentimentales.

PRECEPTEUR: une personne qui contrecarrera vos projets.
– *l'être:* vous vous intéressez aux affaires des autres.

PRECHEUR: *l'être:* vous perdez votre temps à convaincre les autres.

PRECIPICE: occasions dangereuses.
– *y tomber:* vous vous laisserez mêler à des affaires peu régulières.

PRECIPITER: instabilité émotive.

PREDIRE: *l'avenir:* vous ferez des promesses que vous ne pourrez respecter.

PREFACE: *la lire:* curiosité insatisfaite.
– *l'écrire:* vous introduisez habilement un discours.

PREFECTURE DE POLICE: reproches et punitions.
– *s'y rendre:* vous avez conscience de vos erreurs.
– *y être:* vous craignez qu'on vous fasse des reproches sur votre comportement.

PREFERENCE: *la donner:* vous vous ferez plusieurs ennemis.

PREFET DE POLICE: une autorité que vous craignez.
– *l'être:* vous êtes autoritaire et avez beaucoup de pouvoir.

PRELASSER (SE): *au soleil:* moments de repos.

PRELAT: nouvelles surprenantes.

PRELEVER: *de l'argent:* dépenses importantes.

PREMIER-NE: reconnaissance de vos mérites et responsabilités.

– *l'être:* l'on vous préfère à un autre.
– *si on l'est:* lourdes tâches.

PRENDRE: *quelque chose:* une décision irrévocable.

PREPARATIFS: changements en vue.

PREPARE: *ne pas être préparé:* complexe d'infériorité.

PREPARER: *la table:* un repas important avec des amis.

PRESAGE: *recevoir un bon présage:* vous avez des comptes à régler avec un ami rival.
– *recevoir un mauvais présage:* ne croyez pas en ceux qui vous veulent du mal.

PRESBYTERE: mariage en vue.

PRESCRIRE: *quelque chose:* vous voulez absolument être obéi.
– *un médicament:* vous avez pleine confiance en votre jugement.

PRESENTER: *une personne:* vous élargirez le cercle de vos amis.
– *être présenté:* quelqu'un vous aidera à faire des connaissances agréables.
– *se présenter:* esprit d'initiative.

PRESIDENT: ennuis avec l'autorité.
– *l'être:* désir de pouvoir.
– *lui parler:* relations influentes.

PRESSE-PAPIER: solidité des engagements que vous avez pris.

PRESSER: vous vous débarrassez de charges et préoccupations inutiles.

PRESSER (SE): manque de sécurité, conflits intérieurs.

PRESSOIR: vous ne pouvez réagir.
– *le voir en fonction:* peur d'être obligé de faire quelque chose.

PRET: *demander un prêt:* vous avez besoin d'appui.
– *obtenir un prêt:* les autres ont confiance en vous.
– *payer un prêt:* vous avez confiance en vos possibilités.
– *ne pas payer un prêt:* vous ne savez pas respecter vos engagements.
– *concéder un prêt:* tolérance et compréhension.

PRETENDANT: *pour une femme, le voir:* peur de la solitude.
– *pour un homme, l'être:* vous éprouvez des difficultés à obtenir ce que vous voulez.

PRETER: *quelque chose:* confiance en autrui.
– *des vêtements:* vous êtes généreux et informel.
– *de l'argent:* mauvaises affaires.
– *se faire prêter quelque chose:* vous obtiendrez ce que vous voudrez d'une personne.

PRESTIDIGITATEUR: questions complexes qui vous préoccupent.
– *le voir:* vous voudriez pouvoir résoudre un problème qui vous préoccupe.
– *l'être:* en cette période, tout vous semble facile.

PREUVE: *la donner:* quelqu'un vous juge.
– *de courage:* vos craintes sont infondées.

PREVENTION: vous craignez les conséquences d'une maladie.
– *contre quelqu'un:* vous gardez rancune à quelqu'un.

PRIER: vous avez besoin d'aide.
– *quelqu'un:* vous voulez demander une faveur, mais vous n'en avez pas le courage.
– *être prié:* vous aimeriez être recherché et désiré.

PRIERE: une requête insistante.
– *l'écouter:* vous êtes compréhensif avec ceux qui ont besoin de vous.

PRINCE: *le voir:* vous connaîtrez une personne importante.
– *lui parler:* bon présage, aides influentes.
– *l'être:* vous êtes trop despotique et trop hautain en famille.

PRINCESSE: *la voir:* une femme à traiter avec mille attentions.
– *l'être:* vous vous vantez de votre position sociale.

PRINTEMPS: nouvelles énergies, nouveaux sentiments.

PRIORITE: *la donner:* vous admettez la supériorité d'un autre.
– *ne pas la donner:* vous vous imposez à un supérieur.
– *quelqu'un vous la donne:* vous êtes satisfait de votre situation.

PRISE D'EAU: la possibilité de fuir un danger.
– *utiliser inutilement une prise d'eau:* ne faites pas attention aux fausses alertes.
– *utiliser une prise d'eau en cas d'incendie:* une grande chance.

PRISON: manque de liberté d'action.
– *y être:* vous vous sentez opprimé, mais vous avez commis des erreurs.
– *en sortir:* vous sortez d'une période insatisfaisante.
– *voir un ami en prison:* vous déchargez sur lui vos sentiments de culpabilité.

PRIVATIONS: quelqu'un a besoin de vous.
– *devoir en supporter trop:* vous avez renoncé à trop de choses pour les autres.

PRIX: *le voir:* vous savez que vous avez à conquérir quelque chose.
– *élevé:* vous travaillerez beaucoup pour obtenir quelque chose.
– *le payer:* vous vous appliquez pour mériter ce que vous désirez.

PROBLEME: *le résoudre:* vous vous sentez prêt à tout.
– *ne pas arriver à le résoudre:* période d'incertitudes dangereuses.

PROCES: *le voir:* litiges de longue durée.
– *y assister:* vous serez contraint de renier vos anciennes amitiés.
– *en être le juge:* vous reconquerrez une amitié que vous aviez perdue.
– *le subir:* vous mettrez en doute la moralité de votre comportement.
– *le gagner:* votre honnêteté sera mise en doute, mais vous aurez le dessus sur tout le monde.

PROCESSION: *la voir:* vous venez d'éviter un grave danger.
— *y participer:* vous avez combattu toutes les difficultés avec une grande force de caractère.

PROCLAMATION: un conseil que vous ne pouvez ignorer.
— *la faire:* vous faites trop de confidences.

PROCREER: un moment positif pour tous, surtout pour les artistes.

PROCURER (SE): *quelque chose:* vous n'obtiendrez le succès qu'avec beaucoup de peine.
— *de la nourriture:* difficultés quotidiennes.

PRODIGE: crédulité et superficialité.
— *y assister:* un fait que vous n'arrivez pas à vous expliquer.
— *l'accomplir:* c'est votre période de chance, vous n'aurez aucune difficulté.

PROFANER: *un lieu sacré:* vous voulez à tout prix vous faire remarquer.

PROFESSEUR: *le voir:* une personne qui peut beaucoup vous aider.
— *de musique:* conversations abstraites qui ne vous serviront à rien.
— *de lettres:* vous avez besoin de vous exprimer.
— *de mathématiques:* vous avez des problèmes d'administration.
— *l'être:* vous résoudrez votre problème.

PROFESSION: *la vôtre:* aucun changement dans le travail.
— *inconnue:* vous vous trouverez devant des difficultés imprévues.

PROFIL: *se mettre de profil:* votre caractère n'est compris que superficiellement.
— *voir un profil:* vous connaîtrez mieux le caractère d'un ami.

PROFITER: *d'une situation:* vous choisissez votre heure mais vous êtes dépourvu de scrupules.

PROGENITURE: *nombreuse:* responsabilités et difficultés économiques.

PROGRAMME: renvoyez certains choix importants.
— *le lire:* d'autres personnes contrecarrent vos projets.
— *le faire:* vous n'êtes pas libre d'agir comme vous le pensez.

PROIE: *la capturer:* succès en amour.
— *être la proie:* quelqu'un veut vous conquérir.

PROJECTEUR: vous connaissez les moyens de vous faire remarquer.
— *braqué sur vous:* grandes satisfactions ou grands dangers.
— *éteint:* vous n'arrivez pas à vous faire remarquer.

PROJECTILE: un petit malentendu dangereux.
— *explosé:* danger évité.
— *prêt à exploser:* danger imminent.
— *incendiaire:* vous subirez des préjudices supérieurs à ceux que vous aviez prévus.
— *le tenir en main:* vous vous sentez très décidé, en réalité, vous ne courez aucun risque.

– *le voir en l'air:* embûches dangereuses.
– *qui entre chez soi:* vous découvrirez trop tard que vous êtes en grave danger.
– *en être touché:* maladie douloureuse.

PROJET: *voir un projet préparé:* quelqu'un a agi derrière votre dos.

PROJETER: vous songez à agir, mais manquez encore de courage.
– *un voyage:* difficultés à se séparer de la famille.
– *la construction d'édifices:* grandes idées difficilement réalisables.
– *une fête:* vous êtes déçu par le présent.

PROLONGER: *la vie:* danger de mort.
– *un chemin:* vous vous éloignerez à jamais de chez vous.

PROMENADE: une épreuve peu importante.
– *en plaine:* aucun obstacle pour vos projets.
– *en montagne:* les difficultés seront agréables à surmonter.

PROMENER (SE): période positive, tranquillité économique.
– *seul:* sérénité et autonomie.
– *en compagnie:* bons rapports avec les amis.
– *avec son partenaire:* relation équilibrée et durable.

PROMESSE: insécurité, sentiment de culpabilité.
– *la faire:* vous n'avez pas respecté votre parole.
– *la recevoir:* vous serez déçu par vos amis.
– *la respecter:* vous ne serez pas en mesure de la respecter.

PROMONTOIRE: difficultés à surmonter.
– *le surmonter:* vous ne vous laissez pas intimider par les difficultés.

PROMOTION: vos mérites seront appréciés à leur juste valeur.
– *l'obtenir à l'école:* vous avez obtenu des succès et vos mérites ont été reconnus.
– *l'obtenir au travail:* c'est ce que vous êtes convaincu de mériter.
– *la donner:* vous estimez à sa juste valeur le travail d'un autre.

PROPHETE: vous vous laissez enchanter par les nouveautés.
– *l'être:* vous êtes en train de penser au futur.

PROPHETIE: *l'entendre:* ce que vous entendez se produira.
– *la faire:* vous avez l'habitude de faire des promesses que vous ne pouvez respecter.

PROPOSITION: idées peu claires.
– *la recevoir:* désirs et espoirs.
– *en mariage:* vous voudriez pouvoir décider sans l'ombre d'un doute.
– *galante:* quelqu'un se moque de vous.

PROPRE: *l'être:* vous ne savez pas juger.

PROPRIETE: vous êtes très matérialiste.
– *la recevoir:* bons profits, mariage possible.
– *l'acheter:* ne vous lancez pas dans des affaires hasardeuses.

– *la vendre:* perte de sécurité.
– *les vendre toutes:* vous serez triste et insatisfait.

PROSPECTUS: *le faire:* vous voulez vous éclaircir les idées.
– *le lire:* vous avez les idées bien claires.

PROSPERITE: présage ambigu.
– *pour un pauvre:* petites améliorations économiques.
– *pour un riche:* vous dépensez trop et gaspillez vos énergies.

PROSTITUEE: *la voir:* rapports superficiels.
– *lui parler:* succès faciles, mais ambigus.
– *coucher avec:* vous fréquentez des milieux ambigus et votre amour n'est pas partagé.

PROSTRATION: vous tâchez d'apparaître fort et plein d'assurance.
– *physique:* vous avez joué toutes vos cartes.
– *suite à une maladie:* quelqu'un prendra votre place.

PROTAGONISTE: *l'être:* tous les yeux se tournent vers vous.
– *le voir:* vous enviez ceux qui attirent l'attention.

PROTECTION: voir **PROTEGER**.

PROTEGER: *quelqu'un:* vous protégez vos intérêts.
– *être protégé:* quelqu'un se sert de vous.

PROTESTANT (E): vous avez des préjudices.
– *église:* vous exprimez des opinions différentes selon les personnes auxquelles vous vous adressez.

PROTESTATION: vous ne savez pas vous mettre en valeur.
– *la voir:* vous avez causé du tort à quelqu'un.
– *y participer:* vous imposerez vos idées avec l'aide d'autres personnes.
– *manifestation:* vos mérites seront reconnus.

PROUE: voyages importants.

PROVERBE: *le lire:* conseils sages.
– *l'écouter:* vieux conseils, mais toujours valables.

PROVIDENCE: *l'attendre:* inactivité, extrême résignation.

PROVISEUR: autorité et expérience.
– *lui parler:* vous vous sentez coupable envers quelqu'un.
– *l'être:* position importante.

PROVISIONS: *les faire:* vous voulez récupérer le temps perdu.
– *les regarder:* vous vous félicitez de ce que vous possédez.
– *les terminer:* moment de crise dans votre vie professionnelle et sentimentale.

PROVOCATION: *la faire:* vous voulez mettre un ami à l'épreuve.

PROVOQUER: *au jeu:* risques prévus.
– *à coups de poing:* agressivité mal réprimée.
– *en duel:* vous voulez vous faire remarquer.

PRUDENCE: *l'avoir:* en réalité, vous prenez des décisions irréfléchies.
– *l'oublier:* vous serez mêlé à une affaire périlleuse.

PRUNE: *la voir:* vous allez faire des dépenses inutiles.
– *la cueillir:* jouissez du présent sans penser à l'avenir.
– *en manger:* votre gourmandise vous conduira à des déceptions de tous genres.
– *séchée:* vous n'évaluez pas attentivement l'honnêteté de ceux que vous fréquentez.

PRURIT: une situation désagréable qui commence à vous ennuyer sérieusement.
– *à la tête:* pensées fastidieuses.

PSAUME: des propos pondérés.
– *le chanter:* une demande faite en groupe.
– *l'écouter:* on vous demande de l'aide d'une façon très calme et contrôlée.

PSYCHIATRE: vous avez besoin d'une aide immédiate.
– *lui parler:* extrême confusion mentale.
– *l'être:* vous croyez comprendre tout et tout le monde.

PUANTEUR: mauvais pressentiments.
– *la sentir:* vous avez des soupçons sur quelqu'un.
– voir aussi **ODEUR**.

PUBLIC: *le voir:* vous aimez être flatté.
– *avoir un public:* quelqu'un suit vos progrès.

PUBLICITE: *la voir:* tromperies et subterfuges.
– *se la faire:* vous vous vantez effrontément.

PUBLIER: *quelque chose:* vous rendrez publiques certaines de vos affaires personnelles.

PUCES: ennuis et difficultés.
– *les voir:* vous craignez les médisances et les préoccupations.
– *en avoir:* vous vous trouvez dans une situation incommode et dangereuse.
– *les chercher:* c'est vous-même qui vous procurez des ennuis.
– *les tuer:* vous réduirez au silence ceux qui essayent de vous nuire.
– *dans l'oreille:* soupçons instantanés.

PUDEUR: *l'avoir:* quelque chose bloque vos pensées et vos actions.

PUER: vous suscitez des soupçons.

PUISER: *de l'eau:* vous désirez le succès.
– *du vin:* vous êtes honnête et sincère.

PUISSANT: *l'être:* vous vous sentez au mieux de vos possibilités.
– *le devenir:* vous rêvez de gloire.
– *combattre quelqu'un de puissant:* rien ne vous fait peur.

PUITS: une situation peu claire.
– *le voir:* une situation favorable.

— *avec de l'eau claire:* moment favorable.
— *avec de l'eau sale:* facilitations apparentes.
— *avec de l'eau empoisonnée:* une grave trahison.
— *le creuser:* vous retrouverez les énergies perdues.
— *sans eau:* période chanceuse.
— *y puiser de l'eau:* vous ne manquerez de rien.
— *regarder dedans:* attrait pour une personne inconnue.
— *y tomber:* vous explorerez l'imprévu, situation dangereuse.

PUNCH: une occasion particulière.
— *le préparer:* nouveautés dans le domaine sentimental.

PUNIR: *quelqu'un:* vous aurez un ennemi en moins.
— *être puni:* sentiment de culpabilité pour une action incorrecte.

PURGATOIRE: vous êtes conscient d'avoir commis des erreurs.
— *s'y trouver:* vous payerez pour vos erreurs et puis vous serez tranquille.

PURGE: vous voulez oublier les erreurs commises.
— *la prendre:* vous réussirez à éliminer ce qui ne vous plaît pas.

PURIFIER (SE): vous avez besoin d'un changement, fort sentiment de culpabilité.

PUS: *le voir:* mauvaises tentations.
— *avoir du pus sur une plaie:* maladie passagère.

PUSTULES: *les avoir:* difficultés dans les rapports sociaux.
— *les voir:* vous jugez une personne en fonction de son aspect.

PUTOIS: une personne que vous ne voulez pas approcher.

PUTREFACTION: *la voir:* période d'inaction dangereuse.

PUTREFIER (SE): grave découragement, vous êtes bloqué dans tous les domaines.

PUZZLE: une situation complexe et exaspérante.
— *le faire:* vous essayez de résoudre un problème épineux.
— *le terminer:* vous avez tout compris d'une situation complexe.

PYJAMA: *être en pyjama:* vous avez été pris au dépourvu.
— *l'enlever:* vous affronterez la journée avec détermination.

PYRAMIDE: ambitions déçues.
— *la construire:* vous êtes vaniteux.
— *la voir:* vous voulez imiter ceux qui ont eu du succès.
— *voir sa propre pyramide:* n'espérez pas: vous n'aurez pas de succès.
— *y entrer:* vous découvrirez des secrets importants.

PYTHON: un ennemi insidieux.
— *le voir:* vous vous sentez menacé par un homme sournois.

Q

QUADRILLE: confusion dans les sentiments.
– *le danser:* vous changerez bientôt de partenaire.

QUADRUPEDE: vous méprisez ceux que vous considérez comme inférieurs à vous.
– *immobile:* mauvaise période pour les affaires.
– *en mouvement:* rapides progrès.

QUALITE: *la demander:* attitudes aristocratiques et méfiantes.

QUARANTAINE: vous serez isolé pendant une longue période.
– *se trouver en quarantaine:* vous serez contraint de renoncer à diverses choses.
– *en sortir:* vous vous sentez libéré d'un gros poids.

QUARTIER: vie en commun avec les autres.
– *s'y promener:* médisances qui vous dérangent.
– *en sortir:* petites nouveautés.
– *d'orange:* duperies de peu d'importance.

QUARTZ: sécurité et fermeté.

QUATRE: bon présage, vie en harmonie avec la nature.

QUATUOR: entente entre amis.
– *y jouer:* harmonie et équilibre dans un groupe.
– *le voir jouer:* vous enviez une amitié sereine.

QUERELLE: un adversaire en amour.

QUETE: *la faire:* vous demandez de l'aide pour quelqu'un d'autre.

QUEUE: vous êtes très instinctif.
– *avoir une queue:* vous n'avez pas l'habitude de raisonner.
– *d'un animal:* vous enviez ceux qui ne doivent pas suivre de règles dans la société.
– *de cheval:* vous aurez un succès inattendu.

QUILLES: vous pensez avoir beaucoup d'adversaires.
– *faire tomber des quilles:* vous aurez le dessus sur vos ennemis.
– *rater les quilles:* vos efforts seront inutiles.

QUINCAILLERIE: prenez en considération tout ce qui peut vous aider à construire une nouvelle relation plus solide.

QUININE: un ami vous aidera à vous remettre d'un gros chagrin.

QUITTANCE: situation dangereuse.
– *la demander:* vous vous sentez en difficulté sur le plan économique.
– *la donner:* vous avez ce que vous méritez.
– *la signer:* vous traitez les autres avec supériorité.
– *la recevoir:* incertitudes face à un problème.

QUOTE-PART: *payer la sienne:* un effort que vous fournirez.
– *la calculer:* une affaire complexe que vous devez résoudre.
– *l'hériter:* discussions en famille.

QUOTIENT: *mathématique:* travail difficile qui vous absorbe totalement.

R

RABBIN:
— *le voir:* si vous êtes prudent, vous réaliserez de bons profits.
— *l'être:* vous ne vous fiez à personne.

RABOT: une façon d'éliminer des choses inutiles.
— *l'utiliser:* vous êtes rationnel dans vos choix.

RABOTER: *quelque chose:* vous vous ferez justice.
— *si vous êtes riche:* vous distribuerez vos richesses.
— *voir quelqu'un qui l'utilise:* vous craignez que quelqu'un ne découvre des injustices que vous avez commises.

RACCOMMODER: vous voulez rebâtir une amitié, vous êtes peut-être un peu pointilleux.
— *des chaussettes:* vous perdez votre temps sur des détails qui ont peu d'importance.

RACCOURCI (chemin): vous voulez atteindre rapidement vos objectifs.
— *le chercher:* vous vous agitez pour arriver rapidement au succès.
— *le prendre:* bon esprit d'initiative.
— *le montrer:* vous êtes un guide sûr pour les autres.
— *se le faire montrer:* l'expérience des autres vous est utile.

RACCOURCIR: *un vêtement:* vous avez envie de changer de vie.

RACHITIQUE: projets qui ne se réaliseront pas.
— *l'être:* vous n'arrivez pas à réaliser ce que vous souhaitez.
— *enfant rachitique:* en tant que parent, vous manquez d'assurance.

RACINES: liens étroits avec le passé.
— *voir celles d'un arbre:* un ami ne changera jamais d'avis.
— *trébucher dessus:* vous luttez contre votre passé.
— *les chercher:* vous voulez connaître vos origines.
— *les cuire:* litiges en famille.
— *les manger:* l'exemple de votre famille vous aidera toujours.
— *amères:* vous ne comprenez pas l'importance de certaines traditions familiales.
— *les arracher:* vous refusez vos traditions.
— *les planter:* vous avez de bonnes possibilités de succès.

RACLER: difficultés à découvrir la vérité.

RACONTER: vous avez besoin de recevoir des conseils et des confirmations.
– *des faits:* vous êtes réaliste et sincère.
– *une aventure:* vous ferez une bonne impression, mais qui durera très peu.
– *des malheurs:* vous communiquerez votre anxiété aux autres.

RADAR: perspicacité.
– *le voir:* vous voudriez tout prévoir.
– *le posséder:* tout vous sera plus facile.

RADEAU: *le voir:* vous avez encore une issue.
– *le construire:* vous vous tirerez tout seul d'une situation difficile.
– *s'y accrocher:* aide inattendue.
– *naviguer sur un radeau:* une idée géniale vous sauvera d'un moment difficile.

RADIATEUR: *froid:* agissez avec calme et honnêteté.
– *brûlant:* vous avez trop voulu, maintenant la situation est explosive.
– *allumé:* vos amis vous évitent: tristesse et solitude.
– *éteint:* vos amis vous ont abandonné à cause d'un malentendu.

RADIER: *quelqu'un:* vous perdrez une amitié.
– *être radié:* vous subirez une grave offense.

RADIO: *l'écouter:* vous écoutez ce que les autres ont à vous dire.
– *l'éteindre:* vous ne voulez pas vous comprendre.
– *ne pas arriver à l'éteindre:* vous voulez oublier quelque chose.
– *l'offrir:* vous ne savez pas garder pour vous vos problèmes personnels.
– *parler à la radio:* vous communiquerez quelque chose à plusieurs personnes simultanément.

RADIOACTIVITE: vous vous méfiez des choses que vous ne connaissez pas.

RADIOGRAPHIER: vous comprendrez à fond une personne.
– *être radiographié:* quelqu'un vous comprendra parfaitement.

RADIOREPORTER: *l'être:* vous aimez parler en public.

RADIS: situation apparemment agréable.
– *les cultiver:* médisances autour de vous.
– *les manger:* petites provocations.

RAFALE: *de projectiles:* série de gros chagrins.
– *de vent:* un changement à l'improviste.

RAFRAICHIR (SE): situation nouvelle et agréable.

RAGE: irrationalité.
– *l'éprouver:* incompréhensions qui dégénèreront en graves litiges.
– *parler avec rage:* vous voulez faire du mal à quelqu'un pour vous venger de lui.
– *maladie:* vous êtes souvent incapable de vous contrôler et vous vous en préoccupez.

– *animal enragé:* vous verrez une personne avec laquelle il est impossible de discuter.

RAGOUT: désirs irrésistibles.
– *le servir:* vous essayez de cacher quelque chose de désagréable.

RAIE: *poisson:* entreprise dangereuse.
– *la pêcher:* succès mais grands risques.
– *la manger:* nouveautés et surprises.

RAILS: *les voir:* parcours bien défini.
– *marcher le long des rails:* vous ne pouvez pas changer votre vie.
– *interrompus:* brusque changement dans votre vie.

RAINETTE: personne insensible et vaniteuse.
– *qui coasse:* souvenirs de déceptions passées.

RAISIN: richesse, prospérité.
– *blanc:* innocence.
– *noir:* remords et sentiments de culpabilité.
– *trop vert:* médisances qui vous font souffrir.
– *le manger:* bonne santé.
– *raisins secs:* chagrins en amour.

RAISONNEMENT: *le faire:* vous ne vous laissez pas intimider par des événements imprévus.

RAJEUNIR: un nouveau-né va entrer dans la famille.
– *pour un jeune:* perte de responsabilités.

RALENTIR: vous vous rendez compte que vous ne pouvez pas maintenir le rythme que vous vous étiez fixé.
– *brusquement:* vous serez obligé de quitter votre travail pendant un certain temps.
– *une course:* vous perdrez votre but de vue.

RALER: plaintes exagérées.
– *entendre quelqu'un râler:* quelqu'un est en grave danger.

RAMASSER: *quelque chose:* vous attendez les autres.
– *un objet:* ne laissez pas échapper une bonne occasion.
– *un objet perdu par quelqu'un d'autre:* quelqu'un vous aide involontairement.
– *ses propres vêtements:* vous craignez le jugement de ceux qui ne vous connaissent pas.

RAME: opportunités et potentialité.
– *n'en avoir qu'une:* difficultés à poursuivre votre chemin.
– *cassée:* ralentissement probable dans les affaires.
– *la perdre:* période difficile.
– *les perdre toutes les deux:* toutes vos activités sont bloquées.

RAMER: bonnes possibilités d'atteindre l'objectif fixé.
– *seul:* vous vous sentez un peu délaissé.
– *avec d'autres:* collaboration fructueuse.

– *en compétition:* vous avez besoin de quelqu'un qui vous guide.

RAMONEUR: bon présage.
– *le voir au travail:* travail ordonné et constructif.

RAMPER: vous voulez agir sans vous faire remarquer.
– *voir quelqu'un qui rampe:* vous découvrirez une embûche qui vous a été tendue.

RANCISSEMENT: *d'aliments:* une occasion qu'il est trop tard pour exploiter.

RANÇON: perte d'argent certaine.
– *la payer:* ne tentez pas de lutter contre une personne plus forte que vous.

RANG: vous vous occupez trop de votre position sociale.
– *se mettre en rang:* remettez de l'ordre dans votre vie.
– *entrer dans les rangs:* vous ferez partie d'un groupe de personnes que vous estimez.
– *sortir des rangs:* vous serez exclu.
– *être de haut rang:* vous voulez vous distinguer et vous faire remarquer.

RANGER: sens de l'ordre.
– *un lit:* insécurité et sensation de culpabilité.
– *certains objets:* vous devez mettre de l'ordre dans votre esprit.

RANIMER: *l'ambiance:* bon esprit d'initiative.
– *le feu:* vous améliorerez une situation qui se détériore.

RAPACE (oiseau): force, despotisme, décision.
– *qui vole au-dessus de vous:* grave danger, vous avez près de vous une personne sans scrupules.

RAPE: petits problèmes.
– *utiliser une râpe:* vous voulez découvrir la vérité à propos d'un fait désagréable.
– *se faire mal en utilisant une râpe:* vous avez pris des risques en cherchant à découvrir la vérité.

RAPHIA: faiblesse apparente.

RAPIEÇAGE: remèdes inutiles.
– *rapiécer un vêtement:* vous essayez de cacher quelque chose.

RAPPORT: préoccupations inutiles.
– *le lire:* fin des appréhensions.
– *sexuel:* insatisfaction dans votre vie sexuelle actuelle.

RAPSODIE: *l'entendre:* discours clair.
– *la jouer:* vous savez très bien ce que vous voulez dire.

RAQUETTE: *de tennis:* succès en vue.
– *la laisser tomber:* renoncez à une compétition.
– *la casser:* vous devez admettre d'avoir été battu.
– *de neige:* une aide qui tombe bien à propos.

RARE (objet): vous savez évaluer les affaires.
– *le voir:* vous savez donner une immédiate valeur aux choses.

– *l'acheter:* bonnes affaires.
– *le trouver:* excellente intuition.

RASER: *quelqu'un:* tromperies et supercheries.
– *se faire raser:* perte d'énergie et de moyen.
– *se raser la tête:* moment d'humiliation.
– *se raser la barbe:* vous perdrez votre prestige.
– *se raser:* moments d'autopunition.
– *raser le sol:* instinct de destruction.

RASOIR: agressivité incontrôlée.
– *l'utiliser:* vous voulez nuire à quelqu'un.
– *se blesser avec:* litiges et discussions en famille.

RASSASIER: vous n'avez besoin de rien.
– *se rassasier:* vous voulez vous rendre indépendant.
– *être rassasié:* satisfaction totale.

RASSEMBLEMENT: *y participer:* vous connaîtrez des personnes ayant les mêmes intérêts que vous.

RASSEMBLER: *des personnes:* vous vous sentez seul.
– *des objets:* vous voulez faire le point de la situation.

RASSURER: vous êtes peu convaincu de ce que vous faites.
– *une autre personne:* quelqu'un a besoin de sécurité, mais vous ne pouvez la lui donner.
– *être rassuré:* vous n'êtes pas convaincu de ce que vous faites.

RAT: personne suspecte et dangereuse.
– *le voir:* vous êtes menacé en tout moment.

RATATINER (SE): problème de santé.

RATE: plaisirs joyeux.
– *douloureuse:* vous avez exagéré, contrôlez-vous.

RATEAU: enquête dangereuse.
– *l'utiliser:* vous avez besoin d'éclaircissements dans tous les domaines.
– *en être menacé:* vous avez peur des conséquences d'une enquête approfondie.

RAVIN: *voir un ravin:* vous êtes très pessimiste.

RAVIOLI: équilibre familial.
– *les préparer:* collaboration fructueuse.
– *les manger:* vous découvrirez de petits malentendus.

RAVISER (SE): vous aurez des informations nouvelles qui vous permettront de juger une personne.
– *sur une chose:* vous admettrez vos erreurs.

RAYON: *de soleil:* une aide vous redonne du courage.
– *de lumière:* initiatives intéressantes.
– *d'une roue:* collaboration dans le travail.

RAYONNER: bon présage.

RAZ DE MAREE: situation dramatique.

RAZZIA: activité illicite.
– *l'accomplir:* vous avez profité d'une situation, sentiment de culpabilité.

REAPPROVISIONNER (SE): vous vous préoccupez pour votre situation économique précaire.
– *de nourriture:* vous n'êtes pas optimiste.

REBELLE: *l'être:* vous n'êtes pas capable de vous rebeller.
– *le voir:* personne ayant le courage de ses actes.

REBOND: occasion propice.
– *d'une balle:* occasion à saisir au vol.
– *d'un objet en caoutchouc:* situation imprévisible.

REBORD (de fenêtre): vous craignez la curiosité de vos voisins.
– *être sur le rebord de la fenêtre:* moments d'insécurité.
– *regarder par la fenêtre:* curiosité.
– *se pencher:* vous prenez des risques inutiles.

RECELEUR: *l'être:* vous ferez un faux pas et vos actions illicites seront découvertes.
– *avoir affaire à un receleur:* vous travaillerez avec des personnes peu honnêtes.

RECEPTEUR (téléphonique): vous êtes anxieux et vous ne trouvez pas les mots qu'il faut.
– *laisser tomber le récepteur téléphonique:* vous allez recevoir une terrible nouvelle.

RECEPTION: *la voir:* vous vous sentez isolé.
– *la donner:* vous reverrez de vieux amis.

RECETTE: conseils clairs et précis.
– *l'écrire:* vous avez beaucoup d'expérience.

RECHAUFFER: vous ne pouvez exprimer vos sentiments.
– *une personne:* vous voulez manifester votre affection.
– *de la nourriture:* situation peu stable.
– *se réchauffer:* vous vous consolez et acquérez une nouvelle énergie.

RECHERCHE: période d'analyse et de réflexion.
– *de personnes:* vous êtes insatisfait de votre situation actuelle.

RECIPIENT: *le voir:* nouveautés probables.
– *fermé:* la curiosité vous hante.
– *ouvert:* tout est clair.
– *le remplir:* succès.
– *pour une femme, voir un récipient:* grossesse possible.

RECITER: votre comportement est ambigu.
– *seul:* vous demêlez tout seul une situation fausse.
– *avec d'autres:* vous vivez dans un milieu hypocrite.
– *des poésies:* vous vous laissez guider et influencer.
– *des prières:* demande d'aide.

RECLAMATION: *la faire:* vous n'osez pas la faire.
– *l'entendre:* vous avez la conscience peu tranquille.

RECLAMER: en réalité, vous n'êtes pas capable de faire valoir vos qualités.
– *un paiement:* les autres ignorent vos devoirs.

RECOLTE: *de produits agricoles:* c'est le moment d'évaluer ce que vous avez obtenu grâce à vos efforts.
– *d'immondices:* beaucoup de choses disparaîtront de votre vie.
– *bonne:* vos efforts seront récompensés, vous aurez de la chance.
– *pauvre:* efforts inutiles, vous avez été trop impatient.

RECOMMANDATION: vous n'avez pas confiance en vos moyens.
– *l'avoir:* vous ne faites pas d'effort pour réussir.
– *la demander:* vous demanderez inutilement de l'aide.

RECOMMANDEE (lettre): communication très importante.
– *la recevoir:* nouvelles très utiles.
– *l'envoyer:* vous savez des choses très importantes.

RECOMMANDER: *quelqu'un:* l'avenir d'une personne vous tient à cœur.

RECOMMENCER: *quelque chose:* vous ne vous avouez jamais vaincu.

RECOMPENSE: sacrifices peu appréciés.
– *la donner:* vous êtes peu enclin à apprécier les mérites des autres.
– *la recevoir:* vous attendez des signes de reconnaissance qui n'arriveront pas.

RECONCILIER (SE): *avec quelqu'un:* vous surmonterez les difficultés en peu de temps.
– *avec ses enfants:* problèmes économiques qui modifient votre humeur.
– *avec son partenaire:* vous êtes prêt pour une réconciliation.
– *avec ses ennemis:* le chemin vers la réconciliation est encore long.

RECONFORTER: vous vous sentez triste.
– *être réconforté:* les amis sont toujours proches de vous.

RECONNAISSANCE: *l'éprouver:* vous êtes trop généreux avec les autres.

RECONNAITRE: *quelqu'un:* une personne essaye de vous échapper.
– *un vieil ami:* moments de joie.
– *un enfant:* tensions au sein de la famille.

RECONQUERIR: *une personne:* un amour renaît.

RECONSTRUIRE: vous avez pleine confiance en l'avenir.
– *sa maison:* une nouvelle période commence.

RECOPIER: peu de fantaisie et d'imagination dans les affaires.
– *un livre:* réflexions inutiles.
– *des notes:* moments favorables à l'analyse.

RECREATION: répits agréables dans votre travail.

RECRIMINER: torts subis passivement.

RECROQUEVILLER (SE): besoin de protection.

RECRUE: vous avez affaire à une personne peu experte.
– *l'être:* tout est neuf pour vous.

RECTEUR: autorité qui ne fait pas peur.
– *l'être:* augmentation des responsabilités dans votre travail.

REÇU: *le demander:* vous ne vous fiez pas aux personnes avec lesquelles vous travaillez.
– *le donner:* vous ne pouvez pas nier ce que vous avez fait.

RECUEILLIR: *des vêtements épars:* une période de nouvel ordre et d'équilibre.
– *des fruits:* ne vous fiez pas aux choses trop faciles.
– *de l'argent:* beaucoup de personnes ont confiance en vous, vous ne pouvez les décevoir.
– *des fleurs:* sentiments peu sûrs.
– *des cailloux:* vous avez besoin de petites certitudes.

RECULER: vous fuyez devant les rlsques.
– *à cause de menaces:* n'agissez pas impulsivement, attendez le moment propice.
– *à cause d'un danger:* manque de sûreté en vous-même, indécision.

RECUPERER: *quelque chose:* période difficile au cours de laquelle rien ne doit vous échapper.
– *de l'argent:* vous serez trompé, mais vous vous en apercevrez à temps.

REDACTION: *d'un journal:* collaboration et accords.
– *y travailler:* travail de groupe, mais opinions en désaccord.

REDEMPTION: votre sentiment de culpabilité vous pousse à vous améliorer.
– *aspirer à la rédemption:* vous êtes sûr de vos futurs succès.

REDOUBLER: vous voulez le succès immédiat.
– *la mise:* voir **MISE.**

REDRESSER: *quelque chose:* vous changerez quelque chose en l'améliorant.

REFECTOIRE: vous partagez quelque chose avec de nombreuses personnes.
– *y aller:* vous acceptez la compagnie de tous.

REFERENCES: *les demander:* méfiance.
– *les présenter:* le mérite du succès n'est pas seulement vôtre.
– *les donner:* vous avez pleine confiance en une personne.

REFLECHIR: impulsivité qui peut vous causer des ennuis.

REFLET: *le voir:* nouvelle apprise indirectement.

REFORME: *la demander:* vous avez besoin de quelque chose.
– *la faire:* en réalité, vous êtes réfractaire à tout changement.

REFROIDIR (SE): perte progressive d'intérêts et d'amitiés.

REFUGE: *le chercher:* vous avez besoin de compréhension.
– *le trouver:* situation tranquille, amour partagé.
– *de montagne:* isolement face aux difficultés.

REFUSER: *quelque chose:* vous savez ce que vous voulez.
– *se refuser à parler:* vous êtes décidé à renforcer votre dureté.
– *se refuser à manger:* vous êtes trop sûr de vous.

REGARDER: curiosité.
– *attentivement:* profitez d'expériences précieuses.
– *autour de vous:* craintes, manque de sécurité même dans votre propre milieu.
– *fixement une personne:* vous devez prendre une décision qui concerne cette personne.

REGATE: *y assister:* appuis de personnes importantes.
– *y participer:* vous ne pouvez compter que sur vos propres forces.

REGIMENT: ordre et discipline.
– *en faire partie:* personne ne tient compte de votre personnalité.

REGISTRE: notes et remarques.
– *le consulter:* vous connaîtrez l'opinion de celui qui le possède.
– *y écrire:* jugements définitifs sur des choses ou des personnes.

REGLEMENT: vous avez des règles morales bien précises.
– *le suivre à la lettre:* vous êtes pointilleux et conformiste.
– *le violer:* sentiment de culpabilité.
– *le changer:* sens critique qui peut vous causer des ennuis.
– *de comptes:* questions dangereuses.

REGRET: vous vous renfermez sur vous-même.
– *pour une occasion perdue:* vous ne réagissez pas et vous vous plaignez.

REGRETTER: en vérité, vous ne le faites jamais.
– *une action peu correcte:* vous ne voulez pas admettre que vous avez commis une erreur.

REGROUPER: voir **RASSEMBLER.**

REIN: *souffrant:* chagrin, maladie.

REINE: femme autoritaire ayant beaucoup de charme.
– *l'être:* vous vous sentez aimé et respecté.

REJOINDRE: *quelqu'un qui court:* vous vous croyez supérieur à un de vos adversaires.
– *être rejoint:* vous avez peu confiance en vous.

RELANCE: une personne ne vous laisse pas indifférent.
– *pour un paiement:* engagements qui vous causent des soucis.

RELAXER (SE): tensions insoutenables.

RELIER: attention à ce que vous possédez.
– *des livres:* remettez de l'ordre dans vos idées.

RELIEUR: conseils d'ordre pratique.
– *l'être:* ordre extérieur.

RELIGIEUSE: *la voir:* vous vous sentez protégé.
– *l'être:* période de sacrifices.

RELIGIEUX: vous avez choisi certaines règles à respecter.

RELIQUE: *la voir:* souvenir douloureux.
– *la prendre en main:* vous vous plaignez pour ce que vous avez perdu.

RELIRE: *une lettre:* souvenirs d'expériences passées.
– *un livre:* vous ressentez des sensations que vous avez déjà éprouvées par le passé.

REMARIER (SE): expériences répétées.
– *pour un homme:* heureux auspice.
– *pour une femme mariée:* insatisfactions.
– *pour une veuve:* changements en vue.

REMBOURRER: vous exagérez la situation.
– *un objet:* vous n'êtes pas sincère.
– *un coussin:* fausse tranquillité.

REMBOURSEMENT: quelqu'un se méfie de vous.
– *l'obtenir:* vous vous ferez justice vous-même.
– *le donner:* devoirs auxquels vous ne pouvez faire face.

REMBOURSER: *une dette:* un problème sera résolu progressivement.

REMEDE: *le trouver:* vous affrontez positivement toute situation.
– *le chercher:* situation insoutenable.

REMERCIER: vous voulez régler une question.
– *un inconnu:* vous voulez rompre tout lien.
– *un ennemi:* vous êtes craintif et indécis.

REMETTRE: *des objets:* vous avez peu de pouvoir en main.
– *une lettre, un message:* vous ne voulez pas de responsabilité de ce genre.
– *un objet perdu:* vous ne voulez pas profiter des erreurs des autres.

REMONTER: *quelque chose:* un problème que vous vous êtes créé vous-même surgira.
– *sa montre:* pour vous le temps est de l'argent.

REMONTRANCE: voir **PROTESTATION.**

REMORDS: *en éprouver:* inquiétude et repentir.

REMORQUE: *la voir:* quelqu'un veut vous donner des responsabilités qui ne relèvent pas de votre compétence.
– *la tirer:* vous êtes chargé d'un travail qui n'est pas le vôtre.

REMORQUEUR: *le voir:* vous comptez sur l'aide des plus forts.
– *qui remorque le navire sur lequel vous vous trouvez:* vous avez des protecteurs influents.
– *le conduire:* vous prenez des responsabilités qui ne vous incombent pas.

REMOULEUR: vous appréciez beaucoup l'aide de vos amis.
– *au travail:* pertes financières.

REMPARTS: *qui entourent la ville:* sensation d'isolement.

REMPLACER: vous avez besoin de changements.
– *une personne:* clarté dans les idées.
– *un objet cassé:* vous avez découvert ce qui vous nuit.
– *être remplacé:* offenses que vous ne pouvez oublier.

REMPLIR: *un formulaire:* vous suivez scrupuleusement les ordres qui vous ont été donnés.
– *une demande:* après bien des tentatives vous arriverez à vos fins.
– *un récipient:* bonnes ressources, chance.

REMUE-MENAGE: *l'entendre:* vous ne supportez pas les obstacles et la confusion.

RENAITRE: nouvelles perspectives.

RENARD: tromperies qui ont réussi mais ont été découvertes.
– *le voir:* vous serez trompé.
– *être mordu par un renard:* embûches qui vous coûteront beaucoup d'argent.
– *le tuer:* bon signe, améliorations.
– *dans le poulailler:* perte d'argent.

RENCONTRE: *occasionnelle:* imprévu agréable.
– *programmée:* grands projets.

RENCONTRER: possibilités inattendues.
– *un ami:* vous avez quelque chose à lui dire.
– *un ennemi:* la peur vous tourmente.
– *une personne importante:* vous attendez de grandes faveurs.
– *une personne décédée depuis longtemps:* vous avez grande envie de revoir cette personne, peut-être éprouvez-vous un sentiment de culpabilité.
– *se rencontrer:* vous comprendrez mieux comment vous vous jugez.

RENDEZ-VOUS: vous avez besoin d'amitiés et de contacts avec les autres.
– *manqué par votre faute:* vous n'êtes pas sûr de vous et vous êtes peureux.
– *par la faute des autres:* vous ne vous sentez pas accepté et vous pensez que l'on vous sous-estime.
– *d'affaires:* vous aimeriez avoir une vie plus variée et plus mouvementée.
– *amoureux:* vous êtes très jaloux et avez peur des trahisons.

RENES: *les voir:* vous devez contrôler une situation.
– *les tenir en main:* vous avez la situation sous votre contrôle.
– *les tirer:* quelqu'un fera exactement ce que vous voulez.
– *les lâcher:* accordez un peu de liberté à vos subordonnés.

RENFERMER: *quelque chose:* vous êtes introverti et jaloux.

RENFORCER: *la porte de sa maison:* peurs et craintes de tous genres.
– *se renforcer:* nouvelles idées, nouvelles énergies.

RENIER: sautes d'humeur dangereuses.
— *un ami:* petits litiges qui dégénèrent.
— *sa famille:* décisions irréfléchies que vous regretterez.

RENNE: opportunité à ne pas laisser échapper.

RENOMMEE: *avoir une bonne renommée:* c'est là votre désir.
— *avoir une mauvaise renommée:* en réalité vos amis vous croient.

RENONCEMENT: vous laissez échapper des opportunités qui ne se répéteront probablement jamais.

RENONCER: *à quelque chose:* vous ne voulez pas lutter pour obtenir ce que vous désirez.
— *à une personne:* les difficultés vous découragent.

RENONCULE: occasions rares et précieuses.

RENOUVELER (SE): vous espérez de meilleurs moments.

RENVERSER: *quelque chose:* décision définitive.
— *un sac:* vous direz la vérité.
— *un objet:* assurez-vous que les choses sans importance ne se révèlent pas être des pièges.
— *une situation:* la dialectique n'est pas votre fort.
— *quelqu'un:* cette personne deviendra amoureuse de vous.
— *être renversé:* une passion qui vous fait perdre la raison.

REPARATION (surface de réparation-football): *se voir dans la surface de réparation:* vous vous sentez plein de responsabilités.

REPARER: *quelque chose:* vous vous préoccupez trop tard de vos erreurs.
— *une fenêtre:* vous vous sentez menacé dans votre intimité.

REPAS: nécessité quotidienne.
— *tous les jours:* situation économique préoccupante.
— *froid:* vous êtes pressé et avez beaucoup à faire.

REPASSER: amour pour la perfection.

REPERE: vous pourrez travailler calmement.
— *perdre un point de repère:* vos certitudes ont fondu comme de la neige au soleil.

REPETER: *un mot:* vous avez peu de crédibilité.
— *une phrase:* problème très important.
— *un nom:* déceptions sentimentales.

REPETITION: une situation déjà connue.
— *au théâtre:* vous assisterez à une mise en scène.

REPLIER: *une lettre:* pensées que vous voulez écarter.
— *un mouchoir:* tristesses oubliées.

REPLIQUER: vous aimez vous faire remarquer.

REPONDRE: *à une question:* vous avez besoin de réponses précises.
— *au téléphone:* vous espérez qu'on vous cherchera.

— *à une lettre:* désir de reprendre certains contacts.
— *de travers:* vous êtes trop impulsif.

REPOSER (SE): vous surmonterez une période difficile.
— *longtemps:* préoccupations pour votre santé.

REPOUSSER: *quelqu'un:* caractère décidé.
— *un prétendant:* vous savez parfaitement ce que vous voulez.
— *un ennemi:* vous êtes sûr de vous, vous prendrez le dessus.

REPRENDRE (connaissance): vous vous rendez soudainement compte d'un problème.

REPRESAILLES: *les voir:* vous voudriez y participer.
— *y participer:* revanche que vous attendiez depuis longtemps.
— *les subir:* une punition que vous ne pensez pas mériter.

REPRESENTANT: personne qui peut beaucoup vous aider.
— *l'être:* vous êtes important pour quelqu'un.
— *le recevoir:* bons rapports sociaux.

REPRIMANDE: insatisfaction constante.
— *l'entendre:* vous vous rendez compte de décevoir quelqu'un.

REPRIMANDER: *quelqu'un:* vous protestez trop tard.
— *un fils:* vous voudriez être plus sévère.
— *être réprimandé:* vous prenez une personne autoritaire trop au sérieux.
— *vous réprimandez vous-même:* manque de confiance en vous-même.

REPRIS DE JUSTICE: *le voir:* méfiez-vous d'une personne.
— *l'être:* vous êtes encore jugé pour des erreurs commises par le passé.

REPRISER: vous cherchez des solutions faciles.
— *des vêtements:* votre action sera remarquée.

REPROCHER: défaite que vous ne supportez pas.
— *une faute à quelqu'un:* vous voulez vous venger.
— *quelqu'un vous reproche quelque chose:* vous savez que vous avez commis une erreur.

REPTILE: *le voir:* personne qui n'est pas sincère.
— *en voir beaucoup:* vous êtes entouré de personnes sournoises.

REPUDIER: quelque chose vous scandalise.
— *sa femme:* grandes divergences d'opinions.
— *sa maîtresse:* vous méprisez votre comportement passé.

REPUGNANCE: vous êtes très sévère envers vous-même.
— *l'éprouver pour quelque chose:* connaître certaines choses vous dérange.
— *l'éprouver pour une personne:* vous n'acceptez pas ceux qui sont différents de vous.
— *l'éprouver pour soi-même:* grave sentiment de culpabilité.

REQUIN: une personne despotique.
— *le voir en mer:* vous n'avez pas de moyens pour vaincre la partie.
— *le capturer:* vous avez éliminé un adversaire dangereux.

REQUISITIONNER: *des biens:* vous prenez sans scrupule tout ce qui vous sert.
– *avoir ses propres biens réquisitionnés:* injustice contre laquelle vous ne pouvez rien faire.

RESCAPE: expériences fondamentales.
– *l'être:* expérience définitivement terminée.

RESEDA: *plante:* fausse modestie.
– *le cueillir:* vous découvrirez un aspect ambigu chez une personne.

RESERVE: *de chasse:* vous trouverez ce que vous voulez.
– *de carburant:* peu d'énergies, vous ne pouvez continuer sur le même rythme.

RESERVER: *quelque chose:* projets pour l'avenir.
– *un voyage:* vous désirez changer de milieu.

RESERVOIR: prudence avisée.
– *plein:* puissance inexprimée.
– *vide:* vous avez épuisé vos forces.

RESIDENCE (surveillée): *aller en résidence surveillée:* vous aurez moins de liberté dans l'avenir.
– *être en résidence surveillée:* vous vous sentez contrôlé.
– *envoyer quelqu'un en résidence surveillée:* vous voulez interférer dans les affaires des autres.

RESIGNER (SE): vous êtes déçu avant même d'avoir commencé.
– *à la situation actuelle:* vous ne ferez aucun progrès.

RESILIER: *un contrat:* voir **CONTRAT.**

RESINE: *la voir:* situation dangereuse.
– *la toucher:* vous serez complètement impliqué, vous ne pouvez l'éviter.
– *s'en salir les vêtements:* mauvais présage, vous ne pourrez plus cacher vos erreurs.

RESISTANCE: vous vous laisserez difficilement convaincre.
– *en faire:* énergie et courage face aux contraintes.

RESOLUTION: vous êtes décidé et peu enclin aux méditations.
– *une personne de grande résolution:* une personne éclaire vos doutes.

RESOUDRE: *une situation:* vous avez de bonnes probabilités de la résoudre.
– *un problème:* esprit d'initiative.

RESPECT: *l'avoir:* vous faites toujours ce que vous voulez.

RESPIRATION: vitalité.
– *difficile:* moments d'incertitude et de faiblesse.
– *profonde:* vous êtes en train de vous préparer à une action très contraignante.

RESPLENDISSANT: apparences peu fiables.
– *soleil:* âme sereine.

RESSEMBLER: *à quelqu'un:* vous vous laissez influencer.
– *à quelque chose:* vous donnez beaucoup d'importance aux objets que vous possédez.
– *à un animal:* vous enviez sa liberté.

RESSORT: bonnes capacités d'adaptation.
– *mécanique:* vous réagissez promptement.
– *entendre les ressorts du lit:* dérangements.

RESSUSCITER: voir **RESURRECTION.**

RESTAURANT: indépendance et liberté d'action.
– *y aller:* vous pouvez avoir ce que vous voulez.
– *y aller seul:* vous désirez des liens affectifs.
– *y aller en compagnie:* vous abandonnerez momentanément votre famille.
– *le tenir:* famille nombreuse, obligations et responsabilités.

RESTAURATEUR: *l'être:* vous soignez les détails.

RESTAURER: *un objet:* vous reverrez des amis perdus de vue depuis longtemps.

RESTE: vous avez l'impression d'être méprisé.

RESTITUER: *des choses trouvées:* sens profond de l'honnêteté.
– *des choses volées:* peur des responsabilités.

RESURRECTION: *la voir:* espoirs déçus.
– *la vôtre:* vous vous surestimez.

RETABLE: recherche de l'esthétique.

RETARD: *être en retard:* peur de perdre de bonnes occasions.
– *d'un train:* vous accusez les autres de vos pertes de temps.
– *récupérer le retard:* situation positive, vous êtes en paix avec vous-même.
– *causer un retard:* vous vous croyez coupable de tout.

RETENTISSEMENT: *l'entendre:* situation lointaine qui vous fait souffrir.

RETIRER: vous regrettez une action commise.

RETOUCHER: *une chose réalisée par d'autres:* vous ne vous fiez qu'à vous-même.
– *une chose que vous avez réalisée vous-même:* vous n'êtes jamais satisfait de vous.

RETOURNER (dans son pays): vous recommencerez à vivre votre vie de toujours.
– *après une longue période:* les habitudes quotidiennes vous semblent neuves.

RETRAITE: moment négatif, vous vous sentez vaincu.

RETRIBUER: vous voulez vous libérer des engagements pris.
– *le travail d'un subordonné:* vous avez une position honnête et équilibrée.

RETRIBUTION: voir **PAYE.**

RETROUSSER (SE): *les manches:* vous vous préparez à une période de travail.

RETROUVER: bon présage, nouvelles agréables.
– *une personne:* joie inattendue.
– *un objet perdu:* vous êtes optimiste, tout va bien.
– *un objet précieux:* rentrée d'argent.

REUNION:
– *de famille:* problèmes importants que vous avez envie de résoudre.
– *politique:* ce qui compte, ce n'est pas s'engager, mais donner son avis.
– *entre amis:* vous penserez aux années passées.

REUSSITE (jeu): vous ne savez plus quoi faire pour vaincre la solitude.

REVANCHE: lutte qui n'est pas encore terminée.
– *la donner:* vous estimez votre adversaire.
– *la perdre:* complexe d'infériorité.
– *la demander:* verdict que vous estimez être injuste.

REVE: vous êtes farfelu et ne faites pas très attention à la réalité.

REVEIL: activité en pleine expansion.
– *le remonter:* vous avez établi des programmes précis que vous voulez respecter.
– *ne pas l'entendre:* à cause de votre paresse vous perdrez de bonnes occasions.

REVEILLER: *quelqu'un:* vous stimulez une personne qui se perd dans les doutes.
– *être réveillé:* des nouvelles vous feront réfléchir.
– *se réveiller:* vous prenez conscience de la réalité.
– *une personne de la famille:* vous voulez être le centre d'intérêt de tout le monde.
– *un mort:* vous ne vous rendez pas compte de ce qui est définitivement terminé.

REVELER: vous provoquerez un petit scandale.
– *des secrets:* vous voulez vous faire remarquer.
– *la vérité:* vous voulez à tout prix être cru.

REVENIR: vous modifiez vos habitudes.
– *chez soi:* vous avez besoin de repos.
– *à la maison:* nostalgie de l'enfance.
– *dans des lieux connus dans le passé:* sensations et émotions que vous avez déjà éprouvées.

REVER: *les yeux ouverts:* engagements trop durs, besoin d'évasion.

REVERENCE: *la faire:* soumission.
– *la voir:* une personne a peur de vous.
– *on vous fait une révérence:* bon augure, renommée et richesse.

REVERS: *de la médaille:* voir **MEDAILLE**.

REVISION: *la faire:* vous n'avez pas confiance en vos collaborateurs.

REVOIR: surprises.
– *des situations passées:* émotions que vous n'avez pas surmontées.
– *des lieux:* souvenirs qui vous font encore souffrir.
– *des personnes ou lieux inconnus:* vous croyez déjà connaître la situation.

REVOLTE: chagrins imprévus.
– *y assister:* quelqu'un vous surprendra et vous causera beaucoup de peine.

REVOLUTION: grand changement.
– *la projeter:* vous voulez changer beaucoup de choses.
– *la voir:* autour de vous, tout est en train de changer brusquement.
– *la faire:* vous êtes bien décidé à obtenir ce que vous désirez.

REVOLVER: voir **PISTOLET.**

REVUE: *passer en revue:* analyse de la situation.
– *militaire:* orgueil et exhibitionnisme.

RHINOCEROS: vous agissez sans analyser les conséquences de vos actes.
– *le voir:* décisions impulsives.
– *qui vous poursuit:* vous parviendrez difficilement à éliminer votre adversaire.
– *tranquille:* ennemi potentiel.

RHODODENDRON: sensibilité, impulsivité, et imagination.

RHUBARBE: certains expédients peu agréables.
– *la cueillir:* grande satisfaction après de nombreuses humiliations.
– *la préparer:* vous faites des projets sans tenir compte des difficultés présentes.
– *en manger:* amertume et chagrin.
– *la vendre:* bons profits.

RHUMATISME: vos problèmes sont d'ordre psychologique.
– *avoir des rhumatismes:* vous n'êtes pas satisfait de vous.

RHUME: litiges non encore conclus.
– *l'avoir:* vous aurez des chagrins et des moments difficiles.
– *contaminer quelqu'un:* envie et petites vengeances.
– *être contaminé:* quelqu'un déchargera sur vous une responsabilité fastidieuse.

RICANER: vous vous sentez très sûr de vous et vous méprisez les peureux.
– *voir quelqu'un qui ricane:* vous vous sentez menacé.

RICHE: ambitions et envies.
– *l'être:* l'ambition peut vous nuire; vous aurez de grosses déceptions.

RICHESSE: *l'avoir:* certitudes personnelles.
– *l'obtenir:* vous êtes sur le point de perdre ce que vous avez.
– *la perdre:* vous ne devez pas trop vous préoccuper.

RICTUS: *voir un rictus:* vous vous sentez menacé.
– *faire un rictus:* vous lancez un défi.

RIDEAU: quelqu'un observe vos gestes.
– *le lever:* vous n'avez rien à cacher.
– *le baisser:* moment de crise que vous voulez cacher.

RIDEAU METALLIQUE: façon de vous défendre.
– *levé:* vous avez de bonnes chances de réussir.
– *baissé:* vous êtes sur la défensive, vous traversez une mauvaise période.

RIDES: préoccupations constantes, réactions négatives.
– *si vous êtes jeune:* vous craignez de ne plus plaire à la personne que vous aimez.
– *si vous êtes âgé:* trop de tension peut nuire à votre santé.
– *crème antirides:* vous avez peur du temps qui passe.

RIDICULE: *l'être:* embarras et timidité.

RIME: *la faire:* accord parfait.
– *l'entendre:* quelqu'un vous imite.

RINCER: désir de s'améliorer.

RIRE: *pour quelque chose:* situation incroyablement étrange.
– *voir rire:* petits chagrins et incompréhensions.
– *entendre rire:* quelqu'un vous communique sa joie et sa gaieté.
– *fou rire:* joie irrésistible.

RISQUE: insécurité profonde.
– *le courir:* détermination subite.
– *inutile:* décisions trop précipitées.

RITE: *assister à un rite:* étrange habitude que vous ne partagez pas.

RIVALE: vous affronterez courageusement une épreuve difficile.
– *en amour:* envie et faiblesse.
– *au travail:* vous avez les moyens de devenir plus compétitif.

RIVALISER: *avec quelqu'un:* insatisfaction de sa propre condition.

RIXE: *la voir:* vous vous trouvez dans une situation difficile, ne perdez pas votre équilibre habituel.
– *y participer:* contradictions dangereuses.
– *l'apaiser:* vous surmonterez vos contradictions.
– *la provoquer:* votre indécision vous causera de gros ennuis.

RIZ: chance et profit.
– *le manger:* augmentation soudaine de richesse.
– *le cuisiner:* vous exploitez bien ce que vous possédez.
– *l'acheter:* bons investissements.

RIZIERE: idées difficiles à réaliser.
– *la voir de loin:* moments d'enthousiasme.
– *y travailler:* travail lourd et malsain.

ROBINET: *fermé:* période de malchance.
– *ouvert:* décision, mais perte économique possible.

ROCHE: danger imminent.

– *y monter:* force d'âme et courage.
– *en tomber:* voir **TOMBER**.

ROCHER: dureté, insensibilité.
– *voir plusieurs rochers:* difficultés à surmonter.
– *très haut:* obstacles insurmontables.
– *y grimper:* avec beaucoup de volonté, vous obtiendrez tout ce que vous voulez.
– *en tomber:* vous avez trop risqué; une personne ferme et insensible vous a puni.
– *pointu:* chacun de vos mouvements vous causera des souffrances.

ROGNONS: avidité.
– *les cuisiner:* désirs très matérialistes.
– *les manger:* plaisirs matériels.

ROI: amélioration, acquisition de pouvoir.
– *le voir:* une personne influente peut vous aider.
– *lui parler:* vous serez aidé et recommandé par quelqu'un.
– *l'être:* rêves de gloire.
– *le combattre:* la lutte n'est pas équilibrée, votre adversaire est trop puissant.

ROMAN: *l'écrire:* faibles revenus.
– *avec des pages blanches:* vous vous rendez compte que vous vous faites des illusions.
– *le lire:* vous vous identifiez au héros du roman.
– *l'acheter:* désir d'aventures.

ROMARIN: distractions agréables.
– *fleuri:* petites joies.

ROMPRE: changement soudain d'avis.
– *la glace:* voir **GLACE**.

RONCES: situation pouvant devenir dangereuse.
– *les voir:* vous craignez une personne qui paraît tranquille.
– *marcher parmi les ronces:* vos soupçons seront confirmés.
– *cueillir des ronces:* vous subirez des dommages superficiels mais douloureux.
– *couper des ronces:* vous voulez éliminer toutes les embûches possibles.
– *cultiver des ronces:* vous encouragez vous-même une personne dangereuse.

RONFLER: inactivité la plus complète.
– *entendre quelqu'un ronfler:* la paresse d'une personne vous exaspère.

ROSE: grandes joies, mais également quelques moments de souffrance.
– *blanche:* un mariage en vue.
– *rouge:* passion.
– *cultiver des roses:* rêves romantiques.
– *les cueillir:* plaisirs et petits chagrins.
– *en sentir le parfum:* vous vivez des moments magiques.

– *en offrir:* affection et douceur.
– *en offrir à une personne malade:* mauvais présage.
– *les recevoir en cadeau:* sincérité dans les sentiments.
– *se piquer avec les épines d'une rose:* petits problèmes qui peuvent s'aggraver.
– *rose sans épine:* situation irréelle.

ROSEE: fraîcheur et jeunesse.
– *sur un pré:* nouveauté dans le domaine sentimental.
– *sur des fleurs:* apparences trompeuses.

ROSSIGNOL: bon signe, charmes, mariage.
– *qui chante:* sérénité dans la famille.
– *le capturer:* vous serez heureux mais ferez souffrir quelqu'un.

ROTER: personne privée de tout contrôle d'elle-même.
– *entendre roter:* personne ne s'occupant pas du tout des autres.
– *en public:* vous donnerez une bien mauvaise impression de vous et tout le monde vous remarquera.

ROTI: fête agréable en prévision.
– *manger du rôti:* fidélité.
– *de veau:* vous espérez en des temps meilleurs.

ROTIR: succès en affaires.
– *de la viande:* vous n'avez plus peur des périodes un peu troublées de votre vie.
– *des châtaignes:* respect de la tradition.

ROUE: situation continuellement en évolution.
– *d'auto:* changements possibles.
– *qui tourne:* changements dans votre vie.
– *perdre les roues de son auto:* mauvais présage, perte d'énergie et d'occasions.
– *avoir les roues cassées:* période de ralentissement.
– *changer une roue:* vous savez réagir devant les événements imprévus.
– *de secours:* vous êtes prévoyant et ne vous laissez pas décourager.
– *voir une roue immobile:* aucun progrès ni amélioration.

ROUGE: passion et provocation.
– *vêtement rouge:* agressivité, décision, soucis.
– *clair:* menaces peu importantes.
– *vif:* passion, révolte.
– *foncé:* sentiment de culpabilité à propos de ses propres actes.

ROUGE A LEVRES: vous essayez de conquérir la personne aimée.
– *sur les lèvres:* séduction.
– *se le mettre:* vous vous préparez à une conquête.

ROUGE-GORGE: personne sociable et sympathique.
– *l'entendre chanter:* commérages, conversations sans intérêt.

ROUGET: mauvaise santé.

ROUGEUR: vous avez peur qu'on découvre vos sentiments.

ROUILLE: situation qui se détériore.
– *sur des objets personnels:* vous ne vous préoccupez pas assez des problèmes familiaux.
– *sur un couteau:* ce n'est pas le moment d'agir impulsivement.

ROUILLER: *du fer qui rouille:* la perte de temps vous causera des ennuis.

ROULEAU: contradictions insurmontables.
– *de papier:* accord apparent.
– *compresseur:* vous êtes autoritaire et intolérant.

ROULEMENT: *d'un tambour:* vous recevrez bientôt une nouvelle sensationnelle.

ROULER: situation incontrôlable.
– *voir quelqu'un rouler:* vous craignez de ne pas parvenir à arrêter sa chute.
– *se voir rouler:* vous vous rendez compte d'avoir suivi le mauvais chemin, mais vous ne réussissez pas à réagir.

ROUX: *cheveux:* personne méchante et peu digne de confiance.

ROYAUME: milieu familial.
– *le posséder:* discussions en famille.
– *le perdre:* perte de responsabilités.

RUBIS: une personne vous attire.
– *l'acheter:* ne vous fiez pas aux apparences.
– *le perdre:* vous perdez un ami sincère.
– *le recevoir:* amour sincère.

RUCHE: vous vous sentez parfaitement bien inséré dans la société.

RUE: symbole de votre avenir.
– *large:* vous aurez une vie facile.
– *étroite:* vous atteindrez vos objectif après de nombreux efforts.
– *qui monte:* période fatigante.
– *qui descend:* succès facile.
– *tortueuse:* vous perdrez de vue vos objectifs.
– *déserte:* vous ne devrez compter que sur vous-même.
– *avec d'autres personnes:* vous recevrez des aides et des encouragements.
– *avec beaucoup de monde:* vous devrez lutter pour réussir.
– *dormir dans la rue:* moments de découragement.
– *la parcourir:* vous avez de la volonté et pourrez atteindre le succès.
– *encombrée:* vous subirez des pertes financières.
– *avec beaucoup de croisements:* vous devrez faire des choix difficiles.
– *goudronnée:* votre tâche sera facilitée.
– *en terre battue:* vous devrez faire des efforts pour avancer.
– *la parcourir à plusieurs reprises:* vous commettrez plusieurs fois les mêmes erreurs.

RUGISSEMENT: vous voulez effrayer quelqu'un.
– *l'entendre:* une personne vous menace.
– *d'un lion:* vous craignez les personnes agressives.

RUINES: découvertes intéressantes.
– *les voir:* chance et succès inespéré.
– *les visiter:* vous voulez vous rendre compte de la valeur de certaines vieilles choses.
– *voir une maison en ruines:* situation familiale dramatique.

RUISSEAU: événement imprévu et agréable.
– *le traverser:* vous savez parfaitement que vous n'avez rien à craindre.
– *s'y baigner:* amélioration physique et psychique.

S

SABAYON: énergie, vitalité.
– *le manger:* bonne santé.

SABLE: événements imprévisibles, incohérence.
– *le voir:* période très confuse.
– *le répandre:* changements inutiles.
– *marcher sur le sable:* satisfactions de brève durée.
– *s'y enfoncer:* risque de se laisser aller à des raisonnements.
– *semer dans le sable:* fatigues inutiles.

SABOT: vie modeste.
– *de cheval:* voyage ennuyeux.

SABOTER: *quelque chose:* vous essayez de neutraliser vos adversaires.
– *être saboté:* vos efforts ne vous inspirent pas beaucoup de confiance.

SABRE: agressivité, virilité.
– *le dégainer:* attitudes d'attaque.
– *s'en servir:* énergie qui se transforme en violence.
– *émoussé:* vous craignez un malaise physique.
– *être menacé par un sabre:* une personne agressive a des mauvaises intentions à votre égard.
– *être blessé par un sabre:* une personne vous causera de gros ennuis.

SAC: occasion précieuse.
– *plein:* vous êtes optimiste et obtiendrez de bons appuis.
– *vide:* vous aurez beaucoup de déceptions.
– *troué:* pertes imprévues.
– *tenir un sac dans la main:* vous êtes jaloux de ce que vous possédez.
– *y mettre quelque chose:* vous tromperez quelqu'un.
– *y plonger les mains:* vous serez trompé.
– *à golf:* attention aux imprévus.
– *à golf vide:* peu d'initiatives.
– *de voyage:* rencontres intéressantes.
– *pour faire les courses:* vous accordez trop d'importance aux petites choses.
– *dans le sens de cartable:* promotion professionnelle.
– *à main:* arrivisme, désir de se faire remarquer.

SAC A DOS: responsabilités.
– *le voir:* vous devez faire face à une situation difficile.
– *le porter plein:* bon présage, abondance.
– *le porter vide:* vous n'avez ni soucis ni satisfactions.

SACCAGER: préoccupations en vue.
– *une maison:* envie mal réprimée.
– *participer à un saccage:* vous avez mauvaise conscience, et vous savez que vous ne méritez pas ce que vous avez.

SACHET: demande d'aide ou de secours.
– *plein:* aide obtenue facilement.
– *vide:* peu d'initiatives.

SACREMENTS: moment difficile.
– *les recevoir:* vous êtes en paix avec tout le monde, vous vivez une heureuse période.
– *les donner:* vous procurerez des joies et des satisfactions.

SACRIFICE: problèmes que vous essayez de résoudre.
– *faire un sacrifice:* tentatives très fatigantes.
– *être sacrifié:* vous perdrez quelque chose, mais vous aurez conquis la renommée.
– *y assister:* fin de vos soucis.

SACRILEGE: geste que vous considérez comme très dangereux.
– *le commettre:* vous craignez les conséquences d'une action malhonnête.
– *le voir commettre:* grandes divergences de vues.

SACRISTAIN: moment difficile.
– *être sacristain:* vous devez être très prudent.

SACRISTIE: une recherche sera menée à bonne fin.
– *s'y trouver:* bonne réussite dans les affaires.

SAFRAN: *le voir:* un petit oubli.
– *s'en servir pour la cuisine:* mauvais présage.

SAGE: *l'être:* vous voudriez l'être, mais vous n'êtes pas assez mûr.
– *le voir:* vous accepterez avec humilité les conseils qui vous seront donnés.

SAGE-FEMME: vous attendez un enfant.
– *parler à une sage-femme:* mariage imminent.

SAIGNEE: perte de temps.
– *la faire:* vous causerez un gros chagrin.
– *la subir:* vous avez passé de mauvais moments.

SAIGNER: *faire saigner quelqu'un:* vous avez entraîné la ruine de cette personne.
– *du nez:* soucis peu importants.

SAINTS: *les voir:* vous êtes trop optimiste.
– *devenir saint:* vous avez trop d'espoirs d'amélioration.
– *l'être:* vous vous croyez parfait.

SAISIR: *quelque chose:* gain assuré.

SAISON: *travailler hors-saison:* pertes de temps qui entraînent des dommages économiques.
– *vêtements hors-saison:* vous vous sentez exclu de votre époque.

SALADE (de fruits): *préparer une salade de fruits:* réunion entre personnes très différentes.
– *manger de la salade de fruits:* discussions paisibles entre amis.

SALAIRE: voir **PAYE.**

SALER: vous aimez les sensations fortes.

SALETE: mauvaise situation, embûches et calomnies.

SALIERE: amitié dangereuse.

SALINE: tranquillité dans le travail.
– *y travailler:* vous aidez beaucoup de monde.

SALIR: *quelqu'un:* vous provoquerez sa ruine.
– *se salir:* vous causez vous-même votre ruine.
– *être sali:* des accusations vous nuiront.

SALIVE: désirs irréalisables.
– *faible:* déceptions.
– *abondante:* vous êtes sûr d'avoir du succès.

SALLE: bonnes perspectives dans le domaine du travail.
– *bien tenue:* vous procédez d'une façon ordonnée, vous aurez du succès.
– *mal tenue:* scandales en vue.
– *grande:* bien-être et abondance.
– *de bal:* vous n'avez aucun souci.
– *à manger:* plaisirs mondains.
– *petite:* problèmes économiques qui causent des problèmes dans la famille.
– *de classe:* vous ne vous sentez pas mûr.
– *de tribunal:* vous avez peur d'être puni pour une faute que vous n'avez pas commise.

SALON: liberté de mouvements.
– *chez soi:* vous vous sentez libre en famille.
– *où vous êtes seul:* moments de désarroi.

SALPETRE: calomnies.

SALTIMBANQUE: vous voulez détourner l'attention de quelqu'un d'une question importante.
– *l'être:* vous changez souvent d'avis.

SALUER: bons rapports sociaux.
– *les personnes de la famille:* moment de réconciliation.
– *des personnes inconnues:* vous devez tâcher de vaincre votre timidité.
– *un ennemi:* il deviendra bientôt un ami.

SALUT: respect et formalité.

– *militaire:* vous êtes trop familier avec les autres.
– *répondre au salut:* vous êtes correct, mais pas très expansif.

SAMEDI: vous vous préparez à un moment de repos.
– *attendre le samedi:* le travail vous angoisse.

SANATORIUM: état de faiblesse psychologique.
– *y aller:* vous voulez vous améliorer, et ceci vous aidera.

SANDALE: manque de franchise.

SANDWICH: petites interruptions de travail.
– *fourré:* satisfactions.
– *le manger:* vous récupérerez votre énergie.

SANG: énergie et vitalité.
– *le voir jaillir d'une plaie:* préoccupations par des problèmes familiaux.
– *ne pas le voir en cas de blessure:* vous n'arrivez pas à évaluer l'étendue de vos souffrances.
– *être souillé de sang:* vous êtes préoccupé par votre santé, parfois sensation de culpabilité.
– *se vider de son sang:* vous faites un gros effort.
– *boire du sang:* présage de chance, vous serez à nouveau énergique.
– *cracher du sang:* période de grandes souffrances.
– *le voir par terre:* vous vous souvenez d'une souffrance passée.
– *le donner:* vous voulez aider une personne en difficulté.
– *voir une chambre souillée de sang:* vous résoudrez vos problèmes, mais vous serez poursuivi par un sentiment de culpabilité.

SANGLIER: attention aux mouvements d'humeur.
– *être poursuivi par un sanglier:* vous avez exaspéré un bon ami.

SANGSUE: quelqu'un profite de vous.
– *la voir:* peur d'être exploité.
– *sur son propre corps:* pertes inattendues.
– *l'enlever de son propre corps:* vous prenez des dispositions contre ceux qui veulent profiter de vous.

SANTAL: *bois de santal:* force et sentiments élevés.
– *essence de santal:* vous voulez effacer les erreurs passées.

SAPHIR: pensées romantiques.
– *faux saphir:* douceur apparente.

SAPIN: vos biens ne sont pas en sécurité.
– *le couper:* danger évité.
– *le voir:* succès et chance en affaires.
– *orné de guirlandes:* chance inattendue.
– *couvert de neige:* richesse à la maison et mariage réussi.

SARBACANE: vous avez des objectifs précis mais vous ne voulez nuire à personne.

SARCOPHAGE: forte dépression.
– *ancien:* vous découvrirez des secrets importants.

– *l'ouvrir:* vous craignez la nouveauté.
– *s'y trouver:* vous saurez surmonter un moment très triste.

SARDINES: *les voir:* vous devez vous contenter de ce que vous avez.
– *les manger:* vie modeste mais tranquille.
– *les acheter:* période de gains modestes.
– *en boîte:* moments de joie.

SARMENT: *de vigne:* signe de prospérité et d'abondance.

SATAN: voir **DIABLE.**

SATELLITE: une personne très informée vous tiendra au courant.
– *assister au lancement d'un satellite:* une initiative vous apportera le succès et la renommée.
– *en voir le départ:* impulsivité incontrôlée.

SATIN: richesse apparente.
– *vêtements en satin:* ambitions exagérées.

SATIRE: commentaires et critiques dangereux.
– *la faire:* bonnes intuitions qui peuvent vous faire détester.
– *la lire:* vous aimez les observations intelligentes.
– *à votre égard:* critiques raffinées.

SATISFAIRE: *ses propres désirs:* il vous manque quelque chose pour être heureux.
– *ceux d'une autre personne:* altruisme, générosité.

SATYRE: victoires faciles.

SAUCE: vous appréciez les petits plaisirs.
– *la préparer:* vous savez vous organiser et faire accorder des goûts différents.
– *la manger:* vous appréciez les moments d'harmonie.

SAUCISSE: *la préparer:* équilibre et tranquillité.
– *la faire cuire:* vous vous préparez à passer des moments de joie.
– *la manger:* satisfactions de brève durée.

SAUCISSON: *le voir:* ne vous laissez pas entraîner par votre impulsivité.
– *le couper:* vous êtes fermement décidé à faire souffrir quelqu'un.
– *le manger:* satisfactions dans tous les domaines.

SAUGE: *la voir:* vous aurez de petits ennuis.
– *en aspirer l'odeur:* sensibilité.

SAULE: chagrins.
– *le voir:* souffrances que vous ne pouvez confier à personne.
– *marcher sous les saules:* tristesse, maladie en famille.

SAUMON: richesse discrète.
– *le manger:* vous profitez tranquillement de ce que vous avez.

SAUMURE: une attente trop longue pourrait vous nuire.
– *mets en saumure:* opportunités retardées.

SAUT: *faire un saut:* vous évitez un brusque danger.

— *bien réussi:* vous ne craignez pas les imprévus.
— *raté:* ne vous fiez pas trop à vos forces.
— *d'obstacles:* vous arriverez à maîtriser une situation pleine de dangers.
— *en longueur:* situation difficile à maintenir.
— *en hauteur:* énergie à utiliser le moment venu.
— *en bas:* contrariétés qui s'avéreront utiles.
— *dans l'eau:* déceptions après une période d'étourderie.
— *de la mort:* vous serez menacé par un grave danger.
— *faire un saut au milieu des gens:* vous voulez vous faire remarquer.

SAUTILLER: anxiété, impatience.

SAUVAGE: instincts incontrôlables.
— *l'être:* caractère impulsif qui engendre l'incompréhension d'autrui.
— *le voir:* personne imprévisible.
— *en voir beaucoup:* incompréhensions dans le milieu du travail.
— *parler avec un sauvage:* vous essayez de comprendre une personne que vous n'appréciez pas.

SAUVER: *quelqu'un:* les personnes auxquelles vous avez rendu service n'en feront pas autant avec vous.
— *être sauvé par quelqu'un:* une récompense vous coûtera cher.
— *se sauver:* vous avez beaucoup de ressources.
— *les apparences:* soucis de peu d'importance.

SAVANT: *l'être:* vous avez la plus grande estime de vous-même.
— *le voir:* vous comptez sur l'aide d'une personne sage.

SAVEUR: *bonne:* vous acceptez positivement un nouveau rapport.
— *mauvaise:* tout vous ennuie, vous êtes méfiant de tout.
— *ne pas sentir la saveur:* insensibilité dangereuse.

SAVON: pièges dans lesquels vous tomberez facilement.
— *se laver avec du savon:* vous voulez oublier les erreurs que vous avez commises.
— *qui se dissout:* vous vous attendez à une situation dangereuse.
— *voir la mousse du savon:* problème facile à résoudre.

SCALPER: *quelqu'un:* vengeances inutiles.

SCANDALE: vous êtes très intolérant.
— *provoquer un scandale:* vous aimez faire parler de vous.
— *en être l'objet:* problèmes d'incompréhension dans votre milieu.

SCAPHANDRE: vous avez besoin de protection.

SCARABEE: symbole heureux.
— *l'écraser:* vengeances inutiles.
— *qui vole:* moments de joie.

SCARLATINE: moments d'intolérance.
— *avoir la scarlatine:* période d'anxiété et de susceptibilité.
— *en être contaminé:* une personne vous transmet son anxiété.
— *la transmettre:* vous impliquez les autres dans votre intolérance.

SCEAU: pacte auquel vous ne pouvez vous soustraire.

SCENARIO: programmes à long terme.
– *apprendre par cœur un scénario:* vous n'êtes pas sincère, vous jouez un rôle qui n'est pas le vôtre.
– *oublier un scénario:* vous serez très embarrassé.

SCENE: *de théâtre:* illusions.
– *en voir le montage:* une personne est en train de vous tendre un piège.
– *la démonter:* vous démasquez une personne fausse.
– *regarder la scène:* vous découvrirez la vérité.

SCEPTRE: pouvoir arrogant.
– *le voir:* désir de pouvoir absolu.
– *le tenir dans sa main:* votre attitude autoritaire vous créera beaucoup d'ennemis.

SCIE: *la voir:* travail pénible.
– *cassée:* il vous manque les moyens nécessaires pour résoudre un problème.

SCIER: votre travail vous apportera beaucoup de satisfactions; mais vous vous ferez des soucis pour votre santé.
– *pour une femme:* vous essayez d'oublier le passé.
– *du bois:* un travail peut vous apporter le succès.

SCIURE: *la voir:* vous avez peu de moyens à votre disposition.
– *la répandre:* vous voulez cacher une erreur, vous êtes gêné.
– *la manger:* maladie.

SCORPION: attention aux fausses amitiés.
– *le voir:* vous craignez les embûches de faux amis.
– *être piqué par un scorpion:* vous êtes terrorisé par un danger imminent.
– *en voir beaucoup:* vous êtes entouré d'embûches et de mensonges.
– *comme signe zodiacal:* vous êtes actif et bien disposé à l'égard de l'avenir.

SCROTUM: *pour un homme:* période productive, beaucoup d'idées nouvelles.
– *pour une femme:* désirs sexuels.

SCRUTER: vous êtes très méfiant.
– *un lieu:* vous craignez les pièges et les embûches.
– *une personne:* vous n'avez confiance en personne.

SCULPTER: vous perdrez votre bonne réputation.
– *une statue:* actions que vous ne pourrez renier.
– *un objet:* vous modifiez les choses à votre avantage.

SCULPTEUR: amabilité et sentiments de reconnaissance.
– *le voir:* possibilité d'être adulé.
– *l'être:* vous voulez changer la réalité selon votre désir.

SCULPTURE: vous avez une image qui ne change pas facilement.
– *d'un ami:* idée fixe à laquelle vous ne voulez pas renoncer.

SEAU: le seau représente la femme, parfois la maternité.
– *plein:* aventures sentimentales, naissance d'un enfant.
– *vide:* tristesse et misère dans la famille.
– *le remplir:* améliorations dans le domaine sentimental et des affaires.

SECOND: *à l'arrivée:* vous avez un adversaire à battre.

SECOUER: vous ne supportez pas les situations d'immobilisme.
– *un arbre:* vous voulez avoir tout ce que vous pouvez obtenir.
– *la tête:* déceptions.
– *se secouer:* vous vous rendez compte brusquement d'une situation.

SECOURIR: générosité et sécurité personnelle.
– *une personne en danger:* vous vous croyez indispensable.

SECOURS: *le demander:* les forces vous manquent.
– *le recevoir:* vous avez confiance en vos amis.

SECOUSSE: perte de sécurité.
– *vous êtes secoué:* vous accumulerez anxiété et insécurité.
– *électrique:* tensions dangereuses.

SECRET: vous êtes attiré par les choses mystérieuses.
– *le cacher:* vous avez peur de parler.
– *le connaître:* vous avez un poids sur la conscience.
– *le découvrir:* curiosité effrénée.
– *le révéler:* vous allez bientôt vous sentir plus libre et plus tranquille.

SECRETAIRE: vous dépendez de quelqu'un.
– *l'être:* un travail important vous donne peu de satisfactions.

SECTE: un groupe isolé.
– *en faire partie:* idées que vous ne voulez pas confronter.

SECTIONNER: analyse approfondie d'une personne.
– *être sectionné:* beaucoup de choses seront découvertes sur votre compte.

SEDUIRE: *quelqu'un:* instabilité, manque de décision.
– *être séduit:* vous tomberez dans un piège.

SEICHE: capacité de vous soustraire aux difficultés.
– *la voir:* vous surmonterez sans problème une période difficile; un scandale n'arrivera pas à vous compromettre.

SEIGLE: mauvaise situation du point de vue économique.
– *le manger:* pauvreté à laquelle vous saurez faire face.

SEIN: santé et prospérité dans la famille.
– *pour un homme:* richesse.
– *malade:* chagrins dans la famille, maladie.
– *gonflé: pour une femme:* aventures sentimentales et fortune. *Pour un homme:* période difficile pour les affaires.
– *téter le sein:* besoin d'affection.
– voir aussi **MAMELLES**.

SEL: bon présage.

— *le voir:* gains faciles.
— *en manger:* vous voulez trop de choses et vous serez déçu.
— *le renverser:* malheurs, infortune.
— *si vous n'en avez pas:* insatisfaction et déceptions.

SELECTIONNER: ordre opérationnel.
— *des personnes:* vous portez des jugements définitifs.
— *des choses:* rationalité excessive.

SELLE: *la voir:* vous pouvez avoir du succès.
— *la tenir dans la main:* vous ne vous inquiétez plus pour votre travail.
— *s'en servir:* excellents bénéfices.

SELLER: volonté, autorité.
— *un cheval:* vous savez tirer parti des occasions favorables.
— *une personne:* vous exploitez les autres sans scrupules.

SELLES: chance.
— *toucher des selles:* vous toucherez bientôt de la main votre richesse.
— *sentir l'odeur des selles:* moments d'incertitude.
— *faire analyser des selles:* avec un peu de méthode vous ferez fortune.

SEMAINE: période difficile à surmonter.

SEMAPHORE: *vert:* succès faciles.
— *rouge:* empêchements et préoccupations.
— *jaune:* petits inconvénients.

SEMENCES: investissements très utiles.
— *les voir:* possibilités de succès.
— *les acheter:* volonté d'avoir du succès.
— *si quelqu'un les mange:* pertes économiques.
— *si les oiseaux les mangent:* événements imprévus qui peuvent vous ruiner.
— *les manger:* impulsivité, situation économique très instable.

SEMER: programmes pour l'avenir.
— *beaucoup de graines:* succès certain.
— *voir quelqu'un qui sème:* vous enviez ceux qui font de bons investissements.

SEMEUR: vous n'êtes pas satisfait de vos gains.
— *l'embaucher:* vous voulez élargir le champ de vos affaires.
— *l'être:* vous n'avez pas d'esprit d'initiative.

SEMINAIRE: vous avez un guide éclairé.
— *s'y trouver:* bons conseils, mais peu de liberté d'action.

SEMINARISTE: bons succès obtenus en groupe.
— *l'être:* vous suivez des directives précises.

SEMOULE: manque de décision.
— *la manger:* vous vous adaptez à toutes les situations sans protester.

SENAT: autorité paternelle.

SENATEUR: attention aux tromperies.
— *le voir:* personne qui n'est pas de bonne foi.
— *l'être:* ambitions.

SENS: *conduire en sens interdit:* vous êtes très têtu et vous persévérez dans vos erreurs.

SENS DESSUS DESSOUS: grande confusion mentale.
— *voir sa propre maison dans cet état:* brusque désarroi, vous craignez certains adversaires.

SENSITIVE (mimosa): déclaration d'amour en bonne et due forme.

SENSUALITE: manque d'affection.
— *en faire preuve:* désir de rapports sexuels.

SENTENCE: aides incertaines.
— *l'écouter:* vous devez vous rendre à l'évidence.
— *la prononcer:* votre avis aura beaucoup de poids.

SENTIER: programmes mal organisés.
— *tortueux:* réflexions, difficultés.
— *le voir:* vous n'avez pas perdu espoir.
— *le parcourir:* vous arriverez au succès par des voies détournées.

SENTINELLE: protection et réconfort.
— *en voir beaucoup:* vous savez que quelqu'un veille sur vous; tranquillité.
— *l'être:* vous devez faire très attention; responsabilités.

SEPARATION: solitude douloureuse.
— *voulue:* vous revivez une situation.
— *légale:* recherche d'autonomie.
— *de la personne aimée:* perte temporaire.

SEPT: nombre sacré.
— *le voir:* gain assuré.
— *l'écrire:* sentiments élevés.

SEPULCRE: *y dormir:* frustrations; tristesse.
— *être mis dans un sépulcre:* bon présage.
— *y être mis vivant:* punition injuste, tristesse.
— *le voir brisé:* mauvais présage.
— *y voir ensevelir quelqu'un:* espoirs de guérison.

SEPULTURE: *voir son propre corps sans sépulture:* vous avez peur de la mort.

SEQUESTRER: vous n'avez aucune confiance en vos possibilités.
— *une personne:* vous obtiendrez ce que vous voulez par la force.
— *des biens:* escroqueries et abus.
— *être séquestré:* impuissance face à une personne autoritaire.

SERENADE: manifestation de tendresse.
— *la donner:* vous voulez exprimer vos sentiments.
— *l'écouter:* vous cédez aux flatteries.

SERINGUE: demande d'aide.
– *la tenir dans la main:* il ne vous sera pas facile d'obtenir ce que vous voulez.

SERMON: discours ennuyeux.
– *le tenir:* vos propos ne sont pas très appréciés, vous vous imposez trop aux autres.
– *l'écouter:* conseils pédants, mais quand même utiles.

SERPENT: trahisons.
– *le voir:* une personne est en train de vous flatter.
– *lui marcher dessus:* il peut être dangereux de contredire vos ennemis.
– *être mordu par un serpent:* maladie et mauvaise fortune.
– *avoir un serpent sur le corps:* vos adversaires vous neutraliseront.
– *le tuer:* bon présage, vous aurez gain de cause sur vos amis envieux.
– *engendrer un serpent:* vous ne reconnaissez pas le caractère mauvais de votre fils.
– *à sonnettes:* un ennemi perfide n'arrivera pas par surprise.
– *être entouré de serpents:* pessimisme excessif.
– *prendre un serpent dans la main:* vous ne craignez ni les tromperies ni les trahisons.
– *mordre un serpent:* vengeances sur de faux amis.

SERRE: protection agréable.
– *avec des fleurs:* soucis de peu d'importance.
– *se trouver dans une serre:* vous êtes trop protégé.
– *voir quelqu'un dans une serre:* vous enviez sa sécurité.

SERRER: *les dents:* vous avez besoin de tout votre esprit de décision.
– *quelqu'un:* vous avez besoin de réconfort et de compréhension.

SERRURE: *la voir:* obstacles.
– *l'ouvrir:* conquêtes faciles.
– *la forcer:* objectifs atteints d'une façon déloyale.
– *voir la serrure de votre maison:* sécurité.
– *ne pas arriver à l'ouvrir:* vous vous sentez menacé, et n'arrivez pas à conquérir la femme que vous aimez.
– *pour une femme:* désirs d'évasion.

SERTIR: *une pierre précieuse:* vous mettrez en évidence vos vertus.

SERUM: vous craignez des dangers cachés.

SERVICE: *le rendre:* vous attendez inutilement un peu de reconnaissance.
– *le recevoir:* liens qui vous gêneront.

SERVIETTE: confort physique et moral.
– *l'acheter:* vous prenez soin de vous-même.
– *s'en servir:* vous ne devez pas négliger votre corps.
– *de table:* vous soignez beaucoup les détails.
– *de table sale:* quelqu'un a pris votre place dans la famille.

SERVIR: diplomatie et souplesse.
– *le dîner:* soucis de peu d'importance.
– *la messe:* idéalisme.

SESAME: *plante:* vos secrets seront découverts.
– *huile de sésame:* préoccupations inutiles.

SEUIL: décision à prendre.
– *franchir le seuil:* esprit d'initiative.
– *rester sur le seuil:* vous êtes intimidé par quelque chose.

SEVERE: *l'être:* vous devriez l'être.
– *voir une personne sévère:* craintes injustifiées.

SEVRER: vous rendrez indépendant un de vos enfants.

SHERIF: *le voir:* autorité un peu primitive.
– *l'être:* sens de la justice très enfantin.

SIBYLLE: *la voir:* messages incompréhensibles.
– *oublier ce qu'elle dit:* vous êtes très hésitant sur ce qu'il faut faire.
– *si elle répond:* votre avenir est assuré.
– *si elle ne répond pas:* problèmes dans l'avenir.

SIEGE: voyages, déplacements.
– *être sur un siège:* immobilité.
– *présidentiel:* vous garderez votre pouvoir.

SIFFLER: vous voulez attirer l'attention.
– *pour manifester un désaccord:* vous ne réussissez pas à exprimer votre désaccord par des mots.

SIFFLET: faites attention.

SIFFLOTER: petites victoires.

SIGNALER: *quelque chose:* vous éviterez des expériences désagréables à une personne qui vous est chère.
– *un danger:* solidarité.
– *voir un signal:* vous éviterez un danger juste à temps.

SIGNATURE: *faire une signature:* promesse à tenir.
– *imiter la signature d'un autre:* une malhonnêteté vous coûtera cher.
– *ne pas savoir signer:* vous ne vous sentez pas cultivé.
– *avec son sang:* pacte très important entre vous et un ami.

SIGNE: vous faites très attention aux conseils silencieux.
– *de croix:* insécurité profonde.
– *de vie:* vous craignez pour la santé d'une personne qui vous est chère.

SILENCE: présage favorable.
– *menaçant:* vous êtes poursuivi par un sentiment de culpabilité.
– *rompre le silence:* courage et détermination.
– *ordonner le silence:* crainte.

SILHOUETTE: une personne que vous ne voyez pas volontiers.
– *ne pas arriver à deviner de qui il s'agit:* ennemis difficiles à découvrir.
– *fixe:* vous avez trouvé un bouc émissaire.
– *mobile:* il vous est difficile d'avoir un objectif précis.

SIMULER: *quelque chose:* fausseté qui provient d'un manque d'assurance personnel.

SINGE: tromperies faciles à dévoiler.
– *le voir:* quelqu'un se moque de vous.
– *le posséder:* vous devez maîtriser vos sentiments.
– *le taquiner:* vous vous croyez malin, mais vous ne l'êtes pas.

SIRENE: vous rêvez d'aventures impossibles.
– *d'ambulance:* vous êtes très préoccupé.
– *de police:* vous n'avez pas bonne conscience.

SKI: habileté et dextérité.
– *mettre des skis:* vous vous préparez à faire face à la situation avec agilité.
– *les casser:* vous serez bloqué.

SLIP: *être en slip:* vous avez peur de tomber dans la misère.
– *perdre son slip:* vous perdrez tout.
– *propre:* vous avez la conscience tranquille.
– *sale:* vous n'avez pas la conscience tranquille.
– *de femme:* désir.

SOCIETE: elle représente votre travail.
– *être dans une société:* bons rapports avec les collègues de travail.
– *voir une société détruite:* vous perdrez votre travail.
– *voir une société abandonnée:* les affaires sont de moins en moins bonnes.
– *voir sa propre société:* esprit d'initiative.
– *se rendre dans sa société:* période positive pour le travail.
– *secrète:* certaines attitudes un peu mystérieuses suscitent votre méfiance.

SŒUR: elle représente votre caractère et vos problèmes.
– *rêver de sa propre sœur:* présage heureux.
– *rêver d'en avoir beaucoup:* période très chanceuse.

SOFA: vie tranquille et sans soucis, mais ce n'est qu'un rêve.
– *être assis sur un sofa:* vous profitez d'une période sereine dans l'ensemble.

SOIE: raffinement.
– *vêtement en soie:* vous affrontez avec désinvolture toutes les situations.
– *acheter de la soie:* bien-être de brève durée.
– *la porter:* ostentation dangereuse.

SOIF: énergie inexprimée.
– *avoir très soif:* anxiété et insatisfaction.
– *voir de l'eau et ne pas la boire:* vous ne savez pas ce que vous voulez.
– *ne pas réussir à boire:* difficultés pour obtenir ce que vous désirez.
– *étancher sa soif:* bon présage, vous trouverez ce que vous cherchez.

SOIGNER: vous réussissez à convaincre quelqu'un.
– *un animal blessé:* prenez garde à vos sentiments.

SOIR: moment de méditation.
– *très sombre:* vous craignez quelque danger.

SOLDATS: *les voir:* vous êtes sur la défensive.

— *arrêtés:* danger latent.
— *en mouvement:* il se produira bientôt un événement important.
— *blessés:* mauvais présage dans tous les domaines.
— *qui vous attaquent:* vous sentez le poids de fortes menaces.

SOLDE: préoccupations d'ordre économique.
— *l'obtenir:* vous aurez ce que vous demandez.

SOLDER: *un compte:* vous voulez vous débarrasser de vos soucis.

SOLE: personne dont il vaut mieux ne pas se fier.

SOLEIL: *le voir:* symbole positif d'équilibre dans le temps.
— *qui se lève:* moment particulièrement créatif.
— *qui se couche:* problèmes et contrariétés.
— *éclipse de soleil:* voir **ECLIPSE**.
— *le sentir chaud:* bon présage pour les affaires.
— *le voir briller:* succès en amour.
— *couvert de nuages:* moment difficile.
— *qui éclaire la maison:* moments de joie en famille.

SOLFEGE: préparation minutieuse d'un plan.
— *l'écouter:* vous enviez ceux qui savent faire des programmes rationnels.

SOLIDARITE: elle manque entre vos amis et vous.

SOLILOQUE: solitude, perspectives menaçantes.

SOLITAIRE (diamant): occasion que vous ne devez pas laisser s'échapper.
— *le perdre:* récriminations inutiles.

SOLUTION: *la chercher:* vous avez besoin de conseils.
— *la trouver:* vous êtes trop suffisant.

SOMBRER (en bateau): vous n'avez pas confiance.

SOMME: préoccupations d'ordre économique.

SOMMEIL: vous avez besoin de tranquillité et de ne pas penser aux problèmes.

SOMMET: *d'une montagne:* voir **CIME**.

SOMNAMBULE: vous avez trop de fantaisie.
— *le voir:* personne qui ne sait pas séparer les rêves de la réalité.

SON (céréale): actions dépourvues de sens.
— *manger du son:* maigres gains, bonne santé.

SON (bruit): avertissement.
— *aigu:* problèmes de conscience.

SONDE: *la voir:* vous avez la possibilité de connaître les choses à fond.
— *vous en servir:* vous découvrirez les choses avant les autres.

SONNAILLE: surprise agréable, vous retrouverez un objet perdu depuis longtemps.

SONNER: *un coup de trompette:* vous voulez communiquer de bonnes nouvelles.

SONNERIE: *de trompette:* bonnes nouvelles.

SONNETTE: vous avez peur de vous faire remarquer.
– *serpent à sonnettes:* voir **SERPENT**.

SOPRANO: personne qui sait se faire valoir.
– *l'être:* tout le monde vous écoute avec attention.

SORCIER: personne louche dont il vaut mieux se méfier.
– *l'être:* votre manque de sincérité éloigne vos amis.

SORCIERE: attention à ceux qui veulent vous nuire et disent vous aider.
– *jeune:* femme séduisante.
– *âgée:* rencontres dangereuses.
– *laide:* ne vous laissez pas attirer par des rêves dangereux.
– *belle:* tromperies et petits pièges.
– *en voir beaucoup:* danger.
– *sorcières qui dansent:* vous recevrez de mauvaises nouvelles.
– *rêver d'être une sorcière:* décision et ruse, rien ne vous effraie.

SORTILEGE: fatalisme dangereux.
– *en être victime:* vous avez été trompé, et maintenant vous devez réagir.

SORTIR: *de chez soi:* activités fructueuses.
– *de la ville:* nouveautés agréables.
– *de prison:* voir **PRISON**.

SOTTISE: vous vous repentez dès le début de ce que vous faites.
– *la dire:* il sera difficile de répliquer.
– *la faire:* vous savez que vous agissez sans conviction.
– *l'entendre:* vous vous sentez dans un milieu qui ne vous convient pas.
– *la voir:* personne pour laquelle vous avez peu de considération.

SOUCI: *se faire du souci:* vous devez encore mûrir.

SOUDER: *deux métaux ensemble:* vous retrouverez un ami et ne le perdrez plus.

SOUE: vous vous trouvez dans une situation peu claire.
– *vide:* vous êtes sans scrupules et aurez de grosses déceptions.
– *pleine:* affaires conclues avec malhonnêteté.
– *y vivre:* vous méprisez les personnes qui vous entourent.

SOUFFLER: manque de décision, agressivité contrôlée.
– *sur le feu:* vous voulez provoquer un scandale.
– *sur le visage de quelqu'un:* fausse témérité.

SOUFFLET: quelqu'un vous encourage.
– *utiliser un soufflet:* vous encouragez quelqu'un.
– *troué:* inutiles tentatives d'encouragement.

SOUFFRANCE: expériences négatives que vous n'avez pas oubliées.

SOUFFRE-DOULEUR: sarcasme.
– *l'être:* offenses que vous n'avez pas oubliées.

SOUFFRIR: incompréhensions et torts que vous ne pouvez oublier.
— *des chagrins d'une autre personne:* vous subirez le même sort.
— *du froid:* solitude.
— *de la soif:* vous avez besoin d'aide.
— *de la faim:* vous craignez une crise dans vos affaires.

SOUFRE: *le voir:* danger d'incendie.
— *baguettes de soufre:* moments d'euphorie.
— *en boire:* mauvais présage, déceptions.

SOULAGEMENT: *l'éprouver:* vous avez surmonté psychologiquement vos problèmes.

SOULEVER: vous avez pris une importante décision, début d'une nouvelle activité.
— *quelque chose:* engagements que vous prenez volontairement.

SOULIGNER: vous voulez faire remarquer des détails importants.
— *un livre:* questions que les autres considèrent comme superficielles.
— *une phrase:* vous avez découvert des détails importants.

SOUMETTRE: *quelqu'un:* volonté de puissance.
— *être soumis:* mauvaise situation à laquelle vous ne pouvez réagir.

SOUPE: bonne santé, situation économique stable.
— *de l'armée:* vous ne vous préoccupez pas de questions domestiques.
— *la préparer:* famille nombreuse.
— *la consommer:* vous acceptez tout sans protester, modestie.

SOUPENTE: position sûre mais de peu d'avenir.
— *s'y trouver:* vous avez peur de tout, et vous n'aurez pas de succès.
— *y voir quelqu'un:* soupçons injustifiés envers une personne.

SOUPESER: *quelque chose:* vous êtes très méfiant.

SOUPIERE: vous êtes satisfait de ce que vous avez.

SOUPIR: vous vous résignez à votre sort.
— *pousser un soupir:* vous attendez passivement l'issue d'une affaire.
— *l'entendre:* personne qui subit au lieu d'agir.

SOUPIRAIL: *le voir:* vous apercevez une issue à une mauvaise situation.
— *qui se ferme:* illusions perdues.
— *l'ouvrir:* vous apprendrez tout seul à être plus optimiste.

SOUPIRANT: voir **PRETENDANT**.

SOURCE: surprise qui vous remontera le moral.
— *la voir:* moment très positif.
— *tarie:* vous avez trop dépensé et vous vous êtes ruiné.
— *y prendre un bain:* chance.
— *en boire l'eau:* bonne santé.

SOURCILS: signe de caractère.
— *marqués:* arrogance. irascibilité.
— *minces:* vous êtes peu impulsif et calculateur.

– *se raser les sourcils:* moment malheureux, échec.
– *se brûler les sourcils:* querelles qui vous mettront à dure épreuve.
– *ne pas en avoir:* faiblesse de caractère.

SOURD: *l'être:* vous entendez quelque chose que vous ne voudriez pas entendre.
– *le voir:* une personne dont vous ne parlez pas.
– *lui parler:* incompréhension profonde.
– *être sourd-muet:* vous n'avez aucune possibilité de rivaliser avec les autres.
– *voir un sourd-muet:* une personne qui ne veut pas comprendre.

SOURDINE: *chanter en sourdine:* vous n'avez pas le courage de vos actions.
– *jouer en sourdine:* message qui sera difficilement compris.

SOURIRE: faites contre mauvaise fortune bon cœur.
– *voir quelqu'un sourire:* médisances.

SOURIS: on ne vous rendra pas ce que vous avez prêté.
– *dans la maison:* fortune menacée.
– *en voir beaucoup* période difficile.
– *les prendre:* vous dissiperez de désagréables malentendus.
– *dans un piège:* vos devoirs vous semblent lourds.
– *vivante:* fidélité conjugale.
– *morte:* malheur dans la famille.
– *être attaqué par des souris:* des adversaires insidieux vous causeront des difficultés.
– *en tuer une:* adversaire éliminé.
– *en tuer beaucoup:* il faut neutraliser tous vos ennemis.

SOUS-ENTENDRE: *quelque chose:* vous aborderez une question difficile.
– *ne pas comprendre les sous-entendus:* vous vous sentez exclu d'une discussion.

SOUS-FIFRE: *en avoir un:* vous vous plaignez d'une aide peu qualifiée.
– *l'être:* tâches comportant peu de responsabilités.

SOUS-MARIN: vous craignez des ennemis invisibles.
– *le voir:* vous découvrirez un piège qui vous est tendu.
– *se trouver dans un sous-marin:* vous travaillez en cachette.

SOUS-SOL: vous tenez quelque chose secret.
– *y aller:* vous devez analyser vos sentiments les plus intimes.
– *plein d'objets:* vous voulez oublier le passé.

SOUSTRAIRE: astuce dangereuse.
– *un secret:* votre présence d'esprit vous aidera à faire carrière.

SOUTANE: *la voir:* vous êtes malin et rusé.
– *porter la soutane d'un moine:* vous ne faites rien pour changer votre sort.
– *d'une religieuse:* vous ne pensez qu'à votre famille.

SOUTENEUR: profits malhonnêtes.
– *le voir:* une personne essaye de vous exploiter.

SOUTERRAIN: présage de difficultés et tourments.
– *marcher dans un souterrain:* vous vous fatiguez avant d'atteindre votre objectif.
– *s'y perdre:* une situation pour laquelle vous ne voyez pas d'issue.
– *sortir d'un souterrain:* chance et reprise des affaires.

SOUTIEN: une personne peut vous aider.
– *le chercher:* quand vous êtes seul vous vous sentez perdu.
– *l'être pour quelqu'un:* vous vous surestimez.

SOUTIRER: voir **VOLER**.

SOUVENIR (SE): *de quelque chose:* rien ne vous stimule en ce moment.
– *d'une personne:* vous n'êtes pas objectif et vous vous sentez nostalgique.
– *d'un événement:* intuitions soudaines.

SOUVERAIN: voir **ROI**.

SPAGHETTIS: *les acheter:* vous vous préoccupez des besoins quotidiens.
– *les manger:* vous ne demandez rien de plus que ce que vous avez.

SPARADRAP: petits défauts que vous cachez.
– *sur une petite blessure:* vos défauts vous font souffrir.

SPECIALISTE: voir **MEDECIN**.

SPECTACLE: moments agréables et exeptionnels.
– *le voir:* vous critiquez, mais vous voudriez y participer.
– *y participer:* bonne introduction sociale.

SPECTATEURS: *les voir:* toutes vos actions sont observées et jugées.
– *en faire partie:* vous observez attentivement une personne.

SPECTRE: voir **FANTOME**.

SPECULER: affaires un peu louches.

SPHERE: elle représente la perfection.
– *la voir:* équilibre intérieur.
– *en cristal:* méfiez-vous d'une personne qui veut vous influencer.

SPHINX: *le voir:* mauvais présage.
– *le toucher:* vous avez peur et vous vous sentez troublé.

SPIRITUEL: *l'être:* vous faites de l'ironie pour vous faire remarquer.

SQUELETTE: un danger.
– *pour un malade:* mauvais présage.
– *pour une personne saine:* la peur de la mort est injustifiée, mais vous aurez de gros chagrins.

STADE: moments à passer en groupe.
– *y aller:* possibilité de discussions animées.

STATIONNEMENT: voir **PARKING**.

STATUE: *en marbre:* gains appréciables, situation économique solide.
– *en pierre:* amour non partagé.
– *en argile:* insécurité profonde.

— *en or:* honneurs et fortune.
— *brisée:* quelqu'un veut discréditer votre image.
— *une statue qui bouge:* profonds troubles.
— *devenir une statue:* très mauvais présage.

STENOGRAPHE: personne à laquelle rien n'échappe.
— *l'être:* vous avez une mémoire infaillible.

STEPPE: lieu qui ne vous offre aucune opportunité.
— *s'y perdre:* quelle que soit votre destination, vous ne trouverez aucune issue.

STIMULATIONS: *sexuelles:* vous n'aurez pas de rapports sexuels pendant longtemps.
— *n'avoir aucune stimulation:* vous avez besoin de quelqu'un qui vous encourage.

STRATEGE: *le voir:* personne toujours en activité.
— *l'être:* nouveaux projets établis avec attention.

STYLO: voir **PLUME**.
— *à bille:* sens pratique.

SUAIRE: mauvais présage.
— *être enveloppé dans un suaire:* vous avez des idées lugubres.

SUBIR: période négative, pessimisme.

SUBJUGUER: *quelqu'un:* vous aimeriez pouvoir le faire.
— *être subjugué:* attitude passive et hésitante.

SUBMERGER: voir **IMMERGER**.

SUBORDONNE: *en avoir:* sens prononcé de l'autorité.
— *l'être:* rancune envers ses supérieurs.
— *l'être (si vous ne l'êtes pas):* complexe d'infériorité.

SUBTERFUGE: vous vivez dans la fiction.
— *se servir d'un subterfuge:* vous cachez ce que vous faites par principe.
— *dévoiler un subterfuge:* soupçons fondés.

SUC: *le boire:* vous pensez à la réalité des choses.

SUCCEDANE: remèdes inutiles.
— *le prendre:* vous vous contentez de ce que vous avez.

SUCCES: *l'obtenir:* ambitions très prononcées.
— *pour un riche:* l'ambition causera votre perte.
— *pour un pauvre:* amélioration de votre position.
— *en baisse:* vous n'êtes pas capable de conserver la position acquise.

SUCCESSEUR: *le voir:* carrière brusquement interrompue.
— *l'être:* vous comptez sur la maladie de quelqu'un.

SUCCOMBER: vous êtes pessimiste, vous acceptez la défaite.
— *aux ennemis:* vous n'avez aucune possibilité de vous tirer d'affaire.
— *après une lutte très dure:* l'important est de tout tenter.

SUCETTE: *voir une sucette:* vous aimeriez redevenir enfant.

— *voir un enfant sucer une sucette:* vous souffrez du manque d'affection de votre famille.

SUCRE: *en voir:* tromperies et embûches.
— *en manger:* satisfactions de courte durée.
— *en donner:* vous voulez embrouiller les idées de quelqu'un.

SUEUR: vous prévoyez une dure fatigue.

SUGGERER: vous voudriez vous occuper d'affaires qui ne vous regardent pas.
— *recevoir une suggestion:* une personne voudrait vous influencer.

SUICIDER (SE): graves tensions intérieures. Vous êtes en train de vous faire du mal.
— *voir quelqu'un qui se suicide:* vous souffrez pour une personne qui est en train de se ruiner.

SUIE: situation peu claire.
— *être sale de suie:* une expérience désagréable a laissé des traces.

SUIF: mauvaises conditions économiques.

SUITE: vous vous inquiétez de votre réputation.
— *l'avoir:* beaucoup de personnes se laissent influencer par vous.
— *ne pas en avoir:* vous êtes seul dans vos choix.

SUIVRE: insécurité, vous n'avez pas confiance en vous.
— *une personne:* cette personne représente pour vous la sécurité.
— *un enfant:* vous devez suivre votre instinct.
— *un animal:* tâchez d'être plus décidé.
— *le courant:* vous vous laissez influencer par le comportement de la majorité.
— *être suivi:* vous vous croyez expert et plein d'assurance.
— *être suivi furtivement:* vous craignez quelque chose.

SULTAN: vous avez affaire à une personne qui se croit tout permis.
— *l'être:* vous ne méritez pas les richesses que vous possédez.

SUPPLEANT: *l'être:* travail provisoire.
— *le voir:* personne qui n'inspire pas confiance.

SUPPLICE: *le subir:* votre situation se détériorera à cause d'amis déloyaux.

SUPPLIER: vous ne devez pas compter sur des aides extérieures.
— *être supplié:* vous recevrez des demandes insistantes d'aide financière.

SUPPORTER: *des personnes:* votre autonomie est en danger.
— *des choses désagréables:* vous ne devez pas vous résigner.
— *des poids:* responsabilités pénibles.

SUPPORTER (d'une équipe): *l'être:* vous n'êtes pas objectif.
— *le voir:* personne qui ne vous inspire pas confiance entièrement.

SUREAU: problèmes de santé.
— *le manger:* amélioration de votre santé.

SURMONTER: grande volonté.

– *un obstacle:* voir **OBSTACLE**.
– voir aussi **DEPASSER**.

SURPLIS (vêtement d'église): vous avez besoin d'aide.
– *prendre un surplis:* apprenez à vivre avec les autres.
– *porter un surplis:* vous vous sentez en sécurité.

SURPRENDRE: vous attendez de prendre quelqu'un en faute.
– *un voleur:* vous n'avez confiance en personne.
– *votre femme (ou votre mari) avec son amant (ou sa maîtresse):* vos doutes compromettent vos rapports.

SURSAUT: vous vous rendez compte de la gravité d'un problème.

SURVEILLER: manque de confiance.
– *un ami:* trahisons en vue.
– *un parent:* brouilles de famille.
– *être surveillé:* personne ne se fie de vous.

SURVIVANT: *l'être:* lutte acharnée que vous avez gagnée en battant les autres.
– *le voir:* vous perdrez de nombreux amis.

SURVIVRE: vous ne vous fiez qu'à votre force.
– *à un danger:* vous ne vous considérez jamais comme vaincu.
– *à une catastrophe:* votre optimisme vous aidera à vous rétablir.

SURVOLER: vous traitez un problème avec simplicité.
– *sa propre maison:* vous voyez les choses de très loin.
– *un bois:* conflits que vous n'essayez pas de résoudre.

SUSPECT*: être suspect:* vous êtes innocent mais vous devez le prouver.

SUSPENDRE: décisions repoussées.
– *un paiement:* vous aurez de gros problèmes à résoudre.
– *une recherche:* vous avez déclaré forfait trop tôt.

SUSPENDU: *jardin:* saines curiosités.

SYLLABAIRE: informations utiles.
– *l'acheter:* vous ne vous sentez pas préparé.

SYLLABER: hésitation.
– *en lisant:* immaturité et manque de préparation.

SYMPATHIE: *l'éprouver:* cherchez de nouveaux amis.
– *la susciter:* c'est là votre désir.

SYMPHONIE: entente qui vous étonne.

SYMPTOME: vous avez beaucoup d'intuition.
– *d'une maladie:* vous aurez des pressentiments et serez préoccupé pour la santé de votre famille.

SYNAGOGUE: *la voir:* lieu que vous ne reconnaissez pas.
– *s'y trouver:* vous êtes étonné et troublé par des sensations nouvelles.

SYNTONIE: accord avec une personne.
– *se mettre en syntonie:* nouvelle amitié.

T

TABAC: *l'acheter:* petites dépenses en prévision.
– *plante de tabac:* rêves irréalisables.
– *le fumer:* plaisirs éphémères.
– *à priser:* période favorable pour les affaires.
– *le renverser par terre:* vous vous éloignerez un peu de vos amis.

TABERNACLE: richesse cachée.
– *à l'église:* sentiments religieux.

TABLE: *dressée:* signe d'harmonie en famille.
– *vide:* moments de solitude.
– *en bois:* projets de construction.
– *petite table:* communications importantes.

TABLEAU: *le voir:* vous appréciez un ami.
– *l'offrir:* vous vous trouverez bientôt en difficulté.
– *l'acheter:* moments d'anxiété, choix difficiles.
– *en regarder beaucoup:* satisfactions passagères.
– *représentant des paysages:* moments dont vous vous souviendrez avec joie.
– *représentant des portraits:* satisfactions de longue durée.
– *le suspendre:* vous connaîtrez une amitié véritable.
– *le décrocher:* vous ne serez pas reconnaissant envers ceux qui vous ont aidé.
– *ancien:* souvenirs de famille.

TABLEAU (noir d'école): vous devrez écouter sans interrompre.
– *écrire sur un tableau:* vous essayez de vous expliquer clairement.
– *lire sur un tableau:* vous vous sentez sous-estimé.
être derrière le tableau: une punition.

TABLE DE NUIT: *laisser un objet sur la table de nuit:* vous voulez toujours tout avoir à votre disposition.
– *voir une table de nuit:* vous ne quitterez pas votre maison.

TABLETTE: *de chocolat:* voir **CHOCOLAT.**

TACHER (SE): *involontairement:* une erreur involontaire.
– *volontairement:* vous vous punissez en ressentant un sentiment de culpabilité.
– *tacher quelqu'un:* vous n'oubliez pas une offense.

TACHES: vous avez peur de montrer vos défauts.
– *sur le visage:* fautes morales.
– *sur les vêtements:* vous devrez donner des explications.
– *d'huile:* une situation dangereuse.
– *de sang:* mauvais présage.
– *indélébiles:* une faute irréparable.
– *d'encre:* vos actions laissent des traces.
– *laver des taches:* vous essayez d'oublier.

TACTIQUE: vous faites des plans et des projets pour arriver rapidement au succès.
– *adopter une tactique:* avec un programme logique, vous n'aurez plus à vous soucier des erreurs du passé.

TAFFETAS: petites joies personnelles.

TAILLEUR: vous savez estimé attentivement chaque personne.
– *l'être:* attention aux querelles de famille.
– *le voir:* bonne situation financière.
– *lui commander un costume:* vous voulez vous faire remarquer.
– *s'il prend vos mesures:* vous savez vous faire apprécier.

TALENT: ambitions non satisfaites.

TALISMAN: *le voir:* vous attendez une grande nouvelle.
– *le posséder:* vous avez grande confiance en vous.

TALON: *de chaussure:* il existe un moyen de s'en sortir.
– *haut:* insécurité et vanité.
– *du pied:* vous vous sentez menacé.
– *blessé:* vous subirez de grosses pertes.

TALUS: difficultés qu'il ne faut pas ignorer.
– *tomber d'un talus:* vous n'avez pas le sens de l'équilibre.

TAMBOUR: mauvais présage.
– *battre du tambour:* succès qui ne dureront pas longtemps.
– *l'entendre:* médisances dangereuses.

TAMBOURIN: commérages sans importance.

TAMPON: *de coton:* vous êtes ingénu, tendre.

TANCHE: une personne dont il vaut mieux se méfier.

TANDEM: collaboration avec votre partenaire.
– *si vous êtes seul à pédaler:* la collaboration est terminée.

TANIERE: sécurité, généralement en famille.
– *s'y trouver:* votre insécurité vous fait renoncer à bien des choses.
– *d'un animal:* quelqu'un se cache pour vous faire du mal.

TANNER: *des peaux:* vous voulez améliorer les choses qui vous entourent.

TAON: une personne peut vous faire du mal.

– *en voir beaucoup:* vous êtes entouré de personnes déloyales.
– *être piqué par un taon:* une menace a atteint son but.

TAPAGE: voir **SCANDALE.**

TAPIS: confort et tranquillité en famille.
– *le confectionner:* travaux pour la famille.
– *le posséder:* vous vous sentez à l'aise; vous avez tout ce que vous voulez.
– *se trouver sur un tapis:* tout ce que vous entreprendrez aura un résultat positif.
– *tapis volant:* succès rapides.

TAPISSER: *une pièce:* satisfactions nombreuses, peu de bénéfices.

TAPISSERIE: vous voulez vivre au-dessus de vos moyens.

TAPISSIER: *le voir:* vous comptez sur une aide valable.
– *l'être:* la maison et la famille sont très importantes pour vous.

TARENTELLE: annonce de fêtes qui s'approchent.

TARENTULE: une personne vous causera une grosse douleur; vous quitterez la maison pour une longue période.
– *être piqué par une tarentule:* angoisse et déceptions.

TARIERE: question analysée en profondeur.
– *la voir en action:* vous découvrirez bien des choses.

TARIF: frais que vous ne pouvez éviter.
– *le payer:* vous ne faites pas volontiers votre devoir.

TAROTS: se poser des questions sur l'avenir.
– *les tirer à quelqu'un:* moment particulièrement difficile.
– *se les faire tirer:* votre insécurité peut être dangereuse; vous devez prendre vos décisions avec beaucoup de calme.

TAS: *de pierres:* présage funeste.

TASSE: représente la féminité.
– *en voir une:* un cadeau affectueux.
– *en cristal:* possibilité de petites querelles en famille.

TATONS: *avancer à tâtons:* l'incertitude bloque toutes vos initiatives.
– *dans l'obscurité:* l'avenir est sombre.

TATOUAGE: vous portez les marques de votre passé.
– *se le faire:* un moment que vous ne voulez absolument pas oublier.

TAUDIS: *le voir:* préoccupations économiques.
– *y habiter:* mauvaise santé.

TAUPE: *la voir:* vous ne vous apercevez pas que votre amour n'est pas partagé.

TAUREAU: améliorations économiques.
– *en acheter un:* discussions en famille.
– *paisible:* une personne impulsive mais d'un bon caractère.
– *furieux:* vous vous sentez menacé par une personne très impulsive.

– *être poursuivi par un taureau:* vous avez provoqué un supérieur, vous en subissez maintenant les conséquences.
– *qui monte une vache:* bon présage.
– *tuer un taureau paisible:* vous perdrez un appui important.
– *tuer un taureau menaçant:* vous éviterez un grave danger.

TECHNICIEN: *le voir:* une situation que vous ne savez pas résoudre tout seul.
– *l'être:* vous vous tirez d'affaire en toutes circonstances.

TEINDRE: vous faites appel à toutes vos ressources.
– *des vêtements:* la situation ne changera qu'en apparence.

TEINT: *pâle:* mauvaise santé.
– *rosé:* émotions, rage.

TEINTURERIE: vous parlez beaucoup pour détourner l'attention de vos fautes.

TELEFERIQUE: vous masquez votre peur derrière un faux courage.

TELEGRAMME: des nouvelles que vous attendez.
– *l'expédier:* vous recevrez des nouvelles.
– *le recevoir:* vous êtes inquiet et ne savez pas vous contrôler.

TELEGRAPHIER: quelqu'un attend un conseil de votre part.

TELEPHONE: vous êtes curieux et recevrez sous peu les nouvelles que vous attendez.

TELEPHONER: vous êtes hésitant; vous devez parler à la personne que vous aimez.

TELESCOPE: vous voulez approfondir une question.

TEMOIGNAGE: *véridique:* vous êtes trop sûr de vous.
– *faux témoignage:* tromperies dévoilées.

TEMOIN: vous avez besoin d'appui.
– *être témoin:* doutes à dissiper.

TEMPETE: confusion, danger familial.

TENANCIER: *de tripot:* vous voulez vous enrichir en peu de temps, il faut avoir un peu plus de patience.

TENSION: *prendre sa tension:* vous êtes préoccupé par votre santé.

TENTATIVE: faites tout votre possible pour arriver au but; détermination et fermeté.
– *réussie:* vous surmonterez beaucoup de difficultés pour atteindre votre objectif.
– *manquée:* votre détermination ne suffit pas, un échec vous attend.

TERRAIN: *plat:* ambitions professionnelles.
– *en friche:* un moment de désordre mental.
– *acheter du terrain:* projets à longue échéance.

TERRASSE: *la voir:* vous découvrirez quelque chose que personne ne connaît.
– *s'y trouver:* bons rapports sociaux, amitiés intéressantes.

TERRE: *la voir:* sécurité, points de repère.
– *travailler la terre:* un travail dur; satisfactions non immédiates.
– *l'embrasser:* déceptions sentimentales.
– *être recouvert de terre:* vous êtes dans une mauvaise situation; votre force de volonté vous sauvera.
– *cuite:* fin d'une relation sentimentale.
– *tenir une terre cuite dans la main:* c'est ce qui vous reste d'une longue histoire d'amour.
– *objets en terre cuite:* gains de faible importance.

TERREUR: *l'éprouver:* vous vous contrôlez trop et masquez toutes vos craintes.

TERRITOIRE: *parcourir un vaste territoire:* une expérience nouvelle peut présenter des dangers mais aussi d'agréables surprises.

TESTAMENT: *le faire:* mauvais présage.
– *le lire:* vous recevrez un héritage longuement attendu.
– *le déchirer:* démêlés avec la justice.

TESTICULES: *les voir:* vous vivez votre sexualité d'une manière angoissée.
– *gros:* sécurité et solidité économique.
– *coupés:* une période difficile, débâcle physique et économique.
– *femme avec des testicules:* beaucoup de responsabilités que vous n'aviez pas auparavant.

TETANOS: craintes que vous ne voulez pas admettre.

TETE: *la voir:* ne vous laissez pas influencer par l'avis des autres.
– *grosse:* succès.
– *petite:* on ne tient aucun compte de votre avis.
– *d'un animal:* vous agissez instinctivement et vous commettrez beaucoup d'erreurs.
– *chauve:* vous n'aurez pas ce que vous désirez.
– *rasée:* déceptions et échecs.
– *d'un mort:* très mauvais présage.
– *avoir la tête coupée:* votre orgueil sera blessé.
– *couper la tête à quelqu'un:* vous vous soulagerez de grosses préoccupations.
– *de ligne:* vous vous sentez désespéré, vous n'avez pas trouvé ce que vous cherchiez.

TETU: *l'être:* vous voulez être pris au sérieux.

THE: sérénité.
– *le boire:* amélioration dans la santé.
– *le renverser:* perte de la tranquillité.

THEATRE: nostalgie du passé.
– *plein:* craintes et insécurité.

– *vide:* vous comprendrez peu à peu une situation.
– *assister à un spectacle:* vos ambitions seront satisfaites.
– *très grand:* satisfactions dans tous les domaines.
– *qui brûle:* un amour difficile.
– *y réciter:* aventures de toutes sortes.

THEIERE: personne douce et compréhensive.

THEOLOGIEN: une personne sage qui n'a pas le sens de la réalité.
– *l'être:* vous tenez des propos importants mais peu pratiques.

THERMES: bien-être physique et psychologique.
– *y être:* quelqu'un vous envie votre équilibre.

THERMOMETRE: votre santé vous cause des soucis.
– *le voir:* vous saurez évaluer les améliorations de votre santé.
– *s'en servir:* maladie en famille.

THON: *le voir:* vous perdez tout espoir.
– *le manger:* tranquillité économique.

THORAX: *large:* succès et santé.
– *poilu:* gains appréciables.

THYM: chagrins de peu d'importance.
– *le cueillir:* nostalgie des occasions perdues.

TIBIA: mouvements et progrès.
– *sain:* bonnes affaires en vue.
– *cassé:* interruption du travail et des gains.

TIEDEUR: joies en famille.

TIGRE: *le voir:* une personne sur laquelle vous n'aviez aucun soupçon vous causera des ennuis et des chagrins.
– *être attaqué par un tigre:* de brusques changements de situation vous rendront nerveux et peu sûr de vous.
– *le tuer:* vous recommencerez à voir les choses avec sérénité.

TILLEUL: un amour tranquille.
– *grimper sur un tilleul:* position solide et assurée.
– *le couper:* vous aurez des ennuis en famille.

TIMBRE: une certitude qui vous est utile.
– *le voir:* vous recevrez des nouvelles que vous attendez depuis longtemps.

TIMIDE: *l'être:* vous voudriez être moins impulsif.

TIMON: vous avez les idées claires.
– *le tenir dans la main:* vous ne vous fiez qu'à vous-même.
– *s'il est tenu par quelqu'un d'autre:* vous considérez négativement une décision prise par d'autres personnes.

TIMONIER: vous n'avez pas le pouvoir décisionnel que vous estimez mériter.
– *l'être:* vous êtes convaincu que vous savez prendre les bonnes décisions.

TINTEMENT: *de cloches:* une échéance ne peut être repoussée.

TIQUE: quelqu'un profite de vous.

TIR (d'une arme): conflit dans lequel vous êtes mêlé malgré vous.
– *l'entendre de loin:* généralement il s'agit d'un bruit réel qui est transformé en rêve.
– *à la cible:* vous avez fait bonne impression.

TIRAGE (au sort): *le faire:* vous laissez des décisions importantes au hasard.
– *le voir:* vous attendez sans agir.

TIRE-BOUCHON: de nouveaux hôtes.
– *utiliser un tire-bouchon:* vous participerez bientôt à un dîner important.

TIRELIRE: frais qui vous causent des préoccupations.
– *la voir:* vous espérez avoir de petits gains.
– *la remplir:* autodiscipline.
– *la casser:* une dépense imprévue.
– *la voir casser par un autre:* vous n'avez confiance en personne.
– *en faire cadeau:* vous conseillez la prudence dans les dépenses.

TIRER: un travail fatigant.
– *les cheveux:* une dispute que vous voulez éviter.
– *le ballon au but:* il est inutile de chercher à éliminer ce qui ne vous plaît pas.

TIRER (avec une arme): agressivité qui ressort.
– *entendre tirer:* craintes qui augmentent.

TIREUR (d'élite): quelqu'un vous a pris pour cible.

TISANE: *la voir:* vous pensez à votre santé.
– *la boire:* relaxation et tranquillité.

TISON: *ardent:* vous aimez, mais votre amour n'est pas partagé.
– *éteint:* nostalgie d'une ancienne passion.

TISONNIER: vous serez la cause d'une dispute.

TISSER: bon présage, voyages favorables.

TITRE (diplôme): vous ne vous sentez pas à la hauteur de la situation.
– *l'avoir:* vous n'avez aucun complexe d'infériorité, l'expérience vous a donné beaucoup d'assurance.
– *ne pas l'avoir:* vous ne vous sentez pas à la hauteur de la situation.

TOBOGGAN: amusements qui pourraient devenir dangereux.
– *descendre:* vous oubliez vos responsabilités; vous courez beaucoup de risques.

TOGE: grandes responsabilités.
– *l'endosser:* vous avez gagné le respect général.

TOILE: vous tenez beaucoup à votre image.
– voir aussi **TABLEAU**.

TOILE (d'araignée): embûches invisibles.

– *la voir:* vous avez découvert une embûche.
– *l'enlever:* éliminez les méchancetés et petites tromperies.

TOIT: vie sûre et confortable.
– *tomber du toit:* une nouvelle bouleversante.
– *qui s'écroule:* ce que vous considériez comme une protection est au contraire un danger.
– *le découvrir:* mariage en famille.
– *qui brûle:* bon présage, fortune et succès.

TOITURE: succès qui ne dureront pas longtemps.

TOLE: il est possible de modifier la situation.
– *ondulée:* les périodes positives et négatives s'alternent.

TOLERER: *quelque chose:* vous n'avez pas le courage de vous opposer.

TOLITE: idées dangereuses.
– *s'en servir:* une décision hasardeuse dont vous aurez à vous repentir.

TOMATE: vous êtes tenté par une histoire d'amour.
– *en voir beaucoup:* vous enviez les situations stables et riches en sentiments.
– *la cueillir:* vous tomberez amoureux d'une personne passionnée.
– *la manger:* succès en amour.

TOMATES (pelées): les tâches quotidiennes vous pèsent.
– *en ouvrir une boîte:* la vie continuera toujours de la même façon.

TOMBE: une période de vie définitivement arrêtée.
– *ouverte:* bien que tout soit fini, vous ne renoncez pas.
– *être dans une tombe:* longue vie.

TOMBER: sentiment de culpabilité.
– *dans les escaliers:* vous sentez que vous n'êtes pas à la hauteur de votre niveau social.
– *de la fenêtre:* vous voulez fuir une situation familiale compliquée.
– *on vous a poussé:* quelqu'un vous créera de gros problèmes d'ordre financier.
– *d'un pont:* une route que vous pensiez sûre s'est révélée pleine de pièges.
– *dans la mer:* forts sentiments d'angoisse.
– *dans le feu:* vous sous-estimez les dangers.
– *dans un précipice:* toutes vos résolutions sont tombées à l'eau.
– *de cheval:* l'instinct seul ne suffit pas à résoudre des complications.
– *en marchant:* même les choses les plus simples peuvent présenter des imprévus.

TONDRE: *un mouton:* vous profitez de la situation.
– *être tondu:* perte économique.
– *un gazon:* vous êtes raisonnable et décidé.

TONNEAU: *plein de vin:* des jours de fête et de gaieté vous attendent.
– *vide:* vous avez épuisé toutes vos ressources.

TONNELLE: une situation parfaite.

TONNERRE: menaces de la part de personnes déloyales.
– *avec des éclairs:* contretemps qui vous apporteront de grosses déceptions.
– *sans éclairs:* quelqu'un essaye en cachette de vous faire du mal.

TONSURE: période difficile et compliquée.
– *la porter:* vous êtes facilement influençable.

TOPAZE: vous voulez vous faire remarquer à tout prix.

TORCHE: *la voir:* vous avez la possibilité de dissiper de petits malentendus.
– *la tenir dans la main:* vous êtes décidé à y voir clair.
– *allumée:* bonnes probabilités de résoudre un problème.
– *éteinte:* pessimisme excessif.
– *qui éclaire votre chemin:* votre capacité de faire des prévisions vous portera bonheur.

TOREADOR: vous courez des risques inutiles.
– *l'être:* vous aimez vous faire apprécier pour votre courage.

TORPEUR: période d'oisiveté, peu agréable.

TORPILLE: tromperies difficiles à découvrir.

TORRENT: une passion vous empêche de raisonner.
– *large:* vous avez encore la possibilité de raisonner sereinement.
– *impétueux:* votre impulsivité vous fera prendre des décisions erronées.

TORT: *le faire:* vous voulez avoir raison à tout prix.
– *le subir:* vous vous sentez persécuté par la malchance.

TORTICOLIS: vous ne considérez la situation que d'un seul point de vue.

TORTUE: gains petits mais certains.
– *la voir marcher:* lents progrès dans le monde des affaires.
– *la prendre dans la main:* vous interrompez la carrière d'une personne sérieuse et persévérante.
– *la voir au milieu de la rue:* vous retarderez une décision importante.
– *la manger:* désirs réalisés après une longue attente.

TORTURE: vous serez condamné injustement.
– *voir torturer quelqu'un:* vous obtiendrez ce que vous voulez par la violence.
– *torturer quelqu'un:* vous reconnaissez les aspects les plus mauvais de votre caractère.
– *se torturer:* vous voulez expier des fautes passées.

TOTAL: *d'une addition:* un paiement auquel vous ne pouvez faire face.

TOUFFE: voir **MECHE.**

TOUPIE: incohérence.
– *la voir:* personne qui ne sait pas prendre des décisions.

TOUR: bon signe, succès.
– *haute:* vous avez l'occasion de conquérir une bonne position.

– *y monter:* vous commencez votre ascension sociale.
– *se trouver dans une tour:* des dangers vous ont obligé à vous défendre contre tout et contre tous.
– *qui s'écroule:* vous perdrez toutes vos défenses.

TOURBILLON: une situation vraiment confuse et dangereuse.
– *être pris dans un tourbillon:* vous êtes pressé de toutes parts, et vous ne pouvez évaluer calmement la situation.

TOURISTE: votre curiosité sera satisfaite.
– *le voir:* vous enviez ceux qui peuvent se déplacer librement.
– *l'être:* vous savez considérer toute chose avec intérêt.

TOURMENT: situation insoutenable.
– *physique:* vous avez des soucis continuels à propos de votre santé.
– *psychologique:* une idée vous obsède.

TOURNANT: un virage dans votre vie.
– *ne pas voir un tournant:* vous avez raté l'occasion d'un changement.
– *voir de nombreux tournants qui se suivent:* période de grands changements.
– *déraper dans un tournant:* de nouvelles possibilités vous désorientent.
– *en épingle à cheveux:* un changement brutal peut vous causer un peu de douleur.

TOURNER: une décision prise.
– *la tête:* vous avez obtenu ce que vous vouliez.
– *une page:* voir **PAGE.**
– *se tourner:* vous reconsidérez une situation.

TOURNEVIS: le travail absorbe toutes vos énergies.

TOURNOI: une lutte très dure.
– *y participer:* dures épreuves pour émerger.
– *le voir:* vous vous sentez exclu de la compétition.

TOURTERELLE: succès sentimentaux.
– *en voir beaucoup:* amis sociables.
– *l'emprisonner:* jalousie non justifiée.
– *la voir s'envoler:* vous savez modérer vos accès de jalousie.

TOUSSER: propos confus.
– *voir quelqu'un qui tousse:* personne intolérante à l'excès.

TOUX: petits problèmes que vous ne savez comment résoudre.

TRACES: petits indices significatifs.
– *voir sa propre trace:* vous repensez aux gestes que vous venez de faire.
– *laisser beaucoup de traces:* vous voulez vous faire remarquer.
– *effacer ses propres traces:* vous craignez que quelqu'un ne vous découvre.
– *voir les traces de quelqu'un:* craintes et appréhensions.

TRACTEUR: *le voir:* aide constante et sûre.
– *s'en servir:* vous poursuivez vos objectifs sans hésitation.

TRADUIRE: vous éclaircirez un problème incompréhensible pour d'autres personnes.

TRAFIQUANT: *de fausse monnaie:* personne hypocrite.
– *l'être:* vous faites des promesses que vous ne pouvez tenir.

TRAGEDIE: *la jouer:* vous êtes excessif, et parfois un peu faux.
– *y assister:* mauvais présage, vous vous trouverez dans une situation difficile.

TRAHISON: vous n'avez pas confiance en vous et ne faites aucune confiance aux autres.
– *être trahi:* vous aurez des ennuis sérieux à cause de votre conduite indélicate.
– *être trahi par la personne aimée:* votre jalousie ne vous permet pas d'évaluer correctement les choses; vous risquez d'être quitté par la personne que vous aimez.
– *trahir quelqu'un:* vous êtes cohérent et sûr de ce que vous faites; changements en vue dans le domaine du travail.
– *trahir sa maîtresse (ou son amant):* vous vous contraignez à être fidèle.
– *trahir son mari:* pertes économiques probables.
– *trahir sa femme:* mauvais état de santé.
– *avec un inconnu:* vous avez envie de quelque chose de nouveau, sans trop savoir quoi.

TRAIN: *un moment heureux:* réunion probable avec des parents.
– *s'y trouver:* optimisme et sens des responsabilités.
– *le prendre:* changements en vue.
– *le rater:* période de sacrifices et de dépression.
– *lui courir après et y monter:* force d'esprit et décision.
– *qui déraille:* vos projets seront compromis.

TRAINE: cérémonie importante.
– *filet pour la pêche à la traîne:* embûches dangereuses.
– *la fouler:* un incident banal compromettra une affaire importante.
– *la soulever:* vous êtes heureux du bonheur d'une autre personne.

TRAINEAU: bon présage, satisfactions.
– *y monter:* entreprise pour laquelle vous aurez beaucoup d'appuis.
– *se déplacer en traîneau:* des succès faciles vous causeront des émotions.
– *tomber d'un traîneau:* les succès obtenus trop facilement vous ont fait perdre votre concentration; vous abordez maintenant une période plus difficile.

TRAINER: quelqu'un a besoin d'une aide.
– *un objet lourd:* vous ferez tout votre possible pour aider un ami dans la gêne; fatigue et efforts de tous genres.
– *être traîné:* vous vous apercevrez que vous gênez les autres.

TRAITE: vous êtes toujours inquiet.
– *signer une traite:* projets pour l'avenir.
– *payer une traite:* vous devez faire le compte des engagements que vous avez pris.

– *échéance d'une traite dépassée:* trop d'optimisme est dangereux.

TRAJET: *le parcourir:* patience et volonté.
– *très long:* votre persévérance sera récompensée.

TRAMER: vous êtes sur le point de perdre le respect et la considération qui vous étaient témoignés.

TRAMONTANE: une période difficile s'approche.

TRAMWAY: bon signe, s'il est plein il représente l'optimisme.
– *arrêté:* discussions violentes.
– *descendre du tramway:* affaires dont l'issue sera négative.

TRANCHEE: position que vous voulez défendre.
– *s'y trouver:* vous ne changez pas facilement d'avis.
– *la creuser:* vous ne supportez pas les moments d'indécision.

TRANQUILLE (se sentir): vous n'avez besoin de rien.
– *voir une personne tranquille:* vous êtes envieux de ceux qui savent résoudre calmement les problèmes les plus difficiles.

TRANSACTION: *boursière:* préoccupations économiques.

TRANSATLANTIQUE: *le voir:* vous prévoyez de longs voyages.
– *se trouver à bord:* bonnes nouvelles en ce qui concerne vos affaires.

TRANSCRIRE: *quelque chose:* aucune nouveauté en vue.

TRANSFERE (être): moment d'incertitude, tout vous semble nouveau.

TRANSFORMER (SE): *en mieux:* amour partagé.
– *en pire:* préoccupations et souffrances.

TRANSFUSION: vous croyez à la solidarité.
– *la subir:* bon présage pour la santé et les affaires.

TRANSIT: *libre:* vous avez toute liberté d'action.
– *interdit:* quelqu'un essaye de vous nuire.

TRANSMETTRE: prévision justifiée.
– *des histoires ou anecdotes:* sens profond des traditions.

TRANSPARENT: *l'être:* mauvaise santé.
– *objets transparents:* vous n'êtes pas sûr de ce que vous avez.

TRANSPERCER: vous frapperez profondément une personne.
– *être transpercé:* une personne vous fait souffrir mais n'arrive pas à vous quitter.
– *se transpercer:* bon signe, engagements que vous mènerez à bonne fin.

TRANSPIRER: soucis pour le travail et la santé.
– *être trempé de sueur:* quelque chose vous rend anxieux et déprimé; vous êtes peut-être obsédé par le paiement de certaines dettes.

TRANSPLANTER: bon présage.
– *des arbres:* moment favorable pour de nouvelles idées.

TRANSPORTER: une question qui traîne depuis longtemps.

– *des objets:* indécision et changement d'idées.
– *des meubles:* vous pensez à l'avenir.
– *être transporté:* situation que vous vivez passivement.

TRANSVASER: situation que vous n'arrivez pas à résoudre définitivement.
– *du vin:* bon présage.

TRAVAIL: efforts pour vous améliorer.
– *être sans travail:* voir **CHOMEUR.**
– *journalier:* votre situation affective est précaire.
– *manuel:* sens pratique.
– *intellectuel:.* satisfactions extra-temporelles.
– *ennuyeux:* vous avez un grand changement en vue.
– *agréable:* plein équilibre, maturité et optimisme.
– *faire son travail:* quelques difficultés de travail durant la journée.
– *faire un travail insolite:* amélioration de la situation, vous ferez carrière.
– *calmement:* vous êtes équilibré.
– *rapidement:* tension et nervosité.
– *ne pas terminer son travail:* vous n'avez pas confiance dans vos possibilités.

TRAVAILLER: satisfaction, harmonie familiale.
– *seul:* vous êtes un peu égocentrique.
– *en groupe:* vous arriverez à un bon résultat avec autrui.

TRAVERSER: *la rue:* vous cherchez de nouvelles voies.
– *un fleuve:* présage de chance.
– *un pont:* tournant décisif dans votre vie.
– *la mer:* vous briserez des liens anciens pour construire une nouvelle relation.

TREBUCHER: léger contretemps.
– *sur une marche:* un obstacle insignifiant vous bloquera.
– *à cause des lacets défaits:* votre manque d'attention vous nuira.

TREFLE: votre bonne fortune sera mise à l'épreuve.
– *à quatre feuilles:* chance.
– *trouver un trèfle à quatre feuilles:* occasion rare.

TREMBLEMENT: vous êtes très sensible et influençable.

TREMBLEMENT (de terre): grand changement.
– *le voir:* nouveautés sur le plan professionnel et affectif.
– *le subir:* situation très triste à tous points de vue.
– *qui forme des crevasses:* vos projets sont voués à échec.

TREMPLIN: aide pour entreprendre positivement une entreprise.
– *le voir:* vous craignez d'être trop impulsif.
– *sauter d'un tremplin:* vous profitez d'un appui important.

TRESOR: *le trouver:* vos espoirs seront déçus.
– *le cacher:* vous serez volé de ce que vous aviez mis de côté.
– *l'enterrer:* secrets dangereux.

TRESSAILLIR: nouvelle en vue.

TRESSE: vos idées sont un peu confuses.
– *la faire:* vous aimez une femme.
– *la porter:* une situation n'est pas très claire.
– *la couper:* vous verrez les choses avec plus de clarté.

TRETEAU: position qui n'est pas très sûre.
– *être sur un tréteau:* manque de décision et peur.

TREVE: *la faire:* vous avez besoin d'un moment de réflexion.
– *la demander:* une situation vous a amené à l'exaspération.

TRIANGLE: vous avez les idées claires.

TRIBU: la tribu peut représenter la famille dans son ensemble.

TRIBUNAL: *le voir:* vous craignez des préoccupations et des peines.
– *y être:* vous devez affronter une querelle désagréable.
– *pour un malade:* aggravation de la maladie.

TRIBUNE: vous devez observer les choses de près.
– *y être:* position privilégiée.

TRICHEUR: inquiétude.
– *qui joue:* vous n'avez pas confiance en vos amis.
– *qui perd:* vous croyez profondément en l'honnêteté.

TRICYCLE: travail sans rémunération.
– *jouer avec un tricycle:* amusements enfantins.

TRIDENT: pas de chance au jeu.

TRIOMPHE: illusions de brève durée.

TRIPES: vous ne savez pas vous modérer.
– *les manger:* vous êtes superficiel et gourmand.

TRIPOT: vous connaîtrez des gens très importants.

TROC: l'amitié n'est pour vous qu'à sens unique.
– *de monnaies:* il vaut mieux ne pas jouer aux jeux de hasard.
– *d'objets:* vous aimez l'argent et les affaires vont pour le mieux.
– *de vêtements:* votre avarice peut vous nuire.

TROGNON: *le voir:* vous avez eu tout ce que vous désirez.
– *le jeter:* vous êtes satisfait de ce que vous avez obtenu.
– *le manger:* insatisfaction dangereuse.

TROIS: ce nombre représente la perfection géométrique. Solution d'un problème important et début d'une nouvelle période.

TROMPE (d'éléphant): maladie.
– *être saisi par la trompe d'un éléphant:* maladie inattendue.

TROMPER (SE): *dans quelque chose:* vous craignez d'être mis à l'épreuve.
– *dans une évaluation:* vous aurez de grosses déceptions.
– *dans un calcul:* des interprétations erronées vous mettent sur la mauvaise voie.

TROMPERIE: vous êtes très pratique.
– *la démasquer:* vous êtes toujours sur vos gardes pour ne pas être dupé.

TROMPETTE: *la jouer:* vous tromperez quelqu'un.
– *la tenir dans la main:* tentatives qui n'ont pas réussi.
– *l'écouter:* mauvaises nouvelles.

TRONC: solidité.
– *d'un arbre:* bonnes affaires.
– *s'y appuyer:* carrière solide et assurée.

TRONE: vous enviez les personnes qui ont du pouvoir.
– *être assis sur un trône:* vous vous croyez très important; vous aurez de grosses responsabilités.

TROPHEE: *le donner:* vous reconnaissez les mérites d'une personne.
– *le recevoir:* vous vous croyez supérieur à tous vos adversaires.
– *le regarder:* souvenir de victoires passées.

TROU: *tomber dans un trou:* vous êtes amoureux et avez perdu la tête.
– *sortir d'un trou:* vous vous êtes sorti d'une situation qui vous engageait trop.
– *au jeu de billard ou de golf:* atteindre ses objectifs.
– *faire un trou dans l'eau:* vous savez que vous n'êtes pas à la hauteur de la situation.
– *le voir:* une issue.
– *l'ouvrir:* vous vous procurez vous-même une opportunité.

TROUBLER: *quelqu'un:* vous vous repentez d'avoir parlé avec méchanceté.
– *se troubler:* vous êtes timide et ne voulez pas croire à ce que vous ressentez.

TROUER: *un vêtement:* manque d'attention, négligence.

TROUPE: amis très solidaires.
– *en marche:* vous êtes protégé, mais craignez des dangers imprévus.
– *en parade:* fête très formelle.

TROUPEAU: *de moutons:* vous sentez que vous ne pouvez pas vous affirmer dans votre milieu.
– *de chevaux:* succès en amour.

TROUSSEAU: vous programmez un mariage.
– *préparer un trousseau:* quelqu'un de la famille se mariera bientôt.

TROUVER: *quelque chose:* bon présage.

TRUFFES: tromperies subtiles.
– *les manger:* vous découvrirez le manque de loyauté et l'hypocrisie d'une personne qui vous est chère.

TRUIE: chance.
– *avec des porcelets:* abondance et prospérité.

TRUITE: *vivante:* chance.

– *morte:* mauvais présage.
– *la pêcher:* occasion favorable.
– *voir une truite qui nage:* moments de liberté et de tranquillité.

TUBE: *le voir:* probabilité de pertes d'argent.
– *conduit d'eau:* vous avez peu d'idées.
– *conduit de gaz:* un moment dangereux.
– *cassé:* ennuis sur le plan professionnel.

TUBERCULE: personne de peu d'importance.
– *le planter:* petits investissements.

TUBEREUSE: *la voir:* mauvais présage.
– *en aspirer le parfum:* deuil en famille.

TUE: *voir quelqu'un qui a été tué:* de bonnes nouvelles vont arriver.

TUER: *par jalousie:* vous savez que vous ne craignez rien.
– *par légitime défense:* faites attention aux faux amis.
– *un animal:* danger proche.
– *sa mère:* vous craignez un écroulement de vos affaires.
– *son mari:* manque de sécurité.
– *sa femme:* vous avez toujours peu envie d'agir.
– *des mouches:* paresse.
– *des serpents:* vous surmonterez une situation difficile.
– *quelqu'un sans le vouloir:* état dépressif.
– *une personne:* vous voulez avoir le dessus dans toutes les circonstances.
– *un malfaiteur:* vous êtes trop dur dans vos jugements.
– *une personne importante:* mauvais présage, vos actions auront de sérieuses conséquences.
– *un enfant:* vous ne supportez pas vos responsabilités.
– voir aussi **ASSASSIN.**

TUILE: la maison et la famille vous causent des soucis.
– *voir des tuiles:* vous vous sentez à l'abri chez vous.
– *tuiles qui tombent:* la tranquillité de votre famille sera troublée.

TULIPE: aventures faciles.
– *cueillir des tulipes:* vous connaîtrez des personnes intéressantes.
– *les cultiver:* attention à la personne que vous aimez.
– *en voir beaucoup:* occasions pleines d'insouciance.

TUMEFIE: *l'être:* vous prévoyez une situation dangereuse.
– *visage tuméfié:* vous craignez une vengeance.

TUMEUR: fortes craintes et sentiment de culpabilité.
– *l'avoir:* vous êtes convaincu que vous ne pouvez avoir ce que vous souhaitez.

TUMULTE: vous voudriez exprimer vos intentions.
– *le provoquer:* vous avez été obligé de vous taire pendant longtemps.

TUNIQUE: simplicité, honnêteté.
– *l'acheter:* vous devez éviter les grosses dépenses.
– *l'endosser:* votre vanité sera punie.

TURBAN: *le voir:* une façon de vous exprimer qui n'est pas ordinaire.
– *le porter:* vous ferez carrière et vous aurez une très bonne position.

TURQUOISES: noblesse et raffinement.
– *les recevoir:* vous êtes aimé avec respect et loyauté.
– *les porter:* période heureuse au cours de laquelle tout ira pour le mieux.

TUTELLE: *avoir la tutelle de quelqu'un:* vos responsabilités vous semblent lourdes.
– *être sous la tutelle de quelqu'un:* vous ne devez vous inquiéter de rien.

TUTEUR: autorité qui contrôle tous vos gestes.
– *l'avoir:* vous vous sentez gêné dans vos gestes et vos initiatives.
– *l'être:* vous avez un sens prononcé de l'autorité; vous voulez décider en toutes choses.

TYMPAN: nouvelles inattendues.
– *crevé:* quelque chose d'important que vous avez ignoré.

TYPHON: un grand changement dans la famille vous rendra triste.

TYPHUS: quelques petits malaises.
– *l'avoir:* vous avez des craintes pour votre santé.

TYRAN: *l'être:* caractère faible, vous vous laissez opprimer.
– *le voir:* adversaire sans scrupules.
– *le tuer:* vous aurez un rayon d'action plus vaste et une plus grande autonomie.

U

ULCERE: graves préoccupations.
– *l'avoir:* crise dans les affaires.

UNIFORME: sujétion devant le pouvoir de quelqu'un.
– *voir un homme en uniforme:* tout le monde se sent obligé d'obéir.
– *déchiré:* vous discréditez une autorité.
– *porter un uniforme:* vous voulez vous montrer fort ou bien vous êtes trop rigide.
– *le voir:* vous désirez avoir du succès.
– *sale:* vous avez commis une action méprisable.

UNION: prudence et méfiance.

UNIVERSITE: *la voir:* vous ne vous sentez pas préparé à faire face à une situation difficile.
– *la fréquenter:* vous voulez être au même niveau que les autres.
– *la quitter:* vous n'avez pas confiance en vous.

URINE: mépris et refus.

USER: *ses chaussures:* un long voyage vous attend.
– *ses vêtements:* moments difficiles en prévision.

USINE: le travail vous aidera.
– *travailler dans une usine:* période très productive.
– *de réparations:* vous recevrez une aide précieuse.

USTENSILES: *en voir beaucoup:* bon standing.
– *en voir peu:* problèmes économiques.

USURIER: une aide intéressée.
– *l'être:* vous profitez de la situation.

UTERUS: protection contre tous les dangers.
– *y être:* vous voulez oublier toutes vos responsabilités.

UTILISER: *quelque chose:* vous savez saisir les occasions qui se présentent.

UTOPIE: imagination très vive; vous n'êtes pas sûr de pouvoir réaliser les choses que vous concevez.

V

VACANCES: *les avoir:* vous désirez une période de relaxation.
– *les demander:* vous savez que vous devez travailler encore longtemps.
– *les désirer:* désir de liberté.

VACARME: un moment dangereux.
– *le faire:* vous vous exprimez d'une manière désordonnée.
– *l'entendre:* trop de personnes demandent votre aide.

VACCIN: vous êtes obsédé par la peur d'une maladie.

VACCINATION: *la faire:* période de pessimisme.
– *si une autre personne se fait vacciner:* un ami vous demande de l'aider.

VACHE: rendement assuré.
– *traire une vache:* gains constants.
– *élever beaucoup de vaches:* vos richesses augmenteront.

VAGABOND: *l'être:* désir de liberté.
– *le voir:* vous êtes envieux de la liberté et de la possibilité de voyager d'un de vos amis.

VAGISSEMENT: vous devriez penser davantage à votre famille.

VAINCRE: vous êtes sûr de vous.
– *à une compétition:* vous êtes convaincu de la valeur de vos actes; vous êtes décidé à avoir le dessus.

VAINCRE (dans le sens militaire): gains de temps au niveau affectif ou professionnel.

VAISSEAU: âme romantique.
– *de guerre:* questions d'honneur.
– *coulé:* rêves qui ne pourront se réaliser.
– *au large:* il est trop tard pour revenir sur une résolution.
– *en construction:* illusions enfantines.
– *spatial:* ne cherchez pas à tout avoir: vous pouvez changer de vie mais pas changer le monde.

VALERIANE: tranquillité économique.

VALIDER: *un billet:* vous vous sentez bien quand vous imitez les autres.

VALISE: vous êtes prêt à accueillir toutes les nouveautés.

— *la tenir dans la main:* changements dans le travail ou la famille.
— *faire sa valise:* période définitivement révolue.

VALLEE: période de tranquillité.
— *la traverser:* vous arriverez à résoudre un problème qui vous angoisse.

VALSE: passion amoureuse.
— *la danser:* vous déclarerez votre amour.

VAMPIRE: vous craignez les personnes fausses et perfides.
— *le voir:* une personne profite de votre naïveté.
— *être attaqué par un vampire:* perte économique.
— *qui suce votre sang:* vous découvrirez les aspects négatifs d'une personne que vous considériez comme une amie.

VANITE: tristesse passagère.

VANTARD: vous profitez de quelqu'un.
— *voir un vantard:* quelqu'un profite de vous.

VAPEUR: situation confuse.
— *machine à vapeur:* vous avez toujours contrôlé vos gestes.
— *voir de la vapeur:* vous exprimerez votre énergie.
— *bateau à vapeur:* voir **BATEAU**.

VARIOLE: vous vous sentez accusé et calomnié.
— *l'avoir:* vous vous sentez coupable de ce que vous avez fait.
— *voir quelqu'un qui en est atteint:* vous avez causé un gros chagrin.

VASE: *le voir:* tranquillité et affection en famille.
— *grand:* vous voulez trop avoir.
— *petit:* insatisfaction.
— *en or:* vous avez trouvé ce que vous cherchiez.
— *en cristal:* situation instable.
— *ancien:* le passé est très important pour vous.
— *avec des fleurs:* un nouvel amour.
— *le casser:* contretemps.

VAURIEN: ne vous fiez pas aux autres.

VAUTOUR: il représente l'ennemi, le rival.
— *qui s'approche:* gros obstacles sur votre chemin.
— *qui vole:* vous succomberez devant vos adversaires.
— *tué:* la lutte sera dure mais vous aurez le dessus.

VEAU: espoirs pour l'avenir.
— *au pâturage:* fortune prochaine.
— *gras:* abondance.
— *maigre:* période de misère.
— *d'or:* avarice.

VEILLER: moment triste et pénible.
— *des personnes malades:* soucis pour la santé.
— *des morts:* regrets inutiles.

VEINE: énergie vitale.

— *coupée:* perte d'énergies.
— *se couper une veine:* chagrins et tristesse.

VELOURS: vous aspirez à une vie aisée.
— *noir:* période fructueuse mais triste.
— *rouge:* honneur et succès.
— *l'acheter:* vous n'avez aucun souci financier.
— *s'habiller de velours:* vous aimez faire étalage de vos succès.

VENDANGE: vous attendez la récompense d'un dur travail.
— *pendant la bonne saison:* moment très heureux.
— *hors-saison:* pertes de temps qui vous coûteront de l'argent.
— *bonne:* grandes joies.
— *mauvaise:* votre fatigue ne sera pas récompensée.

VENDEUR: *le voir:* vous désirez bien des choses.

VENDRE: période de crise.
— *des meubles:* présage de ruine.
— *des monnaies en or:* bon signe, la fortune est proche.

VENGEANCE: des torts que vous n'avez pas oubliés.
— *la subir:* vous avez mauvaise conscience.

VENGER (SE): vous voudriez oublier une offense.
— *pour des raisons d'honneur:* une humiliation vous fait souffrir.
— *par haine:* la situation va s'aggraver.

VENT: angoisse et préoccupations.
— *léger:* bon présage.
— *très fort:* bonnes affaires.
— *en général:* angoisse injustifiée.
— *froid:* une période de solitude.
— *chaud:* moments de tranquillité.

VENTE: *aux enchères:* vous dépenserez un peu trop mais vous serez satisfait.

VENTRE: *se le regarder:* aucun problème en famille.
— *souffrant:* préoccupations économiques.
— *sain:* santé en famille.
— *gros:* rapide carrière.
— *découvert:* craintes de vengeances.
— *maigre:* période de gêne et de besoin.
— *très gonflé:* désir de maternité.
— *enflé:* maladie.
— *blessé.* période difficile, chagrins en famille.

VER: vous subirez de fortes pertes.
— *en voir beaucoup:* beaucoup de personnes sont en train de vous nuire.
— *en tuer:* gains assurés.

VER (à bois): une personne insidieuse.
— *le voir dans le bois:* quelqu'un sabote peu à peu vos projets.

– *l'entendre:* vous ne supportez pas ceux qui agissent secrètement contre vous.

VERGER: ne laissez pas s'échapper les occasions.
– *posséder un verger:* vous avez de nombreuses possibilités, ne délaissez pas votre activité.
– *voir brûler un verger:* vos possibilités se sont envolées en fumée.

VERGUE: point d'observation favorable.
– *d'un navire:* vous pressentirez les dangers de loin.

VERIFIER: *une machine:* vous avez un esprit critique développé.
– *une automobile:* vous n'avez pas confiance dans les autres.

VERITE: *la dire:* vous serez obligé de révéler un secret.
– *la cacher:* vous avez quelque chose sur la conscience.

VERNIS: *peinture:* les choses changeront, mais seulement en apparence.
– *à ongles:* vous êtes très égocentrique et un peu vaniteux.

VERRE (matériau): idées claires et honnêtes.
– *objets en verre:* bon présage.
– *couper du verre:* ne soyez pas trop pressé.
– *le casser:* un moment malheureux.
– *transparent:* vous savez ce qui vous attend.
– *opaque:* une personne complote contre vous.

VERRE (objet): *plein:* vous atteindrez le bien-être dans l'avenir.
– *vide:* il vaut mieux faire des économies, l'avenir est incertain.
– *en verre:* vous êtes trop faible, les autres profitent de vous.
– *plein de vin:* moments de joie en prévision.
– *briser un verre:* votre distraction provoquera des accidents sérieux.
– *fêlé:* vous avez encore le temps de réagir à une mauvaise situation.
– *d'or ou d'argent:* vous ne deviendrez plus riche qu'en évitant les dépenses inutiles.

VERROU: points de repère.
– *de porte:* vous vous isolez du monde extérieur.

VERRUES: ennuis et petites préoccupations.

VERS: *les lire:* vous aimez l'harmonie.
– *les écrire:* équilibre spirituel.

VERSEMENT: engagement continu.
– *le payer:* vous respectez vos engagements avec difficulté.
– *échu:* peu de confiance en vous.

VERSER: vous gaspillez votre énergie.
– *du lait:* vous abîmez votre santé.
– *du vin:* vous perdez de bonnes occasions.

VERT: *de l'herbe:* bon présage, énergie retrouvée.
– *clair:* une personne sincère.
– *foncé.* offenses et calomnies.

VERTEBRES: *saines:* vous affrontez l'avenir avec décision.
– *malades:* faiblesse de caractère.
– *cassées:* une longue période d'immobilité.

VERTIGE: vous avez peur de ce que vous ne connaissez pas.

VERVEINE: *plante:* bon présage.

VESTON CROISE: sérieux, cohérence.

VETEMENT: *élégant:* bon présage.
– *modeste:* esprit tranquille.
– *de deuil:* bonne santé.
– *de prêtre:* des nouvelles arrivent.
– *vieux:* vous ne vous sentez pas à la hauteur de la situation.

VETERINAIRE: quelqu'un demande votre aide.

VEUF: *l'être:* période difficile.
– *qui se remarie:* moment favorable.
– *l'épouser:* gain immédiat.
– *avec ses enfants:* vous craignez pour votre famille.

VEUVE: *l'être:* vous avez besoin d'affection et de compréhension.
– *la voir:* femme peu sincère.
– *qui se remarie:* bon présage.
– *avec ses enfants:* vous craignez pour votre santé.

VIANDE: incapacité, inertie, problèmes psychologiques.
– *manger de la viande:* vous surmontez des problèmes psychologiques.
– *crue:* sensibilité.
– *cuite:* la chance augmentera.
– *de porc:* problèmes de digestion.
– *en putréfaction:* vous refuserez des propositions intéressantes parce que vous y aurez découvert un piège.
– *manger de la viande humaine:* graves problèmes intérieurs.
– *manger sa propre viande:* vous épuisez vos ressources.

VICE: insatisfaction.

VICIEUX: *l'être:* vous n'avez absolument aucun scrupule.

VICTIME: *la voir:* sentiments de culpabilité à cause d'une action peu correcte.
– *l'être:* vous faites un complexe de persécution.

VICTOIRE: succès sur vos adversaires.

VIDER: *quelque chose:* lorsque vous prenez une décision, vous allez jusqu'au bout.

VIE: *longue:* avenir favorable.
– *courte:* chagrins, maladie.

VIEILLE/VIEUX: bonnes nouvelles.
– *à la maison:* période propice.

– *qui rit:* vie longue et heureuse.
– *le devenir:* période de maturité.
– *vivre vieux:* vous commencez à craindre la vieillesse.

VIEILLIR: perte de lucidité.
– *rapidement:* expériences très dures.
– *volontairement:* vous désirez mûrir.

VIERGE: *l'être:* vous avez peur d'une situation qui est nouvelle pour vous.
– *l'épouser:* bon présage.

VIERGE (Marie): respect et honnêteté.
– *la voir:* une femme affectueuse vous aidera dans les moments difficiles.
– *lui parler:* écoutez les conseils d'une femme avisée.

VIGNE: signe d'abondance et de succès.
– *sans raisins:* mauvais présage.
– *la couper:* vos gains seront réduits.
– *la posséder:* vous avez l'âme tranquille.
– *la vendre:* présage favorable.

VILLA: tranquillité économique.
– *la voir:* vous enviez la richesse d'un ami.
– *l'acheter:* vous désirez la richesse et le bien-être.

VILLAGE: mauvais présage.
– *y habiter:* vie sans soucis mais aussi sans satisfactions.
– *qui brûle:* bon présage, fortune.
– *désert:* solitude intérieure.
– *natal:* nostalgie dangereuse.
– *y retourner:* réunion avec votre famille.
– *isolé:* vous avez peu de contacts et peu d'opportunités.
– *inconnu:* vous vivez avec appréhension les changements de milieu.

VILLE: vous avez besoin de calme et de solitude.
– *promenade en ville:* la foule ne vous dérange pas, vous aimez rester anonyme.
– *aller en ville:* vous êtes à la recherche de nouvelles stimulations.
– *petite ville:* vous avez un caractère renfermé et vous avez la nostalgie du passé.
– *grande ville:* décision, courage, confiance dans l'avenir.
– *connue:* vous avez envie de quelque chose de nouveau.
– *inconnue:* vous ferez bientôt un voyage intéressant.

VIN: *rouge:* ennui profond.
– *blanc:* satisfaction et bonheur.
– *boire du vin blanc:* moments de gaieté.
– *boire du vin rouge:* maladie passagère.
– *en boire beaucoup:* discussions inutiles.
– *avec de l'eau:* modération et équilibre.
– *doux:* flatteries.
– *sec:* sincérité.
– *l'offrir:* bons rapports avec les amis.

— *le renverser:* vous perdrez une occasion propice.
— *devenu aigre:* moments de joie gâtés.
— *empoisonné:* très mauvais présage.

VINAIGRE: jalousie, disputes peu importantes.
— *boire du vin qui est devenu vinaigre:* trahisons.
— *assaisonner avec du vinaigre:* pacification, vous arrangerez la situation après une dispute.
— *verser accidentellement du vinaigre:* vous vous trompez en jugeant mal quelqu'un.
— *préparer du vinaigre:* vous voulez réaliser une action peu correcte.

VIOL: sexualité violente.
— *le subir:* vous craignez les hommes et la sexualité en général.

VIOLE (instrument musical): paroles douces.

VIOLET (couleur): amélioration de votre moral.

VIOLETTE: votre timidité rend toute conquête difficile.

VIOLON: un amour non partagé.
— *en jouer:* incompréhensions et chagrins d'amour.
— *en entendre jouer:* consolations.

VIOLONCELLE: illusions et désirs irréalisables.

VIPERE: mauvais présage.
— *la voir:* personne fausse et dangereuse.
— *être piqué par une vipère:* vous céderez à des flatteries et à de fausses promesses.
— *la tuer:* vous éliminerez une personne dangereuse.
— *l'écraser:* vous avez provoqué une personne méchante.
— *qui rampe:* pièges qui vous sont tendus secrètement.

VISAGE: *beau:* santé et tranquillité.
— *laid:* maladie.
— *joyeux:* fortune et optimisme.
— *triste:* projets dangereux.
— *enflé:* maladie.
— *ridé:* préoccupations de famille.
— *coloré:* joie et gaieté.

VISION: *l'avoir:* plaisirs de brève durée.
— *de personnes disparues:* écoutez leur message.

VISITE: *médicale:* vous êtes en train d'analyser votre situation.
— *de courtoisie:* devoirs ennuyeux.
— *inattendue:* vous attendez quelqu'un.
— *de condoléances:* mauvais présage.

VISON: vanité.

VIVIER: bon présage, grands espoirs pour l'avenir.
— *y travailler:* vous devez penser à votre avenir.

VOEUX: *faire des vœux:* vous avez une bonne opinion de la personne à laquelle vous les adressez.
– *recevoir des vœux:* ne vous fiez pas de ceux qui vous veulent du mal.

VOGUER: gros efforts pour de faibles résultats.

VOILE (le): *noir:* mauvais présage.
– *blanc:* signe de mariage.
– *d'une religieuse:* vocation religieuse.
– *brodé:* coquetterie.

VOILE (la): signaux importants.
– *déployée:* période d'idées grandioses.
– *amenée:* moments d'oisiveté.
– *déchirée:* perte d'énergie.

VOILIER: tout ira selon vos désirs.

VOISIN: *chez soi:* commérages, petites envies.
– *lui parler:* vous voulez régler une vieille affaire.

VOITURE: excellente solution.
– *y monter:* tout vous paraîtra plus facile.

VOIX: *haute:* vous ne vous sentez pas sûr de vous.
– *basse:* vous êtes indifférent à tout ce qui vous entoure.
– *douce:* flatteries.
– *maternelle:* besoin d'affection et de protection.
– *effrayante:* très forts sentiments de culpabilité.

VOL: quelqu'un vous ôte toute votre énergie.
– *subir un vol:* les amis ne sont pas sincères.
– *commettre un vol:* période de malchance sous tous les points de vue.
– *assister à un vol:* vous aimeriez avoir le courage de le faire.
– *découvrir un vol:* vous avez compris qui (ou quoi) vous nuit.
– *de bijoux:* amour du luxe.
– *de bestiaux:* vous voulez nuire aux affaires d'un adversaire.

VOL (d'oiseaux): bon présage.

VOLANT: *le voir:* vous craignez de perdre votre contrôle.
– *le tenir entre ses mains:* vous savez très bien ce que vous faites.
– *ne pas le trouver:* moments d'affolement.

VOLCAN: *éteint:* vous contrôlez votre impulsivité.
– *en éruption:* vous avez donné libre cours à vos instincts: les conséquences seront graves.
– *qui rejette de la fumée:* situation qui n'est tranquille qu'en apparence.

VOLER (dérober): vous n'avez pas confiance en vous.
– *un objet:* vous courez un grave danger.
– *des chaussures:* vous voulez neutraliser un adversaire.
– *des vêtements:* vous tâchez de vous présenter aux autres sous un jour différent.
– *des objets sacrés:* mauvais présage.

— *de l'argent:* danger d'autant plus grand que la somme volée est élevée.
— *quelqu'un:* vous êtes pessimiste pour l'avenir.
— *être volé:* vous craignez la jalousie de quelqu'un.

VOLER: vous voulez un succès rapide et sûr.
— *avec des ailes:* grande autonomie personnelle, liberté.
— *avec les oiseaux:* vous révélerez tout votre égoïsme.
— *sans ailes:* danger imminent.
— *au-dessus des toits:* actes imprudents.
— *avec joie:* vous ferez finalement ce que vous voulez.
— *avec angoisse:* la liberté vous désoriente.
— *en avion:* voyage que vous attendiez depuis longtemps.
— *sur la mer:* grands changements en vue.
— *sur le feu:* vous courez des risques inutiles.
— *ne pas réussir à voler:* vos instincts seront bloqués.

VOLEUR: amitiés non sincères.
— *être un voleur:* présage de mésaventures.
— *être volé par un voleur:* un ami vous quittera.

VOLTIGE: moments tranquilles et joyeux.

VOLUPTE: *l'éprouver:* désirs sexuels.

VOMIR: vous refusez nettement quelque chose.
— *des aliments:* perte d'argent.
— *du sang:* crise très grave, problèmes de santé.
— *du catarrhe:* problèmes difficiles mais transitoires.
— *les viscères:* très mauvais présage: maladie, ruine.

VOTE: *électoral:* le futur dépend de vous.

VOTER: une décision importante.
— *par un bulletin blanc:* vous refusez toute responsabilité.

VOYAGE: expériences, nouveautés.
— *préparer un voyage:* vous avez besoin d'un changement.
— *long:* ce que vous désirez n'est pas facile à obtenir.
— *court:* expériences agréables mais brèves.
— *en compagnie:* fortune et satisfactions.
— *de noces:* marque le début d'une nouvelle période dans votre vie.
— *d'affaires:* travaux qui vous donneront des satisfactions.

VOYAGER: bon présage.
— *seul:* vous avez besoin de changer de milieu.
— *avec des amis:* période agréable mais transitoire.
— *en bateau:* grand changement en vue.
— *en train:* mauvais présage.
— *en voiture:* vous savez ce que vous voulez.
— *à pieds:* vous avez peu de probabilités d'obtenir ce que vous voulez.
— *en avion:* changements rapides mais non durables.

VOYAGEUR: générosité, bonté.
— *l'être:* période de solitude.

VOYANTE: *la voir:* vous avez besoin de bons conseils.
— *y aller:* vous serez trompé.
— *l'être:* vous avez d'excellentes possibilités de succès.
— *qui devine l'avenir:* quelqu'un vous comprend parfaitement.

VUE: *très bonne:* bon présage, fortune, succès.
— *faible:* insuccès et déceptions.

W-Z

WAGON: changements dangereux.
– *avec des personnes:* ces changements concerneront toute votre famille.
– *avec du bétail:* bon présage.
– *endommagé:* mauvais présage, vous accepterez difficilement une nouvelle réalité.
– *sur une voie de garage:* projets sans issue.
– *avec des marchandises:* richesse prochaine.

ZEBRE: difficultés qui peuvent être surmontées.

ZELE: vous n'êtes pas très tolérant.

ZERO: mauvaise fortune, déceptions.

ZIBELINE: femme cruelle et très puissante.

ZODIAQUE: bon présage, fortune au jeu.

ZOO: ennui et manque de liberté.

TABLE DES MATIERES

Achevé d'imprimer en septembre 1999
à Omegna (Vb), Italie,
sur les presses de Nuove Grafiche Artabano

Dépôt légal : septembre 1999
Numéro d'éditeur : 6186